高等学校土建类专业教材
GAODENG XUEXIAO TUJIANLEI ZHUANYE JIAOCAI

建筑工程资料管理
JIANZHU GONGCHENG ZILIAO GUANLI

主　编　黄湘寒
副主编　陈智宣　潘颖秋
参　编　彭亦雄　闫俊玲　何善能　卢斌天　李秋青
　　　　梁百坚　邓起凡　张　颖　程燕梅　龙露露

重庆大学出版社

内容提要

本书主要内容包括建筑工程施工质量验收规范体系、建设工程文件的归档整理、品茗人宿舍案例工程、竣工验收资料常见问题解答、施工工艺流程及施工做法，书后附有桩位图及品茗人宿舍竣工图、品茗人宿舍施工图。

本书可作为高等学校土建类专业教材，也可供相关专业及建筑施工单位的技术和资料管理人员参考使用。

图书在版编目(CIP)数据

建筑工程资料管理/黄湘寒主编. --重庆：重庆大学出版社，2018.12

高等学校土建类专业教材

ISBN 978-7-5689-1151-1

Ⅰ.①建… Ⅱ.①黄… Ⅲ.①建筑工程—技术档案—档案管理—高等学校—教材 Ⅳ.①G275.3

中国版本图书馆 CIP 数据核字(2018)第 132766 号

高等学校土建类专业教材

建筑工程资料管理

主 编 黄湘寒

副主编 陈智宣 潘颖秋

责任编辑：范春青 版式设计：范春青

责任校对：关德强 责任印制：张 策

*

重庆大学出版社出版发行

出版人：易树平

社址：重庆市沙坪坝区大学城西路 21 号

邮编：401331

电话：(023)88617190 88617185(中小学)

传真：(023)88617186 88617166

网址：http://www.cqup.com.cn

邮箱：fxk@cqup.com.cn(营销中心)

全国新华书店经销

重庆升光电力印务有限公司印刷

*

开本：787mm×1092mm 1/16 印张：15.75 字数：458 千 插页：8 开 14 页

2018 年 12 月第 1 版 2018 年 12 月第 1 次印刷

ISBN 978-7-5689-1151-1 定价：39.00 元

前 言

建筑工程施工技术资料是建筑施工的一个重要组成部分，是建筑工程进行竣工验收和竣工核定的必备条件，也是对工程进行检查、维修、管理的重要依据。

本书依据《建筑工程施工质量验收统一标准》《建设工程文件归档整理规范》《国家标准建筑工程施工质量验收规范广西应用手册》《屋面工程质量验收规范》等有关的质量验收规范、标准的相关规定，结合施工设计图纸、施工验收流程编制而成。

全书共计 5 章内容，主要包括建筑工程施工质量验收规范体系、建设工程文件的归档整理、品茗人宿舍案例工程（含检验批划分方案、单位工程管理资料、地基与基础、主体结构、建筑装饰装修、建筑屋面、建筑节能、竣工验收文件）、竣工验收资料常见问题解答、施工工艺流程及施工做法，另附有桩位图及品茗人宿舍竣工图、品茗人宿舍施工图。全书针对不同工程的竣工验收资料的验收内容及验收表格做了大量的实例解析，力图达到可操作性和实用性都较强的目的。

本书由黄湘寒担任主编，陈智宣、潘颖秋担任副主编，彭亦雄、闫俊玲、何善能、卢斌天、李秋青、梁百坚、邓起凡、张颖、程燕梅、龙露露参与了编写。具体编写分工如下：第一章由黄湘寒编写，第二章由陈智宣和潘颖秋编写，第三章由彭亦雄、闫俊玲、何善能、卢斌天、梁百坚、邓起凡、程燕梅编写，第四章、第五章、附录Ⅰ、附录Ⅱ由李秋青、张颖、程燕梅、龙露露编写。全书由黄湘寒统稿。

在编写过程中，作者得到了广西多家施工企业现场建筑工程技术专业人员和专家的大力支持和帮助，在此表示衷心的感谢。由于编者水平有限，书中如有不妥之处，恳请读者批评指正。

编　者

2018 年 5 月

目　录

第一章

建筑工程施工质量验收规范体系

第一节　体系中各规范的名称及编号

《建筑工程施工质量验收统一标准》(以下简称《统一标准》)及配套专业验收系列规范构成一个规范体系,用于建筑工程的施工质量验收。其名称及规范的编码如下:

①《建筑工程施工质量验收统一标准》(GB 50300—2013);

②《建筑地基基础工程施工质量验收规范》(GB 50202—2002);

③《混凝土结构工程施工质量验收规范》(GB 50204—2015);

④《砌体结构工程施工质量验收规范》(GB 50203—2011);

⑤《钢结构工程施工质量验收规范》(GB 50205—2001);

⑥《木结构工程施工质量验收规范》(GB 50206—2012);

⑦《建筑地面工程施工质量验收规范》(GB 50209—2010);

⑧《建筑装饰装修工程质量验收规范》(GB 50210—2001);

⑨《地下防水工程质量验收规范》(GB 50208—2011);

⑩《屋面工程施工质量验收规范》(GB 50207—2012);

⑪《建筑给水排水及采暖工程施工质量验收规范》(GB 50242—2002);

⑫《通风与空调工程施工质量验收规范》(GB 50243—2002);

⑬《建筑电气工程施工质量验收规范》(GB 50303—2002);

⑭《智能建筑工程施工质量验收规范》(GB 50339—2013);

⑮《建筑节能工程施工质量验收规范》(GB 50411—2007)。

第二节　体系中各规范的相互关系

《建筑工程施工质量验收统一标准》(GB 50300—2013)作为建筑工程各专业验收规范编制的统一准则,规范了建筑工程施工质量的验收工作。各专业验收规范提出具体内容,为各专业的检验批提供国家制定的、必须达到的最低质量标准。

《建筑工程施工质量验收统一标准》的验收模式是以检验批为基础的,检验的验收依据是各专业验收规范。因此,该标准是母规范,各专业验收规范是子规范;该标准提供形式,各专业验收规范提供内容。验收时,该标准与各专业验收规范配合使用,如下列表格所示。

________检验批质量验收记录

验收规范编号（如 GB 50203—2011）　　　　编号（如桂建质 020101□□□）

<table>
<tr><td colspan="3">单位（子单位）工程名称</td><td colspan="2"></td><td>分部（子分部）工程名称</td><td></td><td>分项工程名称</td><td></td></tr>
<tr><td colspan="3">施工单位</td><td colspan="2"></td><td>项目负责人</td><td></td><td>检验批容量</td><td></td></tr>
<tr><td colspan="3">分包单位</td><td colspan="2"></td><td>分包单位项目负责人</td><td></td><td>检验批部位</td><td></td></tr>
<tr><td colspan="3">施工依据</td><td colspan="2"></td><td>验收依据</td><td colspan="3"></td></tr>
<tr><td rowspan="6">主控项目</td><td colspan="2">验收项目</td><td colspan="2">设计要求及规范规定</td><td>最小/实际抽样数量</td><td colspan="2">检查记录</td><td>检查结果</td></tr>
<tr><td>1</td><td></td><td colspan="2"></td><td></td><td colspan="2"></td><td></td></tr>
<tr><td>2</td><td></td><td colspan="2"></td><td></td><td colspan="2"></td><td></td></tr>
<tr><td>3</td><td></td><td colspan="2"></td><td></td><td colspan="2"></td><td></td></tr>
<tr><td>4</td><td></td><td colspan="2"></td><td></td><td colspan="2"></td><td></td></tr>
<tr><td></td><td></td><td colspan="2"></td><td></td><td colspan="2"></td><td></td></tr>
<tr><td rowspan="5">一般项目</td><td>1</td><td></td><td colspan="2"></td><td></td><td colspan="2"></td><td></td></tr>
<tr><td>2</td><td></td><td colspan="2"></td><td></td><td colspan="2"></td><td></td></tr>
<tr><td>3</td><td></td><td colspan="2"></td><td></td><td colspan="2"></td><td></td></tr>
<tr><td>4</td><td></td><td colspan="2"></td><td></td><td colspan="2"></td><td></td></tr>
<tr><td></td><td></td><td colspan="2"></td><td></td><td colspan="2"></td><td></td></tr>
<tr><td colspan="4">施工单位检查结果</td><td colspan="5">专业工长：
项目专业质量检查员：
年　月　日</td></tr>
<tr><td colspan="4">监理（建设）单位验收结论</td><td colspan="5">专业监理工程师：
（建设单位项目专业技术负责人）
年　月　日</td></tr>
</table>

注：本表为《建筑工程施工质量验收统一标准》和《关于执行〈建筑工程施工质量验收统一标准〉（GB 50300—2013）若干问题的通知》（桂建质安监〔2015〕80 号）提供的检验批表格样式。

隔离层 检验批质量验收记录

GB 50207—2012　　　　桂建质 040104□□□

<table>
<tr><td colspan="3">单位(子单位)
工程名称</td><td colspan="2"></td><td>分部(子分部)
工程名称</td><td></td><td>分项工程
名称</td><td></td></tr>
<tr><td colspan="3">施工单位</td><td colspan="2"></td><td>项目负责人</td><td></td><td>检验批
容量</td><td></td></tr>
<tr><td colspan="3">分包单位</td><td colspan="2"></td><td>分包单位
项目负责人</td><td></td><td>检验批
部位</td><td></td></tr>
<tr><td colspan="3">施工依据</td><td colspan="2"></td><td>验收依据</td><td colspan="3"></td></tr>
<tr><td rowspan="3">主控项目</td><td colspan="2">验收项目</td><td colspan="2">设计要求及
规范规定</td><td>最小/实际
抽样数量</td><td colspan="2">检查记录</td><td>检查结果</td></tr>
<tr><td>1</td><td>材料质量
及配合比</td><td>符合设计
要求</td><td>查出厂
合格证
和计量
措施</td><td></td><td colspan="2"></td><td></td></tr>
<tr><td>2</td><td>隔离层成
品质量</td><td>不得有破
损和漏
铺现象</td><td>观察
检查</td><td></td><td colspan="2"></td><td></td></tr>
<tr><td rowspan="2">一般项目</td><td>1</td><td>塑料膜、土
工布、卷材
的铺设与
搭接</td><td>铺设平整、
搭接宽度
≥50 mm、
无皱褶</td><td>观察和
尺量检
查</td><td></td><td colspan="2"></td><td></td></tr>
<tr><td>2</td><td>砂浆质量</td><td>低强度等
级砂浆表
面应压实、
平整,不得
有起壳、起
砂现象</td><td>观察
检查</td><td></td><td colspan="2"></td><td></td></tr>
<tr><td colspan="3">施工单位
检查结果</td><td colspan="6">专业工长:
项目专业质量检查员:
年　月　日</td></tr>
<tr><td colspan="3">监理(建设)单位
验收结论</td><td colspan="6">专业监理工程师:
(建设单位项目专业技术负责人)
年　月　日</td></tr>
</table>

注:1. 检查数量:按屋面面积每 100 m^2 抽查 1 处,每处应为 10 m^2,且不得少于 3 处。

2. 本表为专业验收规范《屋面工程施工质量验收规范》(GB 50207—2012)提供内容的检验批表格。"GB 50207—2012"为《屋面工程施工质量验收规范》的编号;"040104"代表该屋面分部基层与保护子分部的第 4 个分项,即隔离层分项编号。其中,前一个"04"代表屋面分部编号,"01"代表屋面第 1 个子分部,即基层与保护子分部;后一个"04"代表第 4 个分项,即隔离层分项编号。

第二章

建设工程文件的归档整理

第一节　归档文件质量要求

根据《建设工程文件归档规范》(GB/T 50328—2014)的规定,建设工程文件的归档整理应符合下列规定:

①归档的纸质工程文件应为原件。

②工程文件的内容及其深度应符合国家现行有关工程勘察、设计、施工、监理等标准的规定。

③工程文件的内容必须真实、准确,应与工程实际相符合。

④工程文件应采用碳素墨水、蓝黑墨水等耐久性强的书写材料,不得使用红色墨水、纯蓝墨水、圆珠笔、复写纸、铅笔等易褪色或易擦除的书写材料。计算机输出的文字和图形文件应使用激光打印机,不应使用色带式打印机、水性墨打印机和热敏打印机。

⑤工程文件应字迹清楚,图样清晰,图表整洁,签字盖章手续应完备。

⑥工程文件中文字材料幅面尺寸规格宜为 A4 幅面(297 mm×210 mm),图纸宜采用国家标准图幅。

⑦工程文件的纸张应采用能长期保存的韧力大、耐久性强的纸张。

⑧所有竣工图均应加盖竣工图章(图 2.1)。竣工图章的基本内容包括:

a.“竣工图”字样、施工单位、编制人、审核人、技术负责人、编制日期、监理单位、总监理工程师、监理工程师。

b.竣工图章尺寸应为 50 mm×80 mm。

c.竣工图章应使用不易褪色的印泥,应盖在图标栏上方空白处。

⑨竣工图的绘制与修改应符合国家现行有关制图标准的规定。

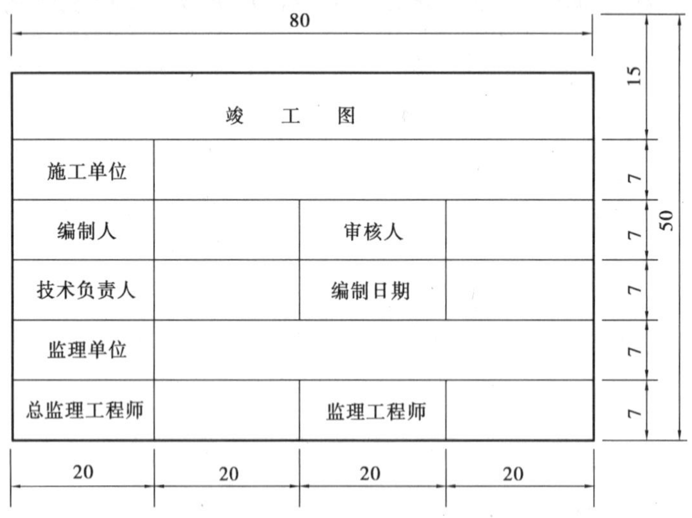

图 2.1　竣工图章(50 mm×80 mm)

第二节　建设工程文件的立卷

根据《建设工程文件归档规范》(GB/T 50328—2014)的规定,需要移交城建档案馆的文件如下表所示(规范中为表 A.0.1,后文所述的部分常用表格也保留规范中的编号,不再注明)。

建设工程文件归档范围(表 A.0.1)

类别	归档文件	保存单位				
		建设单位	设计单位	施工单位	监理单位	城建档案馆
工程准备阶段文件(A 类)						
A1	**立项文件**					
1	项目建议书批复文件及项目建议书	▲				▲
2	可行性研究报告批复文件及可行性研究报告	▲				▲
3	专家论证意见、项目评估文件	▲				▲
4	有关立项的会议纪要、领导批示	▲				▲
A2	**建设用地、拆迁文件**					
1	选址申请及选址规划意见通知书	▲				▲
2	建设用地批准书	▲				▲
3	拆迁安置意见、协议、方案等	▲				△
4	建设用地规划许可证及其附件	▲				▲
5	土地使用证明文件及其附件	▲				▲
6	建设用地钉桩通知单	▲				▲
A3	**勘察、设计文件**					
1	工程地质勘察报告	▲	▲			▲
2	水文地质勘察报告	▲	▲			▲
3	初步设计文件(说明书)	▲	▲			
4	设计方案审查意见	▲	▲			▲
5	人防、环保、消防等有关主管部门(对设计方案)审查意见	▲	▲			▲
6	设计计算书	▲	▲			△
7	施工图设计文件审查意见	▲	▲			▲
8	节能设计备案文件	▲				▲
A4	**招投标文件**					
1	勘察、设计招投标文件	▲	▲			
2	勘察、设计合同	▲	▲			▲
3	施工招投标文件	▲		▲	△	
4	施工合同	▲		▲	△	▲
5	工程监理招投标文件	▲			▲	
6	监理合同	▲			▲	▲
A5	**开工审批文件**					
1	建设工程规划许可证及其附件	▲		△	△	▲
2	建设工程施工许可证	▲		▲	▲	▲

续表

类别	归档文件	保存单位				
		建设单位	设计单位	施工单位	监理单位	城建档案馆
A6	**工程造价文件**					
1	工程投资估算材料	▲				
2	工程设计概算材料	▲				
3	招标控制价格文件	▲				
4	合同价格文件	▲	▲			△
5	结算价格文件	▲	▲			△
A7	**工程建设基本信息**					
1	工程概况信息表	▲		△		▲
2	建设单位工程项目负责人及现场管理人员名册	▲				▲
3	监理单位工程项目总监及监理人员名册	▲			▲	▲
4	施工单位工程项目经理及质量管理人员名册	▲		▲		▲
	监理文件(B 类)					
B1	**监理管理文件**					
1	监理规划	▲			▲	▲
2	监理实施细则	▲		△	▲	▲
3	监理月报	△			▲	
4	监理会议纪要	▲		△	▲	
5	监理工作日志				▲	
6	监理工作总结				▲	▲
7	工作联系单	▲		△	△	
8	监理工程师通知	▲		△	△	△
9	监理工程师通知回复单	▲		△	△	△
10	工程暂停令	▲		△	△	▲
11	工程复工报审表	▲		▲	▲	▲
B2	**进度控制文件**					
1	工程开工报审表	▲		▲	▲	▲
2	施工进度计划报审表	▲		△	△	
B3	**质量控制文件**					
1	质量事故报告及处理资料	▲		▲	▲	▲
2	旁站监理记录	△		△	▲	
3	见证取样和送检人员备案表	▲		▲	▲	
4	见证记录	▲		▲	▲	

续表

类别	归档文件	保存单位				
		建设单位	设计单位	施工单位	监理单位	城建档案馆
5	工程技术文件报审表			△		
B4	**造价控制文件**					
1	工程款支付	▲		△	△	
2	工程款支付证书	▲		△	△	
3	工程变更费用报审表	▲		△	△	
4	费用索赔申请表	▲		△	△	
5	费用索赔审批表	▲		△	△	
B5	**工期管理文件**					
1	工程延期申请表	▲		▲	▲	▲
2	工程延期审批表	▲			▲	▲
B6	**监理验收文件**					
1	竣工移交证书	▲		▲	▲	▲
2	监理资料移交书	▲			▲	
	施工文件（C类）					
C1	**施工管理文件**					
1	工程概况表	▲		▲	▲	△
2	施工现场质量管理检查记录			△	△	
3	企业资质证书及相关专业人员岗位证书	△		△	△	△
4	分包单位资质报审表	▲		▲	▲	
5	建设单位质量事故勘查记录	▲		▲	▲	▲
6	建设工程质量事故报告书	▲		▲	▲	▲
7	施工检测计划	△		△	△	
8	见证试验检测汇总表	▲		▲	▲	▲
9	施工日志			▲		
C2	**施工技术文件**					
1	工程技术文件报审表	△		△	△	
2	施工组织设计及施工方案	△		△	△	△
3	危险性较大的分部分项工程施工方案	△		△	△	△
4	技术交底记录	△		△		
5	图纸会审记录	▲	▲	▲	▲	▲
6	设计变更通知单	▲	▲	▲	▲	▲
7	工程洽商记录（技术核定单）	▲	▲	▲	▲	▲

续表

类别	归档文件	保存单位				
		建设单位	设计单位	施工单位	监理单位	城建档案馆
C3	**进度造价文件**					
1	工程开工报审表	▲	▲	▲	▲	▲
2	工程复工报审表	▲	▲	▲	▲	▲
3	施工进度计划报审表			△	△	
4	施工进度计划			△	△	
5	人、机、料动态表			△	△	
6	工程延期申请表	▲		▲	▲	▲
7	工程款支付申请表	▲		△	△	
8	工程变更费用报审表	▲		△	△	
9	费用索赔申请表	▲		△	△	
C4	**施工物资出厂质量证明及进场检测文件**					
	出厂质量证明文件及检测报告					
1	砂、石、砖、水泥、钢筋、隔热保温、防腐材料、轻骨料出厂证明文件	▲		▲	▲	△
2	其他物资出厂合格证、质量保证书、检测报告和报关单或商检证等	△		▲	△	
3	材料、设备的相关检验报告，型式检测报告，3C 强制认证合格证书或 3C 标志	△		▲	△	
4	主要设备、器具的安装使用说明书	▲		▲	△	
5	进口的主要材料设备的商检证明文件	△		▲		
6	涉及消防、安全、卫生、环保、节能的材料、设备的检测报告或法定机构出具的有效证明文件	△		▲	▲	△
7	其他施工物资产品合格证、出厂检测报告					
	进场检验通用表格					
1	材料、构配件进场检验记录			△	△	
2	设备开箱检验记录			△	△	
3	设备及管道附件试验记录	▲		▲	△	
	进场复试报告					
1	钢材试验报告	▲		▲	▲	▲
2	水泥试验报告	▲		▲	▲	▲
3	砂试验报告	▲		▲	▲	▲
4	碎(卵)石试验报告	▲		▲	▲	▲
5	外加剂检验报告	△		▲	▲	▲

续表

类别	归档文件	保存单位				
		建设单位	设计单位	施工单位	监理单位	城建档案馆
6	防水涂料试验报告	▲		▲	△	
7	防水卷材试验报告	▲		▲	△	
8	砖(砌块)试验报告	▲		▲	▲	▲
9	预应力筋复试报告	▲		▲	▲	▲
10	预应力锚具、夹具和连接器复试报告	▲		▲	▲	▲
11	装饰装修用门窗复试报告	▲		▲	△	
12	装饰装修用人造木板复试报告	▲		▲	△	
13	装饰装修用花岗石复试报告	▲		▲	△	
14	装饰装修用安全玻璃复试报告	▲		▲	△	
15	装饰装修用外墙面砖复试报告	▲		▲	△	
16	钢结构用钢材复试报告	▲		▲	▲	▲
17	钢结构用防火涂料复试报告	▲		▲	▲	▲
18	钢结构用焊接材料复试报告	▲		▲	▲	▲
19	钢结构用高强度大六角头螺栓连接副复试报告	▲		▲	▲	▲
20	钢结构用扭剪型高强度螺栓连接副复试报告	▲		▲	▲	▲
21	幕墙用铝塑板、石材、玻璃、结构胶复试报告	▲		▲	▲	▲
22	散热器、供暖系统保温材料、通风与空调工程绝热材料、风机盘管机组、低压配电系统电缆的见证取样复试报告	▲		▲	▲	▲
23	节能工程材料复试报告	▲		▲	▲	▲
24	其他物资进场复试报告					
C5	**施工记录文件**					
1	隐蔽工程验收记录	▲		▲	▲	▲
2	施工检查记录				△	
3	交接检查记录				△	
4	工程定位测量记录	▲		▲	▲	▲
5	基槽验收记录	▲		▲	▲	▲
6	楼层平面放线			△	△	△
7	楼层标高抄测记录			△	△	△
8	建筑物垂直度、标高观测记录	▲		▲	△	△
9	沉降观测记录	▲		▲	△	▲
10	基坑支护水平位移监测记录			△	△	
11	桩基、支护测量放线记录			△	△	

续表

类别	归档文件	保存单位				
		建设单位	设计单位	施工单位	监理单位	城建档案馆
12	地基验槽记录	▲		▲	▲	▲
13	地基钎探记录	▲		△	△	▲
14	混凝土浇灌申请书			△	△	
15	预拌混凝土运输单			△		
16	混凝土开盘鉴定			△	△	
17	混凝土拆模申请单			△	△	
18	混凝土预拌测温记录			△		
19	混凝土养护测温记录			△		
20	大体积混凝土养护测温记录			△		
21	大型构件吊装记录	▲		△	△	▲
22	焊接材料烘焙记录			△		
23	地下工程防水效果检查记录	▲		△	△	
24	防水工程试水检查记录	▲		△	△	
25	通风(烟)道、垃圾道检查记录	▲		△	△	
26	预应力筋张拉记录	▲		▲	△	▲
27	有黏结预应力结构灌浆记录	▲		▲	△	▲
28	钢结构施工记录	▲		▲	△	
29	网架(索膜)施工记录	▲		▲	△	▲
30	木结构施工记录	▲		▲	△	
31	幕墙注胶检查记录	▲		▲	△	
32	自动扶梯、自动人行道的相邻区域检查记录	▲		▲	△	
33	电梯电气装置安装检查记录	▲		▲	△	
34	自动扶梯、自动人行道电气装置检查记录	▲		▲	△	
35	自动扶梯、自动人行道整机安装质量检查记录	▲		▲	△	
36	其他施工记录文件					
C6	**施工试验记录及检测文件**					
	通用表格					
1	设备单机试运转记录	▲		▲	△	△
2	系统试运转调试记录	▲		▲	△	△
3	接地电阻测试记录	▲		▲	△	△
4	绝缘电阻测试记录	▲		▲	△	△

续表

类别	归档文件	保存单位				
		建设单位	设计单位	施工单位	监理单位	城建档案馆
	建筑与结构工程					
1	锚杆试验报告	▲		▲	△	△
2	地基承载力检验报告	▲		▲	△	▲
3	桩基检测报告	▲		▲	△	▲
4	土工击实试验报告	▲		▲	△	▲
5	回填土试验报告(应附图)	▲		▲	△	▲
6	钢筋机械连接试验报告	▲		▲	△	△
7	钢筋焊接连接试验报告	▲		▲	△	△
8	砂浆配合比申请书、通知书			△	△	△
9	砂浆抗压强度试验报告	▲		▲	△	▲
10	砌筑砂浆试块强度统计、评定记录	▲		▲		△
11	混凝土配合比申请书、通知单	▲		▲	△	△
12	混凝土抗压强度试验报告	▲		▲	△	△
13	混凝土试块强度统计、评定记录	▲		▲	△	△
14	混凝土抗渗试验报告	▲		▲	△	△
15	砂、石、水泥放射性指标报告	▲		▲	△	△
16	混凝土碱总量计算书	▲		▲	△	△
17	外墙饰面砖样板黏结强度试验报告	▲		▲	△	△
18	后置埋件抗拔试验报告	▲		▲	△	△
19	超声波探伤报告、探伤记录	▲		▲	△	△
20	钢构件射线探伤报告	▲		▲	△	△
21	磁粉探伤报告	▲		▲	△	△
22	高强度螺栓抗滑移系数检测报告	▲		▲	△	△
23	钢结构焊接工艺评定			△	△	△
24	网架节点承载力实验报告	▲		▲	△	△
25	钢结构防腐、防火涂料厚度检测报告	▲		▲	△	△
26	木结构胶缝试验报告	▲		▲	△	
27	木结构构件力学性能试验报告	▲		▲	△	△
28	木结构防护剂试验报告	▲		▲	△	△
29	幕墙双组分硅酮结构胶混匀性及拉断试验报告	▲		▲	△	△
30	幕墙的抗风压性能、空气渗透性能、雨水渗透性能及平面内变形性能检测报告	▲		▲	△	△

续表

类别	归档文件	保存单位				
		建设单位	设计单位	施工单位	监理单位	城建档案馆
31	外门窗的抗风压性能、空气渗透性能和雨水渗透性能检测报告	▲		▲	△	△
32	墙体节能工程保温板材与基层黏结强度现场拉拔试验	▲		▲	△	△
33	外墙保温浆料同条件养护试件试验报告	▲		▲	△	△
34	结构实体混凝土强度验收记录	▲		▲	△	△
35	结构实体钢筋保护层厚度验收记录	▲		▲	△	△
36	围扩结构现场实体检验	▲		▲	△	△
37	室内环境检测报告	▲		▲	△	△
38	节能性能检测报告	▲		▲	△	▲
39	其他建筑与结构施工试验记录与检测文件					
	给水排水及供暖工程					
1	灌(满)水试验记录	▲		△	△	
2	强度严密性试验记录	▲		▲	△	△
3	通水试验记录	▲		△	△	
4	冲(吹)洗试验记录	▲		▲	△	
5	通球试验记录	▲		△	△	
6	补偿器安装记录			△	△	
7	消火栓试射记录	▲		▲	△	
8	安全附件安装检查记录			▲	△	
9	锅炉烘炉试验记录			▲	△	
10	锅炉煮炉试验记录			▲	△	
11	锅炉试运行记录	▲		▲	△	
12	安全阀定压合格证书	▲		▲	△	
13	自动喷水灭火系统联动试验记录	▲		▲	△	△
14	其他给水排水及供暖施工试验记录与检测文件					
	建筑电气工程					
1	电气接地装置平面示意图表	▲		▲	△	△
2	电气器具通电安全检查记录	▲		△	△	
3	电气设备空载试运行记录	▲		▲	△	△
4	建筑物照明通电试运行记录	▲		▲	△	△
5	大型照明灯具承载试验记录	▲		▲	△	
6	漏电开关模拟试验记录	▲		▲	△	

续表

类别	归档文件	保存单位				
		建设单位	设计单位	施工单位	监理单位	城建档案馆
7	大容量电气线路结点测温记录	▲		▲	△	
8	低压配电电源质量测试记录	▲		▲	△	
9	建筑物照明系统照度测试记录	▲		△	△	
10	其他建筑电气施工试验记录与检测文件					
	智能建筑工程					
1	综合布线测试记录	▲		▲	△	△
2	光纤损耗测试记录	▲		▲	△	△
3	视频系统末端测试记录	▲		▲	△	△
4	子系统检测记录	▲		▲	△	△
5	系统试运行记录	▲		▲	△	△
6	其他智能建筑施工试验记录与检测文件					
	通风与空调工程					
1	风管漏光检测记录	▲		△	△	
2	风管漏风检测记录	▲		▲	△	
3	现场组装除尘器、空调机漏风检测记录			△	△	
4	各房间室内风量测量记录	▲		△	△	
5	管网风量平衡记录	▲		△	△	
6	空调系统试运转调试记录	▲		▲	△	△
7	空调水系统试运转调试记录	▲		▲	△	△
8	制冷系统气密性试验记录	▲		▲	△	△
9	净化空调系统检测记录	▲		▲	△	△
10	防排烟系统联合试运行记录	▲		▲	△	△
11	其他通风与空调施工试验记录与检测文件					
	电梯工程					
1	轿厢平层准确度测量记录	▲		△	△	
2	电梯层门安全装置检测记录	▲		▲	△	
3	电梯电气安全装置检测记录	▲		▲	△	
4	电梯整机功能检测记录	▲		▲	△	
5	电梯主要功能检测记录	▲		▲	△	
6	电梯负荷运行试验记录	▲		▲	△	△
7	电梯负荷运行试验曲线图表	▲		▲	△	
8	电梯噪声测试记录	△		△	△	

续表

类别	归档文件	保存单位				
		建设单位	设计单位	施工单位	监理单位	城建档案馆
9	自动扶梯、自动人行道安全装置检测记录	▲		▲	△	
10	自动扶梯、自动人行道整机性能、运行试验记录	▲		▲	△	△
11	其他电梯施工试验记录与检测文件					
C7	**施工质量验收文件**					
1	检验批质量验收记录	▲		△	△	
2	分项工程质量验收记录	▲		▲	▲	
3	分部(子分部)工程质量验收记录	▲		▲	▲	▲
4	建筑节能分部工程质量验收记录	▲		▲	▲	▲
5	自动喷水系统验收缺陷项目划分记录	▲		△	△	
6	程控电话交换系统分项工程质量验收记录	▲		▲	△	
7	会议电视系统分项工程质量验收记录	▲		▲	△	
8	卫星数字电视系统分项工程质量验收记录	▲		▲	△	
9	有线电视系统分项工程质量验收记录	▲		▲	△	
10	公共广播与紧急广播系统分项工程质量验收记录	▲		▲	△	
11	计算机网络系统分项工程质量验收记录	▲		▲	△	
12	应用软件系统分项工程质量验收记录	▲		▲	△	
13	网络安全系统分项工程质量验收记录	▲		▲	△	
14	空调与通风系统分项工程质量验收记录	▲		▲	△	
15	变配电系统分项工程质量验收记录	▲		▲	△	
16	公共照明系统分项工程质量验收记录	▲		▲	△	
17	给水排水系统分项工程质量验收记录	▲		▲	△	
18	热源和热交换系统分项工程质量验收记录	▲		▲	△	
19	冷冻和冷却水系统分项工程质量验收记录	▲		▲	△	
20	电梯和自动扶梯系统分项工程质量验收记录	▲		▲	△	
21	数据通信接口分项工程质量验收记录	▲		▲	△	
22	中央管理工作站及操作分站分项工程质量验收记录	▲		▲	△	
23	系统实时性、可维护性、可靠性分项工程质量验收记录	▲		▲	△	
24	现场设备安装及检测分项工程质量验收记录	▲		▲	△	
25	火灾自动报警及消防联动分项工程质量验收记录	▲		▲	△	
26	综合防范功能分项工程质量验收记录	▲		▲	△	
27	视频安防监控系统分项工程质量验收记录	▲		▲	△	
28	入侵报警系统分项工程质量验收记录	▲		▲	△	

续表

类别	归档文件	保存单位				
		建设单位	设计单位	施工单位	监理单位	城建档案馆
29	出入口控制(门禁)系统分项工程质量验收记录	▲		▲	△	
30	巡更管理系统分项工程质量验收记录	▲		▲	△	
31	停车场(库)管理系统分项工程质量验收记录	▲		▲	△	
32	安全防范综合管理系统分项工程质量验收记录	▲		▲	△	
33	综合布线系统安装分项工程质量验收记录	▲		▲	△	
34	综合布线系统性能检测分项工程质量验收记录	▲		▲	△	
35	系统集成网络连接分项工程质量验收记录	▲		▲	△	
36	系统数据集成分项工程质量验收记录	▲		▲	△	
37	系统集成整体协调分项工程质量验收记录					
38	系统集成综合管理及冗余功能分项工程质量验收记录	▲		▲	△	
39	系统集成可维护性和安全性分项工程质量验收记录	▲		▲	△	
40	电源系统分项工程质量验收记录	▲		▲	△	
41	其他施工质量验收文件					
C8	**施工验收文件**					
1	单位(子单位)工程竣工预验收报验表	▲		▲		▲
2	单位(子单位)工程质量竣工验收记录	▲		▲		▲
3	单位(子单位)工程质量控制资料核查记录	▲		▲		▲
4	单位(子单位)工程安全和功能检验资料核查及主要功能抽查记录	▲		▲		▲
5	单位(子单位)工程观感质量检查记录	▲		▲		▲
6	施工资料移交书	▲		▲		
7	其他施工验收文件					
	竣工图(D类)					
1	建筑竣工图	▲		▲		▲
2	结构竣工图	▲		▲		▲
3	钢结构竣工图	▲		▲		▲
4	幕墙竣工图	▲		▲		▲
5	室内装饰竣工图	▲		▲		
6	建筑给水排水及供暖竣工图	▲		▲		▲
7	建筑电气竣工图	▲		▲		▲
8	智能建筑竣工图	▲		▲		▲
9	通风与空调竣工图	▲		▲		▲

续表

类别	归档文件	保存单位				
		建设单位	设计单位	施工单位	监理单位	城建档案馆
10	室外工程竣工图	▲		▲		▲
11	规划红线内的室外给水、排水、供热、供电、照明管线等竣工图	▲		▲	▲	
12	规划红线内的道路、园林绿化、喷灌设施等竣工图	▲		▲	▲	
	工程竣工验收文件(E类)					
E1	**竣工验收与备案文件**					
1	勘察单位工程质量检查报告	▲		△	△	▲
2	设计单位工程质量检查报告	▲	▲	△	△	▲
3	施工单位工程竣工报告	▲		▲	△	▲
4	监理单位工程质量评估报告	▲		△	▲	▲
5	工程竣工验收报告	▲	▲	▲	▲	▲
6	工程竣工验收会议纪要	▲	▲	▲	▲	▲
7	专家组竣工验收意见	▲	▲	▲	▲	▲
8	工程竣工验收证书	▲	▲	▲	▲	▲
9	规划、消防、环保、民防、防雷等部门出具的认可文件或准许使用文件	▲	▲	▲	▲	▲
10	房屋建筑工程质量保修书	▲				▲
11	住宅质量保证书、住宅使用说明书	▲		▲		▲
12	建设工程竣工验收备案表	▲	▲	▲	▲	▲
13	建设工程档案预验收意见	▲		△		▲
14	城市建设档案移交书	▲				▲
E2	**竣工决算文件**					
1	施工决算文件	▲		▲		△
2	监理决算文件	▲			▲	△
E3	**工程声像资料等**					
1	开工前原貌、施工阶段、竣工新貌照片	▲		△	△	▲
2	工程建设过程的录音、录像资料(重大工程)	▲		△	△	▲
E4	**其他工程文件**					

注:表中符号“▲”表示必须归档保存;“△”表示选择性归档保存。

第三章

品茗人宿舍案例工程

第一节 检验批划分方案

一、地基与基础分部工程

序号	分部工程	子分部工程	分项工程	检验批	检验批划分部位	备注
1	地基与基础	基础	无筋扩展基础	砖砌体工程	地下一层	
			钢筋混凝土扩展基础	现浇结构模板安装	副楼独立基础 A—D/1—13 轴	
					地下室混凝土墙、柱	
					地下室顶板、梁	
					地下室底板后浇带	
					地下室顶板后浇带	
				钢筋原材料	±0 以下 A—L 轴/1—13 轴	
				钢筋加工	±0 以下 A—D/1—13 轴	
				钢筋连接	副楼独立基础 A—D/1—13 轴	
					基础承台	
					基础梁、地下室底板	
					地下室混凝土墙、柱	
					地下室顶板、梁	
					地下室底板后浇带	
					地下室顶板后浇带	
				钢筋安装	副楼独立基础 A—D/1—13 轴	
					基础承台	
					基础梁、地下室底板	
					地下室混凝土墙、柱	
					地下室顶板、梁	
					地下室底板后浇带	
					地下室顶板后浇带	
				混凝土原材料	副楼独立柱基垫层	
					地下室底板垫层	
				混凝土拌合物	副楼独立柱基垫层	
					地下室底板垫层	
					副楼独立基础 A—D/1—13 轴	
					基础承台	
					地下室混凝土墙、柱	
				混凝土施工	副楼独立基础 A—D/1—13 轴	
					基础承台	
					地下室混凝土墙、柱	
					地下室底板垫层	
					副楼独立柱基垫层	
				现浇结构外观质量及尺寸偏差	副楼独立基础 A—D/1—13 轴	
					基础承台	
					基础梁、地下室底板	
					地下室混凝土墙、柱	
					地下室顶板、梁	

续表

序号	分部工程	子分部工程	分项工程	检验批	检验批划分部位	备注
1	地基与基础	基础	干作业成孔桩基础	混凝土灌注桩（原材料）	1#、3#、5#、7#、9#、11#、13#、15#、17#、19#	
					2#、4#、6#、8#、10#、12#、14#、16#、18#、20#	
					21#、23#、25#、27#、29#、31#、33#、35#、37#、39#	
					22#、24#、26#、28#、30#、32#、34#、36#、38#、40#	
					41#、43#、45#、47#、49#、51#、53#、55#、57#、59#	
					42#、44#、46#、48#、50#、52#、54#、56#、58#、60#	
					61#、63#、65#、67#、69#、71#、73#、75#、77#、79#	
					62#、64#、66#、68#、70#、72#、74#、76#、78#、80#	
					81#、83#、85#、87#、89#、91#、93#、95#、97#、99#	
					82#、84#、86#、88#、90#、92#、94#、96#、98#、100#	
					101#、102#、103#	
				混凝土灌注桩（钢筋笼）	1#、3#、5#、7#、9#、11#、13#、15#、17#、19#	
					2#、4#、6#、8#、10#、12#、14#、16#、18#、20#	
					21#、23#、25#、27#、29#、31#、33#、35#、37#、39#	
					22#、24#、26#、28#、30#、32#、34#、36#、38#、40#	
					41#、43#、45#、47#、49#、51#、53#、55#、57#、59#	
					42#、44#、46#、48#、50#、52#、54#、56#、58#、60#	
					61#、63#、65#、67#、69#、71#、73#、75#、77#、79#	
					62#、64#、66#、68#、70#、72#、74#、76#、78#、80#	
					81#、83#、85#、87#、89#、91#、93#、95#、97#、99#	
					82#、84#、86#、88#、90#、92#、94#、96#、98#、100#	
					101#、102#、103#	
				混凝土灌注桩（桩施工）	1#、3#、5#、7#、9#、11#、13#、15#、17#、19#	
					2#、4#、6#、8#、10#、12#、14#、16#、18#、20#	
					21#、23#、25#、27#、29#、31#、33#、35#、37#、39#	
					22#、24#、26#、28#、30#、32#、34#、36#、38#、40#	
					41#、43#、45#、47#、49#、51#、53#、55#、57#、59#	
					42#、44#、46#、48#、50#、52#、54#、56#、58#、60#	
					61#、63#、65#、67#、69#、71#、73#、75#、77#、79#	

续表

序号	分部工程	子分部工程	分项工程	检验批	检验批划分部位	备注
1	地基与基础	基础	干作业成孔桩基础	混凝土灌注桩(桩施工)	62#、64#、66#、68#、70#、72#、74#、76#、78#、80#	
					81#、83#、85#、87#、89#、91#、93#、95#、97#、99#	
					82#、84#、86#、88#、90#、92#、94#、96#、98#、100#	
					101#、102#、103#	
		基坑支护	土钉墙	锚杆及土钉墙	L/1—13 轴	
		土方	土方开挖	土方开挖	主楼基础 A—L/1—13 轴	
					副楼基础 A—D/1—13 轴	
			土方回填	土方回填	基础	
		地下防水	主体结构防水	防水混凝土	地下室底板	
					地下室外墙	
					地下室顶板	
				卷材防水层	地下室底板	
					地下室外墙	
					地下室顶板	
			细部构造防水	后浇带	地下室底板	
				后浇带	地下室顶板	

二、主体结构分部工程

序号	分部工程	子分部工程	分项工程	检验批	检验批划分部位	备注
2	主体结构	混凝土结构	模板	现浇结构模板安装	一层墙、柱	
					二层梁、板、梯	
					二层墙、柱	
					三层梁、板、梯	
					三层墙、柱	
					四层梁、板、梯	
					四层墙、柱	
					五层梁、板、梯	
					五层墙、柱	
					六层梁、板、梯	
					六层墙、柱	
					七层梁、板、梯	
					⋮	
					十七层梁、板、梯	
					十七层墙、柱	
					屋面层梁、板	
					坡屋面柱	
					坡屋面梁、板	
			钢筋	钢筋原材料	一至三层	
				钢筋原材料	四至五层	
				钢筋原材料	六至八层	
				钢筋原材料	九至十一层	
				钢筋原材料	十二至十四层	
				钢筋原材料	十五至屋面、坡屋面层	
				钢筋加工	一至三层	
				钢筋加工	四至五层	
				钢筋加工	六至八层	
				钢筋加工	九至十一层	
				钢筋加工	十二至十四层	
				钢筋加工	十五至屋面、坡屋面层	
				钢筋连接	一层墙、柱	
				钢筋连接	二层梁	
				钢筋连接	二层墙、柱	

续表

序号	分部工程	子分部工程	分项工程	检验批	检验批划分部位	备注
2	主体结构	混凝土结构	钢筋	钢筋连接	三层梁	
					三层墙、柱	
					四层梁	
					四层墙、柱	
					五层梁	
					五层墙、柱	
					六层梁	
					六层墙、柱	
					七层梁	
					⋮	
					十七层梁	
					十七层墙、柱	
					屋面层梁	
					坡屋面柱	
					坡屋面梁	
				钢筋安装	一层墙、柱	
					二层梁、板、梯	
					二层墙、柱	
					三层梁、板、梯	
					三层墙、柱	
					四层梁、板、梯	
					四层墙、柱	
					五层梁、板、梯	
					五层墙、柱	
					六层梁、板、梯	
					六层墙、柱	
					七层梁、板、梯	
					⋮	
					十六层墙、柱	
					十七层梁、板、梯	
					十七层墙、柱	
					屋面层梁、板	
					坡屋面柱	
					坡屋面梁、板	

续表

序号	分部工程	子分部工程	分项工程	检验批	检验批划分部位	备注
2	主体结构	混凝土结构	混凝土	混凝土拌合物	一层墙、柱	
					二层梁、板、梯	
					二层墙、柱	
					三层梁、板、梯	
					三层墙、柱	
					四层梁、板、梯	
					四层墙、柱	
					五层梁、板、梯	
					五层墙、柱	
					六层梁、板、梯	
					六层墙、柱	
					七层梁、板、梯	
					⋮	
					十七层梁、板、梯	
					十七层墙、柱	
					屋面层梁、板	
					坡屋面柱	
					坡屋面梁、板	
				混凝土施工	一层墙、柱	
					二层梁、板、梯	
					二层墙、柱	
					三层梁、板、梯	
					三层墙、柱	
					四层梁、板、梯	
					四层墙、柱	
					五层梁、板、梯	
					五层墙、柱	
					六层梁、板、梯	
					六层墙、柱	
					七层梁、板、梯	
					⋮	
					十七层梁、板、梯	
					十七层墙、柱	
					屋面层梁、板	
					坡屋面柱	
					坡屋面梁、板	

续表

序号	分部工程	子分部工程	分项工程	检验批	检验批划分部位	备注
2	主体结构	混凝土结构	现浇结构	现浇结构外观质量及尺寸偏差	一层墙、柱	
					二层梁、板、梯	
					二层墙、柱	
					三层梁、板、梯	
					三层墙、柱	
					四层梁、板、梯	
					四层墙、柱	
					五层梁、板、梯	
					五层墙、柱	
					六层梁、板、梯	
					六层墙、柱	
					七层梁、板、梯	
					⋮	
					十七层梁、板、梯	
					十七层墙、柱	
					屋面层梁、板	
					坡屋柱	
					坡屋面梁、板	
2	主体结构	砌体结构	填充墙砌体	填充墙砌体	一层	
					二层	
					三层	
					四层	
					五层	
					六层	
					七层	
					八层	
					九层	
					十层	
					十一层	
					十二层	
					十三层	
					十四层	
					十五层	
					十六层	
					十七层	

三、建筑装饰装修分部工程

序号	分部工程	子分部工程	分项工程	检验批	检验批划分部位	备注
3	建筑装饰装修	地面	基层铺设	炉渣垫层	一至三层卫生间	
					四至五层卫生间	
					六至八层卫生间	
					九至十一层卫生间	
					十二至十四层卫生间	
					十五至十七层卫生间	
				找平层	一至三层卫生间	
					四至五层卫生间	
					六至八层卫生间	
					九至十一层卫生间	
					十二至十四层卫生间	
					十五至十七层卫生间	
				隔离层	一至三层卫生间	
					四至五层卫生间	
					六至八层卫生间	
					九至十一层卫生间	
					十二至十四层卫生间	
					十五至十七层卫生间	
			整体面层铺设	水泥砂浆面层	地下室地面	
			板块面层铺设	砖面层	一至三层	
					四至五层	
					六至八层	
					九至十一层	
					十二至十四层	
					十五至十七层	
		抹灰	一般抹灰	一般抹灰	一至二层外墙	
					三至十层 B—L 轴外墙	
					十一至十七层 B—L 轴外墙	
					三至十层 L—B 轴外墙	
					十一至十七层 L—B 轴外墙	
					三至十层 1—13 轴外墙	

续表

序号	分部工程	子分部工程	分项工程	检验批	检验批划分部位	备注
3	建筑装饰装修	抹灰	一般抹灰	一般抹灰	十一至十七层1—13轴外墙	
					三至十层13—1轴外墙	
					十一至十七层13—1轴外墙	
					一至三层厨卫间、房间过道、电梯候梯间	
					四至五层卫生间、电梯候梯间	
					六至七层卫生间、房间过道、电梯候梯间	
					八至九层卫生间、房间过道、电梯候梯间	
					十至十一层卫生间、房间过道、电梯候梯间	
					十二至十三层卫生间、房间过道、电梯候梯间	
					十四至十五层卫生间、房间过道、电梯候梯间	
					十六至十七层卫生间、房间过道、电梯候梯间	
					地下室内墙	
					一至三层内墙	
					四至五层内墙	
					六至七层内墙	
					八至九层内墙	
					十至十一层内墙	
					十二至十三层内墙	
					十四至十五层内墙	
					十六至十七层内墙	
					地下室顶棚	
					一至三层顶棚	
					四至五层顶棚	
					六至七层顶棚	
					八至九层顶棚	
					十至十一层顶棚	
					十二至十三层顶棚	
					十四至十五层顶棚	
					十六至十七层顶棚	

续表

序号	分部工程	子分部工程	分项工程	检验批	检验批划分部位	备注
3	建筑装饰装修	门窗	木门窗安装	木门窗安装	一至三层	
					四至五层	
					六层	
					七层	
					八层	
					九层	
					十层	
					十一层	
					十二层	
					十三层	
					十四层	
					十五层	
					十六至屋面层	
			金属门窗安装	钢门窗安装	一层	
				钢门窗安装	屋面层	
				铝合金门窗安装	一至三层	
				铝合金门窗安装	四至五层	
				铝合金门窗安装	六至七层	
				铝合金门窗安装	八至九层	
				铝合金门窗安装	十至十一层	
				铝合金门窗安装	十二至十三层	
				铝合金门窗安装	十四至十五层	
				铝合金门窗安装	十六至屋面层	
			特种门安装	特种门安装	地下一至三层防火平开门	
					四至七层防火平开门	
					八至十一层防火平开门	
					十二至十五层防火平开门	
					十六层至屋面防火平开门	
					一至十七层防火卷帘门	
			门窗玻璃安装	门窗玻璃安装	一至三层	
					四至五层	
					六至七层	
					八至九层	
					十至十一层	
					十二至十三层	
					十四至十五层	
					十六至屋面层	

续表

序号	分部工程	子分部工程	分项工程	检验批	检验批划分部位	备注
3	建筑装饰装修	吊顶	板块面层吊顶	暗龙骨吊顶	一至九层大堂、内走廊、电梯候梯间	
					十至十七层内走廊、电梯候梯间	
		饰面砖	外墙饰面砖粘贴	外墙饰面砖粘贴	一至二层外墙	
					三至七层阳台外墙面	
					八至十二层阳台外墙面	
					十三至十七层阳台外墙面	
				内墙饰面砖粘贴	一至三层厨卫间、房间过道、电梯候梯间	
					四至五层卫生间、电梯候梯间	
					六至七层卫生间、房间过道、电梯候梯间	
					八至九层卫生间、房间过道、电梯候梯间	
					十至十一层卫生间、房间过道、电梯候梯间	
					十二至十三层卫生间、房间过道、电梯候梯间	
					十四至十五层卫生间、房间过道、电梯候梯间	
					十六至十七层卫生间、房间过道、电梯候梯间	
					一至十七层内走廊墙面	
					三至十六层活动室墙面	
		涂饰	水性涂料涂饰	水性涂料涂饰	地下室内墙	
					一至三层内墙	
					四至五层内墙	
					六至七层内墙	
					八至九层内墙	
					十至十一层内墙	
					十二至十三层内墙	
					十四至十五层内墙	
					十六至十七层内墙	
					地下室顶棚	
					一至三层顶棚	
					四至五层顶棚	
					六至七层顶棚	
					八至九层顶棚	
					十至十一层顶棚	
					十二至十三层顶棚	
					十四至十五层顶棚	
					十六至十七层顶棚	

续表

序号	分部工程	子分部工程	分项工程	检验批	检验批划分部位	备注
3	建筑装饰装修	涂饰	水性涂料涂饰	水性涂料涂饰	三至十层 B—L 轴外墙	
					十一至十七层 B—L 轴外墙	
					三至十层 L—B 轴外墙	
					十一至十七层 L—B 轴外墙	
					三至十层 1—13 轴外墙	
					十一至十七层 13—1 轴外墙	
		细部	窗帘盒、窗台板和散热器罩制作与安装	窗帘盒、窗台板和散热器罩制作与安装	三层西 1—13 轴、东 13—1 轴侧窗	
					四至五层西 1—13 轴、东 13—1 轴侧窗	
					六至七层西 1—13 轴、东 13—1 轴侧窗	
					八至九层西 1—13 轴、东 13—1 轴侧窗	
					十至十一层西 1—13 轴、东 13—1 轴侧窗	
					十二至十三层西 1—13 轴、东 13—1 轴侧窗	
					十四至十五层西 1—13 轴、东 13—1 轴侧窗	
					十六层西 1—13 轴、东 13—1 轴侧窗	
			门窗套制作与安装	门窗套制作与安装	一层	
					二层	
					三层	
					四层	
					五层	
					六层	
					⋮	
					十六层	
					十七层	
			护栏和扶手制作与安装	护栏和扶手制作与安装	1—2 轴楼梯	
					12—13 轴楼梯	
					三至五层天面、阳台	
					六至八层阳台	
					九至十一层阳台	
					十二至十四层阳台	
					十五至十七层天面、阳台	
					屋面层	
			花饰制作与安装	花饰制作与安装	一层外墙图饰	
					二层外墙图饰	

四、建筑屋面分部工程

序号	分部工程	子分部工程	分项工程	检验批	检验批划分部位	备注
4	建筑屋面	基层与保护	找坡层和找平层	找平层	3—11×A—B 轴三层天面	
					1—13×B—D 轴十七层天面	
					1—13×B—L 轴平屋面	
					5—9×C—E 轴波纹瓦坡屋面	
					1/5—2/8×F—J 轴波纹瓦坡屋面	
			隔离层	隔离层	3—11×A—B 轴三层天面	
					1—13×B—D 轴十七层天面	
					1—13×B—L 轴平屋面	
					5—9×C—E 轴波纹瓦坡屋面	
					1/5—2/8×F—J 轴波纹瓦坡屋面	
			保护层	保护层	3—11×A—B 轴三层天面细石混凝土保护层	
					3—11×A—B 轴三层天面块体材料保护层	
					1—13×B—D 轴十七层天面细石混凝土保护层	
					1—13×B—D 轴十七层天面块体材料保护层	
					1—13×B—L 轴平屋面细石混凝土保护层	
					1—13×B—L 轴平屋面块体材料保护层	
					5—9×C—E 轴波纹瓦坡屋面	
					1/5—2/8×F—J 轴波纹瓦坡屋面	
		保温与隔热	板状材料保温层	板状材料保温层	3—11×A—B 轴三层天面	
					1—13×B—D 轴十七层天面	
					1—13×B—L 轴平屋面	
		防水与密封	卷材防水层	卷材防水层	3—11×A—B 轴三层天面	
					1—13×B—D 轴十七层天面	
					1—13×B—L 轴平屋面	
					5—9×C—E 轴波纹瓦坡屋面	
					1/5—2/8×F—J 轴波纹瓦坡屋面	
		瓦面与板面	烧结瓦和混凝土瓦铺装	烧结瓦和混凝土瓦铺装	5—9×C—E 轴波纹瓦坡屋面	
					1/5—2/8×F—J 轴波纹瓦坡屋面	
		细部构造	檐口	檐口	3—11×A—B 轴三层天面	
					1—13×B—L 轴平屋面	
					1/5—2/8×F—J 轴波纹瓦坡屋面	

续表

序号	分部工程	子分部工程	分项工程	检验批	检验批划分部位	备注
4	建筑屋面	细部构造	檐沟和天沟	檐沟和天沟	3—11 × A—B 轴三层天面	
					1—13 × B—L 轴平屋面	
					1/5—2/8 × F—J 轴波纹瓦坡屋面	
			女儿墙和山墙	女儿墙和山墙	1—13 × B—L 轴平屋面	
			落水口	落水口	3—11 × A—B 轴三层天面	
					1—13 × B—D 轴十七层天面	
					1—13 × B—L 轴平屋面	
					1/5—2/8 × F—J 轴波纹瓦坡屋面	
			伸出屋面管道	伸出屋面管道	1—13 × B—L 轴平屋面	
			屋面出入口	屋面出入口	1—13 × B—L 轴平屋面	
			屋脊	屋脊	5—9 × C—E 轴波纹瓦坡屋面	
					1/5—2/8 × F—J 轴波纹瓦坡屋面	

五、建筑节能分部工程

序号	分部工程	子分部工程	分项工程	检验批	检验批划分部位	备注
5	建筑节能	围护系统节能	墙体节能	墙体节能（材料）	一至二层外墙	
				墙体节能（材料）	三至十层外墙	
				墙体节能（材料）	十一至十七层外墙	
				墙体节能（保温浆料）	三至十层 B—L 轴外墙	
					十一至十七层 B—L 轴外墙	
					三至十层 L—B 轴外墙	
					十一至十七层 L—B 轴外墙	
					三至十层 1—13 轴外墙	
					十一至十七层 1—13 轴外墙	
					三至十层 13—1 轴外墙	
					十一至十七层 13—1 轴外墙	
			门窗节能	门窗节能	一至三层外窗	
					四至五层外窗	
					六至八层外窗	
					九至十一层外窗	
					十二至十四层外窗	
					十五至十七层外窗	
			屋面节能	屋面节能	3—11 × A—B 轴三层天面	
					1—13 × B—D 轴十七层天面	
					1—13 × B—L 轴平屋面	
		供暖空调设备及管网节能	通风与空调节能（设备、材料）	通风与空调节能（设备、材料）	地下一层	
				通风与空调节能（风系统）	地下一层	
				通风与空调节能（试运转和调试）	地下一层	
		电气动力节能	配电节能	配电与照明节能	一层	
					二层	
					三层	
					四层	
					五层	
					六层	
					⋮	
					十六层	
					十七层	
					地下一层	

第二节　单位工程管理资料

《国家标准建筑工程施工质量验收规范广西应用手册》(以下简称《广西应用手册》)第五章关于施工质量文件的归档第23页规定,质量控制资料卷包括施工现场管理检查记录[桂建质(综合类)-01表]、开工申请及开工令、测量放线记录、施工组织设计、施工方案、施工日记、技术交底、各子分部工程质量验收记录附表所列的以及竣工验收记录[桂建质00(二)]表所列的有关质量控制的资料。南宁市建设工程质量监督站(以下简称"南宁市质监站")及南宁市相思湖新区建设工程质量监督站编制的单位(子单位)工程竣工验收文件和资料目录(房屋建筑工程)将《广西应用手册》质量控制资料卷及建设工程质量监督登记书、施工许可证、规划许可证等工程能够合法开工的证明文件一并纳入单位工程施工管理资料。

本节,我们结合《广西应用手册》及南宁市质监站单位(子单位)工程竣工验收文件和资料目录(房屋建筑工程)学习单位工程施工管理资料。

一、单位工程施工管理资料明细

序号	文件和资料名称	备　注
1	建设工程质量监督登记书	
2	施工许可证	
3	规划许可证	
4	图纸会审记录/设计变更	
5	施工组织设计/工序施工方案/方案报审表	
6	施工图设计文件审查批准书(施工图审查)	
7	施工合同审查表	
8	施工现场质量管理检查记录表	
9	项目经理部组建审批记录及人员名册、上岗证书(复印件)及变更文件	
10	开工令/开工报审表	
11	单位工程定位测量记录表(A、B表)/测量成果报验表	
12	技术交底单	
13	对分包单位的资质审查和管理记录(含分包合同备案文件)	
14	施工日志	
15	因故停工/复工报告	
16	岩土工程勘察报告	
17	竣工图	

二、单位工程施工管理资料填写示例

施工现场质量管理检查记录

GB 50300—2013　　　　桂建质(综合类)-01

<table>
<tr><td colspan="2">工程名称</td><td colspan="2">品茗人宿舍</td><td colspan="3">施工许可证(开工证)号</td><td colspan="2"></td></tr>
<tr><td colspan="2">建设单位</td><td colspan="2"></td><td colspan="3">项目负责人</td><td colspan="2"></td></tr>
<tr><td colspan="2">设计单位</td><td colspan="2"></td><td colspan="3">项目负责人</td><td colspan="2"></td></tr>
<tr><td colspan="2">监理单位</td><td colspan="2"></td><td colspan="3">总监理工程师</td><td colspan="2"></td></tr>
<tr><td colspan="2">施工单位</td><td></td><td colspan="2">项目负责人</td><td></td><td colspan="2">项目技术负责人</td><td></td></tr>
<tr><td>序号</td><td colspan="3">项　　目</td><td colspan="5">内　　容</td></tr>
<tr><td>1</td><td colspan="3">项目部质量管理体系</td><td colspan="5">过程控制、合格控制的质量管理体系;三检及交接检验制度;每周质量例会制度;每月度质量评定奖励制度;质量事故责任制度</td></tr>
<tr><td>2</td><td colspan="3">现场质量责任制</td><td colspan="5">岗位责任制;设计交底会制;技术交底制;挂牌制度</td></tr>
<tr><td>3</td><td colspan="3">主要专业工种操作岗位证书</td><td colspan="5">测量员、焊工、钢筋工、木工、混凝土工、电工、超重工、架子工等专业工种,上岗证书齐全</td></tr>
<tr><td>4</td><td colspan="3">分包单位管理制度</td><td colspan="5">—</td></tr>
<tr><td>5</td><td colspan="3">图纸会审记录</td><td colspan="5">已经进行了图纸会审,四方签字确认完毕</td></tr>
<tr><td>6</td><td colspan="3">地质勘察资料</td><td colspan="5">地质勘探报告</td></tr>
<tr><td>7</td><td colspan="3">施工技术标准</td><td colspan="5">《广西建筑工程施工工艺标准》(试行)</td></tr>
<tr><td>8</td><td colspan="3">施工组织设计、施工方案编制及审批</td><td colspan="5">施工组织设计、施工方案已编制并审批</td></tr>
<tr><td>9</td><td colspan="3">物资采购管理制度</td><td colspan="5">物资采购管理制度</td></tr>
<tr><td>10</td><td colspan="3">施工设施和机械设备管理制度</td><td colspan="5">施工设施和机械设备管理制度</td></tr>
<tr><td>11</td><td colspan="3">计量设备配备</td><td colspan="5">计量设备配备管理制度和计量设施的精确度及控制措施</td></tr>
<tr><td>12</td><td colspan="3">检测试验管理制度</td><td colspan="5">检测试验管理制度</td></tr>
<tr><td>13</td><td colspan="3">工程质量检查验收制度</td><td colspan="5">验收制度合理,符合法规及规范的要求,各项验收环节已经落实到人</td></tr>
<tr><td colspan="4">自检结果:

现场质量管理制度齐全。

施工单位项目负责人:

年　月　日</td><td colspan="5">检查结论:

现场质量管理制度基本完善。

总监理工程师:
(建设单位项目负责人)
年　月　日</td></tr>
</table>

填写说明

本表由施工单位项目负责人检查填写，再交总监理工程师检查确认。填写时间在进场后开工前。当项目管理有重大变化调整时，应重新检查填写内容并交总监理工程师检查确认。

对表中内容的解释依次为：

①项目部质量管理体系主要包括质量方针和目标管理、质量管理组织机构、质量例会制度、质量信息管理和质量管理改进等。

②现场质量责任制主要包括：人员任命与职责分工文件；公司对项目负责人的授权文件、项目负责人签署的工程质量终身责任承诺书；人员签字与照片文件；项目负责人、项目技术负责人、项目施工负责人，技术员、施工员、质检员、安全员、资料员，预算员、材料员、实验员、测量员、机械员、标准员，施工班组长、作业人员等的质量责任制；质量责任的落实规定，定期检查及有关人员奖罚制度；技术交底制度。

③主要专业工种操作岗位证书包括特种作业人员和测量工、钢筋工、木工等普通专业工种人员的岗位证书。

④分包单位管理制度包括分包合同、对分包单位的质量安全管理制度等。

⑤图纸会审记录包括完整的设计文件、审图报告及相应的设计回复资料、设计交底记录、图纸会审记录及相应的设计答复资料等；建设、施工、监理、设计项目负责人均应参加设计交底与图纸会审；设计文件应加盖审图章。

⑥地质勘察资料应有勘察单位出具的工程地质勘察报告。

⑦施工技术标准包括施工工艺标准、验收标准、标准图集等，要求施工有明确的依据，能满足工程施工需要。

⑧施工组织设计、施工方案编制与审批要求有针对性，有编制人、审核人、批准人签名，要经过总监理工程师审批。

⑨物资采购管理制度包括采购制度、进场验收制度、台账等。

⑩施工设施和机械设备管理制度包括安装、检测、备案、维保与拆卸等环节的制度。

⑪计量设备配备要求计量准确。

⑫检测试验管理制度包括检测仪器设备配置、材料设备进场检验制度、见证取样送检制度、试块留置方案、检测试验计划等。

⑬工程质量检查验收制度包括自检与交接制度、项目周检制度、质检员日检制度、质量问题整改制度、缺陷修补方案、施工过程质量控制制度等。

开工申请、开工令

<table>
<tr><td>工程名称</td><td colspan="3">品茗人宿舍</td><td>工程地质</td><td>南宁市××路××号</td></tr>
<tr><td>建设单位</td><td colspan="3"></td><td>预算造价</td><td>×××万元</td></tr>
<tr><td>建筑面积</td><td></td><td>结构类型</td><td>框架剪力墙</td><td>层数</td><td>地上 17 层,地下 1 层</td></tr>
<tr><td rowspan="13">开工申请</td><td rowspan="11">开工条件具备情况</td><td>“三通一平”</td><td colspan="3">已完成“三通一平”</td></tr>
<tr><td>图纸会审</td><td colspan="3">已完成图纸会审</td></tr>
<tr><td>施工组织设计(含安全生产内容)的编制与批准</td><td colspan="3">已完成施工组织设计编制与批准</td></tr>
<tr><td>大型基础施工方案的编制与批准</td><td colspan="3">—</td></tr>
<tr><td>坐标点和水准点的测引与交接</td><td colspan="3">已交接完坐标点和水准点的引测</td></tr>
<tr><td>施工单位人员到位情况</td><td colspan="3">施工单位人员已到位</td></tr>
<tr><td>材料进场情况</td><td colspan="3">材料已按计划陆续进场</td></tr>
<tr><td>施工机械进场情况</td><td colspan="3">施工机械已进场</td></tr>
<tr><td>临时设施搭设情况</td><td colspan="3">临时设施搭设完成</td></tr>
<tr><td>其 他</td><td colspan="3">正常</td></tr>
<tr><td colspan="4">项目经理:亲笔签名
同意申请开工。
年 月 日</td></tr>
<tr><td>施工单位审批意见</td><td colspan="2">本工程已具备开工条件,拟于
年 月 日 开工,请批准。
公司(或分公司)负责人:
(公章)
年 月 日</td><td>建设单位审批意见</td><td>同意于 年 月 日 开工。
项目负责人:
(公章)
年 月 日</td></tr>
</table>

<table>
<tr><td>开工令</td><td>本工程已具备开工条件,请于 年 月 日 开工。
总监理工程师:亲笔签名
(公章)
年 月 日</td></tr>
</table>

(品茗 Z1025899)

工程开工报审表(表 B.0.2)

工程名称:品茗人宿舍　　　　　　　　　　　　　　　　　　　　　　　编号:

致:　　　　　　　　　　　　(建设单位) 　　　　　　　　　　　　　　(项目监理机构) 我方承担的　　　品茗人宿舍　　　工程,已完成相关准备工作,具备开工条件,特申请于＿＿年＿＿月＿＿日开工,请予以审批。 附件:证明文件资料: 施工现场质量管理检查记录表 施工单位(盖章) 项目经理(签字)＿＿＿＿＿＿ 年　月　日
审批意见: ①本项目已进行设计交底及图纸会审,图纸会审中的相关意见已落实。 ②施工组织设计已经过项目监理机构审核同意。 ③施工单位已建立相应的现场质量、安全生产管理体系。 ④相关管理人员及特种施工人员资质已审查并已到位,主要施工机械已进场并验收完成,主要工程材料已落实。 ⑤现场施工道路及水、电、通信及临时设施等已按施工组织设计落实。 经审查,本工程现场准备工作满足开工要求,请建设单位审批。 项目监理机构(盖章) 总监理工程师(签字、加盖职业印章)＿＿＿＿＿＿ 年　月　日
审批意见: 本工程已取得施工许可证,相关资金已经落实并按合同约定拨付至施工单位,同意开工。 建设单位(盖章) 建设单位代表(签字)＿＿＿＿＿＿ 年　月　日

注:本表一式三份,项目监理机构、建设单位、施工单位各一份。

(品茗 Z1025899)

单位工程定位测量记录表-A

施工单位：　　　　　　　　　　　　　　　　测量日期：　　年　月　日

<table>
<tr><td>单位工程名称</td><td>品茗人宿舍</td><td>建设单位</td><td></td><td>定位依据资料</td><td>用地红线图及南宁市勘测院建筑放线测量图</td></tr>
<tr><td>平面定位标准点坐标</td><td colspan="3">地形图 X:2527642. 800　Y:534696. 300</td><td>引入导线的角度和长度</td><td>由南宁市勘测院引测</td></tr>
<tr><td>起点为建(构)筑物的轴</td><td colspan="5">①—OA</td></tr>
<tr><td colspan="3">简图(附指北针示意)：
北
1
13
37.20 m
X:2527642.800
Y:534696.300
X:2527605.605
Y:534750.706
21.00 m　3.00 m　22.50 m
OA　A　L
测量员：</td><td colspan="3">施工单位检查意见：
符合要求。
项目专业技术负责人：
年　月　日

监理(或建设)单位检查意见：
符合要求。
监理工程师：(或建设单位项目专业技术负责人)
年　月　日</td></tr>
</table>

(品茗 Z1025899)

单位工程定位测量记录表-B

施工单位：　　　　　　　　　　　　测量日期：　　　年　月　日

<table>
<tr><td rowspan="2">单位工程名称</td><td rowspan="2">品茗人宿舍</td><td rowspan="3">误差调整</td><td rowspan="3"></td><td rowspan="4">引入水准测量</td><td></td><td>水准基点</td><td>1</td><td>2</td><td>3</td><td>建筑物（±0.00）</td></tr>
<tr><td>前视读数</td><td></td><td>-0.9</td><td></td><td></td><td>107.00</td></tr>
<tr><td>建设单位</td><td></td><td>绝对标高</td><td>106.70</td><td></td><td></td><td></td><td rowspan="2"></td></tr>
<tr><td>定位依据资料</td><td colspan="3">用地红线图及南宁市勘测院建筑放线测量图</td><td>后视读数</td><td></td><td>1.2</td><td></td><td></td></tr>
</table>

简图：

测量员：

施工单位检查意见：

符合要求。

项目专业技术负责人：

年　月　日

监理（或建设）单位检查意见：

符合要求。

监理工程师：
（或建设单位项目
专业技术负责人）

年　月　日

（品茗 Z1025899）

施工控制测量成果报验表(表 B.0.5)

工程名称:　品茗人宿舍　　　　　　　　　　　　　　　　编号:CL-001

<table>
<tr><td>
致:______________________________(项目监理机构)

我方已完成　品茗人宿舍　的施工控制测量,经自检合格,请予以查验。

附:
1. 施工控制测量依据资料:规划红线、基准或基准点、引进水准点标高文件资料、总平面布置图。
2. 施工控制测量成果表:单位工程定位测量记录表-A、单位工程定位测量记录表-B。
3. 测量人员的资格证书及测量设备检定证书。

施工项目经理部(盖章)

项目技术负责人(签字)__________
年　月　日
</td></tr>
<tr><td>
审查意见:

经复核,控制网复核方位角度传递均联系两个方向,水平角观测误差均在原来的度盘上两次复测无误;距离测量复核符合要求。
应对工程基准点、基准线,主轴线控制点实施有效保护。

项目监理机构(盖章)
专业监理工程师(签字)__________
年　月　日
</td></tr>
</table>

注:本表一式三份,项目监理机构、建设单位、施工单位各一份。

(品茗 Z1025899)

施工控制测量成果报验表
应用指南

(1)背景事件

施工单位在收到监理单位1月15日开具的工程开工令后,立即组织测量人员根据建设单位提供的规划红线、基准或基准点、引进水准点标高文件进行了工程平面控制网和高程控制网布设测量工作。施工项目经理部于3月19日把测量数据报监理单位复核。

(2)规范对应条文

《建设工程监理规范》(GB/T 50319—2013)第5.2.5条、第5.2.6条。

(3)规范用表说明

测量放线的专业测量人员资格(测量人员的资格证书)及测量设备资料(施工测量放线使用测量仪器的名称、型号、编号、校验资料等)应经项目监理单位确认。

测量依据资料及测量成果包括下列内容:

①平面、高程控制测量:需报送控制测量依据资料、控制测量成果表(包含平差计算表)及附图。

②定位放样:报送放样依据、放样成果表及附图。

(4)适用范围

本表用于施工单位施工控制测量完成并自检合格后,报送项目监理机构复核确认。

(5)填表注意事项

监理单位收到施工单位报送的《施工控制测量成果报验表》后,应报专业监理工程师批复。专业监理工程师按标准规范有关要求,进行控制网布设、测点保护、仪器精度、观测规范、记录清晰等方面的检查、审核,意见栏应填写是否符合技术规范、设计等的具体要求,重点应进行必要的内业及外业复核;符合规定时,该表由专业监理工程师签认。

注:本指南参考自《建设工程监理规范(GB/T 50319—2013)应用指南》第98页。

施工组织设计或(专项)施工方案报审表(表 B.0.1)

工程名称:　品茗人宿舍　　　　　　　　　　　　编号:

<table>
<tr><td>致:＿＿＿＿＿＿＿＿＿＿＿＿＿＿＿＿(项目监理机构)
我方已完成　品茗人宿舍　工程施工组织设计或(专项)施工方案的编制,并按规定已完成相关审批手续,请予以审查。
附:　施工组织设计
　　专项施工方案
　√ 施工方案　　　钻孔灌注桩施工方案
施工项目经理部(盖章)
项目经理(签字)＿＿＿＿＿＿
年　月　日</td></tr>
<tr><td>审查意见:
同意。
专业监理工程师(签字)＿＿＿＿＿＿
年　月　日</td></tr>
<tr><td>审核意见:
同意专业监理工程师的意见,请严格按照钻孔灌注桩施工方案组织施工。
项目监理机构(盖章)
总监理工程师(签字、加盖执业印章)＿＿＿＿＿＿
年　月　日</td></tr>
<tr><td>审批意见:(仅对超过一定规模的危险性较大的分部分项工程专项方案)
建设单位(盖章)
建设单位代表(签字)＿＿＿＿＿＿
年　月　日</td></tr>
</table>

注:本表一式三份,项目监理机构、建设单位、施工单位各一份。

施工组织设计或(专项)施工方案报审表应用指南

(1)背景事件

施工单位已根据合同要求完成了本工程的《钻孔灌注桩施工方案》,并经施工单位技术负责人审批,报监理单位审核。

(2)规范对应条文

《建设工程监理规范》(GB/T 50319—2013)第5.1.6条、第5.1.7条、第5.2.2条、第5.2.3条、第5.5.3条、第5.5.4条。

(3)规范用表说明

施工单位编制的施工组织设计/(专项)施工方案应有施工单位技术负责人审核签字并加盖施工单位公章。有分包单位的,分包单位编制的施工组织设计/(专项)施工方案均应由施工单位按规定完成相关审批手续后,报送项目监理单位审核。

(4)适用范围

本表除用于施工组织设计/(专项)施工方案报审及施工组织设计(方案)发生改变后的重新报审外,还可用于对危及结构安全或使用功能的分项工程整改方案的报审及重点部位、关键工序的施工工艺、“四新”技术的工艺方法和确保工程质量的措施的报审。

(5)填表注意事项

①对分包单位编制的施工组织设计/(专项)施工方案均应由施工单位按相关规定完成相关审批手续后,报项目监理单位审核。

②施工单位编制的施工组织设计经施工单位技术负责人审批同意并加盖施工单位公章后,与施工组织设计报审表一并报送项目监理单位。

③对危及结构安全或使用功能的分项工程整改方案的报审,在证明文件中应有建设单位、设计单位、监理单位各方共同认可的书面意见。

注:本指南参考自《建设工程监理规范(GB/T 50319—2013)应用指南》第88页。

图 纸 会 审 记 录

建设单位:______________________ 单位工程名称:____品茗人宿舍____

会审日期:______年____月____日

序号	图 号	会 审 记 录	
		问 题	答 复 意 见

施工单位: （盖章） 设计单位: （盖章） 建设单位: （盖章） 监理单位 （盖章）

技术负责人: 设计负责人: 主管: 技术负责人:

参加人: 参加人: 参加人: 参加人:

（品茗 Z1025899）

建　筑　安　装　工　程

技　术　交　底　单

施工单位：　　　　　　　　　　　　　　　　填发日期：　　　年　月　日

<table>
<tr><td>建设单位</td><td></td><td>单位工程名称</td><td>品茗人宿舍</td></tr>
<tr><td>工程部位</td><td>人工挖孔桩</td><td>接受交底人</td><td></td></tr>
<tr><td>交底内容</td><td colspan="3">技术交底内容：设计图纸特殊要求、施工规范要求、质量验评标准。
①放线定桩位及高程→开挖第一节桩孔土方→支护壁模板放附加钢筋→浇筑第一节护壁混凝土→检查桩位（中心）轴线→开挖吊运第二节桩孔土方（修边）→先拆第一节模板并支第二节护壁模板（放附加钢筋）→浇筑第二节护壁混凝土→检查桩位（中心）线→轴线→逐层往下循环作业→开挖扩底部分→检查验收→吊放钢筋笼→放混凝土溜筒（导管）→浇筑桩身混凝土（随浇随振）→插桩顶钢筋。
②确定好桩位中心，以中心点为圆心、以桩身半径加护壁厚度为半径画出上部（即第一步）的圆周。
③开挖桩孔要从上到下逐层进行，先挖中间部分的土方，然后扩及周边，有效地控制开挖桩孔的截面尺寸，每节的高度为 1 m。支护壁模板（放附加钢筋），为防止桩孔壁坍方，确保安全施工，成孔要设置钢筋混凝土（或混凝土）井圈。护壁模板采用拆上节支下节重复周转使用。模板之间用卡具、扣件连接固定，也可以在每节模板的上下端各设一道圆弧的用槽钢或角钢做成的内钢圈作为内侧支撑，防止内模因张力而变形。
④第一节护壁高出地坪 150 ~ 200 mm，便于挡土、挡水，桩位轴线和高程均要标定在第一节护壁上口处。
⑤桩孔护壁混凝土每挖完一节后要立即浇筑混凝土。混凝土采用人工浇筑、人工捣实，混凝土强度为 C20，坍落度控制在 80 ~ 100 mm，确保孔壁的稳定性。
⑥每节桩孔护壁做好以后必须将十字轴线和标高测设结果标记在护壁的上口，然后用十字线对中，吊线坠向井底投设，以半径尺寸杆检查孔壁的垂直平整度，随之进行修整，井深必须以基准点为依据，逐根进行引测，保证桩孔轴线位置、标高、截面尺寸满足设计要求。
⑦扩底桩要先将扩底部位桩身的圆柱体挖好，再按扩底部位的尺寸、形状自上而下削土扩充成设计图纸的要求。
⑧必须对桩身直径、扩头尺寸、孔底标高、桩位中心线、井壁垂直、虚土厚度进行全面测定，做好施工记录，办理隐蔽验收手续。
⑨钢筋笼在放入前要先绑好砂浆垫块，按设计要求一般为 70 mm（钢筋笼四周，在主筋上每隔 3 ~ 4 m 设一个 ϕ20 耳环，作为定位垫块）；吊放钢筋笼时，要对准孔位，直吊扶稳、缓慢下沉，避免碰撞孔壁。钢筋笼放到设计位置后要立即固定。
⑩桩身混凝土可使用机械搅拌，用溜槽加串桶向桩孔内浇筑混凝土。混凝土的落差大于 2 m、桩深度超过 12 m 时，要采用混凝土导管浇筑。浇筑混凝土要连续进行。
⑪混凝土浇筑到桩顶时，要适当超过桩顶设计标高，一般可为 50 ~ 70 mm，以保证在剔除浮浆后，桩顶标高符合设计要求。桩顶上的钢筋插铁一定要保持设计尺寸，垂直插入，并有足够的保护层。
⑫已挖好的桩孔必须用木板或脚手板、钢筋网片盖好，防止土块、杂物、人员坠落，严禁用草袋、塑料布虚掩。
⑬已挖好的桩孔应及时放好钢筋笼，及时浇筑混凝土，间隔时间不得超过 4 h，以防止坍方。有地下水的桩孔要随挖、随检、随放钢筋笼、随时将混凝土灌好，避免地下水浸泡。
⑭钢筋笼不要被泥浆污染。浇筑混凝土时，钢筋笼顶部应固定牢固，限制钢筋笼上浮。
⑮桩孔混凝土浇筑完毕后要复核桩位和桩顶标高。将桩顶的主筋或插铁扶正，用塑料布或草帘围好，防止混凝土发生收缩、干裂。
⑯施工过程中应妥善保护好场地的轴线桩、水准点，不得碾压桩头、弯折钢筋。</td></tr>
</table>

（品茗 Z1025899）　　　　　　　　　　　　　　　　交底人：

施 工 日 志

施工单位： 工程名称：品茗人宿舍

年 月 日	星期	天气：	气温： ℃
（记事内容主要包括施工情况、施工中的问题、解决方法及谁做的决定。）			

说明：1. 记录人应是项目经理或工长； 记录人：

2. 本日志在工程完成后归入公司档案。

（品茗 Z1025899）

第三节　地基与基础

本节我们将以品茗人宿舍工程为例从施工直到验收过程需要编制整理的施工资料，详解地基、基础（含钻孔灌注柱、独立基础）、基坑支护、地下防水4个子分部工程。以品茗人宿舍2#工程为例详解地基子分部的CFG桩；以品茗人宿舍4#工程为例详解基础子分部的静力压桩。

一、地基子分部工程

1. 地基子分部工程验收资料明细

在地基子分部工程中,CFG 桩是较常见的加固或处理不良地基的处理方式之一。我们将以品茗人宿舍 2#工程为例详解地基子分部工程的 CFG 桩,同时以表格的形式列出 CFG 桩的验收资料。

序号	验收内容	验收资料	备注
1	工程地质勘察报告		
2	CFG 桩施工方案		
3	CFG 桩施工技术交底		
4	施工日记		
5	桩位测量放线	桩位测量放线记录	
6	原材料	水泥出厂合格证、试验报告汇总表	
		水泥合格证、试验报告	
		砂、石检验报告	
		粉煤灰合格证	
		混合料配合比报告	
7	CFG 桩施工	水泥粉煤灰碎石桩复合地基检验批质量验收记录	
		地基处理记录	
		留置混合料标养试块—混合料试块报告	
8	褥垫层铺设	褥垫层隐蔽工程质量验收记录	
9	地基承载力	CFG 桩的检测方案	
		CFG 桩的检测报告	
10	水泥粉煤灰碎石桩复合地基分项工程	水泥粉煤灰碎石桩复合地基分项工程质量验收记录	
11	地基子分部工程验收	地基、基桩工程质量验收监督通知书	
		地基子分部施工技术资料审查表	
		地基处理工程质量验收报告	
		CFG 桩地基承载力的检测报告	
		桩顶标高及桩位偏差图	
		地基子分部工程质量验收记录	

注:子分部工程、分项工程、检验批及施工方案和工程材料的报验、报审参考本教材或品茗软件填写示例及应用指南。

2. 地基子分部工程验收资料填写示例

地基处理工程质量验收报告

桂质监档表07表

<table>
<tr><td>工　程　名　称</td><td colspan="2">品茗人宿舍2#</td><td>建设单位</td><td></td></tr>
<tr><td>地基处理设计单位</td><td colspan="2"></td><td>资质等级</td><td></td></tr>
<tr><td>地基处理施工单位</td><td colspan="2"></td><td>资质等级</td><td></td></tr>
<tr><td>地基处理类型</td><td colspan="2">CFG桩</td><td>验收日期</td><td></td></tr>
<tr><td>现场质量检查情况</td><td colspan="4">1. 桩位轴线符合设计及规范要求；
2. 桩径、桩顶标高符合设计及规范要求；
3. 桩身强度、地基承载力符合设计要求</td></tr>
<tr><td>资料检查情况</td><td colspan="4">1. 质量控制资料共×××项，经查符合要求；
2. 安全和功能检验(检测)报告共×××项，经查符合要求；
3. 地基处理工程资料完整(详见地基处理工程资料检查表)，符合设计及施工规范要求</td></tr>
<tr><td colspan="2">地基处理施工单位评定意见：
符合设计要求及有关施工规范标准。
项目经理：
(公章)
年　月　日</td><td colspan="2">总包或交接单位验收意见：
符合设计要求及有关施工规范标准。
项目负责人：
(公章)
年　月　日</td><td>勘察单位验收意见：
同意验收。
项目勘察负责人：
(公章)
年　月　日</td></tr>
<tr><td colspan="2">地基处理设计单位验收意见：
符合设计，同意验收。
项目设计负责人：
(公章)
年　月　日</td><td colspan="2">监理单位验收意见：
同意验收。
项目总监理工程师：
(公章)
年　月　日</td><td>建筑设计单位验收意见：
符合设计，同意验收。
项目设计负责人：
(公章)
年　月　日</td></tr>
</table>

注：1. 地基处理工程完成后，建设或监理单位应组织有关单位进行质量验收，并按规定的内容填写和签署意见，工程建设参与各方按规定承担相应质量责任。

2. 按规定的内容填写和签署意见后，送一份至工程质量监督站备案。

地基处理工程资料检查表

序号	文件名称	份　数
1	地基处理工程设计文件	
2	地基处理工程施工记录	
3	地基处理工程使用原材料合格证/试(检)验报告	
4	地基处理分项工程评定表	
5	处理地基承载力检测报告	

地基子分部工程质量验收记录

GB 50202—2002 桂建质0101

单位(子单位)工程名称	品茗人宿舍2#	分部工程名称		分项工程数量	
施工单位		项目负责人		技术(质量)负责人	
分包单位		分包单位负责人		分包内容	

序号	分项工程名称	检验批数	施工单位检查结果	监理(建设)单位验收意见
1	素土、灰土地基			(验收意见、合格或不合格的结论、是否同意验收) 所含分项工程无遗漏并全部合格，本子分部工程合格，同意验收
2	砂和砂石地基			
3	土工合成材料地基			
4	粉煤灰地基			
5	强夯地基			
6	注浆地基			
7	预压地基			
8	砂石桩复合地基			
9	高压旋喷射注浆地基			
10	水泥土搅拌桩地基			
11	土和灰土挤密桩复合地基			
12	水泥粉煤灰碎石桩复合地基	3	合格	
13	夯实水泥土桩复合地基			

质量控制资料检查结论	(按附表第1—8项检查) 共 7 项，经查符合要求 7 项， 经核定符合规范要求 0 项	安全和功能检验(检测)报告检查结论	(按附表第9项检查) 共核查 1 项，符合要求 1 项， 经返工处理符合要求 0 项
观感验收记录	1.共抽查 / 项，符合要求 / 项，不符合要求 / 项。 2.观感质量评价：	验收组验收结论	(合格或不合格、是否同意验收的结论) 合格，同意验收

勘察单位	设计单位	分包单位	监理(建设)单位
项目负责人： 年 月 日	项目负责人： 年 月 日	项目负责人： 年 月 日 施工单位 项目负责人： 年 月 日	项目负责人： 年 月 日

注："经核定符合规范要求 项"是指初验未通过的项目，按《建筑工程施工质量验收统一标准》(GB 50300—2013)第5.0.6条处理的情况。

地基子分部工程资料检查表

GB 50202—2002　　　　桂建质 0101 附表

序号	检查内容	份数	监理（建设）单位检查意见
1	工程地质勘察报告	1	√
2	设计图纸/变更文件	1/0	√
3	地基处理工程施工记录	1	√
4	地基处理所用原材料合格证/试（检）验报告	3/3	√
5	混合料配合比报告	1	√
6	隐蔽工程检查验收记录——桂建质（附）	1	√
7	重大质量问题处理方案/验收记录	/	/
8	分项工程质量验收记录——桂建质（分项 A 类）	1	√
9	地基承载力检测报告	1	√
检查人： 年　月　日			

注：检查意见分两种：合格打“√”，不合格打“×”。

水泥粉煤灰碎石桩复合地基分项工程质量验收记录

桂建质(分项 A 类)

<table>
<tr><td>单位(子单位)工程名称</td><td>品茗人宿舍 2#</td><td>分部(子分部)工程名称</td><td colspan="3">地基与基础(地基)</td></tr>
<tr><td>检验批数量</td><td>3</td><td>分项工程专业质量检查员</td><td colspan="3"></td></tr>
<tr><td>施工单位</td><td></td><td>项目负责人</td><td></td><td>项目技术负责人</td><td></td></tr>
<tr><td>分包单位</td><td></td><td>分包单位项目负责人</td><td></td><td>分包内容</td><td></td></tr>
</table>

<table>
<tr><td>序号</td><td>检验批名称</td><td>检验批容量</td><td>部位/区段</td><td>施工单位检查结果</td><td>监理(建设)单位验收意见</td></tr>
<tr><td>1</td><td>水泥粉煤灰碎石桩复合地基</td><td>42 根</td><td>1～42#CFG 桩</td><td>合格</td><td rowspan="8">所含检验批无遗漏,各检验批所覆盖的区段和所含内容无遗漏,所查检验批全部合格</td></tr>
<tr><td>2</td><td>水泥粉煤灰碎石桩复合地基</td><td>36 根</td><td>43～78#CFG 桩</td><td>合格</td></tr>
<tr><td>3</td><td>水泥粉煤灰碎石桩复合地基</td><td>36 根</td><td>79～114#CFG 桩</td><td>合格</td></tr>
<tr><td></td><td></td><td></td><td></td><td></td></tr>
<tr><td></td><td></td><td></td><td></td><td></td></tr>
<tr><td></td><td></td><td></td><td></td><td></td></tr>
<tr><td></td><td></td><td></td><td></td><td></td></tr>
<tr><td></td><td></td><td></td><td></td><td></td></tr>
<tr><td colspan="6">说明:检验批质量验收记录资料齐全完整</td></tr>
<tr><td colspan="2">施工单位检查结果</td><td colspan="4">所含检验批无遗漏,各检验批所覆盖的区段和所含内容无遗漏,全部符合要求,本分项工程符合要求。
项目专业技术负责人:
年　月　日</td></tr>
<tr><td colspan="2">监理(建设)单位验收结论</td><td colspan="4">本分项工程合格。
专业监理工程师:
(建设单位项目专业技术负责人)
年　月　日</td></tr>
</table>

注:本表(分项 A 类)适用于不涉及全高垂直度检查、无特殊要求的分项工程。混凝土现浇结构、混凝土装配结构、砖砌体、混凝土小型空心砌块砌体、石砌体分项工程质量验收记录使用分项 B 类表格。

水泥粉煤灰碎石桩复合地基检验批质量验收记录

GB 50202—2002　　　　桂建质 010312　001

单位(子单位)工程名称	品茗人宿舍 2#	分部(子分部)工程名称	地基与基础(地基)	分项工程名称	水泥粉煤灰碎石桩复合地基
施工单位		项目负责人		检验批容量	42 根
分包单位		分包单位项目负责人		检验批部位	1—42#CFG 桩
施工依据	《建筑地基处理技术规范》(JGJ 79—2012)	验收依据	《建筑地基基础工程施工质量验收规范》(GB 50202—2002)		

		验收项目		设计要求及规范规定			最小/实际抽样数量	检查记录	检查结果
主控项目	1	原材料	水泥	设计要求	42.5 级普通硅酸盐水泥,碎石粒径 20～30 mm,粗砂	查产品合格证书或抽样送检	—	试验合格,报告编号×××	合格
			粉煤灰						
			砂				—	试验合格,报告编号×××	合格
			碎石				—	试验合格,报告编号×××	合格
	2	桩身强度			C15	查 28 d 试块强度	—	试验合格,报告编号×××	合格
	3	地基承载力			≥200 kPa	按规定的方法	—	检测合格,报告编号×××	合格
	4	桩径		允许偏差	-20 mm(个别断面)	用钢尺量或计算填料量	11/11	抽查 11 处,全部合格	合格
一般项目	1	桩位偏差			满堂布桩≤0.40D 条基布桩≤0.25D	用钢尺量,D 为桩径	11/11	抽查 11 处,全部合格	合格
	2	桩长			+100 mm	测桩管长度或垂球测孔深	11/11	抽查 11 处,全部合格	合格
	3	桩垂直度			≤1.5%	用经纬仪测桩管	11/11	抽查 11 处,全部合格	合格
	4	褥垫层夯填度		允许值	≤0.9	用钢尺量	11/11	抽查 11 处,全部合格	合格
	5	桩身完整性		按桩基检测技术规范要求			—	检测合格,报告编号×××	合格

施工单位检查结果	主控项目全部符合要求,一般项目满足规范要求,本检验批符合要求。 专业工长: 项目专业质量检查员:　　年　月　日
监理(建设)单位验收结论	主控项目全部合格,一般项目满足规范要求,本检验批合格。 专业监理工程师: (建设单位项目专业技术负责人)　　年　月　日

注:1. 本表所列项目的检查数量:

①地基承载力:检验数量为总数的 0.5%～1%,且不少于 3 处。有单桩强度检验要求时,数量为总数的 0.5%～1%,且不少于 3 根。

②其他主控项目及一般项目:抽查数量大于总桩数的 20%。

2. 主控项目第 1—3 项中,应将设计的要求填入"设计要求"栏中。
3. 夯填度指夯实后的褥垫层厚度与虚体厚度的比值。
4. 复合地基检验应在桩体强度符合试验荷载条件时进行,一般在施工结束 2～4 周后进行。

地基处理记录

工程名称：　品茗人宿舍 2#　　　　　施工单位：　　　　　　　　　　日期：　　年　月　日

<table>
<tr><td colspan="6">处理方式：

对基础以下的地基做 CFG 桩处理</td></tr>
<tr><td colspan="6">处理部位(或简图)：

详见地基处理部位简图</td></tr>
<tr><td colspan="6">处理过程简述：

对基础以下的地基做 CFG 桩处理,桩长、桩径符合设计要求</td></tr>
<tr><td colspan="6">处理结果：

经检测,地基承载力满足设计要求</td></tr>
<tr><td rowspan="3">签字栏</td><td rowspan="2">勘察单位</td><td rowspan="2">设计单位</td><td rowspan="2">监理单位</td><td colspan="2">施工单位</td></tr>
<tr><td>专业技术负责人</td><td>专业质检员</td></tr>
<tr><td></td><td></td><td></td><td></td><td></td></tr>
</table>

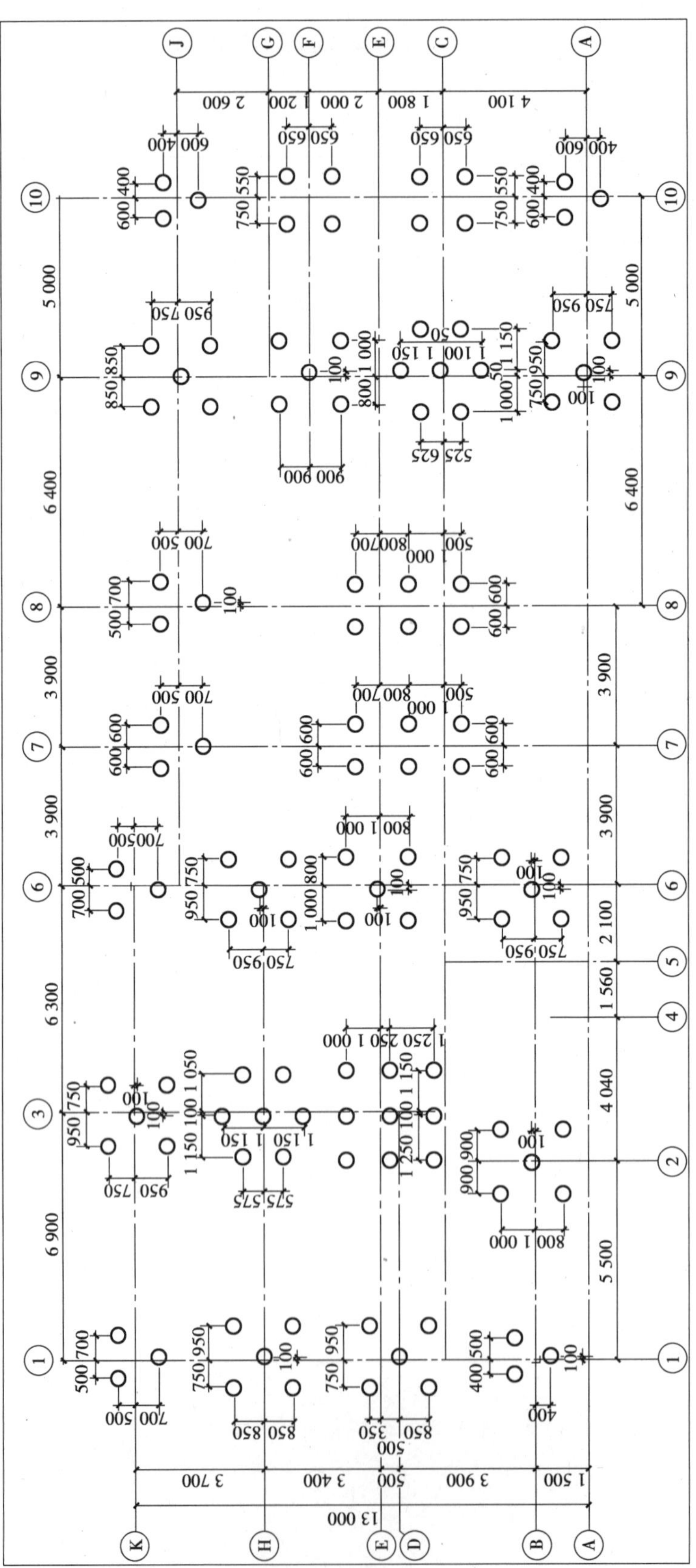
13 000
1 500
3 900
500
3 400
3 700
4 100
1 800
2 000
1 200
2 600
6 900
6 300
3 900
3 900
6 400
5 000
5 500
4 040
1 560
2 100
A
B
C
D
E
F
G
H
J
K
1
2
3
4
5
6
7
8
9
10

地基处理部位简图

褥垫层隐蔽工程质量验收记录

桂建质(附) 010312

<table>
<tr><td rowspan="2">工程名称</td><td rowspan="2">品茗人宿舍 2#</td><td>被隐蔽工程所属检验批名　　称</td><td>水泥粉煤灰碎石桩复合地基检验批</td></tr>
<tr><td>覆盖物所属检验批名称</td><td>混凝土检验批</td></tr>
<tr><td>隐蔽部位</td><td>CFG 桩褥垫层</td><td>施　工
时　间</td><td>自　　　年　月　日
至　　　年　月　日</td></tr>
<tr><td>隐蔽内容及要求</td><td colspan="3">(隐蔽什么,是否符合设计及规范要求)
基础底与 CFG 桩之间铺 300 mm 中粗砂褥垫层,有产品合格证及检验报告;经现场检查验收符合设计及施工规范要求</td></tr>
<tr><td>隐蔽原因</td><td colspan="3">(隐蔽内容被什么所覆盖)
CFG 桩褥垫层被基础混凝土垫层覆盖</td></tr>
<tr><td>施工单位检查评定结果</td><td>符合设计及施工规范要求。
项目专业质量检查员:
年　月　日</td><td>监理(建设)单位验收结论</td><td>同意隐蔽,进行下道工序施工。
监理工程师:
(建设单位项目专业技术负责人)
年　月　日</td></tr>
</table>

注:1. 检验批质量验收中未含隐蔽验收的(如电线导管在被混凝土或砂浆覆盖前的隐蔽验收)可用此表作为被隐蔽工程检验批质量验收记录的附表;检验批质量验收中已含隐蔽验收的(如钢筋安装)可不用此表。
2. "桂建质(附)"后的小方格"□"内填写被隐蔽工程所属检验批的编号。(本书中略去小方格,直接注明编号,实际工程验收表格应在小方格中填写)

二、基础子分部工程

（一）无筋扩展基础分项工程

品茗人宿舍工程的无筋扩展基础分项工程验收资料包含以下内容：

<table>
<tr><th>序号</th><th>验收内容</th><th>验收资料</th><th>备注</th></tr>
<tr><td>1</td><td colspan="2">砌体施工方案</td><td></td></tr>
<tr><td>2</td><td colspan="2">砌体施工技术交底</td><td></td></tr>
<tr><td>3</td><td colspan="2">施工日记</td><td></td></tr>
<tr><td rowspan="8">4</td><td rowspan="2">砌体原材料</td><td>砌块（小型砌块、砖）出厂合格证、试验报告汇总表</td><td></td></tr>
<tr><td>复验报告及产品合格证</td><td></td></tr>
<tr><td rowspan="3">砌筑砂浆</td><td>水泥复验报告及产品合格证</td><td></td></tr>
<tr><td>砂、石检验报告</td><td></td></tr>
<tr><td>砂浆配合比</td><td></td></tr>
<tr><td rowspan="3">植筋原材料</td><td>钢材出厂合格证、试验报告汇总表</td><td></td></tr>
<tr><td>钢筋进场数量清单</td><td></td></tr>
<tr><td>钢筋质量证明书、钢筋见证取样复试报告</td><td></td></tr>
<tr><td rowspan="4">5</td><td rowspan="4">地下室砌体</td><td>砖砌体工程检验批质量验收记录</td><td></td></tr>
<tr><td>隐蔽工程检查验收记录（砌体拉结钢筋）</td><td></td></tr>
<tr><td>砂浆原材料过磅记录</td><td></td></tr>
<tr><td>留置砌筑砂浆试块—试块报告</td><td></td></tr>
<tr><td>6</td><td>砌筑砂浆评定</td><td>砌筑砂浆试块抗压强度统计及验收记录</td><td></td></tr>
<tr><td>7</td><td>无筋扩展基础分项工程</td><td>无筋扩展基础分项工程质量验收记录</td><td></td></tr>
</table>

注：子分部工程、分项工程、检验批及施工方案和工程材料的报验、报审等参考本教材地基与基础分部工程或品茗软件填写示例及应用指南。

(二)钢筋混凝土扩展基础分项工程

品茗人宿舍工程的钢筋混凝土扩展基础分项工程主要包括独立基础及地下室的钢筋混凝土扩展基础分项工程,下面以表格的形式列出其验收资料。

<table>
<tr><th>序号</th><th colspan="2">验收内容</th><th>验收资料</th><th>备注</th></tr>
<tr><td>1</td><td colspan="3">施工方案(钢筋、模板、混凝土)</td><td></td></tr>
<tr><td>2</td><td colspan="3">施工技术交底(钢筋、模板、混凝土)</td><td></td></tr>
<tr><td>3</td><td colspan="3">施工日记</td><td></td></tr>
<tr><td rowspan="23">4</td><td rowspan="23">独立柱基</td><td rowspan="2">副楼测量放线</td><td>单位工程定位测量记录表-A</td><td></td></tr>
<tr><td>单位工程定位测量记录表-B</td><td></td></tr>
<tr><td>副楼土方开挖</td><td>土方开挖施工检验批质量验收记录</td><td></td></tr>
<tr><td>副楼地基验槽</td><td>地基验槽记录</td><td></td></tr>
<tr><td rowspan="7">副楼独立柱基 C15 素混凝土垫层</td><td>自拌:水泥合格证、试验报告,砂、石检验报告</td><td></td></tr>
<tr><td>自拌混凝土施工记录</td><td></td></tr>
<tr><td>自拌:混凝土开盘鉴定、混凝土过磅记录</td><td></td></tr>
<tr><td>留置混凝土标养试块—混凝土试块报告</td><td></td></tr>
<tr><td>混凝土原材料检验批质量验收记录</td><td></td></tr>
<tr><td>混凝土拌合物检验批质量验收记录</td><td></td></tr>
<tr><td>混凝土施工检验批质量验收记录</td><td></td></tr>
<tr><td rowspan="5">副楼独立柱基钢筋</td><td>钢筋质量证明书、钢筋见证取样复试报告</td><td></td></tr>
<tr><td>钢筋原材料检验批质量验收记录</td><td></td></tr>
<tr><td>钢筋加工检验批质量验收记录</td><td></td></tr>
<tr><td>钢筋连接检验批质量验收记录</td><td></td></tr>
<tr><td>钢筋安装检验批质量验收记录</td><td></td></tr>
<tr><td>副楼独立柱基模板安装</td><td>现浇结构模板安装检验批质量验收记录/原始记录</td><td></td></tr>
<tr><td rowspan="5">副楼独立柱基混凝土</td><td>商品混凝土配合比、合格证(28 d)、交接单</td><td></td></tr>
<tr><td>混凝土拌合物检验批质量验收记录</td><td></td></tr>
<tr><td>混凝土施工检验批质量验收记录</td><td></td></tr>
<tr><td>商品混凝土施工记录</td><td></td></tr>
<tr><td>留置混凝土标养试块—混凝土试块报告</td><td></td></tr>
<tr><td>副楼独立柱基外观质量</td><td>现浇结构外观质量及尺寸偏差检验批质量验收记录</td><td></td></tr>
</table>

续表

序号	验收内容		验收资料	备注
5	地下室	地下室底板、顶板、外墙采用刚性自防水混凝土		
		主楼承台、地梁、底板模板采用砖胎模		
		基础承台钢筋	钢筋质量证明书、钢筋见证取样复试报告	
			钢筋原材料检验批质量验收记录	
			钢筋加工检验批质量验收记录	
			钢筋连接检验批质量验收记录	
			钢筋安装检验批质量验收记录	
		基础承台混凝土	商品混凝土配合比、合格证(28 d)、交接单	
			混凝土拌合物检验批质量验收记录	
			混凝土施工检验批质量验收记录	
			商品混凝土施工记录	
			留置混凝土标养试块—混凝土试块报告	
		基础承台外观质量	现浇结构外观质量及尺寸偏差检验批质量验收记录	
		地下室底板下 C15 素混凝土垫层	自拌:水泥合格证、试验报告,砂、石检验报告	
			自拌混凝土施工记录	
			自拌:混凝土开盘鉴定、混凝土过磅记录	
			留置混凝土标养试块—混凝土试块报告	
			混凝土原材料检验批质量验收记录	
			混凝土拌合物检验批质量验收记录	
			混凝土施工检验批质量验收记录	
		基础梁、地下室底板钢筋	钢筋质量证明书、钢筋见证取样复试报告	
			钢筋原材料检验批质量验收记录	
			钢筋加工检验批质量验收记录	
			钢筋连接检验批质量验收记录	
			钢筋安装检验批质量验收记录	
		地下室混凝土墙、柱钢筋	钢筋质量证明书、钢筋见证取样复试报告	
			钢筋原材料检验批质量验收记录	
			钢筋加工检验批质量验收记录	
			钢筋连接检验批质量验收记录	
			钢筋安装检验批质量验收记录	
		地下室混凝土墙、柱模板安装	现浇结构模板安装检验批质量验收记录	
		地下室墙、柱混凝土	商品混凝土配合比、合格证(28 d)、交接单	
			混凝土拌合物检验批质量验收记录	
			混凝土施工检验批质量验收记录	
			商品混凝土施工记录	
			留置混凝土标养试块—混凝土试块报告	
		基础梁、地下室底板外观质量	现浇结构外观质量及尺寸偏差检验批质量验收记录	
		地下室混凝土墙、柱外观质量	现浇结构外观质量及尺寸偏差检验批质量验收记录	

续表

序号	验收内容	验收资料	备注
5	地下室顶板、梁模板安装	现浇结构模板安装检验批质量验收记录	
	地下室顶板、梁钢筋	钢筋质量证明书、钢筋见证取样复试报告	
		钢筋原材料检验批质量验收记录	
		钢筋加工检验批质量验收记录	
		钢筋连接检验批质量验收记录	
		钢筋安装检验批质量验收记录	
	地下室顶板、梁	现浇结构外观质量及尺寸偏差检验批质量验收记录	
	地下室顶板后浇带模板安装	现浇结构模板安装检验批质量验收记录	
	地下室顶板后浇带钢筋	钢筋质量证明书、钢筋见证取样复试报告	
		钢筋原材料检验批质量验收记录	
		钢筋加工检验批质量验收记录	
		钢筋连接检验批质量验收记录	
		钢筋安装检验批质量验收记录	
	地下室底板后浇带模板安装	现浇结构模板安装检验批质量验收记录	
	地下室底板后浇带钢筋	钢筋质量证明书、钢筋见证取样复试报告	
		钢筋原材料检验批质量验收记录	
		钢筋加工检验批质量验收记录	
		钢筋连接检验批质量验收记录	
		钢筋安装检验批质量验收记录	
6	基础混凝土隐蔽验收	隐蔽工程质量验收记录	
7	混凝土评定验收	混凝土检验批验收记录	
		标准养护混凝土试块试压报告汇总表	
8	钢筋混凝土扩展分项工程	钢筋混凝土扩展分项工程质量验收记录	

(三)干作业成孔桩基础分项工程——钻孔桩

以品茗人宿舍工程为例,详解钻孔桩,同时以表格的形式列出钻孔桩的验收资料。

序号	验收内容	验收资料	备注
1	工程地质勘察报告		
2	钻孔灌注桩施工方案		
3	钻孔灌注桩施工技术交底		
4	施工日记		
5	桩位测量放线	桩位测量放线记录表	
6	原材料	商品混凝土、钢材相关质量证明文件	
		混凝土灌注桩检验批质量验收记录(原材料)	
7	钢筋笼	钢筋焊接相关质量证明文件	
		混凝土灌注桩检验批质量验收记录(钢筋笼)	
8	桩施工	混凝土灌注桩检验批质量验收记录(汇总表)	
		混凝土灌注桩检验批质量验收记录(各项指标实测值)	
		冲(钻)孔桩工程单桩现场验收表	
		冲(钻)孔桩灌注桩混凝土施工记录	
		留置混凝土标养试块	
9	钻孔灌注桩隐蔽验收	钻孔灌注桩施工质量隐蔽验收记录	
10	基桩竣工平面图及桩顶标高图		
11	承载力桩体质量检验	基桩的检测方案	
		基桩的检测报告	
12	桩基混凝土评定验收	混凝土检验批验收记录(标养统计评定)	
		标准养护混凝土试块试压报告汇总表	
13	干作业成孔桩基础分项工程	干作业成孔桩基础分项工程质量验收记录	
14	基桩工程验收	地基、基桩工程质量验收监督通知书	
		桩顶标高及桩位偏差图	
		基桩的检测报告	
		基桩工程质量验收报告	

注:子分部工程、分项工程、检验批及施工方案和工程材料的报验、报审等参考本教材钢筋混凝土扩展基础或品茗软件填写示例及应用指南。

(四)静力压桩基础分项工程

1.静力压桩验收资料明细

以品茗人宿舍4#工程为例,详解静力压桩,同时以表格的形式列出静力压桩的验收资料。

序号	验收内容	验收资料	备注
1	工程地质勘察报告		
2	静力压桩施工方案		
3	静力压桩施工技术交底		
4	施工日记		
5	桩位测量放线	桩位测量放线记录表	
6	原材料	成品桩出厂合格证、桩体强度证明文件(第三方检验报告)	
		静力压桩检验批质量验收记录(成品桩及接桩材料质量)	
7	桩施工	静力压桩检验批质量验收记录(汇总表)	
		静力压桩检验批质量验收记录(各项指标实测值)	
		静力压桩施工记录表	
8	基桩竣工平面图及桩顶标高图		
9	承载力桩体质量检验	基桩的检测方案	
		基桩的检测报告	
10	静力压桩(成品桩)分项工程	静力压桩(成品桩)分项工程质量验收记录	
11	静力压桩(桩施工)分项工程	静力压桩(桩施工)分项工程质量验收记录	
12	桩基子分部工程	桩基子分部工程质量验收记录	
13	基桩工程验收	地基、基桩工程质量验收监督通知书	
		基桩工程质量验收报告	

注:子分部工程、分项工程、检验批及施工方案和工程材料的报验、报审等参考本教材人工挖孔桩或品茗软件填写示例及应用指南。

2. 静力压桩验收资料填写示例

静力压桩基础 分项工程质量验收记录

桂建质(分项 A 类)

<table>
<tr><td>单位(子单位)工程名称</td><td colspan="2">品茗人宿舍 4#</td><td>分部(子分部)工程名称</td><td colspan="2">地基与基础(基础)</td></tr>
<tr><td>检验批数量</td><td colspan="2">7</td><td>分项工程专业质量检查员</td><td colspan="2"></td></tr>
<tr><td>施工单位</td><td colspan="2"></td><td>项目负责人</td><td>项目技术负责人</td><td></td></tr>
<tr><td>分包单位</td><td colspan="2"></td><td>分包单位项目负责人</td><td>分包内容</td><td></td></tr>
<tr><td>序号</td><td>检验批名称</td><td>检验批容量</td><td>部位/区段</td><td>施工单位检查结果</td><td>监理(建设)单位验收意见</td></tr>
<tr><td>1</td><td>静力压桩(成品桩)</td><td>144 根</td><td>PHC 管桩(2012 年 3 月 31 日进场)</td><td>合格</td><td rowspan="9">所含检验批无遗漏,各检验批所覆盖的区段和所含内容无遗漏,所查检验批全部合格</td></tr>
<tr><td>2</td><td>静力压桩(桩施工)</td><td>16 根</td><td>J 轴 ×1—17 轴</td><td>合格</td></tr>
<tr><td>3</td><td>静力压桩(桩施工)</td><td>30 根</td><td>H 轴 ×1—24 轴</td><td>合格</td></tr>
<tr><td>4</td><td>静力压桩(桩施工)</td><td>38 根</td><td>E 轴 ×1—24 轴</td><td>合格</td></tr>
<tr><td>5</td><td>静力压桩(桩施工)</td><td>16 根</td><td>D 轴 ×1—24 轴</td><td>合格</td></tr>
<tr><td>6</td><td>静力压桩(桩施工)</td><td>44 根</td><td>C 轴 ×1—24 轴</td><td>合格</td></tr>
<tr><td>7</td><td>静力压桩(桩施工)</td><td>2 根</td><td>A 轴 ×10—14 轴</td><td>合格</td></tr>
<tr><td></td><td></td><td></td><td></td><td></td></tr>
<tr><td></td><td></td><td></td><td></td><td></td></tr>
<tr><td colspan="6">说明:检验批质量验收记录资料齐全完整。</td></tr>
<tr><td>施工单位检查结果</td><td colspan="5">所含检验批无遗漏,各检验批所覆盖的区段和所含内容无遗漏,全部符合要求,本分项工程符合要求。
项目专业技术负责人:
年 月 日</td></tr>
<tr><td>监理(建设)单位验收结论</td><td colspan="5">本分项工程合格。
专业监理工程师:
(建设单位项目专业技术负责人)
年 月 日</td></tr>
</table>

注:本表(分项 A 类)适用于不涉及全高垂直度检查、无特殊要求的分项工程。混凝土现浇结构、混凝土装配结构、砖砌体、混凝土小型空心砌块砌体、石砌体分项工程质量验收记录使用分项 B 类表格。

静力压桩检验批质量验收记录(成品桩及接桩材料质量)

GB 50202—2002　　　　　　　　　　　　　　　　桂建质 010401(Ⅰ)　001

单位(子单位)工程名称	品茗人宿舍 4#	分部(子分部)工程名称	地基与基础(基础)	分项工程名称	锚杆静力压桩基础
施工单位		项目负责人		检验批容量	144 根
分包单位		分包单位项目负责人		检验批部位	PHC 管桩(2012 年 3 月 31 日进场)
施工依据	静力压桩施工方案		验收依据	《建筑地基基础工程施工质量验收规范》(GB 50202—2002)	

		验收项目		设计要求及规范规定	最小/实际抽样数量	施工单位检查评定记录	检查结果
主控项目	1	成品桩质量		查出厂合格证、桩体强度证明文件，按进场批次检查	—	检查合格，报告编号 ×××	合格
	2	硫黄胶泥(半成品)		查产品合格证、抽样送检	—	检查合格，报告编号 ×××	合格
	3	电焊条质量		查产品合格证	—	检查合格，报告编号 ×××	合格
一般项目	成品桩外观质量及允许尺寸偏差	外观、外形	表面平整，颜色均匀，掉角深度 < 10 mm，蜂窝面积小于总面积的 0.5%	抽查 20%，观察外观，其余用钢尺量	3/3	抽查 3 处，全部合格	合格
		横截面边长	允许偏差或允许值 ±5 mm		3/3	抽查 3 处，全部合格	合格
		桩顶对角线差	<10 mm		3/3	抽查 3 处，全部合格	合格
		桩尖中心线	<10 mm		3/3	抽查 3 处，全部合格	合格
		桩身弯曲矢高	< l/1000 (l 为桩长)		3/3	抽查 3 处，全部合格	合格
		桩顶平整度	<2 mm		3/3	抽查 3 处，全部合格	合格
施工单位检查结果		主控项目全部符合要求，一般项目满足规范要求，本检验批符合要求。 专业工长： 项目专业质量检查员：　　　年　月　日					
监理(建设)单位验收结论		主控项目全部合格，一般项目满足规范要求，本检验批合格。 专业监理工程师： (建设单位项目专业技术负责人)　　　年　月　日					

注:1. 静力压桩的验收表格共 3 种，编号分别为桂建质 010401(Ⅰ)、(Ⅱ)和(Ⅱ)附表。成品桩和接桩材料按批验收，每批填一张表。
2. 硫黄胶泥半成品每 100 kg 做一组试件(3 件)。

静力压桩检验批质量验收记录(汇总表)

GB 50202—2002　　　　桂建质 010401(Ⅱ)　001

<table>
<tr><td>单位(子单位)工程名称</td><td>品茗人宿舍 4#</td><td>分部(子分部)工程名称</td><td>地基与基础(基础)</td><td>分项工程名称</td><td>锚杆静力压桩基础</td></tr>
<tr><td>施工单位</td><td></td><td>项目负责人</td><td></td><td>检验批容量</td><td>16 根</td></tr>
<tr><td>分包单位</td><td></td><td>分包单位项目负责人</td><td></td><td>检验批部位</td><td>J 轴 ×1—17 轴</td></tr>
<tr><td>施工依据</td><td colspan="2">《混凝土结构工程施工规范》(GB 50666—2011)</td><td>验收依据</td><td colspan="2">《建筑地基基础工程施工质量验收规范》(GB 50202—2002)</td></tr>
</table>

<table>
<tr><td rowspan="4">主控项目</td><td colspan="4">验收项目</td><td colspan="3">设计要求及规范规定</td><td>最小/实际抽样数量</td><td>检查记录</td><td>检查结果</td></tr>
<tr><td>1</td><td colspan="3">桩体质量检验</td><td colspan="2" rowspan="2">按基桩检测技术规范和设计要求</td><td rowspan="2">按基桩检测技术规范和设计要求检测后查检测报告</td><td>—</td><td>检查合格,报告编号 × × ×</td><td>合格</td></tr>
<tr><td>2</td><td colspan="3">承载力</td><td>—</td><td>检查合格,报告编号 × × ×</td><td>合格</td></tr>
<tr><td>3</td><td colspan="3">桩位偏差</td><td colspan="2">见下页表一</td><td>用钢尺量</td><td>3/3</td><td>抽查 3 处,全部合格</td><td>合格</td></tr>
<tr><td rowspan="8">一般项目</td><td rowspan="4">1</td><td rowspan="4">接桩</td><td rowspan="2">电焊接桩</td><td>焊缝质量</td><td rowspan="8">允许偏差或允许值</td><td colspan="2">见下页表二</td><td></td><td></td><td></td></tr>
<tr><td>电焊结束后停歇时间</td><td>>1.0 min</td><td rowspan="3">秒表测定</td><td></td><td></td><td></td></tr>
<tr><td rowspan="2">硫黄胶泥</td><td>浇筑时间</td><td><2 min</td><td></td><td></td><td></td></tr>
<tr><td>浇筑后停歇时间</td><td>>7 min</td><td></td><td></td><td></td></tr>
<tr><td>2</td><td colspan="3">压桩压力(设计有要求时)</td><td>±5%</td><td>查压力表读数</td><td>3/3</td><td>抽查 3 处,全部合格</td><td>合格</td></tr>
<tr><td rowspan="2">3</td><td colspan="3">接桩时上下节平面偏差</td><td><10 mm</td><td rowspan="2">用钢尺量,l 为两节桩长</td><td></td><td></td><td></td></tr>
<tr><td colspan="3">接桩时节点弯曲矢高</td><td><l/1 000</td><td></td><td></td><td></td></tr>
<tr><td>4</td><td colspan="3">桩顶标高</td><td>±50 mm</td><td>用水准仪测量</td><td>3/3</td><td>抽查 3 处,全部合格</td><td>合格</td></tr>
<tr><td colspan="5">施工单位检查结果</td><td colspan="6">主控项目全部符合要求,一般项目满足规范要求,本检验批符合要求。

专业工长:
项目专业质量检查员:　　　　年　月　日</td></tr>
<tr><td colspan="5">监理(建设)单位验收结论</td><td colspan="6">主控项目全部合格,一般项目满足规范要求,本检验批合格。

专业监理工程师:
(建设单位项目专业技术负责人)　　　　年　月　日</td></tr>
</table>

注:本验收记录须有桂建质 010401(Ⅰ)、(Ⅱ)附表作附件,并另附桩位偏差图。

静力压桩检验批质量验收记录(汇总表)

GB 50202—2002　　桂建质 010401 (II)

1. 本表所列项目的检查数量:

(1)承载力:地基基础设计等级为甲级或地质条件复杂的,采用静载荷试验的方法进行单桩承载力检验。检验桩数不少于总数的 1%,且不少于 3 根;当总桩数少于 50 根时,不少于 2 根。

(2)桩体质量检验:抽检数量不少于总数的 20%,且不少于 10 根。混凝土预制桩抽检数量不少于总数的 10%,且不少于 10 根,每个柱子承台下不少于 1 根。除本规定外,还应符合有关技术规程的要求。

2. 斜桩倾斜度的偏差不得大于倾斜角正切值的 15%(倾斜角是指桩的纵向中心线与铅垂线间夹角)。

表一　预制桩桩位的允许偏差

序号	项　目	允许偏差/mm
1	盖有基础梁的桩: (1)垂直基础梁的中心线 (2)沿基础梁的中心线	 100 + 0.01H 150 + 0.01H
2	桩数为 1 ~ 3 根桩基中的桩	100
3	桩数为 4 ~ 16 根桩基中的桩	1/2 桩径或边长
4	桩数大于 16 根桩基中的桩: (1)最外边的桩 (2)中间桩	 1/3 桩径或边长 1/2 桩径或边长

注:H 为施工现场地面标高与桩顶设计标高的距离。

表二　电焊接桩焊缝质量检验标准

序号	检查项目	允许偏差、允许值或质量要求	检查方法
1	上下节端部错口 (1)外径≥700 mm (2)外径 < 700 mm	 ≤3 mm ≤2mm	用钢尺量
2	焊缝咬边深度	≤0.5 mm	焊缝检查仪
3	焊缝加强层高度	2 mm	
4	焊缝加强层宽度	2 mm	
5	焊缝电焊质量外观	无气孔,无焊瘤,无裂缝	观察
6	焊缝探伤检验	满足设计要求	按设计要求

静力压桩检验批质量验收记录(各项指标实测值)

GB 50202—2002　　　　桂建质 010401(Ⅱ)　001　附表(一)

序号	项目				1#	2#	3#	4#	5#	6#	7#	8#	9#	10#
					桩号									
1	桩位偏差	盖有基础梁的桩的桩位偏差/mm (1)垂直基础梁的中心线 Δy (2)沿基础梁的中心线 Δx	实测值	Δy										
				Δx										
			允许值	Δy										
				Δx										
		单桩或群桩的桩位偏差/mm	实测值		20	15	20	20	10	10	15	20	25	10
			允许值		<30	<30	<30	<30	<30	<30	<30	<30	<30	<30
2	电焊接桩焊缝质量	上下节端部错口/mm	实测值											
			允许值											
		焊缝咬边深度/mm	实测值											
			允许值		≤0.5									
		焊缝加强层宽度/mm	实测值											
			要求值		2									
		焊缝加强层高度/mm	实测值											
			要求值		2									
		焊缝无气孔、无焊瘤、无裂缝(满足条件打“√”)												
		焊缝探伤(满足条件打“√”)												
3	电焊接桩	电焊结束后停歇时间/min	实测值											
			要求值		>1									
4	硫黄胶泥接桩	胶泥浇筑时间/min	实测值											
			要求值		<2									
		胶泥浇筑后停歇时间/min	实测值											
			要求值		>7									

静力压桩检验批质量验收记录(各项指标实测值)

GB 50202—2002　　　　　　　　　　　　　　　　桂建质 010401(Ⅱ)　001　附表(二)

<table>
<tr><td rowspan="2">序号</td><td rowspan="2" colspan="2">项　目</td><td colspan="10">桩　号</td></tr>
<tr><td>1#</td><td>2#</td><td>3#</td><td>4#</td><td>5#</td><td>6#</td><td>7#</td><td>8#</td><td>9#</td><td>10#</td></tr>
<tr><td rowspan="2">5</td><td rowspan="2">接桩时上下节平面偏差/mm</td><td>实测值</td><td></td><td></td><td></td><td></td><td></td><td></td><td></td><td></td><td></td><td></td></tr>
<tr><td>允许值</td><td colspan="10"><10</td></tr>
<tr><td rowspan="2">6</td><td rowspan="2">接桩时节点弯曲矢高</td><td>实测值</td><td></td><td></td><td></td><td></td><td></td><td></td><td></td><td></td><td></td><td></td></tr>
<tr><td>允许值</td><td colspan="10"><l/1 000(l 为两节桩长)</td></tr>
<tr><td rowspan="2">7</td><td rowspan="2">压桩压力偏差(设计有要求时)/%</td><td>实测值</td><td>2</td><td>1</td><td>2</td><td>−1</td><td>1</td><td>−2</td><td>1</td><td>1</td><td>2</td><td>−1</td></tr>
<tr><td>允许值</td><td colspan="10">±5%</td></tr>
<tr><td rowspan="2">8</td><td rowspan="2">桩顶标高偏差/mm</td><td>实测值</td><td>−20</td><td>−30</td><td>−20</td><td>10</td><td>−10</td><td>−20</td><td>−30</td><td>−20</td><td>10</td><td>−10</td></tr>
<tr><td>允许值</td><td colspan="10">±50</td></tr>
<tr><td colspan="2">施工单位
检查结果</td><td colspan="11">(表中所填允许值、要求值是否正确,实测值是否属实,全部符合要求还是哪些桩不符合要求)
表中所填允许值、要求值全部正确,实测值全部属实,全部符合要求。
专业工长:
项目专业质量检查员:
年　月　日</td></tr>
<tr><td colspan="2">监理(建设)
单位验收结论</td><td colspan="11">(表中所填允许值、要求值是否正确,实测值是否属实)
表中所填允许值、要求值全部正确,实测值全部属实。
监理员:　　　　年　月　日
(全部合格或哪些桩不合格需另作处理)
全部合格。
专业监理工程师:　　　　年　月　日</td></tr>
</table>

注:1. 本表作为桂建质 010401(Ⅱ)的附表使用。

2. 表中空出的允许值、要求值,由项目专业质量检查员按桂建质 010401(Ⅱ)之后的表一、表二所列内容选择填入。

3. 桩位偏差全部实测检查;重要工程对电焊接桩的接头作 10% 的探伤检查,其余各项按桩数的 20% 抽查。

4. 实测数据在允许值范围内的,填入光身数字,超出的打上圈。

5. 每根桩均应有各项指标实测值的记录,本表容纳不下可续表。

静力压桩施工记录表

工程名称：品茗人宿舍 4#　　　　施工单位：

分包单位：　　　　桩机型号：DB600　　　　压力表换算值：1 MPa = 62.5 kN

序号	桩位编号	桩规格/mm	压桩时间		接桩节长/m 压力表读数/MPa						接桩材料	桩长/m	送桩深度/m	桩尖入土深度/m	油压表终压值/MPa	复压沉降量/mm			施工日期	备注
			开始	结束	一节		二节		三节											
					节长	读数	节长	读数	节长	读数						一	二	三		
1	1#	ϕ400	6:25	6:37	—	—	—	—	—	—	—	12	1.0	13.0	15	3	2	1	2012.4.1	
2	2#	ϕ400	6:40	6:52	—	—	—	—	—	—	—	12	1.0	13.0	15	3	2	1	2012.4.1	
3	3#	ϕ400	6:55	7:07	—	—	—	—	—	—	—	12	1.0	13.0	15	2	2	1	2012.4.1	
4	4#	ϕ400	7:10	7:22	—	—	—	—	—	—	—	12	1.0	13.0	15	2	2	1	2012.4.1	
5	5#	ϕ400	7:25	7:37	—	—	—	—	—	—	—	12	1.0	13.0	15	3	2	1	2012.4.1	
6	6#	ϕ400	7:40	7:52	—	—	—	—	—	—	—	12	0.8	12.8	15	2	2	1	2012.4.1	
7	7#	ϕ400	7:55	8:07	—	—	—	—	—	—	—	12	1.0	13.0	15	3	2	1	2012.4.1	
8	8#	ϕ400	7:55	8:07	—	—	—	—	—	—	—	12	1.0	13.0	15	3	2	1	2012.4.1	
9	9#	ϕ400	8:10	8:22	—	—	—	—	—	—	—	12	0.8	12.8	15	3	2	1	2012.4.1	
10	10#	ϕ400	8:25	8:37	—	—	—	—	—	—	—	12	0.8	12.8	15	3	2	1	2012.4.1	
11	11#	ϕ400	8:40	8:52	—	—	—	—	—	—	—	12	1.0	13.0	15	3	2	1	2012.4.1	
12	12#	ϕ400	8:55	9:07	—	—	—	—	—	—	—	12	1.0	13.0	15	3	2	1	2012.4.1	
13	13#	ϕ400	9:10	9:22	—	—	—	—	—	—	—	12	0.8	12.8	15	3	2	1	2012.4.1	
14	14#	ϕ400	9:25	9:37	—	—	—	—	—	—	—	12	1.0	13.0	15	3	2	1	2012.4.1	
15	15#	ϕ400	9:40	9:52	—	—	—	—	—	—	—	12	0.8	12.8	15	3	2	1	2012.4.1	
16	16#	ϕ400	9:55	10:07	—	—	—	—	—	—	—	12	1.0	13.0	15	3	2	1	2012.4.1	

施工班组长：　　　　专业工长：　　　　项目专业质量检查员：　　　　监理员：　　　　记录员：

三、基坑支护子分部工程

1. 基坑支护子分部工程验收资料明细

在基坑支护子分部工程中，锚杆及土钉墙支护是较常见的支护方式，一般适用于开挖深度不超过 5 m 的基坑。品茗人宿舍工程的 L1—L13 轴外侧基坑使用锚杆及土钉墙支护，下面以表格的形式列出锚杆及土钉墙支护的验收资料。

<table>
<tr><th>序号</th><th colspan="2">验收内容</th><th>验收资料</th><th>备注</th></tr>
<tr><td>1</td><td colspan="3">工程地质勘察报告</td><td></td></tr>
<tr><td>2</td><td colspan="3">锚杆及土钉墙支护施工方案</td><td></td></tr>
<tr><td>3</td><td colspan="3">锚杆及土钉墙支护施工技术交底</td><td></td></tr>
<tr><td>4</td><td colspan="3">施工日记</td><td></td></tr>
<tr><td>5</td><td colspan="2">锚杆、锚具</td><td>出厂合格证、试验报告</td><td></td></tr>
<tr><td rowspan="2">6</td><td rowspan="2">原材料</td><td>墙体</td><td>商品混凝土：配合比、合格证(28 d)、交接单
自拌：水泥合格证、试验报告；砂、石检验报告</td><td></td></tr>
<tr><td>浆体</td><td>水泥合格证、试验报告；砂检验报告</td><td></td></tr>
<tr><td rowspan="5">7</td><td colspan="2" rowspan="5">锚杆及土钉墙支护</td><td>锚杆及土钉墙支护检验批质量验收记录/原始记录</td><td></td></tr>
<tr><td>商品混凝土：施工记录</td><td></td></tr>
<tr><td>自拌：混凝土开盘鉴定、自拌混凝土施工记录、混凝土过磅记录</td><td></td></tr>
<tr><td>填写水泥砂浆配合比通知单、制取水泥砂浆试块</td><td></td></tr>
<tr><td>制取混凝土试块</td><td></td></tr>
<tr><td>8</td><td colspan="2">浆体强度</td><td>水泥砂浆试块强度试压报告</td><td></td></tr>
<tr><td rowspan="3">9</td><td colspan="2" rowspan="3">墙体强度</td><td>混凝土抗压强度试块报告</td><td></td></tr>
<tr><td>标准养护混凝土试块试压报告汇总表</td><td></td></tr>
<tr><td>混凝土检验批验收记录</td><td></td></tr>
<tr><td rowspan="2">10</td><td colspan="2" rowspan="2">锚杆试验</td><td>锚杆抗拔承载力检测方案</td><td></td></tr>
<tr><td>锚杆抗拔承载力检测报告</td><td></td></tr>
<tr><td>11</td><td colspan="2">锚杆及土钉墙分项工程</td><td>分项工程质量验收记录</td><td></td></tr>
<tr><td>12</td><td colspan="2">基坑支护子分部工程</td><td>基坑支护子分部工程质量验收记录</td><td></td></tr>
</table>

注：子分部工程、分项工程、检验批及施工方案和工程材料的报验、报审等参考本教材人工挖孔桩或品茗软件填写示例及应用指南。

2. 基坑支护子分部工程验收资料填写示例

基坑支护子分部工程质量验收记录

GB 50202—2002　　　　桂建质 0103

单位(子单位)工程名称	品茗人宿舍	分部工程名称		分项工程数量	
施工单位		项目负责人		技术(质量)负责人	
分包单位		分包单位负责人		分包内容	

<table>
<tr><td>序号</td><td>分项工程名称</td><td>检验批数</td><td>施工单位检查结果</td><td>监理(建设)单位验收意见</td></tr>
<tr><td>1</td><td>灌注桩排桩围护墙</td><td></td><td></td><td rowspan="10">(验收意见、合格或不合格的结论、是否同意验收)

所含分项工程无遗漏并全部合格,本子分部工程合格,同意验收</td></tr>
<tr><td>2</td><td>板桩围护墙</td><td></td><td></td></tr>
<tr><td>3</td><td>咬合桩围护墙</td><td></td><td></td></tr>
<tr><td>4</td><td>型钢水泥土搅拌墙</td><td></td><td></td></tr>
<tr><td>5</td><td>土钉墙</td><td>1</td><td>合格</td></tr>
<tr><td>6</td><td>地下连续墙</td><td></td><td></td></tr>
<tr><td>7</td><td>水泥土重力式挡墙</td><td></td><td></td></tr>
<tr><td>8</td><td>内支撑</td><td></td><td></td></tr>
<tr><td>9</td><td>锚杆</td><td></td><td></td></tr>
<tr><td>10</td><td>与主体结构相结合的基坑支护</td><td></td><td></td></tr>
</table>

质量控制资料检查结论	(按附表第 1—19 项检查) 共　10　项,经查符合要求　10　项,经核定符合规范要求　0　项	安全和功能检验(检测)报告检查结论	(按附表第 20—23 项检查) 共核查　2　项,符合要求　2　项,经返工处理符合要求　0　项
观感验收记录	1. 共抽查　　项,符合要求　　项,不符合要求　　项。 2. 观感质量评价:	验收组验收结论	(合格或不合格、是否同意验收的结论) 合格,同意验收

勘察单位	设计单位	分包单位	监理(建设)单位
项目负责人: 年　月　日	项目负责人: 年　月　日	项目负责人: 年　月　日 施工单位 项目负责人: 年　月　日	项目负责人: 年　月　日

注:"经核定符合规范要求　项"是指初验未通过的项目,按《建筑工程施工质量验收统一标准》(GB 50300—2013)第 5.0.6 条处理的情况。

基坑支护子分部工程资料检查表

GB 50202—2002　　　　桂建质 0103　附表

序号	检查内容	份数	监理(建设)单位检查意见
1	工程地质勘察报告	1	√
2	设计图纸/变更文件	1/0	√
3	基坑施工方案(含确保邻近建筑物安全的措施)	1	√
4	降水、排水方案		
5	地基验槽记录——桂质监档表 05 表		
6	成品桩合格证		
7	钢材合格证/试验报告	1/1	√
8	钢材焊接试验报告/焊条(剂)合格证/焊工上岗证		
9	水泥合格证/试验报告	1/1	√
10	砂、石、硫黄胶泥等其他原材料检验单(合格证)	1	√
11	混凝土外加剂/试验报告		
12	混凝土配合比报告/浆体配合比报告	1/1	√
13	商品混凝土合格证		
14	钢筋笼合格证		
15	混凝土开盘鉴定记录——桂建质(附)0201(0106)-03	1	√
16	施工记录	1	√
17	隐蔽工程检查验收记录——桂建质(附)		
18	重大质量问题处理方案/验收记录		
19	分项工程质量验收记录——桂建质(分项 A 类)	1	√
20	混凝土强度试验报告	1	√
21	混凝土试块抗压强度统计及验收记录——桂建质(附)0201(0106)-04	1	√
22	桩体试块强度试验报告		
23	基坑变形监控记录		
检查人:			

注:1. 检查意见分两种:合格打"√",不合格打"×"。

2. 验收时,若混凝土试块未达龄期,各方可先验收除混凝土强度之外的其他内容。待混凝土强度试验数据得出后,达到设计要求则验收有效;达不到要求,处理后重新验收。

土钉墙 分项工程质量验收记录

桂建质(分项 A 类)

单位(子单位)工程名称	品茗人宿舍	分部(子分部)工程名称	地基与基础(基坑支护)		
检验批数量	1	分项工程专业质量检查员			
施工单位		项目负责人		项目技术负责人	
分包单位		分包单位项目负责人		分包内容	

序号	检验批名称	检验批容量	部位/区段	施工单位检查结果	监理(建设)单位验收意见
1	锚杆及土钉墙	48 根		合格	所含检验批无遗漏,各检验批所覆盖的区段和所含内容无遗漏,所查检验批全部合格

说明:检验批质量验收记录资料齐全完整	
施工单位检查结果	所含检验批无遗漏,各检验批所覆盖的区段和所含内容无遗漏,全部符合要求,本分项工程符合要求。 项目专业技术负责人: 年 月 日
监理(建设)单位验收结论	本分项工程合格。 专业监理工程师: (建设单位项目专业技术负责人) 年 月 日

注:本表(分项 A 类)适用于不涉及全高垂直度检查、无特殊要求的分项工程。混凝土现浇结构、混凝土装配结构、砖砌体、混凝土小型空心砌块砌体、石砌体分项工程质量验收记录使用分项 B 类表格。

锚杆及土钉墙支护检验批质量验收记录

GB 50202—2002　　　　　　　　　　　　　　　　　　　　　　桂建质 010305 001

<table>
<tr><td colspan="3">单位(子单位)工程名称</td><td colspan="2">品茗人宿舍</td><td>分部(子分部)工程名称</td><td>地基与基础(基坑支护)</td><td>分项工程名称</td><td>土钉墙</td></tr>
<tr><td colspan="3">施工单位</td><td colspan="2"></td><td>项目负责人</td><td>潘颖秋</td><td>检验批容量</td><td>48 根</td></tr>
<tr><td colspan="3">分包单位</td><td colspan="2"></td><td>分包单位项目负责人</td><td></td><td>检验批部位</td><td></td></tr>
<tr><td colspan="3">施工依据</td><td colspan="3">《建筑基坑支护技术规程》(JGJ 120—2012)</td><td>验收依据</td><td colspan="2">《建筑地基基础工程施工质量验收规范》(GB 50202—2002)</td></tr>
<tr><td rowspan="3">主控项目</td><td colspan="2">验收项目</td><td colspan="3">设计要求及规范规定</td><td>最小/实际抽样数量</td><td>检查记录</td><td>检查结果</td></tr>
<tr><td>1</td><td>锚杆锁定力</td><td>设计要求</td><td>—</td><td>现场实测</td><td>—</td><td>检测合格,报告编号×××</td><td>合格</td></tr>
<tr><td>2</td><td>锚杆土钉长度</td><td rowspan="4">允许偏差</td><td>±30 mm</td><td rowspan="2">用钢尺量</td><td>10/10</td><td>抽查 10 处,全部合格</td><td>合格</td></tr>
<tr><td rowspan="6">一般项目</td><td>1</td><td>锚杆或土钉位置</td><td>±100</td><td>10/10</td><td>抽查 10 处,全部合格</td><td>合格</td></tr>
<tr><td>2</td><td>钻孔倾斜度</td><td>±1°</td><td>测钻机倾角</td><td>10/10</td><td>抽查 10 处,全部合格</td><td>合格</td></tr>
<tr><td>3</td><td>土钉墙面厚度</td><td>±10 mm</td><td>用钢尺量</td><td>10/10</td><td>抽查 10 处,全部合格</td><td>合格</td></tr>
<tr><td>4</td><td>注浆量</td><td colspan="2">>1(理论计算浆量)</td><td>检查计量数据,大于理论计算浆量</td><td>10/10</td><td>抽查 10 处,全部合格</td><td>合格</td></tr>
<tr><td>5</td><td>浆体强度</td><td rowspan="2">设计要求</td><td>M10</td><td rowspan="2">查抽样试验报告</td><td>—</td><td>检测合格,报告编号×××</td><td>合格</td></tr>
<tr><td>6</td><td>墙体强度</td><td>≥C20</td><td>—</td><td>检测合格,报告编号×××</td><td>合格</td></tr>
<tr><td colspan="3">施工单位检查结果</td><td colspan="6">主控项目全部符合要求,一般项目满足规范要求,本检验批符合要求。
专业工长:
项目专业质量检查员:　　　　年　月　日</td></tr>
<tr><td colspan="3">监理(建设)单位验收结论</td><td colspan="6">主控项目全部合格,一般项目满足规范要求,本检验批合格。
专业监理工程师:
(建设单位项目专业技术负责人)　　　　年　月　日</td></tr>
</table>

注:1. 本表所列项目的检查数量:按总数的 20% 抽查。
2. 主控项目第 1 项和一般项目第 5—6 项中,应将设计的要求填入“设计要求”栏中;注浆量项目中,应将理论计算浆量填入栏中。
3. 每段支护体施工完成后,应检查坡顶或坡面位移、坡顶沉降及周围环境变化,如有异常情况应采取措施,恢复正常后方可继续施工。
4. 土钉墙一般适用于开挖深度不超过 5 m 的基坑,如措施得当也可再加深,但设计与施工均应有足够的经验。

四、土方子分部工程

1. 土方子分部工程验收资料明细

品茗人宿舍工程的土方子分部工程质量验收资料包含下表所示内容：

序号	验收内容	验收资料	备注
1	土方开挖、回填施工方案		
2	土方开挖、回填施工技术交底		
3	施工日记		
4	土方开挖	土方开挖施工检验批质量验收记录/原始记录	
		地基验槽记录	
		地基钎探记录	
5	土方回填	土方回填施工检验批质量验收记录/原始记录	
		隐蔽工程检查验收记录： ①房心回填土；②地下室外墙外侧壁回填土	
		土工击实试验报告	
		土工压实度试验报告	
6	土方开挖分项工程	土方开挖分项工程质量验收记录	
7	土方回填分项工程	土方回填分项工程质量验收记录	
8	土方子分部工程	土方子分部工程质量验收记录	

注：子分部工程、分项工程、检验批及施工方案和工程材料的报验、报审等参考本教材基础或品茗软件填写示例及应用指南。

2. 土方子分部工程验收资料填写示例

土方子分部工程质量验收记录

GB 50202—2002　　桂建质 0105

单位(子单位)工程名称	品茗人宿舍	分部工程名称		分项工程数量	
施工单位		项目负责人		技术(质量)负责人	
分包单位		分包单位负责人		分包内容	

序号	分项工程名称	检验批数	施工单位检查结果	监理(建设)单位验收意见
1	土方开挖	2	合格	(验收意见、合格或不合格的结论、是否同意验收) 所含分项工程无遗漏并全部合格,本子分部工程合格,同意验收
2	土方回填	1	合格	
3	场地平整			

质量控制资料检查结论	序号	资料名称	份数	检查意见
	1	工程地质勘察报告	1	√
	2	设计图纸/变更文件	1/0	√
	3	地基验槽记录——桂质监档表 05 表	1	√
	4	隐蔽工程检查验收记录——桂建质(附)	2	√
	5	分项工程质量验收记录——桂建质(分项 A 类)	2	√
	6	施工记录	1	√

质量控制资料检查结论	(按附表第 1—6 项检查) 共 6 项,经查符合要求 6 项, 经核定符合规范要求 0 项	安全和功能检验(检测)报告检查结论	(按附表第　项检查) 共核查　　项,符合要求　　项, 经返工处理符合要求　　项
观感验收记录	1. 共抽查 / 项,符合要求 / 项,不符合要求 / 项。 2. 观感质量评价:	验收组验收结论	(合格或不合格、是否同意验收的结论) 合格,同意验收

勘察单位	设计单位	分包单位	监理(建设)单位
项目负责人: 年　月　日	项目负责人: 年　月　日	项目负责人: 年　月　日 施工单位 项目负责人: 年　月　日	项目负责人: 年　月　日

注:1. 质量控制资料检查意见分两种:合格打"√",不合格打"×"。

2. "经核定符合规范要求　　项"是指初验未通过的项目,按《建筑工程施工质量验收统一标准》(GB 50300—2013)第 5.0.6 条处理的情况。

土方开挖 分项工程质量验收记录

桂建质(分项 A 类)

<table>
<tr><td>单位(子单位)工程名称</td><td colspan="3">品茗人宿舍</td><td>分部(子分部)工程名称</td><td colspan="2">地基与基础(土方)</td></tr>
<tr><td>检验批数量</td><td colspan="3">2</td><td>分项工程专业质量检查员</td><td colspan="2"></td></tr>
<tr><td>施工单位</td><td colspan="3"></td><td>项目负责人</td><td></td><td>项目技术负责人</td></tr>
<tr><td>分包单位</td><td colspan="3"></td><td>分包单位项目负责人</td><td></td><td>分包内容</td></tr>
<tr><td>序号</td><td>检验批名称</td><td>检验批容量</td><td>部位/区段</td><td>施工单位检查结果</td><td colspan="2">监理(建设)单位验收意见</td></tr>
<tr><td>1</td><td>土方开挖</td><td>1 100 m²</td><td>主楼基础 A—L/1—13 轴</td><td>合格</td><td colspan="2" rowspan="9">所含检验批无遗漏,各检验批所覆盖的区段和所含内容无遗漏,所查检验批全部合格</td></tr>
<tr><td>2</td><td>土方开挖</td><td>900 m²</td><td>副楼基础 A—D/1—13 轴</td><td>合格</td></tr>
<tr><td></td><td></td><td></td><td></td><td></td></tr>
<tr><td></td><td></td><td></td><td></td><td></td></tr>
<tr><td></td><td></td><td></td><td></td><td></td></tr>
<tr><td></td><td></td><td></td><td></td><td></td></tr>
<tr><td></td><td></td><td></td><td></td><td></td></tr>
<tr><td></td><td></td><td></td><td></td><td></td></tr>
<tr><td></td><td></td><td></td><td></td><td></td></tr>
<tr><td colspan="7">说明:检验批质量验收记录资料齐全完整</td></tr>
<tr><td>施工单位检查结果</td><td colspan="6">所含检验批无遗漏,各检验批所覆盖的区段和所含内容无遗漏,全部符合要求,本分项工程符合要求。
项目专业技术负责人:
年 月 日</td></tr>
<tr><td>监理(建设)单位验收结论</td><td colspan="6">本分项工程合格。
专业监理工程师:
(建设单位项目专业技术负责人)
年 月 日</td></tr>
</table>

注:本表(分项 A 类)适用于不涉及全高垂直度检查、无特殊要求的分项工程。混凝土现浇结构、混凝土装配结构、砖砌体、混凝土小型空心砌块砌体、石砌体分项工程质量验收记录使用分项 B 类表格。

土方开挖施工检验批质量验收记录

GB 50202—2002　　　　　　　　　　　　　　　　　　　　　　桂建质 010101 002

<table>
<tr><td colspan="3">单位(子单位)工程名称</td><td colspan="3">品茗人宿舍</td><td colspan="2">分部(子分部)工程名称</td><td colspan="2">地基与基础(土方)</td><td>分项工程名称</td><td>土方开挖</td></tr>
<tr><td colspan="3">施工单位</td><td colspan="3"></td><td colspan="2">项目负责人</td><td colspan="2">潘颖秋</td><td>检验批容量</td><td>1 100 m²</td></tr>
<tr><td colspan="3">分包单位</td><td colspan="3"></td><td colspan="2">分包单位项目负责人</td><td colspan="2"></td><td>检验批部位</td><td>主楼基础 A—D/1—13 轴</td></tr>
<tr><td colspan="3">施工依据</td><td colspan="5">土方开挖专项施工方案</td><td colspan="2">验收依据</td><td colspan="2">《建筑地基基础工程施工质量验收规范》(GB 50202—2002)</td></tr>
<tr><td colspan="3" rowspan="4">验收项目</td><td colspan="5">设计要求及规范规定</td><td rowspan="4">检查方法(仪器)</td><td rowspan="4">最小/实际抽样数量</td><td rowspan="4">检查记录</td><td rowspan="4">检查结果</td></tr>
<tr><td colspan="5">允许偏差或允许值/mm</td></tr>
<tr><td rowspan="2">柱基基坑基槽</td><td colspan="2">挖方场地平整</td><td rowspan="2">管沟</td><td rowspan="2">地(路)面基层</td></tr>
<tr><td>人工</td><td>机械√</td></tr>
<tr><td rowspan="3">主控项目</td><td>1</td><td>标高</td><td>-50</td><td>±30</td><td>±50</td><td>-50</td><td>-50</td><td>水准仪</td><td>10/10</td><td>抽查 10 处,全部合格</td><td>合格</td></tr>
<tr><td>2</td><td>长度、宽度(由设计中心线向两边量)</td><td>+200
-50</td><td>+300
-100</td><td>+500
-150</td><td>+100</td><td>—</td><td>经纬仪、用钢尺量</td><td>10/10</td><td>抽查 10 处,全部合格</td><td>合格</td></tr>
<tr><td>3</td><td>边坡</td><td colspan="5">设计要求</td><td>观察或用坡度尺检查</td><td></td><td></td><td></td></tr>
<tr><td rowspan="3">一般项目</td><td>1</td><td>表面</td><td>20</td><td>20</td><td>50</td><td>20</td><td>20</td><td>用 2 m 靠尺和楔形塞尺检查</td><td>10/10</td><td>抽查 10 处,全部合格</td><td>合格</td></tr>
<tr><td rowspan="2">2</td><td rowspan="2">基底土性</td><td colspan="5">设计要求</td><td rowspan="2">观察或土样分析</td><td rowspan="2">10/10</td><td rowspan="2">抽查 10 处,全部合格</td><td rowspan="2">合格</td></tr>
<tr><td colspan="5">强风化泥岩</td></tr>
<tr><td colspan="3">施工单位检查结果</td><td colspan="9">主控项目全部符合要求,一般项目满足规范要求,本检验批符合要求。
专业工长:
项目专业质量检查员:　　　　年　月　日</td></tr>
<tr><td colspan="3">监理(建设)单位验收结论</td><td colspan="9">主控项目全部合格,一般项目满足规范要求,本检验批合格。
专业监理工程师:
(建设单位项目专业技术负责人)　　　　年　月　日</td></tr>
</table>

注:1. 本表所列项目的检查数量:

(1)长度、宽度、边坡:每 20 m 取 1 点,每边不少于 1 点。

(2)其他项目:平整后的场地逐点检查,检查点为每 100～400 m² 取 1 点,不少于 10 点。

2. 地(路)面基层的偏差只适用于直接在挖方、填方上做地(路)面的基层。

3. 主控项目第 3 项和一般项目第 2 项中,应将设计的要求填入“设计要求”栏中。

4. 临时性挖方的边坡值尚应符合附表的规定。

5. 本表适用于附近无重要建筑物或重要公共设施且基坑暴露时间不长的条件。

土方开挖施工检验批质量验收记录

GB 50202—2002　　　　桂建质 010101

附表　临时性挖方边坡值

土的类别		边坡值(高:宽)
砂土(不包括细砂、粉砂)		1:1.25～1:1.50
一般性黏土	硬	1:0.75～1:1.00
	硬、塑	1:1.00～1:1.25
	软	1:1.50 或更缓
碎石类土	充填坚硬、硬塑黏性土	1:0.50～1:1.00
	充填砂土	1:1.00～1:1.50

注:1. 设计有要求时,应符合设计标准。

2. 如采用降水或其他加固措施,可不受本表限制,但应计算复核。

3. 开挖深度,对软土不应超过 4 m,对硬土不应超过 8 m。

土方开挖施工检验批质量验收记录

GB 50202—2002　　　　　　　　　　　　　　　　　　　　　　　　　桂建质 010101 002

<table>
<tr><td colspan="3">单位(子单位)工程名称</td><td colspan="3">品茗人宿舍</td><td colspan="2">分部(子分部)工程名称</td><td>地基与基础(土方)</td><td>分项工程名称</td><td colspan="2">土方开挖</td></tr>
<tr><td colspan="3">施工单位</td><td colspan="3"></td><td colspan="2">项目负责人</td><td>潘颖秋</td><td>检验批容量</td><td colspan="2">900 m²</td></tr>
<tr><td colspan="3">分包单位</td><td colspan="3"></td><td colspan="2">分包单位项目负责人</td><td></td><td>检验批部位</td><td colspan="2">副楼基础 A—D/1—13 轴</td></tr>
<tr><td colspan="3">施工依据</td><td colspan="5">土方开挖专项施工方案</td><td>验收依据</td><td colspan="3">《建筑地基基础工程施工质量验收规范》(GB 50202—2002)</td></tr>
<tr><td rowspan="5">主控项目</td><td rowspan="4" colspan="2">验收项目</td><td colspan="5">设计要求及规范规定</td><td rowspan="4">检查方法(仪器)</td><td rowspan="4">最小/实际抽样数量</td><td rowspan="4">检查记录</td><td rowspan="4">检查结果</td></tr>
<tr><td colspan="5">允许偏差或允许值/mm</td></tr>
<tr><td rowspan="2">柱基基坑基槽√</td><td colspan="2">挖方场地平整</td><td rowspan="2">管沟</td><td rowspan="2">地(路)面基层</td></tr>
<tr><td>人工</td><td>机械</td></tr>
<tr><td>1</td><td>标高</td><td>-50</td><td>±30</td><td>±50</td><td>-50</td><td>-50</td><td>水准仪</td><td>10/10</td><td>抽查 10 处,全部合格</td><td>合格</td></tr>
<tr><td></td><td>2</td><td>长度、宽度(由设计中心线向两边量)</td><td>+200
-50</td><td>+300
-100</td><td>+500
-150</td><td>+100</td><td>—</td><td>经纬仪、用钢尺量</td><td>10/10</td><td>抽查 10 处,全部合格</td><td>合格</td></tr>
<tr><td></td><td>3</td><td>边坡</td><td colspan="5">设计要求
1:0.2</td><td>观察或用坡度尺检查</td><td>10/10</td><td>抽查 10 处,全部合格</td><td>合格</td></tr>
<tr><td rowspan="2">一般项目</td><td>1</td><td>表面</td><td>20</td><td>20</td><td>50</td><td>20</td><td>20</td><td>用 2 m 靠尺和楔形塞尺检查</td><td>10/10</td><td>抽查 10 处,全部合格</td><td>合格</td></tr>
<tr><td>2</td><td>基底土性</td><td colspan="5">设计要求
强风化泥岩</td><td>观察或土样分析</td><td>10/10</td><td>抽查 10 处,全部合格</td><td>合格</td></tr>
<tr><td colspan="3">施工单位检查结果</td><td colspan="9">主控项目全部符合要求,一般项目满足规范要求,本检验批符合要求。
专业工长:
项目专业质量检查员:　　　　年　月　日</td></tr>
<tr><td colspan="3">监理(建设)单位验收结论</td><td colspan="9">主控项目全部合格,一般项目满足规范要求,本检验批合格。
专业监理工程师:
(建设单位项目专业技术负责人)　　　　年　月　日</td></tr>
</table>

注:1. 本表所列项目的检查数量:

(1)长度、宽度、边坡:每 20 m 取 1 点,每边不少于 1 点。

(2)其他项目:平整后的场地逐点检查,检查点为每 100~400 m² 取 1 点,不少于 10 点。

2. 地(路)面基层的偏差只适用于直接在挖方、填方上做地(路)面的基层。

3. 主控项目第 3 项和一般项目第 2 项中,应将设计的要求填入“设计要求”栏中。

4. 临时性挖方的边坡值还应符合附表的规定。

5. 本表适用于附近无重要建筑物或重要公共设施且基坑暴露时间不长的条件。

土方回填 分项工程质量验收记录

桂建质(分项 A 类)

单位(子单位)工程名称	品茗人宿舍	分部(子分部)工程名称	地基与基础(土方)		
检验批数量	1	分项工程专业质量检查员			
施工单位		项目负责人		项目技术负责人	
分包单位		分包单位项目负责人		分包内容	

序号	检验批名称	检验批容量	部位/区段	施工单位检查结果	监理(建设)单位验收意见
1	土方回填	900 m^2	基础	合格	所含检验批无遗漏,各检验批所覆盖的区段和所含内容无遗漏,所查检验批全部合格
说明:检验批质量验收记录资料齐全完整					
施工单位检查结果	所含检验批无遗漏,各检验批所覆盖的区段和所含内容无遗漏,全部符合要求,本分项工程符合要求。 项目专业技术负责人: 年 月 日				
监理(建设)单位验收结论	本分项工程合格。 专业监理工程师: (建设单位项目专业技术负责人) 年 月 日				

注:本表(分项 A 类)适用于不涉及全高垂直度检查、无特殊要求的分项工程。混凝土现浇结构、混凝土装配结构、砖砌体、混凝土小型空心砌块砌体、石砌体分项工程质量验收记录使用分项 B 类表格。

土方回填施工检验批质量验收记录

GB 50202—2002　　　　　　　　　　　　　　　　　　　　　　　　桂建质 010102 001

单位(子单位)工程名称	品茗人宿舍	分部(子分部)工程名称	地基与基础(土方)	分项工程名称	土方回填
施工单位		项目负责人	潘颖秋	检验批容量	900 m^2
分包单位		分包单位项目负责人		检验批部位	基础
施工依据	土方开挖专项施工方案		验收依据	《建筑地基基础工程施工质量验收规范》(GB 50202—2002)	

		验收项目	设计要求及规范规定 允许偏差或允许值/mm					检查方法(仪器)	最小/实际抽样数量	检查记录	检查结果
			柱基基坑基槽√	场地平整 人工	场地平整 机械	管沟	地(路)面基层				
主控项目	1	标高	-50	±30	±50	-50	-50	水准仪	10/10	抽查10处,全部合格	合格
	2	分层压实系数	设计要求	≥0.94				按规定方法	10/10	抽查10处,全部合格	合格
一般项目	1	回填土料	设计要求	三合土				取样检查或直观鉴别	—	试验合格,报告编号×××	合格
	2	分层厚度	设计要求	300				水准仪	10/10	抽查10处,全部合格	合格
	3	含水量	设计要求	9.3%~17.4%				抽样检查	—	试验合格,报告编号×××	合格
	4	表面平整度	20	20	30	20	20	用靠尺或水准仪	10/10	抽查10处,全部合格	合格
施工单位检查结果	主控项目全部符合要求,一般项目满足规范要求,本检验批符合要求。 专业工长: 项目专业质量检查员:　　年　月　日										
监理(建设)单位验收结论	主控项目全部合格,一般项目满足规范要求,本检验批合格。 专业监理工程师: (建设单位项目专业技术负责人)　　年　月　日										

注:1. 本表所列项目的检查数量:平整后的场地逐点检查,检查点为每100~400 m^2 取1点,不少于10点。
2. 主控项目第2项和一般项目第1—3项中,应将设计的要求填入"设计要求"栏中。
3. 填筑厚度及压实遍数根据土质、压实系数及所用机具确定;如无试验依据,应符合附表的规定。
4. 分层厚度、每层压实遍数、分层压实系数等施工参数,对于重要工程应做现场试验后确定,或由设计方提供。

附表　填土施工分层厚度及压实遍数

压实机具	平碾	振动压实机	柴油打夯机	人工打夯
分层厚度/mm	250~300	250~350	200~250	<200
每层压实遍数	6~8	3~4	3~4	3~4

桂质监档表05表

地基验槽记录

<table>
<tr><td>工　程
名　称</td><td>品茗人宿舍</td><td>基　础
类　型</td><td>（按设计图纸填写，如柱下独立基础）</td></tr>
<tr><td>建　设
单　位</td><td></td><td>施　工
单　位</td><td></td></tr>
<tr><td>施工起
止日期</td><td>（实际施工至完成的日期）</td><td>验　收
日　期</td><td>（五方验收时间）</td></tr>
<tr><td>验收情况</td><td colspan="3">1. 按设计图纸结施 JG-2A-2 图开挖至设计标高 −5.52 m；
2. 基坑土质和宽度、深度、长度符合设计要求；
3. 轴线、标高符合设计要求；
4. 坑内松土、杂物已清理干净；
5. 资料完整，符合要求。</td></tr>
<tr><td colspan="2">施工单位自评意见：

资料完整，施工质量符合设计和施工规范要求。

项目经理：

（公章）
年　月　日</td><td colspan="2">建设或监理单位验收意见：

符合设计和施工规范要求。

项目负责人
或项目总监理工程师：

（公章）
年　月　日</td></tr>
<tr><td colspan="2">设计单位验收意见：

符合设计要求。

项目设计负责人：

（公章）
年　月　日</td><td colspan="2">勘察单位验收意见：

地质条件与勘察报告相符。

项目勘察负责人：

（公章）
年　月　日</td></tr>
</table>

注：1. 基槽完成后，建设或监理单位应组织有关单位进行质量验收，并按规定的内容填写和签署意见，参与工程各方按规定承担相应的质量责任。

2. 按规定的内容填写和签署意见后，送1份至工程质量监督站备案。

地基钎探记录

单位工程名称	品茗人宿舍						施工单位												钎探日期	2012 年 5 月 15 日
钎探部位	副楼 A ~ D/1—13 轴基底						基槽(坑、孔)底标高/m						−5.52						钎探方法	电动钎探机
每步探入深度/cm	30						钎身长度/m						2						钎身直径	钎杆 25 mm 钎头 40 mm
每步次数 探孔序号	钎探步数																	累计钎探次数	累计钎探深度/m	备注
	1	2	3	4	5	6	7	8	9	10	11	12	13	14	15	16	17			
1	23	28	32	35	35	38												191	1.8	
2	25	27	33	35	35	41												196	1.8	
3	23	25	35	35	35	43												196	1.8	
4	19	22	36	35	35	38												185	1.8	
5	18	32	38	35	36	38												197	1.8	
6	23	33	33	35	35	38												197	1.8	
7	23	25	35	35	39	38												195	1.8	
8	23	36	35	35	35	33												197	1.8	
9	21	33	35	35	34	38												196	1.8	
10	25	27	35	37	35	33												192	1.8	
建设单位 （签章）					监理单位 （签章）					施工单位 （签章）		钎探人（签名）						质检员		
												记录员						施工员		

隐蔽工程检查验收记录

桂建质(附)　010102

<table>
<tr><td rowspan="2">工程
名称</td><td rowspan="2">品茗人宿舍</td><td>被隐蔽工程所属检验批名称</td><td>土方回填</td></tr>
<tr><td>覆盖物所属检验批名称</td><td>混凝土</td></tr>
<tr><td>隐蔽
部位</td><td>地下室外墙外侧壁回填土</td><td>施　工
时　间</td><td>自　　年　月　日
至　　年　月　日</td></tr>
<tr><td>隐蔽内容及要求</td><td colspan="3">(隐蔽什么,是否符合设计及规范要求)
基底标高、分层压实程度、回填土质、每层填筑厚度、含水量控制均符合设计要求</td></tr>
<tr><td>隐蔽原因</td><td colspan="3">(隐蔽内容被什么所覆盖)
地下室外墙外侧壁回填土将被混凝土等所覆盖,施工符合施工规范及设计图纸要求</td></tr>
<tr><td>施工单位检查评定结果</td><td>符合设计及施工规范要求。
项目专业质量检查员:
年　月　日</td><td>监理(建设)单位验收结论</td><td>同意隐蔽,进行下道工序施工。
监理工程师:
(建设单位项目专业技术负责人)
年　月　日</td></tr>
</table>

注:1. 检验批质量验收中未含隐蔽验收的(如电线导管在被混凝土或砂浆覆盖前的隐蔽验收)可用此表作被隐蔽工程检验批质量验收记录的附表;检验批质量验收中已含隐蔽验收的(如钢筋安装)可不用此表。

2. “桂建质(附)”后的小方格“□”内填写被隐蔽工程所属检验批的编号。

隐蔽工程检查验收记录

桂建质(附)　010102

<table>
<tr><td rowspan="2">工程名称</td><td rowspan="2">品茗人宿舍</td><td>被隐蔽工程所属检验批名称</td><td>土方回填</td></tr>
<tr><td>覆盖物所属检验批名称</td><td>混凝土</td></tr>
<tr><td>隐蔽部位</td><td>房心回填土</td><td>施　工
时　间</td><td>自　　年　月　日
至　　年　月　日</td></tr>
<tr><td>隐蔽内容及要求</td><td colspan="3">(隐蔽什么,是否符合设计及规范要求)
基底标高、分层压实程度、回填土质、每层填筑厚度、含水量控制均符合设计要求</td></tr>
<tr><td></td><td colspan="3">(隐蔽内容被什么所覆盖)
房心土方将被混凝土等所覆盖,施工符合施工规范及设计图纸要求</td></tr>
<tr><td>施工单位检查评定结果</td><td>符合设计及施工规范要求。
项目专业质量检查员：
年　月　日</td><td>监理（建设）单位验收结论</td><td>同意隐蔽,进行下道工序施工。
监理工程师：
(建设单位项目
专业技术负责人)
年　月　日</td></tr>
</table>

注:1. 检验批质量验收中未含隐蔽验收的(如电线导管在被混凝土或砂浆覆盖前的隐蔽验收)可用此表作被隐蔽工程检验批质量验收记录的附表;检验批质量验收中已含隐蔽验收的(如钢筋安装)可不用此表。

2. "桂建质(附)"后的小方格"□"内填写被隐蔽工程所属检验批的编号。

五、地下防水子分部工程

1.地下防水子分部工程验收资料明细

以品茗人宿舍工程的地下防水工程为例,按其不同的防水构造做法以表格的形式列出其验收资料。

地下防水子分部工程验收资料				
序号	构造名称	构造做法	验收资料	备注
1	地下防水工程施工方案			
2	地下防水工程施工技术交底			
3	施工日记			
4	地下室底板防水构造做法及验收资料			
(1)	基层	素土夯实	土方回填施工检验批质量验收记录	
			土工击实试验报告	
			土工压实度试验报告	
(2)	垫层	C15 混凝土垫层	商品混凝凝土:配合比、合格证(28 d)、交接单;自拌混凝土:水泥合格证、试验报告,砂、石检验报告	
			商品混凝土施工记录或混凝土开盘鉴定、自拌混凝土施工记录(自拌)	
			留置混凝土标养试块	
(3)	找平层	1∶3 水泥砂浆找平层	水泥合格证、7 d 强度试验报告、28 d 强度试验报告,砂子检验报告	
			水泥砂浆配合比	
			水泥砂浆找平层隐蔽验收记录	
(4)	防水层	改性沥青防水卷材	产品合格证、产品性能检测报告、防水卷材试验报告	
			卷材防水层检验批质量验收记录/原始记录	
			防水卷材隐蔽验收记录	
(5)	保护层	1∶2.5 水泥砂浆保护层	水泥合格证、7 d 强度试验报告、28 d 强度试验报告,砂子检验报告	
			水泥砂浆配合比	
			水泥砂浆保护层隐蔽验收记录	
(6)	刚性防水层	防水钢筋混凝土底板	商品混凝土配合比、合格证(28 d)、交接单	
			防水混凝土检验批质量验收记录/原始记录	
			商品混凝土施工记录	
			留置混凝土标养试压试块及抗渗试块	

续表

5	地下室外墙防水构造做法及验收资料			
(1)	刚性防水层	防水钢筋混凝土侧壁	商品混凝土配合比、合格证(28d)、交接单	
			防水混凝土检验批质量验收记录/原始记录	
			商品混凝土施工记录	
			留置混凝土标养试压试块及抗渗试块	
(2)	找平层	1:3水泥砂浆找平层	水泥合格证、7 d强度试验报告、28 d强度试验报告,砂子检验报告	
			水泥砂浆配合比	
			水泥砂浆找平层隐蔽验收记录	
(3)	防水层	改性沥青防水卷材	产品合格证、产品性能检测报告、防水卷材试验报告	
			卷材防水层检验批质量验收记录/原始记录	
			防水卷材隐蔽验收记录	
(4)	找平层	1:3水泥砂浆找平层	水泥合格证、7 d强度试验报告、28 d强度试验报告,砂子检验报告	
			水泥砂浆配合比	
			水泥砂浆找平层隐蔽验收记录	
(5)	保护层	M5水泥砂浆砌灰砖保护层	水泥合格证、7 d强度试验报告,28 d强度试验报告,砂子检验报告	
			水泥砂浆配合比	
			砖合格证/产品性能检测报告/进场复验报告	
			砌体保护层隐蔽验收记录	
(6)	基层	3:7灰土分层夯实	土方回填施工检验批质量验收记录/原始记录	
			土工击实试验报告	
			土工压实度试验报告	
6	地下室顶板防水构造做法及验收资料			
(1)	刚性防水层	防水钢筋混凝土顶板	商品混凝土配合比、合格证(28 d)、交接单	
			防水混凝土检验批质量验收记录/原始记录	
			商品混凝土施工记录	
			留置混凝土标养试压试块及抗渗试块,送样	
(2)	找坡层	C15细石混凝土找坡	商品混凝土:配合比、合格证(28 d)、交接单;自拌混凝土:水泥合格证、试验报告,砂、石检验报告	
			商品混凝土施工记录或混凝土开盘鉴定、自拌混凝土施工记录(自拌)	
			留置混凝土标养试块	
(3)	找平层	1:2.5水泥砂浆,20 mm厚	水泥合格证、7 d强度试验报告、28 d强度试验报告,砂子检验报告	
			水泥砂浆配合比	
			水泥砂浆找平层隐蔽验收记录	

续表

<table>
<tr><td rowspan="3">(4)</td><td rowspan="3">防水层</td><td rowspan="3">3 mm 厚高聚物 APP 改性沥青防水卷材</td><td>产品合格证、产品性能检测报告、防水卷材试验报告</td><td></td></tr>
<tr><td>卷材防水层检验批质量验收记录/原始记录</td><td></td></tr>
<tr><td>防水卷材隐蔽验收记录</td><td></td></tr>
<tr><td rowspan="4">(5)</td><td rowspan="4">保护层</td><td rowspan="4">40 mm 厚 C30 细石混凝土保护层，内配 $\phi 4@150$，双向钢筋</td><td>商品混凝土：配合比、合格证(28 d)、交接单；
自拌混凝土：水泥合格证、试验报告，砂、石检验报告；
钢筋：钢筋质量证明书、钢筋见证取样复试报告</td><td></td></tr>
<tr><td>钢筋隐蔽验收记录</td><td></td></tr>
<tr><td>商品混凝土施工记录或混凝土开盘鉴定、自拌混凝土施工记录</td><td></td></tr>
<tr><td>留置混凝土标养试块</td><td></td></tr>
<tr><td>7</td><td colspan="3">细部构造——后浇带</td><td></td></tr>
<tr><td rowspan="4">(1)</td><td rowspan="4">地下室底板及顶板后浇带</td><td rowspan="4">遇水膨胀止水条等材料；补偿收缩混凝土原材料等</td><td>合格证、检验报告</td><td></td></tr>
<tr><td>商品混凝土：配合比、合格证(28 d)、交接单；
自拌混凝土：水泥合格证、试验报告，砂、石检验报告</td><td></td></tr>
<tr><td>后浇带检验批质量验收记录/原始记录</td><td></td></tr>
<tr><td>防水构造等隐蔽验收记录</td><td></td></tr>
<tr><td>8</td><td colspan="2">收集试验报告、统计试块强度、汇总</td><td>混凝土检验批验收记录(标养统计评定)</td><td></td></tr>
<tr><td>9</td><td colspan="2">地下室防水效果检查</td><td>地下室防水效果检查记录</td><td></td></tr>
<tr><td>10</td><td colspan="2">主体结构防水分项工程</td><td>主体结构防水分项工程质量验收记录</td><td></td></tr>
<tr><td>11</td><td colspan="2">细部构造防水分项工程</td><td>细部构造防水分项工程质量验收记录</td><td></td></tr>
<tr><td>12</td><td colspan="2">地下防水子分部</td><td>地下防水子分部工程质量验收记录</td><td></td></tr>
</table>

注：子分部工程、分项工程、检验批的工程材料报审、报验参考本教材人工挖孔桩或品茗软件填写示例及应用指南。

2. 地下防水子分部工程验收资料填写示例

地下防水子分部工程质量验收记录

GB 50208—2011　　　　桂建质 0107(一)

单位(子单位)工程名称	品茗人宿舍	分部工程名称		分项工程数量	
施工单位		项目负责人		技术(质量)负责人	
分包单位		分包单位负责人		分包内容	

序号	分项工程名称		检验批数	施工单位检查结果	监理(建设)单位验收意见
1	主体结构防水	防水混凝土	3	合格	(验收意见、合格或不合格的结论、是否同意验收)
		水泥砂浆防水层			
		卷材防水层	3	合格	
		涂料防水层			
		塑料防水板防水层			
		金属板防水层			
		膨润土防水材料防水层			
2	细部构造防水	施工缝			
		变形缝			
		后浇带	2	合格	
		穿墙管			
		埋设件			
		预留通道接头			所含分项工程无遗漏并全部合格,本子分部工程合格,同意验收
		桩头			
		孔口			
		坑、池			
3	特殊施工法结构防水	锚喷支护			
		地下连续墙			
		盾构隧道			
		沉井			
		逆筑结构			
4	排水	渗排水、盲沟排水			
		隧道排水、坑道排水			
		塑料排水板排水			
5	注浆	预注浆、后注浆			
		结构裂缝注浆			

质量控制资料检查结论	(按附表第1—21项检查) 共　14　项,经查符合要求　14　项, 经核定符合规范要求　0　项	安全和功能检验(检测)报告检查结论	(按附表第22—25项检查) 共核查　3　项,符合要求　3　项, 经返工处理符合要求　0　项
观感验收记录	1. 共抽查　4　项,符合要求　4　项, 不符合要求　0　项。 2. 观感质量评价:好	验收组验收结论	(合格或不合格、是否同意验收的结论) 合格,同意验收

勘察单位 项目负责人: 年　月　日	设计单位 项目负责人: 年　月　日	分包单位 项目负责人: 年　月　日 施工单位 项目负责人: 年　月　日	监理(建设)单位 项目负责人: 年　月　日

注:"经核定符合规范要求　项"是指初验未通过的项目,按《建筑工程施工质量验收统一标准》(GB 50300—2013)第5.0.6条处理的情况。

地下防水子分部工程资料检查表

GB 50208—2011　　　　桂建质 0107　附表

序号	检查内容	份数	监理(建设)单位检查意见
1	设计图纸/设计交底记录/图纸会审记录	1/1/1	√
2	设计变更通知单/材料代用核定单		
3	施工单位资质/施工人员上岗证复印证件	1/1	√
4	施工方案(施工方法、技术措施、质量保证措施)	1	√
5	技术交底(施工操作要求及安全等注意事项)	1	√
6	水泥合格证/检验报告	5/5	√
7	砂、石检验单(报告)	5	√
8	防水材料合格证/检验报告	2/2	√
9	混凝土外加剂、掺合料合格证/检验报告		
10	其他材料合格证/检验报告		
11	混凝土试配及施工配合比报告/注浆浆液配合比报告	4/0	√
12	砂浆配合比报告	6	√
13	商品混凝土合格证	6	√
14	混凝土开盘鉴定记录——桂建质(附)0201(0106)-03		
15	隐蔽工程检查验收记录——桂建质(附)	6	√
16	施工质量验收记录/施工检查记录		
17	渗漏水检测记录/观感质量检查记录	1/0	√
18	重大质量问题处理方案/验收记录		
19	分项工程质量验收记录——桂建质(分项 A 类)	2	√
20	施工日志	16	√
21	事故处理报告/技术总结	—	√
22	混凝土抗压强度/抗渗性能检验报告	5/3	√
23	砂浆黏结强度/抗渗性能检验报告	1/0	√
24	混凝土检验批验收记录——桂建质(附)0201(0106)-04	1	√
25	锚杆抗拔力试验报告		
检查人: 年　月　日			

注:1. 检查意见分两种:合格打"√",不合格打"×"。

2. 验收时,若混凝土试块未达到龄期,各方可先验收除混凝土强度和抗渗性能之外的其他内容。待试块达龄期后,试验数据达到设计要求则验收有效;达不到要求,处理后重新验收。

主体结构防水　分项工程质量验收记录

桂建质(分项 A 类)

单位(子单位)工程名称	品茗人宿舍	分部(子分部)工程名称	地基与基础(地下防水)		
检验批数量	6	分项工程专业质量检查员			
施工单位		项目负责人		项目技术负责人	
分包单位		分包单位项目负责人		分包内容	

序号	检验批名称	检验批容量	部位/区段	施工单位检查结果	监理(建设)单位验收意见
1	防水混凝土	1 898 m^2	地下室底板	合格	所含检验批无遗漏,各检验批所覆盖的区段和所含内容无遗漏,所查检验批全部合格
2	防水混凝土	430 m^2	地下室外墙	合格	
3	防水混凝土	1 898 m^2	地下室顶板	合格	
4	卷材防水层	1 898 m^2	地下室底板	合格	
5	卷材防水层	430 m^2	地下室外墙	合格	
6	卷材防水层	1 898 m^2	地下室顶板	合格	

说明:检验批质量验收记录资料齐全完整	
施工单位检查结果	所含检验批无遗漏,各检验批所覆盖的区段和所含内容无遗漏,全部符合要求,本分项工程符合要求。 项目专业技术负责人: 年　月　日
监理(建设)单位验收结论	本分项工程合格。 专业监理工程师: (建设单位项目专业技术负责人) 年　月　日

注:本表(分项 A 类)适用于不涉及全高垂直度检查、无特殊要求的分项工程。混凝土现浇结构、混凝土装配结构、砖砌体、混凝土小型空心砌块砌体、石砌体分项工程质量验收记录使用分项 B 类表格。

防水混凝土检验批质量验收记录

GB 50208—2011　　　　桂建质 010501　001(一)

单位(子单位)工程名称	品茗人宿舍	分部(子分部)工程名称	地基与基础(地下防水)	分项工程名称	主体结构防水
施工单位		项目负责人	潘颖秋	检验批容量	430 m²
分包单位		分包单位项目负责人		检验批部位	地下室外墙
施工依据	《地下工程防水技术规范》(GB 50108—2008)	验收依据	《地下防水工程质量验收规范》(GB 50208—2011)		

		验收项目	设计要求及规范规定		最小/实际抽样数量	检查记录	检查结果
主控项目	1	原材料	符合设计和下页注 3 的要求	检查产品合格证、产品性能检测报告和材料进场检验报告	—	试验合格,报告编号×××	合格
	2	配合比	(1)符合设计和下页注 4 的要求 (2)组成材料计量结果允许偏差/% 组成材料 | 每盘计量 | 累计计量 水泥、掺合料 | ±2 | ±1 粗、细骨料 | ±3 | ±2 水、外加剂 | ±2 | ±1	现场检查计量措施,每工作班检查不少于 2 次(累计计量仅适用于微机控制计量的搅拌站)	—	试验合格,报告编号×××	合格
	3	坍落度	(1)符合设计要求 (2)坍落度允许偏差 要求坍落度/mm | 允许偏差/mm ≤40 | ±10 50～90 | ±15 >90 | ±20	现场抽样试验,符合现行《普通混凝土拌合物性能试验方法》(GB J80)的有关规定,每工作班至少检查 2 次	—	试验合格,报告编号×××	合格
	4	抗压强度	设计要求 C30	检查混凝土抗压试验报告	—	试验合格,报告编号×××	合格
	5	抗渗性能	设计要求 S8	检查混凝土报告,抽检数量见下页注 1 第(1)条。	—	试验合格,报告编号×××	合格
	6	施工缝、变形缝、后浇带、穿墙管、埋设件等设置和构造必须符合设计要求		观察检查和检查隐蔽工程验收记录,全数检查	—	检查合格,详见隐蔽验收记录	合格
一般项目	1	表面质量	防水混凝土结构表面应坚实、平整,不得有露筋、蜂窝等缺陷	观察和尺量检查	5/5	抽查 5 处,全部合格	合格
	2	埋设件	位置正确	尺量检查	5/5	抽查 5 处,全部合格	合格
	3	裂缝宽度	≤0.2 mm 且不得贯通	用刻度放大镜检查			
	4	防水混凝土结构厚度	设计要求 300 mm ≥250 mm 允许偏差:+8 mm、−5 mm	尺量检查,检查隐蔽工程验收记录	5/5	抽查 5 处,全部合格	合格
	5	迎水面钢筋保护层厚度	≥50 mm 允许偏差:±5 mm		5/5	抽查 5 处,全部合格	合格

施工单位检查结果	主控项目全部符合要求,一般项目满足规范要求,本检验批符合要求。 专业工长: 项目专业质量检查员: 年　月　日	监理(建设)单位验收结论	主控项目全部合格,一般项目满足规范要求,本检验批合格。 专业监理工程师: (建设单位项目专业技术负责人) 年　月　日

防水混凝土检验批质量验收记录

GB 50208—2011　　　　　　　　　　　　　　　　　　　　　　　　桂建质 010501(二)

1. 检查数量：

(1)抗渗压力：连续浇筑混凝土每 500 m^2 留置 1 组(6 个)抗渗试件，标准养护，且每项工程不得少于 2 组。采用预拌混凝土的抗渗试件，留置组数视结构的规模和要求而定。

(2)一般项目：按混凝土外露面积每 100 m^2 抽查 1 处，每处 10 m^2，且不得少于 3 处。

2. 主控项目第 4—5 项和一般项目第 4 项中，应将设计的要求填入“设计要求”栏中。

3. 防水混凝土所用的材料应符合下列规定：

(1)水泥的选择：①水泥宜采用普通硅酸盐水泥或硅酸盐水泥，采用其他品种水泥时应经试验确定；②在受侵蚀性介质作用时，应按介质的性质选用相应的水泥品种；③不得使用过期或受潮结块的水泥，并不得将不同品种或强度等级的水泥混合使用。

(2)砂、石的选择：①砂宜选用中粗砂，含泥量不应大于 3.0%，泥块含量不宜大于 1.0%；②不宜使用海砂，在没有使用河砂的条件时，应对海砂进行处理后才能使用，且控制氯离子含量不得大于 0.06%；③碎石或卵石的粒径宜为 5～40 mm，含泥量不应大于 1.0%，泥块含量不应大于 0.5%；④对长期处于潮湿环境的重要结构混凝土用砂、石，应进行碱活性检验。

(3)矿物掺合料的选择：①矿物掺合料中粉煤灰的级别不应低于Ⅱ级，烧失量不应大于 5%；②硅粉的比表面积不应小于 1 500 m^3/kg，SiO_2 含量不应小于 85%；③粒化高炉矿渣粉的品质要求应符合现行国家标准《用于水泥和混凝土中的粒化高炉矿渣粉》(GB/T 18046)的有关规定。

(4)混凝土拌和用水：混凝土拌和用水应符合现行行业标准《混凝土用水标准》(JGJ63)的有关规定。

(5)外加剂选择：①外加剂的品种和用量应经试验确定，所用外加剂应符合现行国家标准《混凝土外加剂应用技术规范》(GB 50119)的质量规定；②掺加引气剂或引气型减水剂的混凝土，其含气量宜控制在 3%～5%；③考虑外加剂对硬化混凝土收缩性能的影响；④严禁使用对人体产生危害、对环境产生污染的外加剂。

4. 防水混凝土的配合比应经试验确定，并应符合下列规定：

(1)试配要求的抗渗水压值应比设计值提高 0.2 MPa。

(2)混凝土凝胶材料总量不宜小于 320 kg/m^3；其中水泥用量不宜小于 260 kg/m^3，粉煤灰掺量宜为胶凝材料总量的 20%～30%，硅粉的掺量宜为胶凝材料总量的 2%～5%。

(3)水胶比不得大于 0.50，有侵蚀性介质时水胶比不宜大于 0.45。

(4)砂率宜为 35%～40%，泵送时可增至 45%。

(5)灰砂比宜为 1:2.5～1:1.5。

(6)混凝土拌合物的氯离子含量不应超过胶凝材料总量的 0.1%；混凝土中各类材料的总碱量(即 Na_2O 当量)不得大于 3 kg/m^3。

5. 防水混凝土抗渗性能，采用标准条件下养护混凝土抗渗试件的试验结果评定。试件应在浇筑地点随机取样后制作。抗渗性能试验应符合现行国家标准《普通混凝土长期性能和耐久性能试验方法标准》(GB/T 50082)的有关规定。

6. 防水混凝土适用于抗渗等级不小于 P6 的地下混凝土结构，不适用于环境温度高于 80 ℃的地下工程。处于侵蚀性介质中的防水混凝土的耐侵蚀性要求还应符合现行国家标准《工业建筑防腐蚀设计规范》(GB 50046)和《混凝土结构耐久性设计规范》(GB 50476)的有关规定。

7. 地下工程的防水等级分为 4 级，见下表：

地下工程防水等级标准

防水等级	防水标准
1 级	不允许渗水，结构表面无湿渍
2 级	不允许漏水，结构表面可有少量湿渍。房屋建筑地下工程：总湿渍面积不大于总防水面积(包括顶板、墙面、地面)的 1/1 000；任意 100 m^2 防水面积上的湿渍不超过 2 处，单个湿渍的最大面积不大于 0.1 m^2。 其他地下工程：总湿渍面积不应大于总防水面积的 2/1 000；任意 100 m^2 防水面积上的湿渍不超过 3 处，单个湿渍的最大面积不大于 0.2 m^2；其中，隧道工程平均渗水量不大于 0.05 $L/(m^2\cdot d)$，任意 100 m^2 防水面积上的渗水量不大于 0.15 $L/(m^2\cdot d)$
3 级	有少量漏水点，不得有线流和漏泥砂。单个湿渍面积不大于 0.3 m^2，单个漏水点的漏水量不大于 2.5 L/d，任意 100 m^2 防水面积不超过 7 处
4 级	有漏水点，不得有线流和漏泥砂。整个工程平均漏水量不大于 2 $L/m^2\cdot d$，任意 100 m^2 防水面积的平均漏水量不大于 4 $L/m^2\cdot d$

卷材防水层检验批质量验收记录

GB 50208—2011　　　　　　　　　　　　　　　　　　　　　　桂建质 010503　002

单位(子单位)工程名称	品茗人宿舍	分部(子分部)工程名称	地基与基础(地下防水)	分项工程名称	主体结构防水
施工单位		项目负责人	潘颖秋	检验批容量	430 m^2
分包单位		分包单位项目负责人		检验批部位	地下室外墙
施工依据	《地下工程防水技术规范》(GB 50108—2008)	验收依据	《地下防水工程质量验收规范》(GB 50208—2011)		

		验收项目		设计要求及规范规定		最小/实际抽样数量	检查记录	检查结果
主控项目	1	卷材		材性符合设计要求	自粘聚合物改性沥青防水卷材	检查产品合格证、产品性能检测报告和材料进场检验报告	—	质量证明文件齐全,检查合格,报告编号×××	—
	2	主要配套材料	基层处理剂						
			胶粘剂						
			密封材料						
	3	细部做法		卷材防水层及其转角处、变形缝、施工缝、穿墙管道等细部做法符合设计要求		观察检查、检查隐蔽工程验收记录	—	检查合格,详见隐蔽验收记录	合格
一般项目	1	搭接缝		粘贴或焊接牢固,密封严密,不得有扭曲、褶皱、翘边和起泡等缺陷;铺贴双层卷材的上下两层和相邻两幅卷材的接缝错开 1/3 ~ 1/2 幅宽,且两层卷材不得相互垂直铺贴;采用冷粘法时接缝口应用密封材料封严,其宽度不小于 10 mm		观察和尺量检查	5/5	抽查 5 处,全部合格	合格
	2	外防外贴法铺贴卷材防水层时,立面卷材接槎搭接宽度		高聚物改性沥青类卷材应为 150 mm		观察和尺量检查	5/5	抽查 5 处,全部合格	合格
				合成高分子类卷材为 100 mm,且上层卷材盖过下层卷材					
	3	保护层		侧墙卷材防水层的保护层与防水层黏结紧密,保护层厚度符合设计要求		观察和尺量检查	5/5		
	4	搭接宽度		符合 GB 50208—2011 中表 4.3.6 防水卷材的搭接宽度的要求		观察和尺量检查	5/5	抽查 5 处,全部合格	合格
				允许偏差	-10 mm				

施工单位检查结果	主控项目全部符合要求,一般项目满足规范要求,本检验批符合要求。 专业工长: 项目专业质量检查员:　　　　年　月　日
监理(建设)单位验收结论	主控项目全部合格,一般项目满足规范要求,本检验批合格。 专业监理工程师: (建设单位项目专业技术负责人)　　　　年　月　日

注:1. 本验收记录适用于在受侵蚀性介质或振动作用的地下工程主体迎水面铺贴的卷材防水层。
2. 检查数量:每 100 m^2 防水层抽查 1 处,每处 10 m^2,且不少于 3 处。
3. 主控项目 1—2 项中,应将设计的要求填入“设计要求”栏中。

细部构造防水　分项工程质量验收记录

桂建质(分项 A 类)

<table>
<tr><td colspan="2">单位(子单位)工程名称</td><td colspan="2">品茗人宿舍</td><td>分部(子分部)工程名称</td><td colspan="3">地基与基础(地下防水)</td></tr>
<tr><td colspan="2">检验批数量</td><td colspan="2">2</td><td>分项工程专业质量检查员</td><td colspan="3"></td></tr>
<tr><td colspan="2">施工单位</td><td colspan="2"></td><td>项目负责人</td><td></td><td>项目技术负责人</td><td></td></tr>
<tr><td colspan="2">分包单位</td><td colspan="2"></td><td>分包单位项目负责人</td><td></td><td>分包内容</td><td></td></tr>
<tr><td>序号</td><td>检验批名称</td><td>检验批容量</td><td>部位/区段</td><td>施工单位检查结果</td><td colspan="3">监理(建设)单位验收意见</td></tr>
<tr><td>1</td><td>后浇带</td><td>1 处</td><td>地下室底板</td><td>合格</td><td colspan="3" rowspan="9">所含检验批无遗漏,各检验批所覆盖的区段和所含内容无遗漏,所查检验批全部合格</td></tr>
<tr><td>2</td><td>后浇带</td><td>1 处</td><td>地下室顶板</td><td>合格</td></tr>
<tr><td></td><td></td><td></td><td></td><td></td></tr>
<tr><td></td><td></td><td></td><td></td><td></td></tr>
<tr><td></td><td></td><td></td><td></td><td></td></tr>
<tr><td></td><td></td><td></td><td></td><td></td></tr>
<tr><td></td><td></td><td></td><td></td><td></td></tr>
<tr><td></td><td></td><td></td><td></td><td></td></tr>
<tr><td></td><td></td><td></td><td></td><td></td></tr>
<tr><td colspan="8">说明:检验批质量验收记录资料齐全完整</td></tr>
<tr><td colspan="2">施工单位检查结果</td><td colspan="6">所含检验批无遗漏,各检验批所覆盖的区段和所含内容无遗漏,全部符合要求,本分项工程符合要求。
项目专业技术负责人:
年　月　日</td></tr>
<tr><td colspan="2">监理(建设)单位验收结论</td><td colspan="6">本分项工程合格。
专业监理工程师:
(建设单位项目专业技术负责人)
年　月　日</td></tr>
</table>

注:本表(分项 A 类)适用于不涉及全高垂直度检查、无特殊要求的分项工程。混凝土现浇结构、混凝土装配结构、砖砌体、混凝土小型空心砌块砌体、石砌体分项工程质量验收记录使用分项 B 类表格。

后浇带检验批质量验收记录

GB 50208—2011　　　　桂建质 010510　0 0 1

<table>
<tr><td colspan="3">单位(子单位)工程名称</td><td>品茗人宿舍</td><td>分部(子分部)工程名称</td><td>地基与基础(地下防水)</td><td>分项工程名称</td><td>细部构造防水</td></tr>
<tr><td colspan="3">施工单位</td><td></td><td>项目负责人</td><td>潘颖秋</td><td>检验批容量</td><td>1 处</td></tr>
<tr><td colspan="3">分包单位</td><td></td><td>分包单位项目负责人</td><td></td><td>检验批部位</td><td>地下室底板</td></tr>
<tr><td colspan="3">施工依据</td><td colspan="2">《地下工程防水技术规范》(GB 50108—2008)</td><td>验收依据</td><td colspan="2">《地下防水工程质量验收规范》(GB 50208—2011)</td></tr>
<tr><td rowspan="6">主控项目</td><td colspan="2">验收项目</td><td colspan="2">设计要求及规范规定</td><td>最小/实际抽样数量</td><td>检查记录</td><td>检查结果</td></tr>
<tr><td>1</td><td>遇水膨胀止水条等材料</td><td rowspan="4">符合设计要求</td><td>检查产品合格证、产品性能检测报告和材料进场检验报告</td><td>—</td><td>质量证明文件齐全,检验合格,报告编号×××</td><td>合格</td></tr>
<tr><td rowspan="2">2</td><td>补偿收缩混凝土原材料</td><td rowspan="2">检查产品合格证、产品性能检测报告、计量措施和材料进场检验报告</td><td>—</td><td>质量证明文件齐全,检查合格</td><td>合格</td></tr>
<tr><td>混凝土配合比</td><td>—</td><td>试验合格,报告编号×××</td><td>合格</td></tr>
<tr><td>3</td><td>防水构造</td><td>观察检查和检查隐蔽工程验收记录</td><td>—</td><td>检查合格,详见隐蔽验收记录</td><td>合格</td></tr>
<tr><td>4</td><td>掺膨胀剂的混凝土</td><td>抗压强度、抗渗性能和限制膨胀率符合设计要求</td><td>检查混凝土抗压强度、抗渗性能和水中养护14 d后的限制膨胀率检验报告</td><td>—</td><td>抗压强度、抗渗性能和限制膨胀率符合设计要求,试验合格,报告编号×××</td><td>合格</td></tr>
<tr><td rowspan="4">一般项目</td><td>1</td><td>混凝土浇筑前采取保护措施</td><td>后浇带部位和外贴式止水带应采取保护措施</td><td>观察检查</td><td>全/1</td><td>抽查1处,全部合格</td><td>合格</td></tr>
<tr><td>2</td><td>接缝和浇筑时间</td><td>表面清理干净,再涂刷混凝土界面处理剂或水泥基渗透结晶型防水涂料;浇筑时间应符合设计要求</td><td rowspan="2">观察检查和检查隐蔽工程验收记录</td><td>全/1</td><td>抽查1处,全部合格</td><td>合格</td></tr>
<tr><td>3</td><td>遇水膨胀止水条(胶)、预埋注浆管、外贴式止水带的施工</td><td>符合GB 50208—2011规范5.1.8、5.1.9、5.1.10及5.2.6条规定</td><td>全/1</td><td>抽查1处,全部合格</td><td>合格</td></tr>
<tr><td>4</td><td>混凝土浇筑</td><td>一次完成,不得留设施工缝;浇筑后应及时养护,养护时间不得少于28 d</td><td></td><td>—</td><td>检查合格,详见混凝土施工记录</td><td>合格</td></tr>
<tr><td colspan="3">施工单位检查结果</td><td colspan="5">主控项目全部符合要求,一般项目满足规范要求,本检验批符合要求。
专业工长:
项目专业质量检查员:　　　　年　月　日</td></tr>
</table>

监理(建设)单位验收结论	主控项目全部合格,一般项目满足规范要求,本检验批合格。 专业监理工程师: (建设单位项目专业技术负责人)　　年　月　日

注:《地下防水工程质量验收规范》(GB 50208—2011)中的相关条款内容如下:

5.1.8　遇水膨胀止水带应具有缓膨胀性能;止水条与施工缝基面应密贴,中间不得有空鼓、脱离等现象;止水条应牢固地安装在缝表面或预埋凹槽内;止水条采用搭接连接时,搭接宽度不得小于 30 mm。

5.1.9　遇水膨胀止水胶应采用专用注胶器挤出黏结在施工缝表面,并做到连续、均匀、饱满、无气泡和孔洞,挤出宽度及厚度应符合设计要求;止水胶挤出成型后,固化期内应采取临时保护措施;止水胶固化前不得浇筑混凝土。

5.1.10　预埋式注浆管应设置在施工缝断面中部,注浆管与施工缝基面应密贴并固定牢靠,固定间距宜为 200 ~ 300 mm;注浆导管与注浆管的连接应牢固、严密,导管埋入混凝土内的部分应与结构钢筋绑扎牢固,导管的末端应临时封堵严密。

5.2.6　外贴式止水带在变形缝与施工缝相交部位宜采用十字配件;外贴式止水带在变形缝转角部位宜采用直角配件。止水带埋设位置应准确,固定应牢靠,并与固定止水带的基层密贴,不得出现空鼓、翘边等现象。

商品混凝土施工记录

天气:晴　　　　气温:29~35 ℃　　　　　　　　　　　　桂建质(附)0201-06(Ⅱ)

工程名称	品茗人宿舍			第　层	地下室底板
施工单位		施工班组		标　高	地下室底板　m
混凝土强度等级、抗渗等级	C30、S8	配合比报告编号	20120189	当班浇捣量	570 m^3
商品混凝土生产厂名称	广西南宁嘉泰水泥制品有限公司	质量证明文件是否齐全	齐全	实测坍落度	153 mm
当班开始时间	2012 年 6 月 4 日 7　时　30　分	停歇时间	1. 不间断√ 2. 从　　时　　分停止 至　　时　　分开始	当班终止时间	2012 年 6 月 5 日 20 时 00 分
模板及支撑体系是否已验收,是否牢固,是否可能漏浆	已验,牢固	钢筋及其他预埋预留是否已验收	已验收合格	原材料是否已验收,并符合要求	已验收,并符合要求
钢筋定位措施是否可靠(板负筋及底筋、柱插筋、预留筋)	定位措施可靠	是否已有控制板标高、厚度的措施	有控制标高、厚度措施	模板是否已涂隔离剂,已淋湿,已清理干净	模板已淋湿,并清理干净
振捣方式	插入式(√),平板式(√)				
中途有否停歇		停歇部位		停歇原因	
施工缝(如果有)位置		施工缝处理方法			
标准养护试块	编号:2012-H13513 28 d 强度:37.3 MPa	同条件养护试块	编号: 28 d 强度:	拆模判别试块	编号: 拆模时强度:
初次淋水养护时间	2012 年 6 月 6 日 07　时　00 分	覆盖养护措施	用麻袋覆盖、洒水养护	结束养护时间	2012 年 6 月 20 日 结束,共 14 天
拆侧模日期	预计:　　年　月　日 实际:　　年　月　日	拆底模日期		预计:　　年　月　日 实际:　　年　月　日	
其他情况(包括事故处理、必要时附图): 无					

振捣手(签名):	施工缝处理人(签名):	班组长(签名):	值班质量检查员(签名):	旁站监理员(签名):

注:"第　　层""标高　　m"栏是施工部位,上栏以轴号表明范围,下栏填写浇捣的具体内容,如楼面、柱、墙或其他构件。

地下室防水效果检查记录

<table>
<tr><td>工程名称</td><td colspan="2">品茗人宿舍</td><td>试验日期</td><td>年　月　日</td></tr>
<tr><td rowspan="3">试验范围及情况</td><td>设计要求与检查范围</td><td colspan="3">地下室设计防水等级为　2　级，混凝土抗渗等级为　8　级。防水做法为：☑结构自防水　☑卷材防水　□涂膜防水　□其他防水为：
本次检验范围为：地下室外墙
背水面展开面积为：430 m</td></tr>
<tr><td>裂缝情况</td><td colspan="3">☑（1）未发现渗漏
□（2）出现贯穿性裂缝　　　条，未贯穿裂缝　　　条，已处理裂缝　　　条</td></tr>
<tr><td>渗漏水情况</td><td colspan="3">☑（1）未出现渗漏水，结构表面无湿渍；
□（2）未出现漏水，湿渍总面积　m^2，单个湿渍面积为　m^2，任意 100 m^2 防水面积上出现　处；
□（3）有少量漏水点，存在线流、漏泥砂；
□（4）有少量漏水点，但无线流、漏泥砂；单个湿渍面积为　　m^2，单个漏水点的漏水量为　　L/d，任意 100 m^2 防水面积上出现　　处；
□（5）有漏水点，存在线流、漏泥砂；
□（6）有漏水点，但无线流、无漏泥砂，整个工程平均漏水量为　　L/(m^2·d)，任意 100 m^2 防水面积的平均漏水量为　　L/(m^2·d)</td></tr>
<tr><td>处理意见</td><td colspan="4">无</td></tr>
<tr><td>结论</td><td colspan="4">地下室背水内表面的混凝土墙体无湿渍、无渗水现象，观感质量合格，符合设计和规范要求</td></tr>
<tr><td>施工单位</td><td colspan="2">专职质检员：
试验员：
年　月　日</td><td>监理（建设）单位</td><td>监理工程师：
（建设单位项目负责人）
年　月　日</td></tr>
</table>

注：存在裂缝和渗漏时，应附裂缝和渗漏的详细资料。

说　明

1. 填表时，应在对应的□内打"√"或空格内填写。

2. 渗漏水调查：

(1)地下防水工程质量验收时，施工单位必须提供地下工程背水内表面的结构工程展开图。

(2)房屋建筑地下室只检查围护结构内墙和底板。

(3)全埋设于地下的结构(地下商场、地铁车站、军事地下库等)，除检查围护结构内墙和底板外，背水的顶板(拱顶)也是重点调查目标。

(4)钢筋混凝土衬砌的隧道以及钢筋混凝土管片衬砌的隧道渗漏水调查的重点为上半环。

(5)施工单位必须在背水内表面的结构工程展开图上详细标示：

①在工程自检时发现的裂缝，并标明位置、宽度、长度和渗漏水现象；

②经修补、堵漏的渗漏水部位；

③防水等级标准容许的渗漏水现象位置。

(6)地下防水工程验收时，给检查、核对标示好的背水内表面的结构工程展开图必须纳入竣工验收资料。

3. 地下防水工程等级合格标准见下表：

地下防水工程等级合格标准

防水等级	合格标准
1 级	不允许渗水，结构表面无湿渍
2 级	不允许漏水，结构表面可有少量湿渍； 工业与民用建筑：湿渍总面积不大于总防水面积的 1‰，单个湿渍面积不大于 0.1 m^2，任意 100 m^2 防水面积不超过 1 处； 其他地下工程：湿渍总面积不大于总防水面积的 6‰，单个湿渍面积不大于 0.2 m^2，任意 100 m^2 防水面积不超过 4 处
3 级	有少量漏水点，不得有线流和漏泥砂； 单个湿渍总面积不大于 0.3 m^2，单个漏水点的漏水量不大于 2.5 L/d，任意 100 m^2 防水面积不超过 7 处
4 级	有漏水点，不得有线流和漏泥砂； 整个工程平均漏水量不大于 2 L/(m^2·d)，任意 100 m^2 防水面积的平均漏水量不大于 4 L/(m^2·d)

4. 被验收的地下工程当有结露现象时，不宜进行渗漏水检测。

5. 房屋建筑地下室渗漏水现象检测：

(1)地下工程防水等级对"湿渍面积"与"总防水面积"(包括顶板、墙面、地下)的比例作了规定。按防水等级 2 级设防的房屋建筑地下室，单个湿渍的最大面积不大于 0.1 m^2，任意 100 m^2 防水面积上的湿渍不超过 1 处。

(2)湿渍的现象:湿渍主要是由混凝土密实度差异造成毛细现象或由混凝土容许裂缝(宽度小于0.2 mm)产生,在混凝土表面肉眼可见的"明显色泽变化的潮湿斑"。一般在人工通风条件下可消失,即蒸发量大于渗入量状态。

(3)湿渍的检测方法:检查人员用干手触湿斑,无水分浸润感觉;用吸墨纸或报纸贴附,纸不变颜色。检查时,要用粉笔勾画出湿渍范围,然后用钢尺测量高度和宽度,计算面积,标示在展开图上。

(4)渗水的现象: 渗水是由于混凝土密实度差异或混凝土有害裂缝(宽度大于0.2mm)而产生的地下水连续渗入混凝土结构,在背水的混凝土墙壁表面肉眼可观察到明显的流挂水膜范围,在加强人工通风的条件下也不会消失,即渗入量大于蒸发量的状态。

(5)渗水的检测方法:检查人员用干手触摸可感觉到水分浸湿,手上会沾有水分;用吸墨纸或报纸贴附,纸会浸润变颜色。检查时,要用粉笔勾画出渗水范围,然后用钢尺测量高度和宽度,计算面积,标示在展开图上。

(6)对房屋建筑地下室检测出来的渗水点,一般情况下应准予修补堵漏,然后重新验收。

(7)对防水混凝土结构的细部构造渗漏水检测,还应按本条内容执行。若发现严重渗水必须分析、查明原因,应准予修补堵漏,然后重新验收。

6. 结论栏内应明确检查"合格"或"不合格"。

7. 检查不合格时,应明确处理意见,一般为"将不合格点修补后重新检查验收"。

地下室防水效果检查记录

背水内表面的结构工程展开图(略)。

地下室背水内表面的混凝土墙体无湿渍、无渗水现象,观感质量合格,符合设计和规范要求

六、地基与基础分部工程验收

1. 地基与基础分部工程验收资料明细

以品茗人宿舍工程的地基与基础分部工程为例，地基与基础分部工程验收资料详见下表：

序号	验收内容	验收资料	备注
1	地基与基础质量(实体)验收申请		
2	地基与基础分部工程隐蔽验收	地基与基础分部工程隐蔽验收记录	
3	土方回填	土方回填分项工程	
4	基础工程综合验收	基础工程质量验收监督通知书	
		地基与基础分部工程施工技术资料审查表	
		地基与基础分部工程质量验收报告	
		地基与基础分部工程质量验收记录	
		地基与基础分部工程报验申请表	

注：子分部工程、分项工程、检验批及施工方案和工程材料的报验、报审等参考本教材人工挖孔桩或品茗软件填写示例及应用指南。

2. 地基与基础分部工程验收资料填写示例

地基与基础分部工程报验申请表(表 B.0.8)

工程名称:品茗人宿舍　　　　　　　　　　　　　　　　　　　　　　　编号:01

<table>
<tr><td>
致:____(项目监理机构)
　　我方已完成　地基与基础工程施工　(分部工程),经自检合格,现将有关资料报上,请予以验收。
项目附件:分部工程质量控制资料
　　1. 地基与基础分部工程质量验收记录;
　　2. 地基与基础分部工程质量控制资料;
　　3. 地基与基础分部工程安全和功能检验(检测)资料。

施工项目经理部(盖章)
项目技术负责人(签字)__________
年　月　日
</td></tr>
<tr><td>
验收意见:
　　1. 地基与基础工程施工已完成;
　　2. 所含子分部工程无遗漏并全部合格;
　　3. 地基与基础工程安全和功能检验资料核查及主要功能抽查符合设计和规范要求;
　　4. 地基与基础工程混凝土外观质量符合设计和规范要求,未发现混凝土质量通病;
　　5. 地基与基础工程实体检测结果合格。

专业监理工程师(签字)__________
年　月　日
</td></tr>
<tr><td>
验收意见:
　　同意验收。

项目监理机构(盖章)
总监理工程师(签字)__________
年　月　日
</td></tr>
</table>

注:本表一式三份,项目监理机构、建设单位、施工单位各一份。

地基与基础分部工程　施工技术资料审查表

<table>
<tr><td>工 程 名 称</td><td>品茗人宿舍</td><td>结构类型</td><td></td></tr>
<tr><td>面　积</td><td></td><td>层数/规模</td><td></td></tr>
<tr><td>施工单位名称</td><td colspan="3"></td></tr>
<tr><td>监理单位名称</td><td colspan="3"></td></tr>
<tr><td colspan="4">施工技术资料整理情况：
1. 施工管理资料完整；
2. 质量控制资料完整；
3. 施工质量验收记录资料完整；
4. 安全和功能检验(检测)结果全部合格，资料完整。
项目资料员：
年　月　日</td></tr>
<tr><td colspan="2">审查意见：
资料完整，符合要求。
项目经理：
年　月　日</td><td colspan="2">审查意见：
同意验收。
项目总监理工程师：
年　月　日</td></tr>
<tr><td colspan="2">审查意见：
资料完整，符合要求。
公司技术负责人：
年　月　日</td><td colspan="2">审查意见：
同意验收。
监理单位技术负责人：
年　月　日</td></tr>
</table>

施工单位(公章)　　　　　　　　　　　　监理单位(公章)：

基础工程质量验收监督通知书

南宁市建设工程质量安全 监督站：

品茗人宿舍工程 工程，建筑面积 15 369.15 m^2，地下 1 层，地上 17 层，基础类型 钻孔灌注桩基础 ，工程地址 南宁市×××路×××号 ，已具备下列验收条件：

1. 基础施工到设计标高 ±0.00 m 处或桩基承台面；
2. 基础未回填覆盖；
3. 基础及设备基础已标出轴线、中心线和标高；
4. 承重桩、构造柱或剪力墙等已标出轴线；
5. 备有基础工程质量保证资料；
6. 备有基础分部、分项工程自评资料；
7. 备有设计图纸及岩土工程勘察报告。

现定于　　　年　月　日由建设或监理单位组织基础工程质量验收，请监督站派员监督检查。

建设(或监理)单位	施工单位
(章)	(章)
年　月　日	年　月　日

桂质监档表08 表

地基与基础分部工程质量验收报告

<table>
<tr><td colspan="2">工程名称</td><td colspan="3">品茗人宿舍</td></tr>
<tr><td colspan="2">施工单位</td><td></td><td>建设单位</td><td></td></tr>
<tr><td colspan="2">结构类型</td><td></td><td>基础类型</td><td>按设计图纸填写</td></tr>
<tr><td colspan="2">建筑面积</td><td>按设计图纸填写　m^2</td><td>地下室层数</td><td>按设计图纸填写</td></tr>
<tr><td colspan="2">验收内容</td><td>地基与基础分部工程</td><td>验收日期</td><td>实际验收时间</td></tr>
<tr><td>实体质量检查情况</td><td colspan="4">1. 基础轴线、中心线、标高符合设计要求；
2. 混凝土外观质量无蜂窝麻面现象，混凝土试块强度满足设计要求；
3. 砖砌体水平灰缝的砂浆饱满度、垂直度符合设计要求，砂浆试块强度满足设计要求</td></tr>
<tr><td>资料检查情况</td><td colspan="4">1. 质量控制资料共 18 项，经查符合要求；
2. 安全和功能检验（检测）报告共 8 项，经查符合要求；
3. 地基与基础分部工程资料完整，符合设计及施工规范要求</td></tr>
<tr><td colspan="3">施工单位评定意见：
资料完整，施工质量符合设计及规范要求。
项目经理：　（公章）
年　月　日</td><td colspan="2">监理单位验收意见：
同意验收，进入下一道工序施工。
项目总监理工程师：　（公章）
年　月　日</td></tr>
<tr><td colspan="3">勘察单位验收意见：
符合设计和规范要求。
项目勘察负责人：　（公章）
年　月　日</td><td colspan="2">设计单位验收意见：
符合设计和规范要求。
项目设计负责人：　（公章）
年　月　日</td></tr>
<tr><td colspan="5">建设单位验收意见：
同意验收。
项目负责人：　（公章）
年　月　日</td></tr>
</table>

注：1. 地基与基础分部工程完成后，建设或监理单位应组织有关单位进行质量验收，并按规定的内容填写和签署意见，工程建设参与各方按规定承担相应质量责任。

2. 按规定的内容填写和签署意见后，送 1 份至工程质量监督站备案。

地基与基础分部工程施工技术资料审查表

序号	资料名称	份　数
1	钢材合格证/试验报告	18/23
2	钢材焊接试验报告/焊条(剂)合格证/焊工上岗证	5/7/3
3	水泥合格证/试验报告	9/9
4	混凝土外加剂合格证/试验报告	0/0
5	砖、砌块合格证/试验报告	8/8
6	砂检验单/石检验单	11/6
7	混凝土配合比报告/砂浆配合比报告	2/2
8	混凝土强度试验报告/强度统计表/抗渗试验报告	35/5/3
9	砂浆强度试验报告/强度统计表	4/0
10	地基验槽记录/地基处理工程质量验收报告	1/0
11	基桩工程质量验收报告	1
12	隐蔽工程检查验收记录	10
13	构件合格证	—
14	图纸会审纪要	1
15	设计变更通知单/材料代用签证单	0/0
16	施工组织设计/施工方案	1/1
17	技术交底	8
18	施工日志	1
19	施工许可证/开工报告/停(复)工通知单	1/1/0
20	工程质量事故处理报告	—
21	分部、分项工程质量评定记录	13
22	监理规划/监理细则/监理日志	1/1/1
23	质量问题整改通知书/整改完成情况报告	0/0
24	行政处罚记录	—

地基与基础分部工程质量验收记录

GB 50300—2013　　　　桂建质 01

<table>
<tr><td>单位(子单位)工程名称</td><td>品茗人宿舍</td><td>子分部工程数量</td><td></td><td>分项工程数量</td><td></td></tr>
<tr><td>施工单位</td><td></td><td>项目负责人</td><td></td><td>技术(质量)负责人</td><td></td></tr>
<tr><td>分包单位</td><td></td><td>分包单位负责人</td><td></td><td>分包内容</td><td></td></tr>
</table>

<table>
<tr><td>序号</td><td>子分部工程名称</td><td>分项工程数</td><td>施工单位检查结果</td><td>验收组验收结论</td></tr>
<tr><td>1</td><td>地基</td><td></td><td></td><td rowspan="7">(验收意见、合格或不合格的结论、是否同意验收)

所含子分部工程无遗漏并全部合格,本分部工程合格,同意验收</td></tr>
<tr><td>2</td><td>基础</td><td>3</td><td>合格</td></tr>
<tr><td>3</td><td>基坑支护</td><td>1</td><td>合格</td></tr>
<tr><td>4</td><td>地下水控制</td><td></td><td></td></tr>
<tr><td>5</td><td>土方</td><td>2</td><td>合格</td></tr>
<tr><td>6</td><td>边坡</td><td></td><td></td></tr>
<tr><td>7</td><td>地下防水</td><td>2</td><td>合格</td></tr>
</table>

<table>
<tr><td>质量控制资料检查结论</td><td>共 39 项,经查符合要求 39 项,
经核定符合规范要求 0 项</td><td>安全和功能检验(检测)报告检查结论</td><td>共核查 8 项,符合要求 8 项,
经返工处理符合要求 0 项</td></tr>
<tr><td>观感质量验收结论</td><td colspan="3">1. 共抽查 47 项,符合要求 47 项,不符合要求 0 项。
2. 观感质量评价(好、一般、差):好</td></tr>
</table>

<table>
<tr><td>施工单位</td><td>设计单位</td><td>监理(建设)单位</td><td>勘察单位</td></tr>
<tr><td>项目负责人:

(公章)
年　月　日</td><td>项目负责人:

(公章)
年　月　日</td><td>项目负责人:

(公章)
年　月　日</td><td>项目负责人:

(公章)
年　月　日</td></tr>
</table>

注:1. 质量控制资料、安全和功能检验(检测)报告检查情况可查阅有关子分部工程质量验收记录或直接查阅原件,统计整理后填入本表。

2. 本验收记录还应有相关子分部工程质量验收记录作附件。

3. 观感质量验收由总监理工程师或建设单位项目专业负责人组织并以其为主,听取参验人员意见后作出评价,如评为"差"时,能修的尽量修,若不能修,只要不影响结构安全和使用功能,可协商接收,并在"验收组验收意见"栏中注明。

第四节　主体结构

1. 主体结构分部工程验收资料明细

品茗人宿舍工程的主体结构分部工程分为混凝土结构和砌体结构两个子分部工程。本节我们将按施工工序流程和验收过程以表格的形式列出主体结构分部工程的验收资料。

序号	验收内容	验收资料工程	备注
一、混凝土结构子分部			
1	施工方案（钢筋、模板、混凝土等）		
2	施工技术交底（钢筋、模板、混凝土等）		
3	施工日记		
4	一层至三层钢筋原材料	钢材出厂合格证、试验报告汇总表	
		钢筋进场数量清单	
		钢筋质量证明书、钢筋见证取样复试报告	
		钢筋原材料检验批质量验收记录/原始记录	
5	一层至三层钢筋加工	钢筋加工检验批质量验收记录/原始记录	
6	钢筋焊接	钢筋焊接检验报告汇总表	
		钢筋焊接检验报告单	
		焊条、焊剂出厂合格证	
		焊工上岗证	
7	一层轴线放线	楼层平面放线及标高测量记录	
	一层墙、柱钢筋	钢筋连接检验批质量验收记录/原始记录	
		钢筋安装检验批质量验收记录/原始记录	
	一层柱内隐蔽物隐蔽验收	隐蔽工程检查验收记录	
	一层墙、柱模板安装	现浇结构模板安装检验批质量验收记录/原始记录	
	一层墙、柱混凝土	商品混凝土配合比、合格证（28 d）、交接单	
		混凝土拌合物检验批质量验收记录/原始记录	
		混凝土施工检验批质量验收记录/原始记录	
		商品混凝土施工记录	
		结构实体同条件试件养护温度记录表	
		留置混凝土同养、标养试块—混凝土试块报告	
	一层墙、柱外观质量	现浇结构外观质量及尺寸偏差检验批质量验收记录/原始记录	

续表

序号	验收内容	验收资料工程	备注
8	二层轴线放线	楼层平面放线及标高测量记录	
	二层梁、板、梯模板安装	现浇结构模板安装检验批质量验收记录/原始记录	
	二层梁、板、梯钢筋	钢筋连接检验批质量验收记录/原始记录	
		钢筋安装检验批质量验收记录/原始记录	
	二层板内隐蔽物隐蔽验收	隐蔽工程检查验收记录	
	二层梁、板、梯混凝土	商品混凝土配合比、合格证(28 d)、交接单	
		混凝土拌合物检验批质量验收记录/原始记录	
		混凝土施工检验批质量验收记录/原始记录	
		商品混凝土施工记录	
		结构实体同条件试件养护温度记录表	
		留置混凝土同养、标养、拆模及梁柱节点混凝土标养试块—混凝土试块报告	
	二层梁、板、梯外观质量	现浇结构外观质量及尺寸偏差检验批质量验收记录/原始记录	
9	六至八层钢筋原材料	钢材出厂合格证、试验报告汇总表	
		钢筋进场数量清单	
		钢筋质量证明书、钢筋见证取样复试报告	
		钢筋原材料检验批质量验收记录/原始记录	
10	六至八层钢筋加工	钢筋加工检验批质量验收记录/原始记录	
11	六层轴线放线	楼层平面放线及标高测量记录	
	六层墙、柱钢筋	钢筋连接检验批质量验收记录/原始记录	
		钢筋安装检验批质量验收记录/原始记录	
	六层柱内隐蔽物隐蔽验收	隐蔽工程检查验收记录	
	六层墙、柱模板安装	现浇结构模板安装检验批质量验收记录/原始记录	
	六层墙、柱混凝土	商品混凝土配合比、合格证(28 d)、交接单	
		混凝土拌合物检验批质量验收记录/原始记录	
		混凝土施工检验批质量验收记录/原始记录	
		商品混凝土施工记录	
		结构实体同条件试件养护温度记录表	
		留置混凝土同养、标养试块—混凝土试块报告	
	六层墙、柱外观质量	现浇结构外观质量及尺寸偏差检验批质量验收记录/原始记录	

续表

序号	验收内容	验收资料工程	备注
12	七层轴线放线	楼层平面放线及标高测量记录	
	七层梁、板、梯模板安装	现浇结构模板安装检验批质量验收记录/原始记录	
	七层梁、板、梯	钢筋原材料检验批质量验收记录/原始记录	
13	七层梁、板、梯	钢筋加工检验批质量验收记录/原始记录	
		钢筋连接检验批质量验收记录/原始记录	
		钢筋安装检验批质量验收记录/原始记录	
	七层板内隐蔽物隐蔽验收	隐蔽工程检查验收记录	
	七层梁、板、梯混凝土	商品混凝土配合比、合格证(28 d)、交接单	
14	坡屋面层梁、板混凝土	商品混凝土配合比、合格证(28 d)、交接单	
		混凝土拌合物检验批质量验收记录/原始记录	
		混凝土施工检验批质量验收记录/原始记录	
		商品混凝土施工记录	
		结构实体同条件试件养护温度记录表	
		留置混凝土同养、标养、拆模及梁柱节点混凝土标养试块—混凝土试块报告	
	坡屋面层梁、板外观质量	现浇结构外观质量及尺寸偏差检验批质量验收记录/原始记录	
15	结构混凝土评定验收	混凝土检验批验收记录(标养统计评定)	
		结构实体混凝土强度检验记录(同养统计评定)	
		标准养护混凝土试块试压报告汇总表	
		结构实体同条件养护混凝土试压试块报告汇总表	
16	钢筋保护层厚度检测	混凝土结构子分部工程结构实体钢筋保护层厚度验收记录(自检)	
		钢筋保护层厚度检测方案	
		钢筋保护层厚度检测报告(第三方检测)	
17	楼板厚度检测	现浇混凝土板厚度检测及验收记录(自检)	
		楼板厚度检测方案	
		楼板厚度检测报告(第三方检测)	
18	模板分项工程	分项工程质量验收记录(分项 A 类)	
19	钢筋分项工程	分项工程质量验收记录(分项 A 类)	
20	混凝土分项工程	分项工程质量验收记录(分项 A 类)	
21	现浇结构外观质量及尺寸偏差分项	分项工程质量验收记录(分项 B 类)	
22	混凝土结构子分部工程验收	混凝土结构子分部工程质量验收记录	

续表

序号	验收内容	验收资料工程	备注
二、砌体结构子分部			
1	砌体施工方案		资料
2	砌体施工技术交底		
3	施工日记		
4	砌体原材料	砌块(小型砌块、砖)出厂合格证、试验报告汇总表	
		复验报告及产品合格证	
5	砌筑砂浆	水泥复验报告及产品合格证	
		砂、石检验报告	
		砂浆配合比	
6	植筋原材料	钢材出厂合格证、试验报告汇总表	
		钢筋进场数量清单	
		钢筋质量证明书、钢筋见证取样复试报告	
7	一层填充墙砌体	填充墙砌体工程检验批质量验收记录/原始记录	
		墙柱连接构造验收记录	
		隐蔽工程检查验收记录(砌体拉结钢筋)	
		隐蔽工程检查验收记录(外墙砌体)	
		砂浆原材料过磅记录	
		留置砌筑砂浆试块—试块报告	
8	十七层填充墙砌体	填充墙砌体工程检验批质量验收记录/原始记录	
		墙柱连接构造验收记录	
		隐蔽工程检查验收记录(砌体拉结钢筋)	
		隐蔽工程检查验收记录(外墙砌体)	
		砂浆原材料过磅记录	
		留置砌筑砂浆试块—试块报告	
9	植筋实体检测	植筋抗拔承载力检测报告(第三方)	
10	砌筑砂浆评定	砌筑砂浆试块抗压强度统计及验收记录	
11	填充墙砌体分项工程	分项工程质量验收记录(分项B类)	
12	砌体结构子分部验收	砌体结构子分部工程质量验收记录	
13	建筑物标高(层高、全高)测量	建筑物标高(层高、全高)测量记录	
14	建筑物室内高度测量	建筑物室内高度测量记录	
15	建筑物全高垂直度测量	建筑物全高垂直度测量记录	
16	主体结构验收	27表、主体结构工程质量验收监督通知书	
		主体结构分部工程施工技术资料审查表	
		主体结构分部工程质量验收记录	
		主体结构分部工程质量验收报告	

注:1. 分部工程、子分部工程、分项工程、检验批及施工方案和工程材料的报验、报审等参考本教材地基与基础分部工程或品茗软件填写示例及应用指南。

2. “27表”是指品茗软件竣工验收及备案资料备案表里的第27表。

2. 主体结构分部工程验收资料填写示例

主体结构分部工程质量验收记录

GB 50300—2013　　　　　　　　　　　　　　　　　　　　　　　　　　桂建质 02

<table>
<tr><td colspan="2">单位(子单位)工程名称</td><td colspan="2">品茗人宿舍</td><td>子分部工程数量</td><td>2</td><td>分项工程数量</td><td>5</td></tr>
<tr><td colspan="2">施工单位</td><td colspan="2"></td><td>项目负责人</td><td></td><td>技术(质量)负责人</td><td></td></tr>
<tr><td colspan="2">分包单位</td><td colspan="2"></td><td>分包单位负责人</td><td></td><td>分包内容</td><td></td></tr>
<tr><td>序号</td><td>子分部工程名称</td><td>分项工程数</td><td>施工单位检查结果</td><td colspan="4">验收组验收结论</td></tr>
<tr><td>1</td><td>混凝土结构</td><td>4</td><td>√</td><td colspan="4" rowspan="6">(验收意见、合格或不合格的结论、是否同意验收)

所含子分部工程无遗漏并全部合格,本分部工程合格,同意验收</td></tr>
<tr><td>2</td><td>劲钢(管)混凝土结构</td><td></td><td></td></tr>
<tr><td>3</td><td>砌体结构</td><td>1</td><td>√</td></tr>
<tr><td>4</td><td>钢结构</td><td></td><td></td></tr>
<tr><td>5</td><td>木结构</td><td></td><td></td></tr>
<tr><td>6</td><td>网架和索膜结构</td><td></td><td></td></tr>
<tr><td colspan="2">质量控制资料检查结论</td><td colspan="2">共 16 项,经查符合要求 16 项,经核定符合规范要求 0 项</td><td>安全和功能检验(检测)报告检查结论</td><td colspan="3">共核查 6 项,符合要求 6 项,经返工处理符合要求 0 项</td></tr>
<tr><td colspan="2">观感质量验收结论</td><td colspan="6">1. 共抽查 35 项,符合要求 35 项,不符合要求 0 项。
2. 观感质量评价(好、一般、差):好</td></tr>
<tr><td colspan="2">施工单位</td><td colspan="2">设计单位</td><td colspan="2">监理(建设)单位</td><td colspan="2">勘察单位</td></tr>
<tr><td colspan="2">项目负责人:

(公章)
年　月　日</td><td colspan="2">项目负责人:

(公章)
年　月　日</td><td colspan="2">项目负责人:

(公章)
年　月　日</td><td colspan="2">项目负责人:

(公章)
年　月　日</td></tr>
</table>

注:1. 质量控制资料、安全和功能检验(检测)报告检查情况可查阅有关子分部工程质量验收记录或直接查阅原件,统计整理后填入本表。

2. 本验收记录还应有相关子分部工程质量验收记录作附件。

3. 观感质量验收由总监理工程师或建设单位项目专业负责人组织并以其为主,听取参验人员意见后作出评价,如评为“差”时,能修的尽量修,若不能修,只要不影响结构安全和使用功能,可协商接收,并在“验收组验收意见”栏中注明。

4. 勘察单位不需要参加除地基与基础以外的分部工程验收,此时可以将勘察单位签字盖章栏删除;设计单位不需要参加电梯分部工程验收,此时可以将设计单位签字盖章栏删除,并将施工单位栏改为电梯安装单位栏。

GB 50300—2013　　　　　　　　　　　　　　　　　　　　　桂建质 02 附表

层别 \ 测点 数据		楼板厚度偏差抽查实测值(允许偏差:+10,-5)/mm														
		1	2	3	4	5	6	7	8	9	10	11	12	13	14	15
第二层	设计厚度	100	100	100	100	100	100	100	100	100	100					
	偏差(±)	-1	+2	-1	+3	-2	-1	+4	+2	-1	-1					
第六层	设计厚度	110	110	110	110	100	100	100	100	100	100					
	偏差(±)	+1	+2	-1	-1	-2	-1	+4	+2	-1	+1					
第十层	设计厚度	110	110	110	110	100	100	100	100	100	100					
	偏差(±)	-1	+1	-1	+3	-2	-1	+1	+2	-1	-1					
第十四层	设计厚度	110	110	110	110	100	100	100	100	100	100					
	偏差(±)	-2	+2	-1	+3	-2	-1	-2	+2	-1	-1					
第十七层	设计厚度	110	110	110	110	110	100	100	100	100	100					
	偏差(±)	-1	+2	-1	-1	-2	-1	+1	+2	-1	-1					

轴线位置偏移抽查实测值/mm

层 别	轴线号	偏移值	轴线号	偏移值	轴线号	偏移值	轴线号	偏移值
第二层	2L—4 轴	1	4L—5 轴	0	8L—9 轴	2	9L—10 轴	2
	K1—H 轴	0	H1—F 轴	1	F1—E 轴	1	E1—C 轴	0
第六层	2K—4 轴	0	4K—5 轴	3	6K—7 轴	0	10K—12 轴	0
	K9—H 轴	3	H5—F 轴	0	F5—E 轴	0	E5—C 轴	2
第十层	1F—2 轴	3	5F—6 轴	2	9F—10 轴	3	12F—13 轴	2
	K8—H 轴	2	H8—F 轴	2	F8—E 轴	2	E8—C 轴	3
第十四层	2E—4 轴	0	4E—5 轴	3	6E—7 轴	0	10E—12 轴	2
	K10—H 轴	1	H10—F 轴	0	F—E 轴	0	E10—C 轴	0
第十七层	2C—4 轴	0	5C—6 轴	4	9C—10 轴	3	12C—13 轴	1
	K13—H 轴	3	H13—F 轴	0	F—E 轴	3	E13—C 轴	1

项目	墙、柱、梁	剪力墙	砖砌体	混凝土小型空心砌体	毛石墙砌体	毛石料墙砌体	粗石料墙砌体	细石料墙砌体
允许偏差	8	5	10	10	15	15	10	10

全高垂直度检查结果:	沉降观测:
符合要求	沉降均匀,符合要求
〔检测数据可查阅相应的分项工程质量验收记录,如桂建质(分项 B 类)-01、04 等表,也可再次实测〕	(设计有要求的须作沉降观测:沉降是否均匀、是否符合设计要求)
检查人员签名	年　月　日

注:1. 偏差在允许值内的数值填光身数字,如 5 等;超出允许值的数值打上圈,如⑤等。板厚偏差填写 ± 或 0。

2. 偏差在允许值内的测点(处)为合格点(处),否则为不合格点(处)。合格点(处)率达到 80% 及以上、无严重缺陷、无影响结构性能和使用功能的尺寸偏差为合格。

3. 验收不合格的,视其严重程度按《建筑工程施工质量验收统一标准》(GB 50300—2013)第 5.0.6 或 5.0.8 条处理。

混凝土结构子分部工程质量验收记录

GB 50204—2015　　　　　　　　　　　　　　　　　　　　　　　　桂建质 0201

<table>
<tr><td colspan="2">单位(子单位)工程名称</td><td colspan="2">品茗人宿舍</td><td>分部工程名称</td><td></td><td>分项工程数量</td><td>4</td></tr>
<tr><td colspan="2">施工单位</td><td colspan="2"></td><td>项目负责人</td><td></td><td>技术(质量)负责人</td><td></td></tr>
<tr><td colspan="2">分包单位</td><td colspan="2"></td><td>分包单位负责人</td><td></td><td>分包内容</td><td></td></tr>
<tr><td>序号</td><td colspan="2">分项工程名称</td><td>检验批数</td><td colspan="2">施工单位检查结果</td><td colspan="2">监理(建设)单位验收意见</td></tr>
<tr><td>1</td><td colspan="2">模板</td><td>36</td><td colspan="2">合格</td><td colspan="2" rowspan="6">(验收意见、合格或不合格的结论、是否同意验收)

所含分项工程无遗漏并全部合格,本子分部工程合格,同意验收</td></tr>
<tr><td>2</td><td colspan="2">钢筋</td><td>84</td><td colspan="2">合格</td></tr>
<tr><td>3</td><td colspan="2">混凝土</td><td>72</td><td colspan="2">合格</td></tr>
<tr><td>4</td><td colspan="2">预应力</td><td></td><td colspan="2"></td></tr>
<tr><td>5</td><td colspan="2">现浇结构</td><td>36</td><td colspan="2">合格</td></tr>
<tr><td>6</td><td colspan="2">装配式结构</td><td></td><td colspan="2"></td></tr>
<tr><td colspan="2">质量控制资料检查结论</td><td colspan="2">(按附表第 1—19 项检查)
共 9 项,经查符合要求 9 项,经核定符合规范要求 0 项</td><td>安全和功能检验(检测)报告检查结论</td><td colspan="3">(按附表第 20—23 项检查)
共核查 4 项,符合要求 4 项,经返工处理符合要求 0 项</td></tr>
<tr><td colspan="2">观感验收记录</td><td colspan="2">1. 共抽查 17 项,符合要求 17 项,不符合要求 0 项。
2. 观感质量评价: 好</td><td>验收组验收结论</td><td colspan="3">(合格或不合格、是否同意验收的结论)
合格,同意验收</td></tr>
<tr><td colspan="3">勘察单位
项目负责人:

年　月　日</td><td colspan="2">设计单位
项目负责人:

年　月　日</td><td colspan="2">分包单位
项目负责人:
年　月　日

施工单位
项目负责人:
年　月　日</td><td>监理(建设)单位
项目负责人:

年　月　日</td></tr>
</table>

注:“经核定符合规范要求　项”是指初验未通过的项目,按《建筑工程施工质量验收统一标准》(GB 50300—2013)第 5.0.6 条处理的情况。

混凝土结构子分部工程资料检查表

GB 50204—2015　　　　桂建质0201附表

序号	检查内容	份数	监理(建设)单位检查意见
1	设计图纸/变更文件	1/0	√
2	钢材合格证/试验报告	21/21	√
3	钢材焊接试验报告/焊条(剂)合格证/焊工上岗证	23/15/11	√
4	水泥合格证/试验报告	11/11	√
5	混凝土外加剂合格证/试验报告		
6	混凝土掺合料合格证/试验报告		
7	商品混凝土出厂合格证	18	√
8	砂检验单/石检验单		
9	混凝土配合比报告	21	√
10	混凝土开盘鉴定记录——桂建质(附)0201(0106)-03	3	√
11	混凝土施工记录	21	√
12	混凝土装配式结构预制构件的合格证/安装验收记录		
13	预应力筋(钢铰线)合格证/进场复验报告		
14	预应力筋用锚具、夹具、连接器合格证/进场复验报告		
15	预应力筋安装、张拉及灌浆记录		
16	隐蔽工程检查验收记录——桂建质(附)		
17	混凝土现浇结构分项工程质量验收记录——桂建质(分项B类)-01	1	√
18	混凝土装配式结构分项工程质量验收记录——桂建质(分项B类)-02		
19	重大质量问题处理方案/验收记录		
20	混凝土抗压强度试验报告/混凝土试件的性能试验报告	32/	√
21	混凝土检验批验收记录——桂建质(附)0201(0106)-04	6	√
22	结构实体混凝土强度检验记录——桂建质(附)0201-01	5	√
23	混凝土结构子分部工程结构实体钢筋保护层厚度验收记录——桂建质(附)0201-02	1	√
检查人： 年　月　日			

注：1. 检查意见分两种：合格打"√"，不合格打"×"。

2. 验收时，若混凝土试块未达龄期，各方可验收除混凝土强度外的其他内容。待混凝土强度得出后，试验数据达到设计要求则验收有效；达不到要求，处理后重新验收。

3. 钢筋工程检验批已含隐蔽验收，不必另作隐蔽工程检查验收记录，须作隐蔽工程检查验收的是诸如埋入管线之类。

<u>模板</u>分项工程质量验收记录

桂建质(分项 A 类)

单位(子单位)工程名称	品茗人宿舍	分部(子分部)工程名称	主体结构(混凝土结构)		
检验批数量	36	分项工程专业质量检查员			
施工单位		项目负责人		项目技术负责人	
分包单位		分包单位项目负责人		分包内容	

序号	检验批名称	检验批容量	部位/区段	施工单位检查结果	监理(建设)单位验收意见
1	模板安装	63 件	一层墙、柱	合格	所含检验批无遗漏,各检验批所覆盖的区段和所含内容无遗漏,所查检验批全部合格
2	模板安装	113 件,78 间	二层梁、板、梯	合格	
3	模板安装	59 件	二层墙、柱	合格	
4	模板安装	113 件,78 间	三层梁、板、梯	合格	
5	模板安装	48 件	三层墙、柱	合格	
6	模板安装	115 件,88 间	四层梁、板、梯	合格	
7	模板安装	48 件	四层墙、柱	合格	
8	模板安装	115 件,88 间	五层梁、板、梯	合格	
9	模板安装	48 件	五层墙、柱	合格	
10	模板安装	122 件,101 间	六层梁、板、梯	合格	
11	模板安装	48 件	六层墙、柱	合格	
12	模板安装	122 件,101 间	七层梁、板、梯	合格	
13	模板安装	48 件	七层墙、柱	合格	
14	模板安装	122 件,101 间	八层梁、板、梯	合格	
15	模板安装	48 件	八层墙、柱	合格	
16	模板安装	122 件,101 间	九层梁、板、梯	合格	
17	模板安装	48 件	九层墙、柱	合格	
18	模板安装	122 件,101 间	十层梁、板、梯	合格	
19	模板安装	48 件	十层墙、柱	合格	
20	模板安装	122 件,101 间	十一层梁、板、梯	合格	
21	模板安装	48 件	十一层墙、柱	合格	
22	模板安装	122 件,101 间	十二层梁、板、梯	合格	
23	模板安装	48 件	十二层墙、柱	合格	
24	模板安装	122 件,101 间	十三层梁、板、梯	合格	
25	模板安装	48 件	十三层墙、柱	合格	
26	模板安装	122 件,101 间	十四层梁、板、梯	合格	

续表

序号	检验批名称	检验批容量	部位/区段	施工单位检查结果	监理(建设)单位验收意见
27	模板安装	48 件	十四层墙、柱	合格	所含检验批无遗漏,各检验批所覆盖的区段和所含内容无遗漏,所查检验批全部合格
28	模板安装	122 件,101 间	十五层梁、板、梯	合格	
29	模板安装	48 件	十五层墙、柱	合格	
30	模板安装	122 件,101 间	十六层梁、板、梯	合格	
31	模板安装	48 件	十六层墙、柱	合格	
32	模板安装	122 件,101 间	十七层梁、板、梯	合格	
33	模板安装	40 件	十七层墙、柱	合格	
34	模板安装	111 件,93 间	屋面层梁、板	合格	
35	模板安装	5 件	坡屋面柱	合格	
36	模板安装	19 件,13 间	坡屋面梁、板	合格	
说明:检验批质量验收记录资料齐全完整					
施工单位检查结果	所含检验批无遗漏,各检验批所覆盖的区段和所含内容无遗漏,全部符合要求,本分项工程符合要求。 项目专业技术负责人: 年　月　日				
监理(建设)单位验收结论	本分项工程合格。 专业监理工程师: (建设单位项目专业技术负责人) 年　月　日				

注:本表(分项 A 类)适用于不涉及全高垂直度检查、无特殊要求的分项工程。混凝土现浇结构、混凝土装配结构、砖砌体、混凝土小型空心砌块砌体、石砌体分项工程质量验收记录使用分项 B 类表格。

现浇结构模板安装检验批质量验收记录

GB 50204—2015　　　　　　　　　　　　　　　　　　　　　　　　桂建质 020101(Ⅰ)　011

单位(子单位)工程名称	品茗人宿舍	分部(子分部)工程名称	主体结构(混凝土结构)	分项工程名称	模板
施工单位		项目负责人	潘颖秋	检验批容量	48 件
分包单位		分包单位项目负责人		检验批部位	六层墙、柱
施工依据	《混凝土结构工程施工规范》(GB 50666—2011)		验收依据	《混凝土结构工程施工质量验收规范》(GB 50204—2015)	

	验收项目		设计要求及规范规定			样本总数	最小/实际抽样数量	检查记录	检查结果
主控项目	1	模板材料质量	模板及支架用材料的技术指标应符合国家现行有关标准的规定;进场时应抽样检验模板和支架材料的外观、规格和尺寸	检查质量证明文件;观察、尺量	按国家现行有关标准的规定确定		—	质量证明文件齐全,符合要求	合格
	2	模板安装质量	现浇混凝土结构模板及支架的安装质量,应符合国家现行有关标准的规定和施工方案的要求	按国家现行有关标准的规定确定、执行			—	符合国家标准规定和施工方案要求	合格
	3	模板及支架设置	后浇带处的模板及支架应独立设置	观察	全数检查				
	4	模板安装要求	土层应坚实、平整,其承载力或密实度应符合施工方案要求	观察;检查土层密实度检测报告、土层承载力验算或现场检测报告	全数检查				
			应有防水、排水措施;对冻胀性土,应有预防冻融措施						
			支架竖杆下应有底座或垫板			48	全/48	抽查 48 处,全部合格	合格
一般项目	1	模板安装	模板的接缝应严密	观察	全数检查	48	全/48	抽查 48 处,全部合格	合格
			模板内不应有杂物、积水或冰雪等			48	全/48	抽查 48 处,全部合格	合格
			模板与混凝土的接触面应平整、清洁			48	全/48	抽查 48 处,全部合格	合格
			用作模板的地坪、胎膜等应平整、清洁,不应有影响构件质量的下沉、裂缝、起砂或起鼓						
			对清水混凝土及装饰混凝土构件,应使用能达到设计效果的模板						

续表

	验收项目		设计要求及规范规定			样本总数	最小/实际抽样数量	检查记录	检查结果
一般项目	2	脱模剂的质量	脱模剂的品种和涂刷方法应符合施工方案的要求。脱模剂不得影响结构性能及装饰施工;不能沾污钢筋、预应力筋、预埋件和混凝土接槎处;不得对环境造成污染	检查质量证明文件;观察	全数检查	48	全/48	抽查48处,全部合格	合格
	3	模板起拱高度	模板的起拱高度应符合现行国家标准《混凝土结构工程施工规范》(GB 50666—2011)的规定,并应符合设计及施工方案的要求	按国家现行有关标准的规定确定、执行	在同一检验批内,对梁,跨度大于18 m时应全数检查,跨度不大于18 m时应抽查构件数量的10%且不少于3件;对板,应按有代表性的自然间抽查10%,且应不少于3间;对大空间结构,板可按纵横轴线划分检查面,抽查10%,且均不少于3面				
	4	支模、支架要求	现浇混凝土结构多层连续支模应符合施工方案的规定。上下层模板支架的竖杆宜对准。竖杆下垫板的设置应符合施工方案的要求	观察	全数检查				
	5	预埋件和预留孔洞	固定在模板上的预埋件和预留孔洞不得遗漏,且应安装牢固。有抗渗要求的混凝土结构中的预埋件,应按设计及施工方案的要求采取防渗措施。预埋件和预留孔洞的位置应满足设计和施工方案的要求。当设计无具体要求时,其位置偏差应符合表4.2.9的规定	观察,尺量	在同一检验批内,对梁、柱和独立基础,应抽查10%且不少于3件;对墙和板,应按有代表性的自然间抽查10%,且应不少于3间;对大空间结构,墙可按相邻轴线高度5 m左右划分检查面,板可按纵横轴线划分检查面,抽查10%,且均不少于3面				

续表

<table>
<tr><td rowspan="18">一般项目</td><td colspan="4">验收项目</td><td colspan="3">设计要求及规范规定</td><td>样本总数</td><td>最小/实际抽样数量</td><td>检查记录</td><td>检查结果</td></tr>
<tr><td rowspan="8">6</td><td rowspan="8">预埋件预留孔洞的安装允许偏差/mm</td><td colspan="2">预埋钢板中心线位置</td><td>3</td><td rowspan="8">尺量</td><td rowspan="8">在同一检验批内，对梁、柱和独立基础，应抽查 10% 且不少于 3 件；对墙和板，应按有代表性的自然间抽查 10%，且应不少于3间；对大空间结构，墙可按相邻轴线高度 5 m 左右划分检查面，板可按纵横轴线划分检查面，抽查 10%，且均不少于3 面</td><td></td><td></td><td></td><td></td></tr>
<tr><td colspan="2">预埋管、预留孔中心线位置</td><td>3</td><td></td><td></td><td></td><td></td></tr>
<tr><td rowspan="2">插筋</td><td>中心线位置</td><td>5</td><td></td><td></td><td></td><td></td></tr>
<tr><td>外露长度</td><td>+10,0</td><td></td><td></td><td></td><td></td></tr>
<tr><td rowspan="2">预埋螺栓</td><td>中心线位置</td><td>2</td><td>15</td><td>5/5</td><td>抽查 5 处，全部合格</td><td>合格</td></tr>
<tr><td>外露长度</td><td>+10,0</td><td>15</td><td>5/5</td><td>抽查 5 处，全部合格</td><td>合格</td></tr>
<tr><td rowspan="2">预留洞</td><td>中心线位置</td><td>10</td><td></td><td></td><td></td><td></td></tr>
<tr><td>尺寸</td><td>+10,0</td><td></td><td></td><td></td><td></td></tr>
<tr><td rowspan="9">7</td><td rowspan="9">现浇结构模板安装的允许偏差/mm</td><td colspan="2">轴线位置</td><td>5</td><td>尺量</td><td rowspan="9">在同一检验批内，对梁、柱和独立基础，应抽查 10% 且不少于 3 件；对墙和板，应按有代表性的自然间抽查 10%，且应不少于 3 间；对大空间结构，墙可按相邻轴线高度 5 m 左右划分检查面，板可按纵横轴线划分检查面，抽查 10%，且均不少于 3 面</td><td>48</td><td>5/5</td><td>抽查 5 处，全部合格</td><td>合格</td></tr>
<tr><td colspan="2">底模上表面标高</td><td>±5</td><td>水准仪或拉线</td><td></td><td></td><td></td><td></td></tr>
<tr><td rowspan="3">模板内部尺寸</td><td>基础</td><td>±10</td><td>尺量</td><td></td><td></td><td></td><td></td></tr>
<tr><td>柱、墙、梁</td><td>±5</td><td>尺量</td><td>48</td><td>5/5</td><td>抽查 5 处，全部合格</td><td>合格</td></tr>
<tr><td>楼梯相邻踏步高差</td><td>5</td><td>尺量</td><td></td><td></td><td></td><td></td></tr>
<tr><td rowspan="2">柱、墙垂直度</td><td>≤6 m</td><td>8</td><td rowspan="2">经纬仪或吊线、尺量</td><td>48</td><td>5/5</td><td>抽查 5 处，全部合格</td><td>合格</td></tr>
<tr><td>>6 m</td><td>10</td><td></td><td></td><td></td><td></td></tr>
<tr><td colspan="2">相邻模板表面高低差</td><td>2</td><td>尺量</td><td></td><td></td><td></td><td></td></tr>
<tr><td colspan="2">表面平整度</td><td>5</td><td>2 m靠尺和塞尺</td><td>48</td><td>5/5</td><td>抽查 5 处，全部合格</td><td>合格</td></tr>
<tr><td colspan="4">施工单位检查结果</td><td colspan="8">主控项目全部符合要求，一般项目满足规范要求，本检验批符合要求。
专业工长：
项目专业质量检查员：
年　月　日</td></tr>
<tr><td colspan="4">监理（建设）单位验收结论</td><td colspan="8">主控项目全部合格，一般项目满足规范要求，本检验批合格。
专业监理工程师：
（建设单位项目专业技术负责人）
年　月　日</td></tr>
</table>

现浇结构模板安装检验批质量验收记录

GB 50204—2015　　　　　　　　　　　　　　　　　　　　　　桂建质 020101(Ⅰ) 012

<table>
<tr><td>单位(子单位)工程名称</td><td>品茗人宿舍</td><td>分部(子分部)工程名称</td><td>主体结构(混凝土结构)</td><td>分项工程名称</td><td>模板</td></tr>
<tr><td>施工单位</td><td></td><td>项目负责人</td><td>潘颖秋</td><td>检验批容量</td><td>梁 122 件,板 101 间</td></tr>
<tr><td>分包单位</td><td></td><td>分包单位项目负责人</td><td></td><td>检验批部位</td><td>七层梁、板、梯</td></tr>
<tr><td>施工依据</td><td colspan="2">《混凝土结构工程施工规范》(GB 50666—2011)</td><td>验收依据</td><td colspan="2">《混凝土结构工程施工质量验收规范》(GB 50204—2015)</td></tr>
</table>

<table>
<tr><td rowspan="7">主控项目</td><td colspan="2">验收项目</td><td colspan="3">设计要求及规范规定</td><td>样本总数</td><td>最小/实际抽样数量</td><td>检查记录</td><td>检查结果</td></tr>
<tr><td>1</td><td>模板材料质量</td><td>模板及支架用材料的技术指标应符合国家现行有关标准的规定。进场时应抽样检验模板和支架材料的外观、规格和尺寸</td><td>检查质量证明文件;观察、尺量;</td><td rowspan="2">按国家现行有关标准的规定确定</td><td></td><td>—</td><td>质量证明文件齐全,符合要求</td><td>合格</td></tr>
<tr><td>2</td><td>模板安装质量</td><td>现浇混凝土结构模板及支架的安装质量,应符合国家现行有关标准的规定和施工方案的要求</td><td>按国家现行有关标准的规定确定、执行</td><td></td><td>—</td><td>符合国家标准规定和施工方案要求</td><td>合格</td></tr>
<tr><td>3</td><td>模板及支架设置</td><td>后浇带处的模板及支架应独立设置</td><td>观察</td><td>全数检查</td><td></td><td></td><td></td><td></td></tr>
<tr><td rowspan="3">4</td><td rowspan="3">模板安装要求</td><td>土层应坚实、平整,其承载力或密实度应符合施工方案要求</td><td rowspan="3">观察;检查土层密实度检测报告、土层承载力验算或现场检测报告</td><td rowspan="3">全数检查</td><td></td><td></td><td></td><td></td></tr>
<tr><td>应有防水、排水措施;对冻胀性土,应有预防冻融措施</td><td></td><td></td><td></td><td></td></tr>
<tr><td>支架竖杆下应有底座或垫板</td><td>223</td><td>全/223</td><td>抽查 223 处,全部合格</td><td>合格</td></tr>
<tr><td rowspan="5">一般项目</td><td rowspan="5">1</td><td rowspan="5">模板安装</td><td>模板的接缝应严密</td><td rowspan="5">观察</td><td rowspan="5">全数检查</td><td>223</td><td>全/223</td><td>抽查 223 处,全部合格</td><td>合格</td></tr>
<tr><td>模板内不应有杂物、积水或冰雪等</td><td>223</td><td>全/223</td><td>抽查 223 处,全部合格</td><td>合格</td></tr>
<tr><td>模板与混凝土的接触面应平整、清洁</td><td>223</td><td>全/223</td><td>抽查 223 处,全部合格</td><td>合格</td></tr>
<tr><td>用作模板的地坪、胎膜等应平整、清洁,不应有影响构件质量的下沉、裂缝、起砂或起鼓</td><td></td><td></td><td></td><td></td></tr>
<tr><td>对清水混凝土及装饰混凝土构件,应使用能达到设计效果的模板</td><td></td><td></td><td></td><td></td></tr>
</table>

续表

	验收项目		设计要求及规范规定			样本总数	最小/实际抽样数量	检查记录	检查结果
一般项目	2	脱模剂的质量	脱模剂的品种和涂刷方法应符合施工方案的要求。脱模剂不得影响结构性能及装饰施工；不能沾污钢筋、预应力筋、预埋件和混凝土接槎处；不得对环境造成污染	检查质量证明文件；观察	全数检查	223	全/223	抽查223处，全部合格	合格
	3	模板起拱高度	模板的起拱应符合现行国家标准《混凝土结构工程施工规范》(GB 50666—2011)的规定，并应符合设计及施工方案的要求	按国家现行有关标准的规定确定、执行	在同一检验批内，对梁，跨度大于18 m时应全数检查，跨度不大于18 m时应抽查构件数量的10%且不少于3件；对板，应按有代表性的自然间抽查10%，且应不少于3间；对大空间结构，板可按纵横轴线划分检查面，抽查10%，且均不少于3面	5	3/3	抽查3处，全部合格	合格
	4	支模、支架要求	现浇混凝土结构多层连续支模应符合施工方案的规定。上下层模板支架的竖杆宜对准。竖杆下垫板的设置应符合施工方案的要求	观察	全数检查				
	5	预埋件和预留孔洞	固定在模板上的预埋件和预留孔洞不得遗漏，且应安装牢固。有抗渗要求的混凝土结构中的预埋件，应按设计及施工方案的要求采取防渗措施。预埋件和预留孔洞的位置应满足设计和施工方案的要求。当设计无具体要求时，其位置偏差应符合表4.2.9的规定	观察，尺量	在同一检验批内，对梁、柱和独立基础，应抽查10%且不少于3件；对墙和板，应按有代表性的自然间抽查10%，且应不少于3间；对大空间结构，墙可按相邻轴线高度5 m左右划分检查面，板可按纵横轴线划分检查面，抽查10%，且均不少于3面	5	3/3	抽查3处，全部合格	合格

续表

		验收项目			设计要求及规范规定			样本总数	最小/实际抽样数量	检查记录	检查结果
一般项目	6	预埋件预留孔洞的安装允许偏差/mm	预埋钢板中心线位置		3	尺量	在同一检验批内，对梁、柱和独立基础，应抽查10%且不少于3件；对墙和板，应按有代表性的自然间抽查10%，且应不少于3间；对大空间结构，墙可按相邻轴线高度5 m左右划分检查面，板可按纵横轴线划分检查面，抽查10%，且均不少于3面				
			预埋管、预留孔中心线位置		3			35	4/4	抽查4处，全部合格	合格
			插筋	中心线位置	5			48	5/5	抽查5处，全部合格	合格
				外露长度	+10,0			48	5/5	抽查5处，全部合格	合格
			预埋螺栓	中心线位置	2						
				外露长度	+10,0						
			预留洞	中心线位置	10			8	3/3	抽查3处，全部合格	合格
				尺寸	+10,0			8	3/3	抽查3处，全部合格	合格
	7	现浇结构模板安装的允许偏差/mm	轴线位置		5	尺量	在同一检验批内，对梁、柱和独立基础应抽查10%且不少于3件；对墙和板，应按有代表性的自然间抽查10%，且应不少于3间；对人空间结构，墙可按相邻轴线高度5 m左右划分检查面，板可按纵横轴线划分检查面，抽查10%，且均不少于3面	223	23/23	抽查23处，全部合格	合格
			底模上表面标高		±5	水准仪或拉线、尺量		223	23/23	抽查23处，全部合格	合格
			模板内部尺寸	基础	±10	尺量					
				柱、墙、梁	±5	尺量		122	13/13	抽查13处，全部合格	合格
				楼梯相邻踏步高差	5	尺量		2	2/2	抽查2处，全部合格	合格
			柱、墙垂直度	≤6 m	8	经纬仪或吊线、尺量					
				>6 m	10						
			相邻模板表面高低差		2	尺量		223	23/23	抽查23处，全部合格	合格
			表面平整度		5	2 m靠尺和塞尺量测		223	23/23	抽查23处，全部合格	合格
施工单位检查结果	主控项目全部符合要求，一般项目满足规范要求，本检验批符合要求。 专业工长： 项目专业质量检查员： 年　月　日										
监理（建设）单位验收结论	主控项目全部合格，一般项目满足规范要求，本检验批合格。 专业监理工程师： （建设单位项目专业技术负责人） 年　月　日										

钢筋 分项工程质量验收记录

桂建质(分项 A 类)

<table>
<tr><td>单位(子单位)工程名称</td><td colspan="2">品茗人宿舍</td><td>分部(子分部)工程名称</td><td colspan="2">主体结构(混凝土结构)</td></tr>
<tr><td>检验批数量</td><td colspan="2">84</td><td>分项工程专业质量检查员</td><td colspan="2"></td></tr>
<tr><td>施工单位</td><td colspan="2"></td><td>项目负责人</td><td></td><td>项目技术负责人</td></tr>
<tr><td>分包单位</td><td colspan="2"></td><td>分包单位项目负责人</td><td></td><td>分包内容</td></tr>
</table>

<table>
<tr><th>序号</th><th>检验批名称</th><th>检验批容量</th><th>部位/区段</th><th>施工单位检查结果</th><th>监理(建设)单位验收意见</th></tr>
<tr><td>1</td><td>钢筋原材料</td><td>8 批</td><td>一至三层</td><td>合格</td><td rowspan="24">所含检验批无遗漏,各检验批所覆盖的区段和所含内容无遗漏,所查检验批全部合格</td></tr>
<tr><td>2</td><td>钢筋原材料</td><td>5 批</td><td>四至五层</td><td>合格</td></tr>
<tr><td>3</td><td>钢筋原材料</td><td>8 批</td><td>六至八层</td><td>合格</td></tr>
<tr><td>4</td><td>钢筋原材料</td><td>8 批</td><td>九至十一层</td><td>合格</td></tr>
<tr><td>5</td><td>钢筋原材料</td><td>8 批</td><td>十二至十四层</td><td>合格</td></tr>
<tr><td>6</td><td>钢筋原材料</td><td>8 批</td><td>十五至屋面、坡屋面层</td><td>合格</td></tr>
<tr><td>7</td><td>钢筋加工</td><td>12 种</td><td>一至三层</td><td>合格</td></tr>
<tr><td>8</td><td>钢筋加工</td><td>12 种</td><td>四至五层</td><td>合格</td></tr>
<tr><td>9</td><td>钢筋加工</td><td>12 种</td><td>六至八层</td><td>合格</td></tr>
<tr><td>10</td><td>钢筋加工</td><td>12 种</td><td>九至十一层</td><td>合格</td></tr>
<tr><td>11</td><td>钢筋加工</td><td>12 种</td><td>十二至十四层</td><td>合格</td></tr>
<tr><td>12</td><td>钢筋加工</td><td>12 种</td><td>十五至屋面、坡屋面层</td><td>合格</td></tr>
<tr><td>13</td><td>钢筋连接</td><td>63 件</td><td>一层墙、柱</td><td>合格</td></tr>
<tr><td>14</td><td>钢筋连接</td><td>113 件</td><td>二层梁</td><td>合格</td></tr>
<tr><td>15</td><td>钢筋连接</td><td>59 件</td><td>二层墙、柱</td><td>合格</td></tr>
<tr><td>16</td><td>钢筋连接</td><td>113 件</td><td>三层梁</td><td>合格</td></tr>
<tr><td>17</td><td>钢筋连接</td><td>48 件</td><td>三层墙、柱</td><td>合格</td></tr>
<tr><td>18</td><td>钢筋连接</td><td>115 件</td><td>四层梁</td><td>合格</td></tr>
<tr><td>19</td><td>钢筋连接</td><td>48 件</td><td>四层墙、柱</td><td>合格</td></tr>
<tr><td>20</td><td>钢筋连接</td><td>115 件</td><td>五层梁</td><td>合格</td></tr>
<tr><td>21</td><td>钢筋连接</td><td>48 件</td><td>五层墙、柱</td><td>合格</td></tr>
<tr><td>22</td><td>钢筋连接</td><td>122 件</td><td>六层梁</td><td>合格</td></tr>
<tr><td>23</td><td>钢筋连接</td><td>48 件</td><td>六层墙、柱</td><td>合格</td></tr>
<tr><td>24</td><td>钢筋连接</td><td>122 件</td><td>七层梁</td><td>合格</td></tr>
</table>

续表

序号	检验批名称	检验批容量	部位/区段	施工单位检查结果	监理(建设)单位验收意见
⋮	⋮	⋮	⋮	⋮	所含检验批无遗漏,各检验批所覆盖的区段和所含内容无遗漏,所查检验批全部合格
44	钢筋连接	122 件	十七层梁	合格	
45	钢筋连接	48 件	十七层墙、柱	合格	
46	钢筋连接	111 件	屋面层梁	合格	
47	钢筋连接	5 件	坡屋面柱	合格	
48	钢筋连接	19 件	坡屋面梁	合格	
49	钢筋安装	63 件	一层墙、柱	合格	
50	钢筋安装	113 件,78 间	二层梁、板、梯	合格	
51	钢筋安装	59 件	二层墙、柱	合格	
52	钢筋安装	113 件,78 间	三层梁、板、梯	合格	
53	钢筋安装	48 件	三层墙、柱	合格	
54	钢筋安装	115 件,88 间	四层梁、板、梯	合格	
55	钢筋安装	48 件	四层墙、柱	合格	
56	钢筋安装	115 件,88 间	五层梁、板、梯	合格	
57	钢筋安装	48 件	五层墙、柱	合格	
58	钢筋安装	122 件,101 间	六层梁、板、梯	合格	
59	钢筋安装	48 件	六层墙、柱	合格	
60	钢筋安装	122 件,101 间	七层梁、板、梯	合格	
61	钢筋安装	48 件	七层墙、柱	合格	
62	钢筋安装	122 件,101 间	八层梁、板、梯	合格	
63	钢筋安装	48 件	八层墙、柱	合格	
64	钢筋安装	122 件,101 间	九层梁、板、梯	合格	
65	钢筋安装	48 件	九层墙、柱	合格	
66	钢筋安装	122 件,101 间	十层梁、板、梯	合格	
67	钢筋安装	48 件	十层墙、柱	合格	
68	钢筋安装	122 件,101 间	十一层梁、板、梯	合格	
69	钢筋安装	48 件	十一层墙、柱	合格	
70	钢筋安装	122 件,101 间	十二层梁、板、梯	合格	
71	钢筋安装	48 件	十二层墙、柱	合格	
72	钢筋安装	122 件,101 间	十三层梁、板、梯	合格	
73	钢筋安装	48 件	十三层墙、柱	合格	
74	钢筋安装	122 件,101 间	十四层梁、板、梯	合格	

续表

<table>
<tr><th>序号</th><th>检验批名称</th><th>检验批容量</th><th>部位/区段</th><th>施工单位检查结果</th><th>监理(建设)单位验收意见</th></tr>
<tr><td>75</td><td>钢筋安装</td><td>48 件</td><td>十四层墙、柱</td><td>合格</td><td rowspan="10">所含检验批无遗漏，各检验批所覆盖的区段和所含内容无遗漏，所查检验批全部合格</td></tr>
<tr><td>76</td><td>钢筋安装</td><td>122 件，101 间</td><td>十五层梁、板、梯</td><td>合格</td></tr>
<tr><td>77</td><td>钢筋安装</td><td>48 件</td><td>十五层墙、柱</td><td>合格</td></tr>
<tr><td>78</td><td>钢筋安装</td><td>122 件，101 间</td><td>十六层梁、板、梯</td><td>合格</td></tr>
<tr><td>79</td><td>钢筋安装</td><td>48 件</td><td>十六层墙、柱</td><td>合格</td></tr>
<tr><td>80</td><td>钢筋安装</td><td>122 件，101 间</td><td>十七层梁、板、梯</td><td>合格</td></tr>
<tr><td>81</td><td>钢筋安装</td><td>40 件</td><td>十七层墙、柱</td><td>合格</td></tr>
<tr><td>82</td><td>钢筋安装</td><td>111 件，93 间</td><td>屋面层梁、板</td><td>合格</td></tr>
<tr><td>83</td><td>钢筋安装</td><td>5 件</td><td>坡屋面柱</td><td>合格</td></tr>
<tr><td>84</td><td>钢筋安装</td><td>19 件，13 间</td><td>坡屋面梁、板</td><td>合格</td></tr>
<tr><td colspan="6">说明：检验批质量验收记录资料齐全完整</td></tr>
<tr><td colspan="2">施工单位
检查结果</td><td colspan="4">所含检验批无遗漏，各检验批所覆盖的区段和所含内容无遗漏，全部符合要求，本分项工程符合要求。
项目专业技术负责人：
年 月 日</td></tr>
<tr><td colspan="2">监理(建设)单位
验收结论</td><td colspan="4">本分项工程合格。
专业监理工程师：
(建设单位项目专业技术负责人)
年 月 日</td></tr>
</table>

注：本表(分项 A 类)适用于不涉及全高垂直度检查、无特殊要求的分项工程。混凝土现浇结构、混凝土装配结构、砖砌体、混凝土小型空心砌块砌体、石砌体分项工程质量验收记录使用分项 B 类表格。

钢筋原材料检验批质量验收记录

GB 50204—2015　　　　　　　　　　　　　　　　　　桂建质 020102（Ⅰ）　003

单位（子单位）工程名称	品茗人宿舍	分部（子分部）工程名称	主体结构（混凝土结构）	分项工程名称	钢筋
施工单位		项目负责人	潘颖秋	检验批容量	8 批
分包单位		分包单位项目负责人		检验批部位	六至八层
施工依据	《混凝土结构工程施工规范》（GB 50666—2011）		验收依据	《混凝土结构工程施工质量验收规范》（GB 50204—2015）	

		验收项目	设计要求及规范规定		样本总数	最小/实际抽样数量	检查记录	检查结果
主控项目	1	钢筋质量	屈服强度、抗拉强度、伸长率、弯曲性能和质量偏差的检验结果应符合有关标准规定	检查质量证明文件和抽样检验报告；按进场批次和产品的抽样检验方案确定		—	质量证明文件齐全，试验合格，报告编号×××	合格
	2	成型钢筋质量	屈服强度、抗拉强度、伸长率、弯曲性能和重量偏差的检验结果应符合有关标准规定	检查质量证明文件和抽样检验报告；同一厂家、同一类型、同一钢筋来源的成型钢筋，不超过 30 t 为一批，每批中每种钢筋牌号、规格均应至少抽取 1 个钢筋试件，总数不应少于 3 个				
	3	抗震用钢筋强度实测值	抗拉强度实测值与屈服强度实测值的比值不应小于 1.25	检查抽样检验报告；按进场的批次和产品的抽样检验方案确定		—	检查合格，报告编号	合格
			屈服强度实测值与屈服强度标准值的比值不应小于 1.25			—	检查合格，报告编号	合格
			最大力下总伸长率不应小于 9%			—	检查合格，报告编号	合格
一般项目	1	钢筋外观质量	平直、无损伤，表面应无裂纹、无油污、无颗粒状或片状老锈	观察；全数检查	8	全/8	抽查 8 处，全部合格	合格
	2	成型钢筋外观质量和尺寸偏差	符合有关标准规定	观察，尺量；同一厂家、同一类型的成型钢筋，不超过 30 t为一批，每批随机抽取 3 个成型钢筋				
	3	钢筋机械连接套筒、锚固板及预埋件等外观质量	符合有关标准规定	检查产品质量证明文件；观察，尺量；按国家现行有关标准的规定确定				
施工单位检查结果	主控项目全部符合要求，一般项目满足规范要求，本检验批符合要求。 专业工长： 项目专业质量检查员：　　　　年　月　日							
监理（建设）单位验收结论	主控项目全部合格，一般项目满足规范要求，本检验批合格。 专业监理工程师： （建设单位项目专业技术负责人）　　　　年　月　日							

钢筋加工检验批质量验收记录

GB 50204—2015　　　　桂建质 020102(Ⅱ)　003

<table>
<tr><td colspan="3">单位(子单位)工程名称</td><td colspan="2">品茗人宿舍</td><td>分部(子分部)工程名称</td><td colspan="2">主体结构(混凝土结构)</td><td>分项工程名称</td><td>钢筋</td></tr>
<tr><td colspan="3">施工单位</td><td colspan="2"></td><td>项目负责人</td><td colspan="2">潘颖秋</td><td>检验批容量</td><td>12 种</td></tr>
<tr><td colspan="3">分包单位</td><td colspan="2"></td><td>分包单位项目负责人</td><td colspan="2"></td><td>检验批部位</td><td>六至八层</td></tr>
<tr><td colspan="3">施工依据</td><td colspan="3">《混凝土结构工程施工规范》(GB 50666—2011)</td><td colspan="2">验收依据</td><td colspan="2">《混凝土结构工程施工质量验收规范》(GB 50204—2015)</td></tr>
<tr><td rowspan="7">主控项目</td><td colspan="2">验收项目</td><td colspan="3">设计要求及规范规定</td><td>样本总数</td><td>最小/实际抽样数量</td><td>检查记录</td><td>检查结果</td></tr>
<tr><td rowspan="4">1</td><td rowspan="4">钢筋弯弧内直径</td><td>光圆钢筋,不应小于钢筋直径的 2.5 倍</td><td rowspan="4">尺量</td><td rowspan="4">同一设备加工的同一类型钢筋,每工作班抽查不应少于 3 件</td><td>3</td><td>9/9</td><td>抽查 9 处,全部合格</td><td>合格</td></tr>
<tr><td>335 MPa 级、400 MPa 级带肋钢筋,不应小于钢筋直径的 4 倍</td><td>6</td><td>18/18</td><td>抽查 18 处,全部合格</td><td>合格</td></tr>
<tr><td>500 MPa 级带肋钢筋,不应小于钢筋直径的 6 倍,当直径为 28 mm 及以上时不应小于钢筋直径的 7 倍</td><td>3</td><td>9/9</td><td>抽查 9 处,全部合格</td><td>合格</td></tr>
<tr><td>箍筋弯折处还不应小于纵向受力钢筋的直径</td><td>2</td><td>6/6</td><td>抽查 6 处,全部合格</td><td>合格</td></tr>
<tr><td>2</td><td>钢筋的弯折</td><td>纵向受力钢筋弯折后平直段长度应符合设计要求。光圆钢筋末端做 180°弯钩时,弯钩的平直段长度≥3d</td><td>尺量</td><td>同一设备加工的同一类型钢筋,每工作班抽查不应少于 3 件</td><td>12</td><td>36/36</td><td>抽查 36 处,全部合格</td><td>合格</td></tr>
<tr><td>3</td><td>弯钩要求</td><td>对一般结构构件,箍筋弯钩弯折角度不应小于 90°,弯折后平直段长度不应小于箍筋直径的 5 倍;对有抗震设防要求或设计有专门要求的结构构件,箍筋弯钩的弯折角度不应小于 135°,弯折后平直段长度不应小于箍筋直径的 10 倍</td><td>尺量</td><td>同一设备加工的同一类型钢筋,每工作班抽查不应少于 3 件</td><td>7</td><td>21/21</td><td>抽查 21 处,全部合格</td><td>合格</td></tr>
</table>

续表

<table>
<tr><td></td><td colspan="2">验收项目</td><td colspan="3">设计要求及规范规定</td><td>样本总数</td><td>最小/实际抽样数量</td><td>检查记录</td><td>检查结果</td></tr>
<tr><td rowspan="3">主控项目</td><td rowspan="2">3</td><td rowspan="2">弯钩要求</td><td colspan="2">圆形箍筋的搭接长度不应小于其受拉锚固长度,且两末端弯钩弯折角度不应小于135°,弯折后平直段长度对一般结构构件不应小于箍筋直径的5倍;对有抗震设防要求的结构构件,不应小于箍筋直径的10倍</td><td rowspan="2">尺量</td><td rowspan="2">同一设备加工的同一类型钢筋,每工作班抽查不应少于3件</td><td></td><td></td><td></td><td></td></tr>
<tr><td colspan="2">梁、柱复合箍筋中的单肢箍筋两端弯钩的弯折角度均不应小于135°,弯折后平直段长度应符合第一条第1款对箍筋的有关规定</td><td>7</td><td>21/21</td><td>抽查21处,全部合格</td><td>合格</td></tr>
<tr><td>4</td><td>调直钢筋的力学性能和质量偏差</td><td colspan="2">盘卷钢筋调直后应进行力学检验,其强度应符合国家现行有关标准的规定;其断后伸长率、质量偏差应符合表5.3.4的规定</td><td>尺量</td><td>同一设备加工的同一牌号、同一规格的调直钢筋,质量不大于30 t为一批;每批见证抽取3个件</td><td></td><td>—</td><td>试验合格,报告编号</td><td>合格</td></tr>
<tr><td rowspan="3">一般项目</td><td rowspan="3">1</td><td rowspan="3">钢筋加工偏差</td><td>受力钢筋沿长度方向的净尺寸</td><td>±10mm</td><td rowspan="3">尺量</td><td rowspan="3">同一设备加工的同一类型钢筋,每工作班抽查不应少于3件</td><td>4</td><td>12/12</td><td>抽查12处,全部合格</td><td>合格</td></tr>
<tr><td>弯起钢筋的弯折位置</td><td>±20mm</td><td>2</td><td>6/6</td><td>抽查6处,全部合格</td><td>合格</td></tr>
<tr><td>箍筋外廓尺寸</td><td>±5mm</td><td>4</td><td>12/12</td><td>抽查12处,全部合格</td><td>合格</td></tr>
<tr><td colspan="3">施工单位检查结果</td><td colspan="7">主控项目全部符合要求,一般项目满足规范要求,本检验批符合要求。
专业工长:
项目专业质量检查员:　　　　年　月　日</td></tr>
<tr><td colspan="3">监理(建设)单位验收结论</td><td colspan="7">主控项目全部合格,一般项目满足规范要求,本检验批合格。
专业监理工程师:
(建设单位项目专业技术负责人)　　　　年　月　日</td></tr>
</table>

钢筋连接检验批质量验收记录

GB 50204—2015　　　　桂建质 020102(Ⅲ)　011

<table>
<tr><td colspan="2">单位(子单位)工程名称</td><td colspan="2">品茗人宿舍</td><td colspan="2">分部(子分部)工程名称</td><td>主体结构(混凝土结构)</td><td>分项工程名称</td><td colspan="2">钢筋</td></tr>
<tr><td colspan="2">施工单位</td><td colspan="2"></td><td colspan="2">项目负责人</td><td>潘颖秋</td><td>检验批容量</td><td colspan="2">48 件</td></tr>
<tr><td colspan="2">分包单位</td><td colspan="2"></td><td colspan="2">分包单位项目负责人</td><td></td><td>检验批部位</td><td colspan="2">六层墙、柱</td></tr>
<tr><td colspan="2">施工依据</td><td colspan="5">《混凝土结构工程施工规范》(GB 50666—2011)</td><td>验收依据</td><td colspan="2">《混凝土结构工程施工质量验收规范》(GB 50204—2015)</td></tr>
<tr><td rowspan="4">主控项目</td><td colspan="2">验收项目</td><td colspan="3">设计要求及规范规定</td><td>样本总数</td><td>最小/实际抽样数量</td><td>检查记录</td><td>检查结果</td></tr>
<tr><td>1</td><td>钢筋连接方式</td><td>钢筋连接方式应符合设计要求</td><td>观察</td><td>全数检查</td><td>48</td><td>全/48</td><td>抽查 48 处，全部合格</td><td>合格</td></tr>
<tr><td>2</td><td>机械连接接头、焊接接头的力学性能、弯曲性能</td><td>钢筋采用机械连接或焊接连接时，钢筋机械连接接头、焊接接头的力学性能、弯曲性能应符合国家现行有关标准的规定。接头试件应从工程实体中截取</td><td>检查质量证明文件和抽样检验报告</td><td>按现行行业标准《钢筋机械连接技术规程》(JGJ 107—2016)和《钢筋焊接及验收规程》(JGJ 18—2012)的规定确定</td><td>—</td><td>—</td><td>试验合格，报告编号×××</td><td>合格</td></tr>
<tr><td>3</td><td>螺纹接头直径</td><td>钢筋采用机械连接时，螺纹接头应检验拧紧扭矩值，挤压接头应量测压痕直径，检查结果应符合标准《钢筋机械连接技术规程》(JGJ 107—2016)的相关规定</td><td>采用专用扭力扳手或专用量规检查</td><td>按《钢筋机械连接技术规程》(JGJ 107—2016)的规定确定</td><td></td><td></td><td></td><td></td></tr>
<tr><td rowspan="2">一般项目</td><td>1</td><td>钢筋接头的位置</td><td>钢筋接头的位置应符合设计和施工方案要求。有抗震设防的结构中，梁端、柱端箍筋加密区内不应进行钢筋搭接。接头末端至钢筋弯起点的距离不应小于钢筋直径的 10 倍</td><td></td><td>以观察、钢尺方法全数检查</td><td>48</td><td>全/48</td><td>抽查 48 处，全部合格</td><td>合格</td></tr>
<tr><td>2</td><td>钢筋机械连接接头、焊接接头</td><td>钢筋机械连接接头、焊接接头的外观质量应符合现行行业标准《钢筋机械连接技术规程》(JGJ 107—2016)和《钢筋焊接及验收规程》(JGJ 18—2012)的规定</td><td>观察，尺量</td><td>按现行行业标准《钢筋机械连接技术规程》(JGJ 107—2016)和《钢筋焊接及验收规程》(JGJ 18—2012)的规定确定</td><td>48</td><td>全/48</td><td>抽查 48 处，全部合格</td><td>合格</td></tr>
</table>

续表

	验收项目		设计要求及规范规定			样本总数	最小/实际抽样数量	检查记录	检查结果
一般项目	3	机械连接时的接头面积百分率	当纵向受力钢筋采用机械连接接头时，同一连接区段内的纵向受力钢筋的接头百分率符合设计要求	观察，尺量	同一检验批，梁、柱、独立基础，应抽查构件数量的10%，且不少于3件；墙、板应按有代表性自然间抽查10%，且不少于3间；对大空间结构，墙可按相邻轴线高度5 m左右划分检查面，板可按纵、横轴线划分检查面，抽查10%，且均不少于3面	48	5/5	抽查5处，全部合格	合格
一般项目	3	机械连接时的接头面积百分率	设计无要求时，应符合：①受拉接头，不宜大于50%；受压接头，可不受限制。②直接承受动力荷载的结构构件之间，不宜采用焊接；当采用机械连接时，不应超过50%	观察，尺量					
一般项目	4	绑扎搭接时的接头的设置	接头的横向净间距不应小于钢筋直径，且不应小于25 mm	观察，尺量	同一检验批，梁、柱、独立基础，应抽查构件数量的10%，且不少于3件；墙、板应按有代表性自然间抽查10%，且不少于3间；对大空间结构，墙可按相邻轴线高度5 m左右划分检查面，板可按纵、横轴线划分检查面，抽查10%，且均不少于3面				
一般项目	4	绑扎搭接时的接头的设置	同一连接区段内受力钢筋接头面积百分率应符合设计要求。当设计无具体要求时，应符合下列规定：①梁类、板类及墙类构件，不宜超过25%；基础筏板，不宜超过50%。②柱类构件，不宜超过50%。③当工程中确有必要增大接头面积百分率时，对梁类构件，不应大于50%	观察，尺量					
一般项目	5	箍筋的设置	符合设计要求	观察，尺量	在同一检验批内，应抽查构件数量的10%	48	5/5	抽查5处，全部合格	合格
一般项目	5	箍筋的设置	设计无要求时：箍筋直径不应小于搭接钢筋较大直径的1/4	观察，尺量					
一般项目	5	箍筋的设置	设计无要求时：受拉搭接区段的箍筋间距不应大于搭接钢筋较小直径的5倍，且不应大于100 m	观察，尺量					
一般项目	5	箍筋的设置	设计无要求时：受压搭接区段的箍筋间距不应大于搭接钢筋较小直径的10倍，且不应大于200 m	观察，尺量					
一般项目	5	箍筋的设置	设计无要求时：当柱中纵向受力钢筋直径大于25 mm时，应在搭接接头两个端面外100 mm范围内各设置两个箍筋，其间距宜为50 mm	观察，尺量					
施工单位检查结果			主控项目全部符合要求，一般项目满足规范要求，本检验批符合要求。 专业工长： 项目专业质量检查员：　　年　月　日						
监理（建设）单位验收结论			主控项目全部合格，一般项目满足规范要求，本检验批合格。 专业监理工程师： （建设单位项目专业技术负责人）　　年　月　日						

钢筋连接检验批质量验收记录

GB 50204—2015　　　　桂建质 020102(Ⅲ)　012

<table>
<tr><td colspan="3">单位(子单位)
工程名称</td><td colspan="2">品茗人宿舍</td><td>分部(子分部)
工程名称</td><td colspan="2">主体结构
(混凝土结构)</td><td>分项工程
名称</td><td>钢筋</td></tr>
<tr><td colspan="3">施工单位</td><td colspan="2"></td><td>项目负责人</td><td colspan="2">潘颖秋</td><td>检验批容量</td><td>122 件</td></tr>
<tr><td colspan="3">分包单位</td><td colspan="2"></td><td>分包单位项目
负责人</td><td colspan="2"></td><td>检验批部位</td><td>七层梁</td></tr>
<tr><td colspan="3">施工依据</td><td colspan="3">《混凝土结构工程施工规范》(GB 50666—2011)</td><td>验收依据</td><td colspan="3">《混凝土结构工程施工质量验收规范》(GB 50204—2015)</td></tr>
<tr><td rowspan="4">主控项目</td><td colspan="2">验收项目</td><td colspan="3">设计要求及规范规定</td><td>样本总数</td><td>最小/实际抽样数量</td><td>检查记录</td><td>检查结果</td></tr>
<tr><td>1</td><td>钢筋连接方式</td><td>钢筋连接方式应符合设计要求</td><td>观察</td><td>全数检查</td><td>122</td><td>全/122</td><td>抽查 122 处,全部合格</td><td>合格</td></tr>
<tr><td>2</td><td>机械连接接头、焊接接头的力学性能、弯曲性能</td><td>钢筋采用机械连接或焊接连接时,钢筋机械连接接头、焊接接头的力学性能、弯曲性能应符合国家现行有关标准的规定。接头试件应从工程实体中截取</td><td>检查质量证明文件和抽样检验报告</td><td>按现行行业标准《钢筋机械连接技术规程》(JGJ 107—2016)和《钢筋焊接及验收规程》(JGJ 18—2012)的规定确定</td><td></td><td></td><td></td><td></td></tr>
<tr><td>3</td><td>螺纹接头直径</td><td>钢筋采用机械连接时,螺纹接头应检验拧紧扭矩值,挤压接头应量测压痕直径,检查结果应符合标准《钢筋机械连接技术规程》(JGJ 107—2016)的相关规定</td><td>采用专用扭力扳手或专用量规检查</td><td>按《钢筋机械连接技术规程》(JGJ 107—2016)的规定确定</td><td></td><td></td><td></td><td></td></tr>
<tr><td rowspan="2">一般项目</td><td>1</td><td>钢筋接头的位置</td><td>钢筋接头的位置应符合设计和施工方案要求。在有抗震设防的结构中,梁端、柱端箍筋加密区内不应进行钢筋搭接。接头末端至钢筋弯起点的距离不应小于钢筋直径的 10 倍</td><td></td><td>以观察、钢尺方法全数检查</td><td>122</td><td>全/122</td><td>抽查 122 处,全部合格</td><td>合格</td></tr>
<tr><td>2</td><td>钢筋机械连接接头、焊接接头</td><td>钢筋机械连接接头、焊接接头的外观质量应符合现行行业标准《钢筋机械连接技术规程》(JGJ 107—2016)和《钢筋焊接及验收规程》(JGJ 18—2012)的规定</td><td>观察,尺量</td><td>按现行行业标准《钢筋机械连接技术规程》(JGJ 107—2016)和《钢筋焊接及验收规程》(JGJ 18—2012)的规定确定</td><td></td><td></td><td></td><td></td></tr>
</table>

续表

	项目验收		设计要求及规范规定			样本总数	最小/实际抽样数量	检查记录	检查结果
一般项目	3	机械连接时的接头面积百分率	当纵向受力钢筋采用机械连接接头时，同一连接区段内的纵向受力钢筋的接头百分率符合设计要求	观察，尺量	同一检验批，梁、柱、独立基础，应抽查构件数量的10%，且不少于3件；墙、板应按有代表性自然间抽查10%，且不少于3间；对大空间结构，墙可按相邻轴线高度5 m左右划分检查面，板可按纵、横轴线划分检查面，抽查10%，且均不少于3面				
			设计无要求时，应符合：①受拉接头，不宜大于50%；受压接头，可不受限制。②直接承受动力荷载的结构构件中，不宜采用焊接；当采用机械连接时，不应超过50%						
	4	绑扎搭接时的接头的设置	接头的横向净间距不应小于钢筋直径，且不应小于25 mm	观察，尺量	同一检验批，梁、柱、独立基础，应抽查构件数量的10%，且不少于3件；墙、板应按有代表性自然间抽查10%，且不少于3间；对大空间结构，墙可按相邻轴线高度5 m左右划分检查面，板可按纵、横轴线划分检查面，抽查10%，且均不少于3面	122	13/13	抽查13处，全部合格	合格
			同一连接区段内受力钢筋接头面积百分率应符合设计要求。当设计无具体要求时，应符合下列规定：①梁类、板类及墙类构件，不宜超过25%；基础筏板，不宜超过50%。②柱类构件，不宜超过50%。③当工程中确有必要增大接头面积百分率时，对梁类构件，不应大于50%			122	13/13	抽查13处，全部合格	合格
	5	箍筋的设置	符合设计要求	观察，尺量	在同一检验批内，应抽查构件数量的10%	122	13/13	抽查13处，全部合格	合格
			设计无要求时：箍筋直径不应小于搭接钢筋较大直径的1/4						
			设计无要求时：受拉搭接区段的箍筋间距不应大于搭接钢筋较小直径的5倍，且不应大于100 m						
			设计无要求时：受压搭接区段的箍筋间距不应大于搭接钢筋较小直径的10倍，且不应大于200 m						
			设计无要求时：当柱中纵向受力钢筋直径大于25 mm时，应在搭接接头两个端面外100 mm范围内各设置两个箍筋，其间距宜为50 mm						

施工单位检查结果	主控项目全部符合要求，一般项目满足规范要求，本检验批符合要求。 专业工长： 项目专业质量检查员：　　年　月　日
监理（建设）单位验收结论	主控项目全部合格，一般项目满足规范要求，本检验批合格。 专业监理工程师： （建设单位项目专业技术负责人）　　年　月　日

钢筋安装检验批质量验收记录

GB 50204—2015　　　　桂建质 020102(Ⅳ)　011

<table>
<tr><td>单位(子单位)工程名称</td><td colspan="2">品茗人宿舍</td><td>分部(子分部)工程名称</td><td>主体结构(混凝土结构)</td><td>分项工程名称</td><td>钢筋</td></tr>
<tr><td>施工单位</td><td colspan="2"></td><td>项目负责人</td><td>潘颖秋</td><td>检验批容量</td><td>柱 43 件，墙 5 件</td></tr>
<tr><td>分包单位</td><td colspan="2"></td><td>分包单位项目负责人</td><td></td><td>检验批部位</td><td>六层墙、柱</td></tr>
<tr><td>施工依据</td><td colspan="2">《混凝土结构工程施工规范》(GB 50666—2011)</td><td>验收依据</td><td colspan="3">《混凝土结构工程施工质量验收规范》(GB 50204—2015)</td></tr>
</table>

<table>
<tr><td rowspan="3">主控项目</td><td colspan="2">验收项目</td><td colspan="5">设计要求及规范规定</td><td>样本总数</td><td>最小/实际抽样数量</td><td>检查记录</td><td>检查结果</td></tr>
<tr><td>1</td><td>受力钢筋牌号、规格和数量</td><td colspan="3">钢筋安装时，受力钢筋牌号、规格、数量必须符合设计要求</td><td>观察、尺量</td><td>全数检查</td><td>48</td><td>全/48</td><td>抽查 48 处，全部合格</td><td>合格</td></tr>
<tr><td>2</td><td>受力钢筋的安装位置、锚固方式</td><td colspan="3">受力钢筋的安装位置、锚固方式应符合设计要求</td><td>观察、尺量</td><td>全数检查</td><td>48</td><td>全/48</td><td>抽查 48 处，全部合格</td><td>合格</td></tr>
<tr><td rowspan="14">一般项目</td><td rowspan="14">1</td><td rowspan="14">钢筋安装位置允许偏差/mm</td><td rowspan="2">绑扎钢筋网</td><td>长、宽</td><td>±10</td><td>尺量</td><td rowspan="14">同一检验批，梁、柱、独立基础应抽查构件数量的10%，且不少于3件；墙、板应按有代表性自然间抽查10%，且不少于3间；对大空间结构，墙可按相邻轴线高度5 m左右划分检查面，板可按纵、横轴线划分检查面，抽查10%，且均不少于3面</td><td>5</td><td>3/3</td><td>抽查 3 处，全部合格</td><td>合格</td></tr>
<tr><td>网眼尺寸</td><td>±20</td><td>尺量连续三挡，取最大偏差值</td><td>5</td><td>3/3</td><td>抽查 3 处，全部合格</td><td>合格</td></tr>
<tr><td rowspan="2">绑扎钢筋骨架</td><td>长</td><td>±10</td><td rowspan="3">尺量</td><td>43</td><td>5/5</td><td>抽查 5 处，全部合格</td><td>合格</td></tr>
<tr><td>宽、高</td><td>±5</td><td>43</td><td>5/5</td><td>抽查 5 处，全部合格</td><td>合格</td></tr>
<tr><td rowspan="3">纵向受力钢筋</td><td>锚固长度</td><td>−20</td><td></td><td></td><td></td><td></td></tr>
<tr><td>间距</td><td>±10</td><td rowspan="2">尺量两端、中间各一点，取最大偏差值</td><td>43</td><td>5/5</td><td>抽查 5 处，全部合格</td><td>合格</td></tr>
<tr><td>排距</td><td>±5</td><td></td><td></td><td></td><td></td></tr>
<tr><td rowspan="3">纵向受力钢筋、箍筋的混凝土保护层厚度</td><td>基础</td><td>±10</td><td rowspan="3">尺量</td><td></td><td></td><td></td><td></td></tr>
<tr><td>柱、梁</td><td>±5</td><td>43</td><td>5/5</td><td>抽查 5 处，全部合格</td><td>合格</td></tr>
<tr><td>板、墙、壳</td><td>±3</td><td>5</td><td>3/3</td><td>抽查 3 处，全部合格</td><td>合格</td></tr>
<tr><td colspan="2">绑扎箍筋、横向钢筋间距</td><td>±20</td><td>尺量连续三挡，取最大偏差值</td><td>43</td><td>5/5</td><td>抽查 5 处，全部合格</td><td>合格</td></tr>
<tr><td colspan="2">钢筋弯起点位置</td><td>20</td><td rowspan="2">尺量</td><td></td><td></td><td></td><td></td></tr>
<tr><td rowspan="2">预埋件</td><td>中心线位置</td><td>5</td><td></td><td></td><td></td><td></td></tr>
<tr><td>水平高差</td><td>+3,0</td><td>塞尺量测</td><td></td><td></td><td></td><td></td></tr>
<tr><td colspan="3">施工单位检查结果</td><td colspan="9">主控项目全部符合要求，一般项目满足规范要求，本检验批符合要求。
专业工长：
项目专业质量检查员：　　　　年　月　日</td></tr>
<tr><td colspan="3">监理(建设)单位验收结论</td><td colspan="9">主控项目全部合格，一般项目满足规范要求，本检验批合格。
专业监理工程师：
(建设单位项目专业技术负责人)　　　　年　月　日</td></tr>
</table>

检验批现场验收检查原始记录

共　　页第　　页

单位(子单位)工程名称	品茗人宿舍			
检查工具	钢尺			
检验批名称	钢筋安装检验批质量验收记录		检验批编号	桂建质　020102(Ⅳ)　011
编号	验收项目	验收部位	验收情况记录	备注
主控项目1	受力钢筋牌号、规格和数量	六层1—13/A—L轴	√	
主控项目2	受力钢筋的安装位置、锚固方式	六层1—13/A—L轴	√	
一般项目1	钢筋安装位置允许偏差(mm)-绑扎钢筋网-长、宽[±10]	六层1轴×C轴	8	
		六层13轴×C轴	7	
		六层1轴×H—K轴	9	
	钢筋安装位置允许偏差(mm)-绑扎钢筋网-网眼尺寸[±20]	六层1轴×C轴	7	
		六层13轴×C轴	9	
		六层1轴×H—K轴	11	
	钢筋安装位置允许偏差(mm)-绑扎钢筋骨架-长[±10]	六层4轴×E轴	4	
		六层2轴×H轴	-1	
		六层8轴×C轴	5	
	钢筋安装位置允许偏差(mm)-绑扎钢筋骨架-宽、高[±5]	六层4轴×E轴	2	
		六层2轴×H轴	1	
		六层8轴×C轴	1	
	钢筋安装位置允许偏差(mm)-纵向受力钢筋-间距[±10]	六层4轴×E轴	6	
		六层2轴×H轴	2	
		六层8轴×C轴	3	
	钢筋安装位置允许偏差(mm)-纵向受力钢筋、箍筋的混凝土保护层厚度-柱[±5]	六层4轴×E轴	2	
		六层2轴×H轴	-1	
		六层8轴×C轴	4	
	钢筋安装位置允许偏差(mm)-纵向受力钢筋、箍筋的混凝土保护层厚度-墙[±3]	六层1轴×C轴	1	
		六层13轴×C轴	-1	
		六层1轴×H—K轴	2	
	钢筋安装位置允许偏差(mm)-绑扎箍筋、横向钢筋间距[±20]	六层4轴×E轴		
		六层2轴×H轴		
		六层8轴×C轴		
检查人员(签名)	专业监理工程师:		专业质量检查员:	
	专业工长:		记录人:	

检查日期:　　年　　月　　日

钢筋安装检验批质量验收记录

GB 50204—2015　　　　桂建质 020102(Ⅳ)　012

单位(子单位)工程名称	品茗人宿舍	分部(子分部)工程名称	主体结构(混凝土结构)	分项工程名称	钢筋
施工单位		项目负责人	潘颖秋	检验批容量	梁122件，板101件
分包单位		分包单位项目负责人		检验批部位	七层梁、板、梯
施工依据	《混凝土结构工程施工规范》(GB 50666—2011)	验收依据	《混凝土结构工程施工质量验收规范》(GB 50204—2015)		

		验收项目	设计要求及规范规定					样本总数	最小/实际抽样数量	检查记录	检查结果
主控项目	1	受力钢筋牌号、规格和数量	钢筋安装时，受力钢筋牌号、规格、数量必须符合设计要求			观察、尺量	全数检查	223	全/223	抽查223处，全部合格	合格
主控项目	2	受力钢筋的安装位置、锚固方式	受力钢筋的安装位置、锚固方式应符合设计要求			观察、尺量	全数检查	223	全/223	抽查223处，全部合格	合格
一般项目	1	钢筋安装位置允许偏差/mm	绑扎钢筋网	长、宽	±10	尺量	同一检验批，梁、柱、独立基础应抽查构件数量的10%，且不少于3件；墙、板应按有代表性自然间抽查10%，且不少于3间；对大空间结构，墙可按相邻轴线高度5 m左右划分检查面，板可按纵、横轴线划分检查面，抽查10%，且均不少于3面	101	11/11	抽查11处，全部合格	合格
			绑扎钢筋网	网眼尺寸	±20	尺量连续三挡，取最大偏差值		101	11/11	抽查11处，全部合格	合格
			绑扎钢筋骨架	长	±10	尺量		122	13/13	抽查13处，全部合格	合格
			绑扎钢筋骨架	宽、高	±5	尺量					
			纵向受力钢筋	锚固长度	−20	尺量					
			纵向受力钢筋	间距	±10	尺量两端、中间各一点，取最大偏差值					
			纵向受力钢筋	排距	±5	尺量两端、中间各一点，取最大偏差值		122	13/13	抽查13处，全部合格	合格
			纵向受力钢筋、箍筋的混凝土保护层厚度	基础	±10	尺量					
			纵向受力钢筋、箍筋的混凝土保护层厚度	柱、梁	±5	尺量		122	13/13	抽查13处，全部合格	合格
			纵向受力钢筋、箍筋的混凝土保护层厚度	板、墙、壳	±3	尺量		101	11/11	抽查11处，全部合格	合格
			绑扎箍筋、横向钢筋间距		±20	尺量连续三挡，取最大偏差值		122	13/13	抽查13处，全部合格	合格
			钢筋弯起点位置		20	尺量					
			预埋件	中心线位置	5	尺量		99	10/10	抽查10处，全部合格	合格
			预埋件	水平高差	+3,0	塞尺量测		99	10/10	抽查10处，全部合格	合格
施工单位检查结果	主控项目全部符合要求，一般项目满足规范要求，本检验批符合要求。 专业工长： 项目专业质量检查员：　　年　月　日										
监理(建设)单位验收结论	主控项目全部合格，一般项目满足规范要求，本检验批合格。 专业监理工程师： (建设单位项目专业技术负责人)　　年　月　日										

检验批现场验收检查原始记录

共　页第　页

<table>
<tr><td>单位(子单位)工程名称</td><td colspan="4">品茗人宿舍</td></tr>
<tr><td>检查工具</td><td colspan="4">钢尺</td></tr>
<tr><td>检验批名称</td><td colspan="2">钢筋安装检验批质量验收记录</td><td>检验批编号</td><td>桂建质　020102(IV)　011</td></tr>
<tr><td>编号</td><td>验收项目</td><td>验收部位</td><td>验收情况记录</td><td>备注</td></tr>
<tr><td>主控项目 1</td><td>受力钢筋牌号、规格和数量</td><td>六层 1—13/A—L 轴</td><td>√</td><td></td></tr>
<tr><td>主控项目 2</td><td>受力钢筋的安装位置、锚固方式</td><td>六层 1—13/A—L 轴</td><td>√</td><td></td></tr>
<tr><td rowspan="16">一般项目 1</td><td rowspan="3">钢筋安装位置允许偏差(mm)-绑扎钢筋网-长、宽[±10]</td><td>六层 1 轴×C 轴</td><td>8</td><td></td></tr>
<tr><td>六层 13 轴×C 轴</td><td>7</td><td></td></tr>
<tr><td>六层 1 轴×H—K 轴</td><td>9</td><td></td></tr>
<tr><td rowspan="3">钢筋安装位置允许偏差(mm)-绑扎钢筋网-网眼尺寸[±20]</td><td>六层 1 轴×C 轴</td><td>7</td><td></td></tr>
<tr><td>六层 13 轴×C 轴</td><td>9</td><td></td></tr>
<tr><td>六层 1 轴×H—K 轴</td><td>11</td><td></td></tr>
<tr><td rowspan="5">钢筋安装位置允许偏差(mm)-绑扎钢筋骨架-长[±10]</td><td>六层 4 轴×E 轴</td><td>4</td><td></td></tr>
<tr><td>六层 2 轴×H 轴</td><td>-1</td><td></td></tr>
<tr><td>六层 8 轴×C 轴</td><td>5</td><td></td></tr>
<tr><td>六层 E 轴×10 轴</td><td>3</td><td></td></tr>
<tr><td>六层 K 轴×5 轴</td><td>5</td><td></td></tr>
<tr><td rowspan="5">钢筋安装位置允许偏差(mm)-绑扎钢筋骨架-宽、高[±5]</td><td>六层 4 轴×E 轴</td><td>2</td><td></td></tr>
<tr><td>六层 2 轴×H 轴</td><td>1</td><td></td></tr>
<tr><td>六层 8 轴×C 轴</td><td>1</td><td></td></tr>
<tr><td>六层 E 轴×10 轴</td><td>2</td><td></td></tr>
<tr><td>六层 K 轴×5 轴</td><td>1</td><td></td></tr>
<tr><td rowspan="2">检查人员(签名)</td><td colspan="2">专业监理工程师:</td><td colspan="2">专业质量检查员:</td></tr>
<tr><td colspan="2">专业工长:</td><td colspan="2">记录人:</td></tr>
</table>

检查日期:　年　月　日

检验批现场验收检查原始记录

共　　页第　　页

单位(子单位)工程名称	品茗人宿舍			
检查工具	钢尺			
检验批名称	钢筋安装检验批质量验收记录	检验批编号	桂建质　020102(IV)　011	
编号	验收项目	验收部位	验收情况记录	备注
一般项目1	钢筋安装位置允许偏差(mm)-纵向受力钢筋-间距[±10]	六层4轴×E轴	6	
		六层2轴×H轴	-2	
		六层8轴×C轴	3	
		六层E轴×10轴	1	
		六层K轴×5轴	3	
	钢筋安装位置允许偏差(mm)-纵向受力钢筋、箍筋的混凝土保护层厚度-柱[±5]	六层4轴×E轴	2	
		六层2轴×H轴	-1	
		六层8轴×C轴	4	
		六层E轴×10轴	2	
		六层K轴×5轴	1	
	钢筋安装位置允许偏差(mm)-纵向受力钢筋、箍筋的混凝土保护层厚度-墙[±3]	六层1轴×C轴	1	
		六层13轴×C轴	-1	
		六层1轴×H—K轴	2	
	钢筋安装位置允许偏差(mm)-绑扎箍筋、横向钢筋间距[±20]	六层4轴×E轴	9	
		六层2轴×H轴	-2	
		六层8轴×C轴	-3	
		六层E轴×10轴	3	
		六层K轴×5轴	2	
检查人员(签名)	专业监理工程师:		专业质量检查员:	
	专业工长:		记录人:	

检查日期:　　年　　月　　日

混凝土　分项工程质量验收记录

桂建质(分项A类)

<table>
<tr><td>单位(子单位)
工程名称</td><td colspan="3">品茗人宿舍</td><td colspan="2">分部(子分部)
工程名称</td><td colspan="2">主体结构(混凝土结构)</td></tr>
<tr><td>检验批数量</td><td colspan="3">72</td><td colspan="2">分项工程专业
质量检查员</td><td colspan="2"></td></tr>
<tr><td>施工单位</td><td colspan="3"></td><td colspan="2">项目负责人</td><td>项目技术
负责人</td><td></td></tr>
<tr><td>分包单位</td><td colspan="3"></td><td colspan="2">分包单位
项目负责人</td><td>分包内容</td><td></td></tr>
<tr><td>序号</td><td>检验批名称</td><td>检验批容量</td><td>部位/区段</td><td colspan="2">施工单位检查结果</td><td colspan="2">监理(建设)单位验收意见</td></tr>
<tr><td>1</td><td>混凝土拌合物</td><td>90 m³</td><td>一层墙、柱</td><td colspan="2">合格</td><td colspan="2" rowspan="26">所含检验批无遗漏,各检验批所覆盖的区段和所含内容无遗漏,所查检验批全部合格</td></tr>
<tr><td>2</td><td>混凝土拌合物</td><td>529 m³</td><td>二层梁、板、梯</td><td colspan="2">合格</td></tr>
<tr><td>3</td><td>混凝土拌合物</td><td>83 m³</td><td>二层墙、柱</td><td colspan="2">合格</td></tr>
<tr><td>4</td><td>混凝土拌合物</td><td>529 m³</td><td>三层梁、板、梯</td><td colspan="2">合格</td></tr>
<tr><td>5</td><td>混凝土拌合物</td><td>75 m³</td><td>三层墙、柱</td><td colspan="2">合格</td></tr>
<tr><td>6</td><td>混凝土拌合物</td><td>532 m³</td><td>四层梁、板、梯</td><td colspan="2">合格</td></tr>
<tr><td>7</td><td>混凝土拌合物</td><td>75 m³</td><td>四层墙、柱</td><td colspan="2">合格</td></tr>
<tr><td>8</td><td>混凝土拌合物</td><td>532 m³</td><td>五层梁、板、梯</td><td colspan="2">合格</td></tr>
<tr><td>9</td><td>混凝土拌合物</td><td>75 m³</td><td>五层墙、柱</td><td colspan="2">合格</td></tr>
<tr><td>10</td><td>混凝土拌合物</td><td>539 m³</td><td>六层梁、板、梯</td><td colspan="2">合格</td></tr>
<tr><td>11</td><td>混凝土拌合物</td><td>75 m³</td><td>六层墙、柱</td><td colspan="2">合格</td></tr>
<tr><td>12</td><td>混凝土拌合物</td><td>539 m³</td><td>七层梁、板、梯</td><td colspan="2">合格</td></tr>
<tr><td>⋮</td><td>⋮</td><td>⋮</td><td>⋮</td><td colspan="2">⋮</td></tr>
<tr><td>32</td><td>混凝土拌合物</td><td>539 m³</td><td>十七层梁、板、梯</td><td colspan="2">合格</td></tr>
<tr><td>33</td><td>混凝土拌合物</td><td>75 m³</td><td>十七层墙、柱</td><td colspan="2">合格</td></tr>
<tr><td>34</td><td>混凝土拌合物</td><td>527 m³</td><td>屋面层梁、板</td><td colspan="2">合格</td></tr>
<tr><td>35</td><td>混凝土拌合物</td><td>25 m³</td><td>坡屋面柱</td><td colspan="2">合格</td></tr>
<tr><td>36</td><td>混凝土拌合物</td><td>527 m³</td><td>坡屋面梁、板</td><td colspan="2">合格</td></tr>
<tr><td>37</td><td>混凝土施工</td><td>90 m³</td><td>一层墙、柱</td><td colspan="2">合格</td></tr>
<tr><td>38</td><td>混凝土施工</td><td>529 m³</td><td>二层梁、板、梯</td><td colspan="2">合格</td></tr>
<tr><td>39</td><td>混凝土施工</td><td>83 m³</td><td>二层墙、柱</td><td colspan="2">合格</td></tr>
<tr><td>40</td><td>混凝土施工</td><td>529 m³</td><td>三层梁、板、梯</td><td colspan="2">合格</td></tr>
<tr><td>41</td><td>混凝土施工</td><td>75 m³</td><td>三层墙、柱</td><td colspan="2">合格</td></tr>
<tr><td>42</td><td>混凝土施工</td><td>532 m³</td><td>四层梁、板、梯</td><td colspan="2">合格</td></tr>
<tr><td>43</td><td>混凝土施工</td><td>75 m³</td><td>四层墙、柱</td><td colspan="2">合格</td></tr>
<tr><td>44</td><td>混凝土施工</td><td>532 m³</td><td>五层梁、板、梯</td><td colspan="2">合格</td></tr>
</table>

续表

<table>
<tr><th>序号</th><th>检验批名称</th><th>检验批容量</th><th>部位/区段</th><th>施工单位检查结果</th><th>监理(建设)单位验收意见</th></tr>
<tr><td>45</td><td>混凝土施工</td><td>75 m^3</td><td>五层墙、柱</td><td>合格</td><td rowspan="10">所含检验批无遗漏,各检验批所覆盖的区段和所含内容无遗漏,所查检验批全部合格</td></tr>
<tr><td>46</td><td>混凝土施工</td><td>539 m^3</td><td>六层梁、板、梯</td><td>合格</td></tr>
<tr><td>47</td><td>混凝土施工</td><td>75 m^3</td><td>六层墙、柱</td><td>合格</td></tr>
<tr><td>48</td><td>混凝土施工</td><td>539 m^3</td><td>七层梁、板、梯</td><td>合格</td></tr>
<tr><td>⋮</td><td>⋮</td><td>⋮</td><td>⋮</td><td>⋮</td></tr>
<tr><td>68</td><td>混凝土施工</td><td>539 m^3</td><td>十七层梁、板、梯</td><td>合格</td></tr>
<tr><td>69</td><td>混凝土施工</td><td>75 m^3</td><td>十七层墙、柱</td><td>合格</td></tr>
<tr><td>70</td><td>混凝土施工</td><td>527 m^3</td><td>屋面层梁、板</td><td>合格</td></tr>
<tr><td>71</td><td>混凝土施工</td><td>25 m^3</td><td>坡屋面柱</td><td>合格</td></tr>
<tr><td>72</td><td>混凝土施工</td><td>42 m^3</td><td>坡屋面梁、板</td><td>合格</td></tr>
<tr><td colspan="6">说明:检验批质量验收记录资料齐全完整</td></tr>
<tr><td colspan="2">施工单位
检查结果</td><td colspan="4">所含检验批无遗漏,各检验批所覆盖的区段和所含内容无遗漏,全部符合要求,本分项工程符合要求。
项目专业技术负责人:
年 月 日</td></tr>
<tr><td colspan="2">监理(建设)单位
验收结论</td><td colspan="4">本分项工程合格。
专业监理工程师:
(建设单位项目专业技术负责人)
年 月 日</td></tr>
</table>

注:本表(分项A类)适用于不涉及全高垂直度检查、无特殊要求的分项工程。混凝土现浇结构、混凝土装配结构、砖砌体、混凝土小型空心砌块砌体、石砌体分项工程质量验收记录使用分项B类表格。

混凝土拌合物检验批质量验收记录

GB 50204—2015　　　　桂建质 020103(Ⅱ)　011

<table>
<tr><td colspan="2">单位(子单位)工程名称</td><td colspan="2">品茗人宿舍</td><td>分部(子分部)工程名称</td><td colspan="2">主体结构(混凝土结构)</td><td>分项工程名称</td><td>混凝土</td></tr>
<tr><td colspan="2">施工单位</td><td colspan="2"></td><td>项目负责人</td><td colspan="2">潘颖秋</td><td>检验批容量</td><td>75 m^3</td></tr>
<tr><td colspan="2">分包单位</td><td colspan="2"></td><td>分包单位项目负责人</td><td colspan="2"></td><td>检验批部位</td><td>六层墙、柱</td></tr>
<tr><td colspan="2">施工依据</td><td colspan="3">《混凝土结构工程施工规范》(GB 50666—2011)</td><td>验收依据</td><td colspan="3">《混凝土结构工程施工质量验收规范》(GB 50204—2015)</td></tr>
<tr><td rowspan="5">主控项目</td><td colspan="2">验收项目</td><td colspan="2">设计要求及规范规定</td><td>样本总数</td><td>最小/实际抽样数量</td><td>检查记录</td><td>检查结果</td></tr>
<tr><td>1</td><td>预拌混凝土质量</td><td>预拌混凝土进场时,其质量应符合现行国家标准《预拌混凝土》(GB/T 14902—2012)的规定</td><td>检查质量证明文件</td><td>全数检查</td><td>—</td><td>—</td><td>试验合格,报告编号×××</td><td>合格</td></tr>
<tr><td>2</td><td>混凝土拌合物</td><td>混凝土拌合物不应离析</td><td>观察</td><td>全数检查</td><td>11</td><td>全/11</td><td>抽查11处,全部合格</td><td>合格</td></tr>
<tr><td>3</td><td>混凝土碱含量</td><td>混凝土中氯离子含量和碱总含量应符合现行国家标准《混凝土结构设计规范》(GB 50010—2010)的规定和设计要求</td><td>检查原材料试验报告和氯离子、碱的总含量计算书</td><td>同一配合批的混凝土检查不少于1次</td><td>—</td><td>—</td><td>试验合格,报告编号×××</td><td>合格</td></tr>
<tr><td>4</td><td>混凝土配合比开盘鉴定</td><td>首次使用的混凝土配合比应进行开盘鉴定,其原材料、强度、凝结时间、稠度等应满足设计配合比的要求</td><td>检查开盘鉴定资料和强度试验报告</td><td>同一配合批的混凝土检查不少于1次</td><td>—</td><td>—</td><td>—</td><td>合格</td></tr>
</table>

续表

<table>
<tr><td rowspan="3">一般项目</td><td>1</td><td>混凝土拌合物稠度</td><td>混凝土拌合物稠度应满足施工方案的要求</td><td>检查质量证明文件和抽样检验报告</td><td>按同一厂家、同一品种、同一技术指标、同一批号且连续进场的矿物掺合料，粉煤灰、石灰石粉、磷渣粉和钢铁渣粉不超过 200 t 为一批，粒化高炉渣粉和复合矿物掺合料不超过 500 t 为一批，沸石粉不超过 120 t 为一批，硅灰不超过 30 t 为一批，每批抽样数量不少于 1 次</td><td></td><td>—</td><td>试验合格，报告编号×××</td><td>合格</td></tr>
<tr><td>2</td><td>混凝土耐久性检验</td><td>混凝土有耐久性指标要求时，应符合国家现行有关标准的规定和设计要求</td><td>检查试件耐久性试验报告</td><td>同一配合比的混凝土，取样不应少于 1 次，留置试件数量应符合国家现行标准《普通混凝土长期性能和耐久性能试验方法标准》（GB/T 50082—2009）和《混凝土耐久性检验评定标准》（JGJ/T 193—2009）的规定</td><td></td><td></td><td></td><td></td></tr>
<tr><td>3</td><td>抗冻混凝土含气量检验</td><td>混凝土有抗冻要求时，应在施工现场进行混凝土含气量检验，其检验结果应符合国家现行有关标准的规定和设计要求</td><td>检查混凝土含气量试验报告</td><td>同一配合比的混凝土，取样不应少于 1 次，取样数量应符合国家标准《普通混凝土拌合物性能试验方法标准》（GB/T 50080—2016）的规定</td><td></td><td></td><td></td><td></td></tr>
<tr><td colspan="3">施工单位检查结果</td><td colspan="7">主控项目全部符合要求，一般项目满足规范要求，本检验批符合要求。
专业工长：
项目专业质量检查员：　　年　月　日</td></tr>
<tr><td colspan="3">监理（建设）单位验收结论</td><td colspan="7">主控项目全部合格，一般项目满足规范要求，本检验批合格。
专业监理工程师：
（建设单位项目专业技术负责人）　　年　月　日</td></tr>
</table>

混凝土施工检验批质量验收记录

GB 50204—2015　　　　桂建质 020103(III)　011

<table>
<tr><td colspan="3">单位(子单位)工程名称</td><td colspan="2">品茗人宿舍</td><td>分部(子分部)工程名称</td><td colspan="2">主体结构(混凝土结构)</td><td>分项工程名称</td><td>混凝土</td></tr>
<tr><td colspan="3">施工单位</td><td colspan="2"></td><td>项目负责人</td><td colspan="2">潘颖秋</td><td>检验批容量</td><td>75 m^3</td></tr>
<tr><td colspan="3">分包单位</td><td colspan="2"></td><td>分包单位项目负责人</td><td colspan="2"></td><td>检验批部位</td><td>六层墙、柱</td></tr>
<tr><td colspan="3">施工依据</td><td colspan="3">《混凝土结构工程施工规范》(GB 50666—2011)</td><td>验收依据</td><td colspan="3">《混凝土结构工程施工质量验收规范》(GB 50204—2015)</td></tr>
<tr><td rowspan="2">主控项目</td><td colspan="2">验收项目</td><td colspan="3">设计要求及规范规定</td><td>样本总数</td><td>最小/实际抽样数量</td><td>检查记录</td><td>检查结果</td></tr>
<tr><td>1</td><td>混凝土取样和留置</td><td>混凝土的强度等级必须符合设计要求。用于检验混凝土强度的时间应在浇筑地点随机抽取</td><td>检查施工记录及混凝土强度试验报告</td><td>对同一配合比混凝土,取样与试件留置应符合下列规定:①每100 盘且不超过100 m^2的同配合比取样不少于 1 次;②每工作班的同配合比不足 100 盘取样不少于 1 次;③当一次连续浇筑超过1 000 m^2时,同一配合比每 200 m 取样不少于 1 次;④每一楼层、同一配合比取样不少于 1 次;⑤每次取样至少留置 1 组试件</td><td>—</td><td>—</td><td>试验合格,报告编号×××</td><td>合格</td></tr>
<tr><td rowspan="2">一般项目</td><td>1</td><td>后浇带的留设位置及处理方法</td><td>后浇带的留设位置应符合设计要求。后浇带和施工缝的留设及处理方法应符合施工方案要求</td><td>观察</td><td>全数检查</td><td></td><td></td><td></td><td></td></tr>
<tr><td>2</td><td>混凝土养护</td><td>养护时间以及养护方法应符合施工方案要求</td><td>观察;检查混凝土养护记录</td><td>全数检查</td><td>—</td><td>—</td><td>符合要求,详见混凝土施工记录</td><td>合格</td></tr>
<tr><td colspan="3">施工单位检查结果</td><td colspan="7">主控项目全部符合要求,一般项目满足规范要求,本检验批符合要求。
专业工长:
项目专业质量检查员:　　　　年　月　日</td></tr>
<tr><td colspan="3">监理(建设)单位验收结论</td><td colspan="7">主控项目全部合格,一般项目满足规范要求,本检验批合格。
专业监理工程师:
(建设单位项目专业技术负责人)　　　　年　月　日</td></tr>
</table>

混凝土现浇结构　分项工程质量验收记录

GB 50300—2013　GB 50204—2015　　　　桂建质(分项 B 类)-01

<table>
<tr><td>单位(子单位)
工程名称</td><td>品茗人宿舍</td><td>分部(子分部)
工程名称</td><td colspan="3">主体结构</td></tr>
<tr><td>检验批数量</td><td>36</td><td>分项工程专业
质量检查员</td><td colspan="3"></td></tr>
<tr><td>施工单位</td><td></td><td>项目负责人</td><td></td><td>项目技术
负责人</td><td></td></tr>
<tr><td>分包单位</td><td></td><td>分包单位
项目负责人</td><td></td><td>分包内容</td><td></td></tr>
</table>

<table>
<tr><th>序号</th><th>检验批名称</th><th>检验批容量</th><th>部位/区段</th><th>施工单位检查结果</th><th>监理(建设)单位验收意见</th></tr>
<tr><td>1</td><td>现浇结构</td><td>63 件</td><td>一层墙、柱</td><td>合格</td><td rowspan="25">所含检验批无遗漏,各检验批所覆盖的区段和所含内容无遗漏,所查检验批全部合格</td></tr>
<tr><td>2</td><td>现浇结构</td><td>113 件,78 间</td><td>二层梁、板、梯</td><td>合格</td></tr>
<tr><td>3</td><td>现浇结构</td><td>59 件</td><td>二层墙、柱</td><td>合格</td></tr>
<tr><td>4</td><td>现浇结构</td><td>113 件,78 间</td><td>三层梁、板、梯</td><td>合格</td></tr>
<tr><td>5</td><td>现浇结构</td><td>48 件</td><td>三层墙、柱</td><td>合格</td></tr>
<tr><td>6</td><td>现浇结构</td><td>115 件,88 间</td><td>四层梁、板、梯</td><td>合格</td></tr>
<tr><td>7</td><td>现浇结构</td><td>48 件</td><td>四层墙、柱</td><td>合格</td></tr>
<tr><td>8</td><td>现浇结构</td><td>115 件,88 间</td><td>五层梁、板、梯</td><td>合格</td></tr>
<tr><td>9</td><td>现浇结构</td><td>48 件</td><td>五层墙、柱</td><td>合格</td></tr>
<tr><td>10</td><td>现浇结构</td><td>122 件,101 间</td><td>六层梁、板、梯</td><td>合格</td></tr>
<tr><td>11</td><td>现浇结构</td><td>48 件</td><td>六层墙、柱</td><td>合格</td></tr>
<tr><td>12</td><td>现浇结构</td><td>122 件,101 间</td><td>七层梁、板、梯</td><td>合格</td></tr>
<tr><td>13</td><td>现浇结构</td><td>48 件</td><td>七层墙、柱</td><td>合格</td></tr>
<tr><td>14</td><td>现浇结构</td><td>122 件,101 间</td><td>八层梁、板、梯</td><td>合格</td></tr>
<tr><td>15</td><td>现浇结构</td><td>48 件</td><td>八层墙、柱</td><td>合格</td></tr>
<tr><td>16</td><td>现浇结构</td><td>122 件,101 间</td><td>九层梁、板、梯</td><td>合格</td></tr>
<tr><td>17</td><td>现浇结构</td><td>48 件</td><td>九层墙、柱</td><td>合格</td></tr>
<tr><td>18</td><td>现浇结构</td><td>122 件,101 间</td><td>十层梁、板、梯</td><td>合格</td></tr>
<tr><td>19</td><td>现浇结构</td><td>48 件</td><td>十层墙、柱</td><td>合格</td></tr>
<tr><td>20</td><td>现浇结构</td><td>122 件,101 间</td><td>十一层梁、板、梯</td><td>合格</td></tr>
<tr><td>21</td><td>现浇结构</td><td>48 件</td><td>十一层墙、柱</td><td>合格</td></tr>
<tr><td>22</td><td>现浇结构</td><td>122 件,101 间</td><td>十二层梁、板、梯</td><td>合格</td></tr>
<tr><td>23</td><td>现浇结构</td><td>48 件</td><td>十二层墙、柱</td><td>合格</td></tr>
<tr><td>24</td><td>现浇结构</td><td>122 件,101 间</td><td>十三层梁、板、梯</td><td>合格</td></tr>
<tr><td>25</td><td>现浇结构</td><td>48 件</td><td>十三层墙、柱</td><td>合格</td></tr>
</table>

续表

序号	检验批名称	检验批容量	部位/区段	施工单位检查结果	监理(建设)单位验收意见
26	现浇结构	122 件,101 间	十四层梁、板、梯	合格	所含检验批无遗漏,各检验批所覆盖的区段和所含内容无遗漏,所查检验批全部合格
27	现浇结构	48 件	十四层墙、柱	合格	
28	现浇结构	122 件,101 间	十五层梁、板、梯	合格	
29	现浇结构	48 件	十五层墙、柱	合格	
30	现浇结构	122 件,101 间	十六层梁、板、梯	合格	
31	现浇结构	48 件	十六层墙、柱	合格	
32	现浇结构	122 件,101 间	十七层梁、板、梯	合格	
33	现浇结构	40 件	十七层墙、柱	合格	
34	现浇结构	111 件,93 间	屋面层梁、板	合格	
35	现浇结构	5 件	坡屋柱	合格	
36	现浇结构	19 件,13 间	坡屋面梁、板	合格	

<table>
<tr><td rowspan="2">全高垂直度</td><td rowspan="3">允许偏差</td><td>结构全高(H)</td><td rowspan="2">≤H/1 000 且≤30 mm</td><td>经纬仪、钢尺检查</td><td></td><td></td><td></td><td></td><td></td><td></td><td></td><td></td><td></td><td></td></tr>
<tr><td>电梯井全高(H)</td><td>吊线、钢尺检查</td><td></td><td></td><td></td><td></td><td></td><td></td><td></td><td></td><td></td><td></td></tr>
<tr><td>全高标高</td><td colspan="2">±30 mm</td><td>水准仪、拉线、钢尺</td><td></td><td></td><td></td><td></td><td></td><td></td><td></td><td></td><td></td><td></td></tr>
<tr><td colspan="15">说明:检验批质量验收记录资料齐全完整</td></tr>
<tr><td colspan="3">施工单位
检查结果</td><td colspan="12">所含检验批无遗漏,各检验批所覆盖的区段和所含内容无遗漏,全部符合要求,本分项工程符合要求。
项目专业技术负责人:
年　月　日</td></tr>
<tr><td colspan="3">监理(建设)单位
验收结论</td><td colspan="12">本分项工程合格。
专业监理工程师:
(建设单位项目专业技术负责人)
年　月　日</td></tr>
</table>

注:1. 全高垂直度检查方法:用经纬仪或其他仪器测量,配合吊线、钢尺检查。

2. 检查数量:外墙检查阳角不少于 4 处,取大值。

现浇结构外观质量及尺寸偏差检验批质量验收记录

GB 50204—2015　　　　　　　　　　　　　　　　　　　　　　　　桂建质 020105(Ⅰ)　011

<table>
<tr><td colspan="2">单位(子单位)工程名称</td><td colspan="2">品茗人宿舍</td><td>分部(子分部)工程名称</td><td colspan="2">主体结构(混凝土结构)</td><td>分项工程名称</td><td>现浇结构</td></tr>
<tr><td colspan="2">施工单位</td><td colspan="2"></td><td>项目负责人</td><td colspan="2">潘颖秋</td><td>检验批容量</td><td>48 件</td></tr>
<tr><td colspan="2">分包单位</td><td colspan="2"></td><td>分包单位项目负责人</td><td colspan="2"></td><td>检验批部位</td><td>六层墙、柱</td></tr>
<tr><td colspan="2">施工依据</td><td colspan="3">《混凝土结构工程施工规范》(GB 50666—2011)</td><td>验收依据</td><td colspan="3">《混凝土结构工程施工质量验收规范》(GB 50204—2015)</td></tr>
<tr><td rowspan="3">主控项目</td><td colspan="2">验收项目</td><td colspan="3">设计要求及规范规定</td><td>样本总数</td><td>最小/实际抽样数量</td><td>检查记录</td><td>检查结果</td></tr>
<tr><td>1</td><td>外观质量</td><td>现浇结构的外观质量不应有严重缺陷。对已经出现的严重缺陷,应由施工单位提出技术处理方案,并经监理单位认可后进行处理;对裂缝或连接部位的严重缺陷及其他影响结构安全的严重缺陷,技术处理方案还应经设计单位认可。对经处理的部位应重新验收</td><td>观察,检查处理记录</td><td>全数检查</td><td>48</td><td>全/48</td><td>抽查 48 处,全部合格</td><td>合格</td></tr>
<tr><td>2</td><td>现浇结构的尺寸偏差</td><td>现浇结构不应有影响结构性能或使用功能的尺寸偏差;混凝土设备基础不应有影响结构性能和设备安装的尺寸偏差。对超过尺寸允许偏差且影响结构性能或安装、使用功能的部位,应由施工单位提出技术处理方案,经监理、设计单位认可后进行处理。对经处理的部位应重新验收</td><td>量测,检查处理记录</td><td>全数检查</td><td>48</td><td>全/48</td><td>抽查 48 处,全部合格</td><td>合格</td></tr>
<tr><td>一般项目</td><td>1</td><td>外观质量一般缺陷</td><td>现浇结构的外观质量不应有一般缺陷。对已经出现的一般缺陷,应由施工单位按技术处理方案进行处理。对经处理的部位应重新验收</td><td>观察,检查处理记录</td><td>全数检查</td><td>48</td><td>全/48</td><td>抽查 48 处,全部合格</td><td>合格</td></tr>
</table>

续表

	验收项目					设计要求及规范规定			样本总数	最小/实际抽样数量	检查记录	检查结果
一般项目	2	现浇结构位置和尺寸允许偏差/mm	轴线位置	整体基础		15	经纬仪及尺量	按楼层、结构缝或施工段划分检验批。在同一检验批内，对梁、柱和独立基础，抽查构件数量的10%，并不少于3件；对墙和板，按有代表性的自然间抽查10%，并不少于3间；对大空间结构，墙按相邻轴线间高度5 m左右划分检查面，板按纵、横轴线划分检查面，抽查10%，并均不少于3面；对电梯井，应全数检查				
				独立基础		10						
				柱、墙、梁		8	尺量		48	5/5	抽查5处，全部合格	合格
			垂直度	层高	≤6 m	10	经纬仪或吊线、尺量		48	5/5	抽查5处，全部合格	合格
					>6 m	12						
				全高(H)≤300 m		H/30 000+20	经纬仪、尺量					
				全高(H)>300 m		H/10 000且≤80						
			标高	层高		±10	水准仪或拉线、尺量					
				全高		±30						
			截面尺寸	基础		+15，-10	尺量					
				柱		+10，-5			43	5/5	抽查5处，全部合格	合格
				梁		+10，-5						
				板		+10，-5						
				墙		+10，-5			5	3/3	抽查3处，全部合格	合格
				楼梯相邻踏步高差		6						
			电梯井	中心位置		10			2	2/2	抽查2处，全部合格	合格
				长、宽尺寸		+25，0			2	2/2	抽查2处，全部合格	合格
			表面平整度			8	2 m靠尺和塞尺量测					
			预埋件中心位置	预埋板		10	尺量					
				预埋螺栓		5			21	13　3	抽查3处，全部合格	合格
				预埋管		5						
				其他		10						
			预留洞、孔中心线位置			15						

施工单位检查结果	主控项目全部符合要求，一般项目满足规范要求，本检验批符合要求。 专业工长： 项目专业质量检查员：　　年　月　日
监理(建设)单位验收结论	主控项目全部合格，一般项目满足规范要求，本检验批合格。 专业监理工程师： (建设单位项目专业技术负责人)　　年　月　日

现浇结构外观质量及尺寸偏差检验批质量验收记录

GB 50204—2015　　　　桂建质 020105(Ⅰ)　012

<table>
<tr><td colspan="2">单位(子单位)工程名称</td><td colspan="2">品茗人宿舍</td><td colspan="2">分部(子分部)工程名称</td><td colspan="2">主体结构(混凝土结构)</td><td>分项工程名称</td><td>现浇结构</td></tr>
<tr><td colspan="2">施工单位</td><td colspan="2"></td><td colspan="2">项目负责人</td><td colspan="2">潘颖秋</td><td>检验批容量</td><td>梁 22 件，板 101 件</td></tr>
<tr><td colspan="2">分包单位</td><td colspan="2"></td><td colspan="2">分包单位项目负责人</td><td colspan="2"></td><td>检验批部位</td><td>七层梁、板、梯</td></tr>
<tr><td colspan="2">施工依据</td><td colspan="4">《混凝土结构工程施工规范》(GB 50666—2011)</td><td>验收依据</td><td colspan="3">《混凝土结构工程施工质量验收规范》(GB 50204—2015)</td></tr>
<tr><td rowspan="3">主控项目</td><td colspan="2">验收项目</td><td colspan="3">设计要求及规范规定</td><td>样本总数</td><td>最小/实际抽样数量</td><td>检查记录</td><td>检查结果</td></tr>
<tr><td>1</td><td>外观质量</td><td>现浇结构的外观质量不应有严重缺陷。对已经出现的严重缺陷,应由施工单位提出技术处理方案,并经监理单位认可后进行处理;对裂缝或连接部位的严重缺陷及其他影响结构安全的严重缺陷,技术处理方案还应经设计单位认可。对经处理的部位应重新验收</td><td>观察,检查处理记录</td><td>全数检查</td><td>223</td><td>全/223</td><td>抽查 223 处,全部合格</td><td>合格</td></tr>
<tr><td>2</td><td>现浇结构的尺寸偏差</td><td>现浇结构不应有影响结构性能或使用功能的尺寸偏差;混凝土设备基础不应有影响结构性能和设备安装的尺寸偏差。对超过尺寸允许偏差且影响结构性能或安装、使用功能的部位,应由施工单位提出技术处理方案,经监理、设计单位认可后进行处理。对经处理的部位应重新验收</td><td>量测,检查处理记录</td><td>全数检查</td><td>223</td><td>全/223</td><td>抽查 223 处,全部合格</td><td>合格</td></tr>
<tr><td>一般项目</td><td>1</td><td>外观质量一般缺陷</td><td>现浇结构的外观质量不应有一般缺陷。对已经出现的一般缺陷,应由施工单位按技术处理方案进行处理。对经处理的部位应重新验收</td><td>观察,检查处理记录</td><td>全数检查</td><td>223</td><td>全/223</td><td>抽查 223 处,全部合格</td><td>合格</td></tr>
</table>

续表

验收项目					设计要求及规范规定			样本总数	最小/实际抽样数量	检查记录	检查结果
一般项目	2	现浇结构位置和尺寸允许偏差/mm	轴线位置	整体基础	15	经纬仪及尺量	按楼层、结构缝或施工段划分检验批。在同一检验批内，对梁、柱和独立基础，抽查构件数量的 10%，并不少于 3 件；对墙和板，按有代表性的自然间抽查 10%，并不少于 3 间；对大空间结构，墙按相邻轴线间高度 5 m 左右划分检查面，板按纵、横轴线划分检查面，抽查 10%，并均不少于 3 面；对电梯井，应全数检查				
				独立基础	10						
				柱、墙、梁	8	尺量		122	13/13	抽查 13 处，全部合格	合格
			垂直度	层高 ≤6 m	10	经纬仪或吊线、尺量					
				层高 >6 m	12						
				全高(*H*)≤300 m	*H*/30 000+20	经纬仪、尺量					
				全高(*H*)>300m	*H*/10 000 且≤80						
			标高	层高	±10	水准仪或拉线、尺量		101	11/11	抽查 11 处，全部合格	合格
				全高	±30						
			截面尺寸	基础	+15，−10	尺量					
				柱	+10，−5						
				梁	+10，−5			122	13/13	抽查 13 处，全部合格	合格
				板	+10，−5			101	11/11	抽查 11 处，全部合格	合格
				墙	+10，−5						
				楼梯相邻踏步高差	6			2	2/2	抽查 2 处，全部合格	合格
			电梯井	中心位置	10						
				长、宽尺寸	+25，0						
			表面平整度		8	2 m 靠尺和塞尺量测		223	23/23	抽查 23 处，全部合格	合格
			预埋件中心位置	预埋板	10	尺量					
				预埋螺栓	5						
				预埋管	5			35	4　4	抽查 4 处，全部合格	合格
				其他	10						
			预留洞、孔中心线位置		15			5	3　3	抽查 3 处，全部合格	合格

施工单位检查结果	主控项目全部符合要求，一般项目满足规范要求，本检验批符合要求。 专业工长： 项目专业质量检查员：　　年　月　日
监理（建设）单位验收结论	主控项目全部合格，一般项目满足规范要求，本检验批合格。 专业监理工程师： （建设单位项目专业技术负责人）　　年　月　日

砌体结构子分部工程质量验收记录

GB 50203—2011　　　　桂建质 0202

<table>
<tr><td>单位(子单位)工程名称</td><td colspan="2">品茗人宿舍</td><td>分部工程名称</td><td></td><td>分项工程数量</td><td></td></tr>
<tr><td>施工单位</td><td colspan="2"></td><td>项目负责人</td><td></td><td>技术(质量)负责人</td><td></td></tr>
<tr><td>分包单位</td><td colspan="2"></td><td>分包单位负责人</td><td></td><td>分包内容</td><td></td></tr>
<tr><td>序号</td><td>分项工程名称</td><td>检验批数</td><td colspan="2">施工单位检查结果</td><td colspan="2">监理(建设)单位验收意见</td></tr>
<tr><td>1</td><td>砖砌体</td><td></td><td colspan="2"></td><td colspan="2" rowspan="5">(验收意见、合格或不合格的结论、是否同意验收)

所含分项无遗漏并全部合格,本子分部工程合格,同意验收</td></tr>
<tr><td>2</td><td>混凝土小型空心砌块砌体</td><td></td><td colspan="2"></td></tr>
<tr><td>3</td><td>石砌体</td><td></td><td colspan="2"></td></tr>
<tr><td>4</td><td>配筋砌体</td><td></td><td colspan="2"></td></tr>
<tr><td>5</td><td>填充墙砌体</td><td>17</td><td colspan="2">合格</td></tr>
<tr><td>质量控制资料检查结论</td><td colspan="2">(按附表第1—16项检查)

共 8 项,经查符合要求 8 项,经核定符合规范要求 0 项</td><td colspan="2">安全和功能检验(检测)报告检查结论</td><td colspan="2">(按附表第17—20项检查)

共核查 2 项,符合要求 2 项,经返工处理符合要求 0 项</td></tr>
<tr><td>观感验收记录</td><td colspan="2">1. 共抽查 18 项,符合要求 18 项,不符合要求 0 项。
2. 观感质量评价:好</td><td colspan="2">验收组验收结论</td><td colspan="2">(合格或不合格、是否同意验收的结论)

合格,同意验收</td></tr>
<tr><td colspan="2">勘察单位
项目负责人:

年　月　日</td><td colspan="2">设计单位
项目负责人:

年　月　日</td><td colspan="2">分包单位
项目负责人:

年　月　日

施工单位:
项目负责人:

年　月　日</td><td>监理(建设)单位
项目负责人:

年　月　日</td></tr>
</table>

注:"经核定符合规范要求　项"是指初验未通过的项目,按《建筑工程施工质量验收统一标准》(GB 50300—2013)第5.0.6条处理的情况。

砌体结构子分部工程资料检查表

GB 50203—2011　　　　桂建质 0202　附表

序号	检查内容	份数	监理(建设)单位检查意见
1	设计图纸/ 变更文件	1/0	√
2	施工执行的技术标准	1	√
3	块材合格证/产品性能检测报告/进场复验报告	7/7/7	√
4	混凝土配合比报告/砂浆配合比报告	0/17	√
5	钢材合格证/试验报告	—	—
6	钢材焊接试验报告/焊条(剂)合格证/焊工上岗证	—	—
7	水泥合格证/试验报告	5/5	√
8	混凝土外加剂合格证/试验报告	—	—
9	混凝土掺合料合格证/试验报告	—	—
10	砂检验单/石检验单	5/0	√
11	混凝土开盘鉴定记录——桂建质(附)0201(0106)-03	—	—
12	砌体工程施工记录	—	—
13	隐蔽工程检查验收记录——桂建质(附)	17	√
14	砌体分项工程质量验收记录——桂建质(分项 B 类)-03/04/05	1	√
15	填充墙砌体植筋锚固力检测记录	1	√
16	重大质量问题处理方案/验收记录	—	—
17	混凝土强度试验报告	—	—
18	混凝土检验批验收记录——桂建质(附)0201(0106)-04	—	—
19	砂浆强度试验报告	17	√
20	砌筑砂浆试块抗压强度统计及验收记录——桂建质(附)0203(0107)-05	1	√
检查人: 年　月　日			

注:1. 检查意见分两种:合格打"√",不合格打"×"。

2. 有关钢材和混凝土的资料,是指配筋砌体、构造柱、芯柱的钢筋和混凝土资料。

3. 验收时,若砂浆试块未达龄期,各方可验收除砂浆强度外的其他内容。待试验数据得出后,砂浆强度达到设计要求则验收有效;达不到要求则处理后重新验收。

4. 钢筋工程检验批已含隐蔽验收,不必另作隐蔽工程检查验收记录。须进行隐蔽工程检查验收的是诸如埋入管线之类。

填充墙砌体 分项工程质量验收记录

GB 50300—2013 GB 50203—2011 桂建质(分项B类)-03

<table>
<tr><td colspan="2">单位(子单位)工程名称</td><td colspan="2">品茗人宿舍</td><td colspan="4">分部(子分部)工程名称</td><td colspan="6">主体结构</td></tr>
<tr><td colspan="2">检验批数量</td><td colspan="2">17</td><td colspan="4">分项工程专业质量检查员</td><td colspan="6"></td></tr>
<tr><td colspan="2">施工单位</td><td colspan="2"></td><td colspan="4">项目负责人</td><td colspan="2"></td><td colspan="2">项目技术负责人</td><td colspan="2"></td></tr>
<tr><td colspan="2">分包单位</td><td colspan="2"></td><td colspan="4">分包单位项目负责人</td><td colspan="2"></td><td colspan="2">分包内容</td><td colspan="2"></td></tr>
<tr><td>序号</td><td>检验批名称</td><td>检验批容量</td><td>部位/区段</td><td colspan="4">施工单位检查结果</td><td colspan="6">监理(建设)单位验收意见</td></tr>
<tr><td>1</td><td>填充墙砌体</td><td>230 m³</td><td>一层</td><td colspan="4">合格</td><td colspan="6" rowspan="17">所含检验批无遗漏,各检验批所覆盖的区段和所含内容无遗漏,所查检验批全部合格</td></tr>
<tr><td>2</td><td>填充墙砌体</td><td>230 m³</td><td>二层</td><td colspan="4">合格</td></tr>
<tr><td>3</td><td>填充墙砌体</td><td>111 m³</td><td>三层</td><td colspan="4">合格</td></tr>
<tr><td>4</td><td>填充墙砌体</td><td>111 m³</td><td>四层</td><td colspan="4">合格</td></tr>
<tr><td>5</td><td>填充墙砌体</td><td>111 m³</td><td>五层</td><td colspan="4">合格</td></tr>
<tr><td>6</td><td>填充墙砌体</td><td>132 m³</td><td>六层</td><td colspan="4">合格</td></tr>
<tr><td>7</td><td>填充墙砌体</td><td>132 m³</td><td>七层</td><td colspan="4">合格</td></tr>
<tr><td>8</td><td>填充墙砌体</td><td>132 m³</td><td>八层</td><td colspan="4">合格</td></tr>
<tr><td>9</td><td>填充墙砌体</td><td>132 m³</td><td>九层</td><td colspan="4">合格</td></tr>
<tr><td>10</td><td>填充墙砌体</td><td>132 m³</td><td>十层</td><td colspan="4">合格</td></tr>
<tr><td>11</td><td>填充墙砌体</td><td>132 m³</td><td>十一层</td><td colspan="4">合格</td></tr>
<tr><td>12</td><td>填充墙砌体</td><td>132 m³</td><td>十二层</td><td colspan="4">合格</td></tr>
<tr><td>13</td><td>填充墙砌体</td><td>132 m³</td><td>十三层</td><td colspan="4">合格</td></tr>
<tr><td>14</td><td>填充墙砌体</td><td>132 m³</td><td>十四层</td><td colspan="4">合格</td></tr>
<tr><td>15</td><td>填充墙砌体</td><td>132 m³</td><td>十五层</td><td colspan="4">合格</td></tr>
<tr><td>16</td><td>填充墙砌体</td><td>132 m³</td><td>十六层</td><td colspan="4">合格</td></tr>
<tr><td>17</td><td>填充墙砌体</td><td>65 m³</td><td>十七层</td><td colspan="4">合格</td></tr>
<tr><td colspan="2" rowspan="2">外墙全高 H 垂直度允许偏差</td><td>H≤10 m</td><td>10 mm</td><td>—</td><td>—</td><td>—</td><td>—</td><td>—</td><td>—</td><td>—</td><td>—</td><td>—</td><td>—</td></tr>
<tr><td>H>10 m</td><td>20 mm</td><td>8</td><td>5</td><td>6</td><td>10</td><td>12</td><td>10</td><td>8</td><td>8</td><td>6</td><td>8</td></tr>
<tr><td colspan="14">说明:检验批质量验收记录资料齐全完整</td></tr>
<tr><td colspan="2">施工单位检查结果</td><td colspan="12">所含检验批无遗漏,各检验批所覆盖的区段和所含内容无遗漏,全部符合要求,本分项工程符合要求。
项目专业技术负责人:
年 月 日</td></tr>
<tr><td colspan="2">监理(建设)单位验收结论</td><td colspan="12">本分项工程合格。
专业监理工程师:
(建设单位项目专业技术负责人)
年 月 日</td></tr>
</table>

注:1. 全高垂直度检查方法:用经纬仪或其他仪器测量,配合吊线、钢尺检查。

2. 检查数量:外墙检查阳角不少于4处,取大值。

填充墙砌体工程检验批质量验收记录

GB 50203—2011　　　　桂建质 020205　006

单位(子单位)工程名称	品茗人宿舍	分部(子分部)工程名称	主体结构(砌体结构)	分项工程名称	填充墙砌体
施工单位		项目负责人	潘颖秋	检验批容量	132 m^3
分包单位		分包单位项目负责人		检验批部位	六层
施工依据	《砌体结构工程施工规范》(GB 50924—2014)		验收依据	《砌体结构工程施工质量验收规范》(GB 50203—2011)	

		验收项目			设计要求及规范规定	最小/实际抽样数量	检查记录	检查结果
主控项目	1	砖、砌块强度等级			设计强度 MU 7.5	—	试验合格,报告编号×××	合格
		砂浆强度等级			设计强度 M 5	—	试验合格,报告编号×××	合格
	2	与主体连接			符合设计要求	5/5	抽查5处,全部合格	合格
	3	植筋实体检测			符合设计和规范要求	—	试验合格,报告编号×××	合格
一般项目	1	轴线位移			10 mm	5/5	抽查5处,全部合格	合格
	2	垂直度	高≤3 m		5 mm	5/5	抽查5处,全部合格	合格
			高>3 m		10 mm	—	—	—
	3	表面平整度			8 mm	5/5	抽查5处,全部合格	合格
	4	门窗洞口	高		±10 mm	5/5	抽查5处,全部合格	合格
			宽		±10 mm	5/5	抽查5处,全部合格	合格
	5	外墙上下窗口左右偏移			20 mm	5/5	抽查5处,全部合格	合格
	6	空心砖砌体灰缝砂浆饱满度		垂直	填满砂浆,不得有透明缝、瞎缝、假缝	5/5	抽查5处,全部合格	合格
				水平	饱满度≥80%	5/5	抽查5处,全部合格	合格
	7	蒸压加气、轻骨料混凝土小砌块灰缝砂浆饱满		垂直	饱满度≥80%	—	—	—
				水平	饱满度≥80%	—	—	—
	8	拉结钢筋或网片留置		位置	应与块体皮数符合,竖向位置偏差不超过一皮高度	5/5	抽查5处,全部合格	合格
				长度	设计长度1 000 mm	5/5	抽查5处,全部合格	合格
	9	错缝搭砌长度	蒸压加气混凝土砌块		≥1/3 砌块长度	—	—	—
			轻骨料混凝土小型空心砌块		≥90 mm	—	—	—
			竖向通缝		不大于2皮	—	—	—
	10	烧结空心砖、轻骨料混凝土小型空心砌块灰缝厚度			8~12 mm	5/5	抽查5处,全部合格	合格
		蒸压加气混凝土砌块	砌筑砂浆	水平灰缝厚度	15 mm	—	—	—
				竖向灰缝宽度	15 mm	—	—	—
			黏结砂浆	水平灰缝厚度	3~4 mm	—	—	—
				竖向灰缝宽度	3~4 mm	—	—	—

施工单位检查结果	主控项目全部符合要求,一般项目满足规范要求,本检验批符合要求。 专业工长: 项目专业质量检查员: 年　月　日	监理(建设)单位验收结论	主控项目全部合格,一般项目满足规范要求,本检验批合格。 专业监理工程师: (建设单位项目专业技术负责人) 年　月　日

注:本表各项中的检查方法、检查数量以及部分条文的合格标准见下页附表。

墙柱连接构造验收记录

GB 50203—2011　　　　　　　　　　　　桂建质 020301～020305 附表　006

单位(子单位)工程名称			品茗人宿舍		分部(子分部)工程名称	主体结构(砌体结构)	分项工程名称	填充墙砌体
施工单位					项目负责人	潘颖秋	检验批容量	48 处
分包单位					分包单位项目负责人		检验批部位	六层
施工依据			《砌体结构工程施工规范》(GB 50924—2014)		验收依据	《砌体结构工程施工质量验收规范》(GB 50203—2011)		
	验收项目			设计要求及规范规定		最小/实际抽样数量	检查记录	检查结果
砌体与构造柱连接	1	马牙槎	齿高	≤300 mm,每构造柱超过偏差不超过 2 处	全数检查	全/8	共 8 处,检查 8 处,全部合格	合格
	2		齿深	≥60 mm		全/8	共 8 处,检查 8 处,全部合格	合格
	3		留置方式	从楼地面开始先退后进		全/8	共 8 处,检查 8 处,全部合格	合格
	4	拉结钢筋	间隔	符合设计要求,无设计要求时,沿墙高每 500 mm 设置 2ϕ6 钢筋;竖向位移偏差≤100 mm,每构造柱超过偏差不超过 2 处		全/8	共 8 处,检查 8 处,全部合格	合格
	5		长度	符合设计要求,无设计要求时,每边伸入墙内≥1 m		全/8	共 8 处,检查 8 处,全部合格	合格
	6		水平或垂直弯折段长度	符合设计要求,无设计要求时,≥50 mm		全/8	共 8 处,检查 8 处,全部合格	合格
	7		墙内弯钩方向	90°弯钩,水平放置,弯钩末端凸出墙面约 3 mm	每个检验批抽查 20% 的墙	全/8	共 8 处,检查 8 处,全部合格	合格
砌体与承重柱连接	1	拉结钢筋	间隔	符合设计要求,无设计要求时,沿墙高每 500 mm 设置 2ϕ6 钢筋;竖向位移偏差≤100 mm,每根柱超过偏差不超过 2 处	全数检查	全/40	共 40 处,检查 40 处,全部合格	合格
	2		长度	符合设计要求,无设计要求时,伸入墙内不小于 500 mm,6、7 度抗震设防时不小于墙长的1/5 且不小于 700 mm,锚入柱主筋矩形区内		全/40	共 40 处,检查 40 处,全部合格	合格
	3		水平或垂直弯折段长度	符合设计要求,设计无要求时,不小于 50 mm		全/40	共 40 处,检查 40 处,全部合格	合格
	4		墙内弯钩方向	90°弯钩,水平放置,弯钩末端凸出墙面约 3 mm	每个检验批抽查 20% 的墙	全/40	共 40 处,检查 40 处,全部合格	合格
施工单位检查结果	主控项目全部符合要求,一般项目满足规范要求,本检验批符合要求。 专业工长: 项目专业质量检查员: 年　月　日				监理(建设)单位验收结论	主控项目全部合格,一般项目满足规范要求,本检验批合格。 专业监理工程师: (建设单位项目专业技术负责人) 年　月　日		

注:1. 填写桂建质 020301—020305 时,应以本表为附表。

2. 本表"质量要求"根据《砌体结构工程施工质量验收规范》(GB 50203—2011)、《约束砌体与配筋砌体结构技术规程》(JGJ 13—2014)、《建筑抗震设计规范》(GB 50011—2010)和《混凝土结构施工图平面整体表示方法制图规则和构造详图》设定。

填充墙砌体工程检验批质量验收记录

GB 50203—2011　　　　　　　　　　　　　　　　桂建质 020304　附表

<table>
<tr><th colspan="3">检查项目</th><th>检查方法</th><th colspan="4">检查数量</th></tr>
<tr><td rowspan="7">主控项目</td><td>1</td><td>砖、砌块强度等级</td><td>查砖、小砌块进场复验报告及产品合格证</td><td colspan="4">烧结空心砖每 10 万块为一个验收批，小砌块每 1 万块为一个验收批，不足上述数量时按一批计，抽检数量为 1 组</td></tr>
<tr><td>2</td><td>砂浆强度等级</td><td>查砂浆试块试验报告</td><td colspan="4">每个检验批不超过 250 m^2 砌体的各类、各强度等级的普通砌筑砂浆，每台搅拌机至少抽检 1 次。验收批的预拌砂浆、蒸压加气混凝土砌块专用砂浆，抽检可为 3 组</td></tr>
<tr><td>3</td><td>填充墙与主体连接</td><td>观察检查</td><td colspan="4">每检验批抽查不应少于 5 处</td></tr>
<tr><td rowspan="4">4</td><td rowspan="4">植筋实体检测</td><td rowspan="4">原位试验检查</td><td>检验批的容量</td><td>样本最小容量</td><td>检验批的容量</td><td>样本最小容量</td></tr>
<tr><td>≤90</td><td>5</td><td>281 ~ 500</td><td>20</td></tr>
<tr><td>91 ~ 150</td><td>8</td><td>501 ~ 1 200</td><td>32</td></tr>
<tr><td>151 ~ 280</td><td>13</td><td>1 201 ~ 3 200</td><td>50</td></tr>
<tr><td rowspan="10">一般项目</td><td rowspan="5">1</td><td>轴线位移</td><td>用尺检查</td><td colspan="4" rowspan="3">每检验批抽查不应少于 5 处</td></tr>
<tr><td>垂直度（每层）</td><td>用 2 m 托线板或吊线、尺检查</td></tr>
<tr><td>表面平整度</td><td>用 2 m 靠尺和楔形塞尺检查</td></tr>
<tr><td>门窗洞口高、宽（后塞口）</td><td>用尺检查</td><td colspan="4" rowspan="2">每检验批抽查不应少于 5 处</td></tr>
<tr><td>外墙上、下窗口偏移</td><td>用经纬仪或吊线检查</td></tr>
<tr><td>2</td><td>灰缝砂浆饱满度</td><td>采用百格网检查块材体底面或侧面砂浆的黏结痕迹面积</td><td colspan="4">每检验批抽查不应少于 5 处</td></tr>
<tr><td>3</td><td>拉结钢筋或网片留置</td><td>观察和用尺检查</td><td colspan="4">每检验批抽查不应少于 5 处</td></tr>
<tr><td>4</td><td>搭砌长度</td><td>观察和用尺检查</td><td colspan="4">每检验批抽查不应少于 5 处</td></tr>
<tr><td rowspan="2">5</td><td>烧结空心砖、轻骨料混凝土小型空心砌块灰缝厚度</td><td rowspan="2">水平灰缝厚度用尺量 5 皮小砌块的高度折算；竖向灰缝宽度用尺量 2 m砌体长度折算</td><td colspan="4" rowspan="2">每检验批抽查不应少于 5 处</td></tr>
<tr><td>蒸压加气混凝土砌块灰缝厚度</td></tr>
</table>

注：检验批质量合格的判定标准：

1. 主控项目的质量经检验全部合格。

2. 一般项目的合格率达到 80% 及以上或偏差值在允许偏差范围内。

第五节　建筑装饰装修

一、地面子分部工程

1. 地面子分部工程验收资料明细

本节，我们将以品茗人宿舍的装饰装修为例，按其地面工程不同的做法从施工工序到验收过程以表格的形式列出其验收资料。

<table>
<tr><th>序号</th><th colspan="2">验收内容</th><th>验收资料</th><th>备注</th></tr>
<tr><td>1</td><td colspan="3">地面工程施工方案</td><td></td></tr>
<tr><td>2</td><td colspan="3">地面工程施工技术交底</td><td></td></tr>
<tr><td>3</td><td colspan="3">施工日记</td><td></td></tr>
<tr><td rowspan="8">4</td><td rowspan="8">地面工程材料</td><td rowspan="5">地下室地面：20～40 mm 厚 1:2水泥砂浆
楼面：20 mm 厚 1:4干硬水泥砂浆
卫生间：20 mm 厚 1:2.5 水泥砂浆找平层（保护层）；15 mm 厚 1:2水泥砂浆找平层；40 mm 厚 C20 细石混凝土</td><td>水泥出厂合格证、试验报告汇总表</td><td></td></tr>
<tr><td>水泥合格证、试验报告</td><td></td></tr>
<tr><td>砂、石检验报告</td><td></td></tr>
<tr><td>砂浆配合比报告（1:2，1:4，1:2.5，1:2）</td><td></td></tr>
<tr><td>混凝土配合比报告</td><td></td></tr>
<tr><td>1.5 mm 厚聚氨酯涂层防水层</td><td>产品合格证、检验报告</td><td></td></tr>
<tr><td>厨卫间、餐厅防滑地砖</td><td>出厂合格证、出厂检验报告</td><td></td></tr>
<tr><td>楼面地面砖</td><td>出厂合格证、出厂检验报告</td><td></td></tr>
<tr><td>5</td><td colspan="2">地下室地面</td><td>地面水泥砂浆面层检验批质量验收记录/原始记录</td><td></td></tr>
<tr><td rowspan="10">6</td><td colspan="2">一至三层卫生间地面找平层</td><td>地面找平层检验批质量验收记录/原始记录</td><td></td></tr>
<tr><td colspan="2">一层 20 mm 厚 1:2.5 水泥砂浆找平层隐检</td><td rowspan="4">隐蔽工程检查验收记录</td><td></td></tr>
<tr><td colspan="2">一层 20 mm 厚 1:2.5 水泥砂浆保护层隐检</td><td></td></tr>
<tr><td colspan="2">一层 15 mm 厚 1:2水泥砂浆找平层隐检</td><td></td></tr>
<tr><td colspan="2">一层 40 mm 厚 C20 细石混凝土隐检</td><td></td></tr>
<tr><td colspan="2">十五至十七层卫生间地面找平层</td><td>地面找平层检验批质量验收记录/原始记录</td><td></td></tr>
<tr><td colspan="2">十五至十七层 20 mm 厚 1:2.5 水泥砂浆找平层隐检</td><td rowspan="4">隐蔽工程检查验收记录</td><td></td></tr>
<tr><td colspan="2">十五至十七层 20 mm 厚 1:2.5 水泥砂浆保护层隐检</td><td></td></tr>
<tr><td colspan="2">十五至十七层 15 mm 厚 1:2水泥砂浆找平层隐检</td><td></td></tr>
<tr><td colspan="2">十五至十七层 40 mm 厚 C20 细石混凝土隐检</td><td></td></tr>
</table>

续表

序号	验收内容	验收资料	备注
7	一至三层卫生间防水层	地面隔离层检验批质量验收记录/原始记录	
	一至三层卫生间 1.5 mm 厚聚氨酯涂层防水层隐检	隐蔽工程检查验收记录	
	十六至十七层卫生间防水层	地面隔离层检验批质量验收记录/原始记录	
	十六至十七层卫生间 1.5 mm 厚聚氨酯涂层防水层隐检	隐蔽工程检查验收记录	
8	一至三层卫生间炉渣垫层	地面炉渣垫层检验批质量验收记录/原始记录	
	一至三层卫生间 1∶6水泥炉渣垫层隐检	隐蔽工程检查验收记录	
	六至八层卫生间炉渣垫层	地面炉渣垫层检验批质量验收记录/原始记录	
	六至八层卫生间 1∶6水泥炉渣垫层隐检	隐蔽工程检查验收记录	
	十六至十七层卫生间炉渣垫层	地面炉渣垫层检验批质量验收记录/原始记录	
	十六至十七层卫生间 1∶6炉渣垫层隐检	隐蔽工程检查验收记录	
9	一至三层地面砖面层	地面砖面层检验批质量验收记录/原始记录	
	四至五层地面砖面层	地面砖面层检验批质量验收记录/原始记录	
	六至八层地面砖面层	地面砖面层检验批质量验收记录/原始记录	
	十五至十七层地面砖面层	地面砖面层检验批质量验收记录/原始记录	
10	基层铺设分项工程	分项工程质量验收记录	
11	整体面层铺设分项工程	分项工程质量验收记录	
12	板块面层铺设分项工程	分项工程质量验收记录	
13	地面子分部工程	地面子分部工程质量验收记录	

注：子分部工程、分项工程、检验批及材料的报审、报验参考本教材或品茗软件填写示例及应用指南。

2. 地面子分部工程的验收资料填写示例

地面子分部工程质量验收记录

GB 50209—2010　　　　　　　　　　　　　　　　　　　　　　　　桂建质 0301

<table>
<tr><td>单位(子单位)工程名称</td><td colspan="3">品茗人宿舍</td><td colspan="2">分部工程名称</td><td colspan="2"></td><td>分项工程数量</td><td></td></tr>
<tr><td>施工单位</td><td colspan="3"></td><td colspan="2">项目负责人</td><td colspan="2"></td><td>技术(质量)负责人</td><td></td></tr>
<tr><td>分包单位</td><td colspan="3"></td><td colspan="2">分包单位负责人</td><td colspan="2"></td><td>分包内容</td><td></td></tr>
<tr><td>序号</td><td colspan="2">分项工程名称</td><td>检验批数</td><td>施工单位检查结果</td><td>序号</td><td colspan="2">分项工程名称</td><td>检验批数</td><td>施工单位检查结果</td></tr>
<tr><td rowspan="11">1</td><td rowspan="11">基层铺设</td><td>基土</td><td></td><td></td><td rowspan="10">3</td><td rowspan="10">整体面层铺设</td><td>水泥混凝土面层</td><td></td><td></td></tr>
<tr><td>灰土垫层</td><td></td><td></td><td>水泥砂浆面层</td><td>1</td><td>合格</td></tr>
<tr><td>砂垫层和砂石垫层</td><td></td><td></td><td>水磨石面层</td><td></td><td></td></tr>
<tr><td>碎石垫层和碎砖垫层</td><td></td><td></td><td>硬化耐磨面层</td><td></td><td></td></tr>
<tr><td>三合土垫层和四合土垫层</td><td></td><td></td><td>防油渗面层</td><td></td><td></td></tr>
<tr><td>炉渣垫层</td><td>6</td><td>合格</td><td>不发火(防爆)面层</td><td></td><td></td></tr>
<tr><td>水泥混凝土垫层和陶粒混凝土垫层</td><td></td><td></td><td>自流平面层</td><td></td><td></td></tr>
<tr><td>找平层</td><td>6</td><td>合格</td><td>涂料面层</td><td></td><td></td></tr>
<tr><td>隔离层</td><td>6</td><td>合格</td><td>塑胶面层</td><td></td><td></td></tr>
<tr><td>填充层</td><td></td><td></td><td>地面辐射供暖的整体面层</td><td></td><td></td></tr>
<tr><td>绝热层</td><td></td><td></td><td rowspan="9">4</td><td rowspan="9">板块面层铺设</td><td>砖面层</td><td>6</td><td>合格</td></tr>
<tr><td rowspan="5">2</td><td rowspan="5">竹面层铺设</td><td>实木地板、实木集成地板、竹地板面层</td><td></td><td></td><td>大理石面层和花岗石面层</td><td></td><td></td></tr>
<tr><td>实木复合地板面层</td><td></td><td></td><td>预制板块面层</td><td></td><td></td></tr>
<tr><td>浸渍纸层压木质地板面层</td><td></td><td></td><td>料石面层</td><td></td><td></td></tr>
<tr><td>软木类地板面层</td><td></td><td></td><td>塑料板面层
活动地板面层</td><td></td><td></td></tr>
<tr><td>地面辐射供暖的木板面层</td><td></td><td></td><td>金属板面层
地毯面层
地面辐射供暖的板块面层</td><td></td><td></td></tr>
<tr><td colspan="2">质量控制资料检查结论</td><td colspan="3">(按附表第 1—13 项检查)
共 10 项,经查符合要求 10 项,
经核定符合规范要求 0 项</td><td colspan="2">安全和功能检验(检测)报告检查结论</td><td colspan="3">(按附表第 14—18 项检查)
共核查 1 项,符合要求 1 项,
经返工处理符合要求 0 项</td></tr>
<tr><td colspan="2">观感验收记录</td><td colspan="3">1. 共抽查 17 项,符合要求 17 项,不符合要求 0 项。
2. 观感质量评价:好</td><td colspan="2">验收组验收结论</td><td colspan="3">(合格或不合格、是否同意验收的结论)
合格,同意验收</td></tr>
<tr><td colspan="2">勘察单位
项目负责人:

年　月　日</td><td colspan="3">设计单位
项目负责人:

年　月　日</td><td colspan="3">分包单位
项目负责人:
年　月　日
施工单位:
项目负责人:
年　月　日</td><td colspan="2">监理(建设)单位
项目负责人:

年　月　日</td></tr>
</table>

注:"经核定符合规范要求　　项"是指初验未通过的项目,按《建筑工程施工质量验收统一标准》(GB 50300—2013)第 5.0.6 条处理的情况。

地面子分部工程资料检查表

GB 50209—2010　　　　　　　　　　　　　　　　　　　　　　桂建质 0301　附表

序号	检查内容	份数	监理单位检查意见
1	设计图纸/变更文件	1/0	√
2	水泥合格证/试验报告	13/13	√
3	砂/石检验单	15/0	√
4	块材合格证/试验报告	2/2	√
5	防油渗涂料合格证/试验报告	0/0	√
6	防水材料合格证/试验报告	1/1	√
7	其他材料合格证/试验报告	1/1	√
8	各种配合比通知单	18	√
9	各层强度检验报告和测定记录/各层密实度检验报告和测定记录	18/0	√
10	隐蔽工程检查验收记录——桂建质(附)	47	√
11	施工记录		
12	重大质量问题处理方案/验收记录		
13	分项工程质量验收记录——桂建质(分项 A 类)	3	√
14	室内用花岗石、大理石放射性检测报告		
15	实木(复合)地板甲醛含量检测报告		
16	蓄水/泼水检验记录	1/1	√
17	防油渗面层性能检测报告		
18	防爆面层性能检测报告		
检查人： 年　月　日			

注：检查意见分两种：合格打“√”，不合格打“×”。

基层铺设 分项工程质量验收记录

桂建质(分项 A 类)

<table>
<tr><td>单位(子单位)工程名称</td><td colspan="3">品茗人宿舍</td><td>分部(子分部)工程名称</td><td colspan="2">建筑装饰装修(地面)</td></tr>
<tr><td>检验批数量</td><td colspan="3">18</td><td>分项工程专业质量检查员</td><td colspan="2"></td></tr>
<tr><td>施工单位</td><td colspan="3"></td><td>项目负责人</td><td>项目技术负责人</td><td></td></tr>
<tr><td>分包单位</td><td colspan="3"></td><td>分包单位项目负责人</td><td>分包内容</td><td></td></tr>
<tr><td>序号</td><td>检验批名称</td><td>检验批容量</td><td>部位/区段</td><td>施工单位检查结果</td><td colspan="2">监理(建设)单位验收意见</td></tr>
<tr><td>1</td><td>炉渣垫层</td><td>26 间</td><td>一至三层卫生间</td><td>合格</td><td colspan="2" rowspan="18">所含检验批无遗漏,各检验批所覆盖的区段和所含内容无遗漏,所查检验批全部合格</td></tr>
<tr><td>2</td><td>炉渣垫层</td><td>32 间</td><td>四至五层卫生间</td><td>合格</td></tr>
<tr><td>3</td><td>炉渣垫层</td><td>54 间</td><td>六至八层卫生间</td><td>合格</td></tr>
<tr><td>4</td><td>炉渣垫层</td><td>54 间</td><td>九至十一层卫生间</td><td>合格</td></tr>
<tr><td>5</td><td>炉渣垫层</td><td>54 间</td><td>十二至十四层卫生间</td><td>合格</td></tr>
<tr><td>6</td><td>炉渣垫层</td><td>42 间</td><td>十五至十七层卫生间</td><td>合格</td></tr>
<tr><td>7</td><td>找平层</td><td>26 间</td><td>一至三层卫生间</td><td>合格</td></tr>
<tr><td>8</td><td>找平层</td><td>32 间</td><td>四至五层卫生间</td><td>合格</td></tr>
<tr><td>9</td><td>找平层</td><td>54 间</td><td>六至八层卫生间</td><td>合格</td></tr>
<tr><td>10</td><td>找平层</td><td>54 间</td><td>九至十一层卫生间</td><td>合格</td></tr>
<tr><td>11</td><td>找平层</td><td>54 间</td><td>十二至十四层卫生间</td><td>合格</td></tr>
<tr><td>12</td><td>找平层</td><td>42 间</td><td>十五至十七层卫生间</td><td>合格</td></tr>
<tr><td>13</td><td>隔离层</td><td>26 间</td><td>一至三层卫生间</td><td>合格</td></tr>
<tr><td>14</td><td>隔离层</td><td>32 间</td><td>四至五层卫生间</td><td>合格</td></tr>
<tr><td>15</td><td>隔离层</td><td>54 间</td><td>六至八层卫生间</td><td>合格</td></tr>
<tr><td>16</td><td>隔离层</td><td>54 间</td><td>九至十一层卫生间</td><td>合格</td></tr>
<tr><td>17</td><td>隔离层</td><td>54 间</td><td>十二至十四层卫生间</td><td>合格</td></tr>
<tr><td>18</td><td>隔离层</td><td>42 间</td><td>十五至十七层卫生间</td><td>合格</td></tr>
<tr><td colspan="7">说明:检验批质量验收记录资料齐全完整</td></tr>
<tr><td colspan="2">施工单位
检查结果</td><td colspan="5">所含检验批无遗漏,各检验批所覆盖的区段和所含内容无遗漏,全部符合要求,本分项工程符合要求。
项目专业技术负责人:
年 月 日</td></tr>
<tr><td colspan="2">监理(建设)单位
验收结论</td><td colspan="5">本分项工程合格。
专业监理工程师:
(建设单位项目专业技术负责人)
年 月 日</td></tr>
</table>

注:本表(分项 A 类)适用于不涉及全高垂直度检查、无特殊要求的分项工程。混凝土现浇结构、混凝土装配结构、砖砌体、混凝土小型空心砌块砌体、石砌体分项工程质量验收记录使用分项 B 类表格。

地面找平层检验批质量验收记录

GB 50209—2010　　　　桂建质 030101(Ⅷ)　003

单位(子单位)工程名称	品茗人宿舍	分部(子分部)工程名称	建筑装饰装修(地面)	分项工程名称	基层铺设
施工单位		项目负责人	潘颖秋	检验批容量	54 间
分包单位		分包单位项目负责人		检验批部位	六至八层卫生间
施工依据	建筑装饰装修施工方案		验收依据	《建筑地面工程施工质量验收规范》(GB 50209—2010)	

		验收项目		设计要求及规范规定		最小/实际抽样数量	检查记录	检查结果
主控项目	1	材料质量		碎石或卵石的粒径≤厚度的2/3,含泥量≤2%;砂为中粗砂,其含泥量≤3%	观察检查和检查质量合格证明文件	—	质量证明文件齐全,检查合格	合格
	2	配合比或强度等级		符合设计要求,水泥砂浆体积比≥1∶3(或相应强度等级),水泥混凝土强度等级≥C15	观察检查和检查配合比试验报告、强度等级检测报告	—	试验合格,报告编号×××	合格
	3	有防水要求的地面工程		立管、套管、地漏处不渗漏,坡向正确、无积水	观察和坡度尺检查,蓄水、泼水检验	—	检查合格,详见蓄水、泼水试验记录	合格
	4	有防静电要求的整体面层		找平层施工前,敷设的导电地网系统与接地引下线和地下接电体有可靠连接,静电性能检测且符合相关要求后进行隐蔽工程验收	观察检查和检查质量合格证明文件			
一般项目	1	与下层结合		结合牢固,无空鼓	用小锤轻击检查	4/4	抽查 4 处,全部合格	合格
	2	表面质量		密实,无起砂、蜂窝和裂缝等缺陷	观察检查	4/4	抽查 4 处,全部合格	合格
	3	找平层施工		采用水泥砂浆或水泥混凝土铺设;厚度小于 30 mm 时,用水泥砂浆;厚度不小于 30 mm 时,用细石混凝土;当其下一层有松散填充料时,予以铺平振实	观察检查	4/4	抽查 4 处,全部合格	合格
	4 允许偏差	拼花木板、浸渍纸层压木质地板、实木复合地板、竹地板、软木地板面层铺设	表面平整度	2 mm	用 2 m 靠尺和楔形塞尺检查			
			标高	±4 m	用水准仪检查			
		胶结料作结合层,铺板块面层	表面平整度	3 mm	用 2 m 靠尺和楔形塞尺检查			
			标高	±5 mm	用水准仪检查			
		水泥砂浆作结合层,铺板块地面,其他种类面层	表面平整度	5 mm	用 2 m 靠尺和楔形塞尺检查	4/4	抽查 4 处,全部合格	合格
			标高	±8 mm	用水准仪检查	4/4	抽查 4 处,全部合格	合格
		金属板面层	表面平整度	3 mm	用 2 m 靠尺和楔形塞尺检查			
			标高	±4 mm	用水准仪检查			
		坡度		不大于房间相应尺寸的 2/1 000,且不大于 30 mm	用坡度尺检查	4/4	抽查 4 处,全部合格	合格
		厚度		在个别地方不大于设计厚度的 1/10,且不大于 20 mm	用钢尺检查	4/4	抽查 4 处,全部合格	合格

续表

施工单位检查结果	主控项目全部符合要求，一般项目满足规范要求，本检验批符合要求。 专业工长： 项目专业质量检查员： 年　月　日	监理（建设）单位验收结论	主控项目全部合格，一般项目满足规范要求，本检验批合格。 专业监理工程师： （建设单位项目专业技术负责人） 年　月　日

注：1. 检查数量：按每层或每个施工段（或变形缝）划分检验批，高层建筑的标准层按每 3 层（不足 3 层按 3 层计）划分检验批；每检验批抽查数量应随机检验不应少于 3 间，不足 3 间应全检（走廊或过道以 10 延米为一间，厂房以单跨、礼堂或门厅以两个轴线为一间）；有防水要求的，每检验批抽检 4 间，不足 4 间全检。

2. 合格判定标准：主控项目必须达到本表所列规定的质量标准；一般项目 80% 以上的检查点（处）符合本表所列规定的质量要求，其他检查点（处）无明显影响使用、无大于允许偏差值 50% 的偏差为合格。

3. 有防水要求的建筑地面工程，铺设前必须对立管、套管和地漏与楼板节点之间进行密封处理，并应进行隐蔽验收；排水坡度应符合设计要求。

地面隔离层检验批质量验收记录

GB 50209—2010　　　　　　　　　　　　　　　　　　　　　　　　桂建质 030101(Ⅸ)　003

<table>
<tr><td colspan="2">单位(子单位)工程名称</td><td colspan="2">品茗人宿舍</td><td>分部(子分部)工程名称</td><td>建筑装饰装修(地面)</td><td>分项工程名称</td><td colspan="2">基层铺设</td></tr>
<tr><td colspan="2">施工单位</td><td colspan="2"></td><td>项目负责人</td><td>潘颖秋</td><td>检验批容量</td><td colspan="2">54 间</td></tr>
<tr><td colspan="2">分包单位</td><td colspan="2"></td><td>分包单位项目负责人</td><td></td><td>检验批部位</td><td colspan="2">六至八层卫生间</td></tr>
<tr><td colspan="2">施工依据</td><td colspan="3">建筑装饰装修施工方案</td><td>验收依据</td><td colspan="3">《建筑地面工程施工质量验收规范》(GB 50209—2010)</td></tr>
<tr><td rowspan="6">主控项目</td><td colspan="2">验收项目</td><td colspan="2">设计要求及规范规定</td><td>最小/实际抽样数量</td><td colspan="2">检查记录</td><td>检查结果</td></tr>
<tr><td>1</td><td>材料质量</td><td>符合设计要求和国家现行有关标准的规定</td><td>观察检查和检查型式检验报告、出厂检验报告、出厂合格证</td><td>—</td><td colspan="2">质量证明文件齐全,检查合格</td><td>合格</td></tr>
<tr><td>2</td><td>材料进场检验</td><td>卷材类、涂料类隔离层材料进入施工现场,对材料的主要物理性能指标进行复验</td><td>检查复验报告</td><td>—</td><td colspan="2">试验合格,报告编号×××</td><td>合格</td></tr>
<tr><td>3</td><td>隔离层设置要求</td><td>厕浴间和有防水要求的建筑地面必须设置防水隔离层。楼层结构必须采用现浇混凝土或整块预制混凝土板、混凝土强度等级≥C20;房间的楼板四周除门洞外,应做混凝土翻边,高度≥200 mm,宽同墙厚,混凝土强度等级≥C20。施工时结构层标高和预留孔洞位置准确,严禁乱凿洞</td><td>观察和钢尺检查</td><td>4/4</td><td colspan="2">抽查 4 处,全部合格</td><td>合格</td></tr>
<tr><td>4</td><td>水泥类防水隔离层</td><td>防水等级和强度等级应符合设计要求</td><td>观察检查和检查防水等级检测报告、强度等级检测报告</td><td></td><td colspan="2"></td><td></td></tr>
<tr><td>5</td><td>防水隔离层要求</td><td>严禁渗漏,坡向正确、排水通畅</td><td>观察检查和蓄水、泼水检验、坡度尺检查及检查验收记录</td><td>—</td><td colspan="2">检查合格,详见泼水试验记录</td><td>合格</td></tr>
<tr><td rowspan="3">一般项目</td><td>1</td><td>隔离层厚度</td><td>符合设计要求</td><td>观察检查和用钢尺、卡尺检查</td><td>4/4</td><td colspan="2">抽查 4 处,全部合格</td><td>合格</td></tr>
<tr><td>2</td><td>隔离层与下一层黏结</td><td>黏结牢固,无空鼓;防水涂层平整均匀,无脱皮、起壳、裂缝、鼓泡等缺陷</td><td>用小锤轻击检查和观察检查</td><td>4/4</td><td colspan="2">抽查 4 处,全部合格</td><td>合格</td></tr>
<tr><td>3</td><td>铺设层数、上翻高度</td><td>铺设层数(或道数)、上翻高度符合设计要求,有种植要求的符合《种植屋面工程技术规程》(JGJ 155—2013)的有关规定</td><td></td><td>4/4</td><td colspan="2">抽查 4 处,全部合格</td><td>合格</td></tr>
</table>

续表

	验收项目			设计要求及规范规定		最小/实际抽样数量	检查记录	检查结果
一般项目	4	管道穿越楼板的防水隔离层施工		在管道穿过楼板面四周,防水材料应向上铺涂,并超过套管的上口;在靠近墙面处,高出面层 200 ~ 300 mm 或按设计要求的高度铺涂。阴阳角和管道穿过楼板面的根部增加铺涂附加防水隔离层		4/4	抽查 4 处,全部合格	合格
	5	兼作面层时材料要求		兼作面层时,材料不得对人体及环境产生不利影响,并符合现行国家标准《食品安全性毒理学评价程序》(GB 15193.1—2014)和《生活饮用水卫生标准》(GB 5749—2014)的有关规定				
	6	蓄水试验		防水材料铺设后,必须做蓄水试验,蓄水深度最浅处不小于 10 mm,蓄水时间不少于 24 h,并作记录	检查有防水要求的建筑地面的面层采用泼水方法	—	检查合格,详见泼水试验记录	合格
	7	允许偏差	表面平整度	3 mm	用 2 m 靠尺和楔形塞尺检查	4/4	抽查 4 处,全部合格	合格
			标高	±4 mm	用水准仪检查	4/4	抽查 4 处,全部合格	合格
			坡度	不大于房间相应尺寸的 2/1 000,且不大于 30 mm	用坡度尺检查	4/4	抽查 4 处,全部合格	合格
			厚度	在个别地方不大于设计厚度的 1/10,且不大于 20 mm	用钢尺检查	4/4	抽查 4 处,全部合格	合格
施工单位检查结果	主控项目全部符合要求,一般项目满足规范要求,本检验批符合要求。 专业工长: 项目专业质量检查员: 年　月　日				监理(建设)单位验收结论	主控项目全部合格,一般项目满足规范要求,本检验批合格。 专业监理工程师: (建设单位项目专业技术负责人) 年　月　日		

注:1. 检查数量:按每层或每施工段(或变形缝)划分检验批,高层建筑的标准层按每 3 层划分检验批。每检验批抽检 3 间,不足 3 间全检(走廊或过道以 10 延米,厂房以单跨、礼堂或门厅以两轴为一间);有防水要求的,每检验批抽检 4 间,不足 4 间全检。主控项目第 4 条:检验水泥混凝土和水泥砂浆强度的试块,每层(或检验批)建筑地面工程不少于 1 组,工程面积大于 1 000 m^2 时,每增加 1 000 m^2 增做 1 组试块;小于 1 000 m^2 按 1 000 m^2 计算,取样 1 组;检验散水、明沟、踏步、台阶、坡道的水泥混凝土、水泥砂浆强度的试块,应按每 150 延长米不少于 1 组进行检验。

2. 合格判定标准:主控项目必须达到本表所列规定的质量标准;一般项目 80% 以上的检查点(处)符合本表所列规定的质量要求,其他检查点(处)无明显影响使用、无大于允许偏差值 50% 的偏差为合格。

3. 隔离层施工质量检验符合现行国家标准《屋面工程质量验收规范》(GB 50207—2012)的有关规定。

地面炉渣垫层检验批质量验收记录

GB 50209—2010　　　　　　　　　　　　　　　　　　　　　　　　桂建质 030101(Ⅵ) 003

单位(子单位)工程名称		品茗人宿舍		分部(子分部)工程名称	建筑装饰装修(地面)	分项工程名称	基层铺设
施工单位				项目负责人	潘颖秋	检验批容量	54 间
分包单位				分包单位项目负责人		检验批部位	六至八层卫生间
施工依据		建筑装饰装修施工方案			验收依据	《建筑地面工程施工质量验收规范》(GB 50209—2010)	
	验收项目		设计要求及规范规定		最小/实际抽样数量	检查记录	检查结果
主控项目	1	材料质量	炉渣不含有机杂质和未燃尽的煤块,颗粒粒径≤40 mm,且颗粒粒径在 5 mm 及其以下的颗粒,不得超过总体积的 40%;熟化石灰颗粒粒径≤5 mm	观察检查和检查质量合格证明文件	—	质量证明文件齐全,检查合格	合格
主控项目	2	垫层的体积比	应符合设计要求	观察检查和检查配合比试验报告	—	试验合格,报告编号×××	合格
一般项目	1	垫层与其下一层黏结	应牢固,不应有空鼓和松散炉渣颗粒	观察检查和用小锤轻击检查	4/4	抽查 4 处,全部合格	合格
一般项目	2	炉渣闷透	炉渣或水泥炉渣垫层的炉渣使用前浇水闷透	检查施工日记	—	检查合格,详见施工日记	合格
			水泥石灰炉渣垫层的炉渣使用前用石灰浆或用熟化石灰浇水拌和闷透				
			闷透时间≥5 d				
一般项目	3	垫层施工	施工过程中不留施工缝,若必须留时,应留直槎,并保证间隙处密实;接槎时应先刷水泥浆,再铺炉渣拌合料	检查施工日记	—	检查合格,详见施工日记	合格
一般项目	4	垫层厚度	≥80 mm	观察和尺量检查	4/4	抽查 4 处,全部合格	合格
一般项目	5 表面允许偏差	表面平整度	10 mm	用 2 m 靠尺和楔形塞尺检查	4/4	抽查 4 处,全部合格	合格
		标高	±10 mm	用水准仪检查	4/4	抽查 4 处,全部合格	合格
		坡度	不大于房间相应尺寸的 2/1 000,且不大于 30 mm	用坡度尺检查	4/4	抽查 4 处,全部合格	合格
		厚度	在个别地方不大于设计厚度的 1/10,且不大于 20 mm	用钢尺检查	4/4	抽查 4 处,全部合格	合格
施工单位检查结果	主控项目全部符合要求,一般项目满足规范要求,本检验批符合要求。 专业工长: 项目专业质量检查员: 年　月　日			监理(建设)单位验收结论	主控项目全部合格,一般项目满足规范要求,本检验批合格。 专业监理工程师: (建设单位项目专业技术负责人) 年　月　日		

注:1. 检查数量:按每层或每施工段(或变形缝)划分检验批,高层建筑的标准层按每 3 层(不足 3 层按 3 层计)划分检验批;每检验批随机抽查数量应不少于 3 间,不足 3 间应全检(走廊或过道以 10 延米为一间,厂房以单跨、礼堂或门厅以两个轴线为一间);有防水要求的,每检验批抽检 4 间,不足 4 间全检。

2. 合格判定标准:主控项目必须达到本表所列规定的质量标准;一般项目 80% 以上的检查点(处)符合本表所列规定的质量要求,其他检查点(处)无明显影响使用、无大于允许偏差值 50% 的偏差为合格。

板块面层铺设 分项工程质量验收记录

桂建质(分项 A 类)

<table>
<tr><td>单位(子单位)工程名称</td><td>品茗人宿舍</td><td>分部(子分部)工程名称</td><td colspan="3">建筑装饰装修(地面)</td></tr>
<tr><td>检验批数量</td><td>6</td><td>分项工程专业质量检查员</td><td colspan="3"></td></tr>
<tr><td>施工单位</td><td></td><td>项目负责人</td><td></td><td>项目技术负责人</td><td></td></tr>
<tr><td>分包单位</td><td></td><td>分包单位项目负责人</td><td></td><td>分包内容</td><td></td></tr>
</table>

<table>
<tr><th>序号</th><th>检验批名称</th><th>检验批容量</th><th>部位/区段</th><th>施工单位检查结果</th><th>监理(建设)单位验收意见</th></tr>
<tr><td>1</td><td>砖面层</td><td>96 间</td><td>一至三层</td><td>合格</td><td rowspan="10">所含检验批无遗漏,各检验批所覆盖的区段和所含内容无遗漏,所查检验批全部合格</td></tr>
<tr><td>2</td><td>砖面层</td><td>76 间</td><td>四至五层</td><td>合格</td></tr>
<tr><td>3</td><td>砖面层</td><td>150 间</td><td>六至八层</td><td>合格</td></tr>
<tr><td>4</td><td>砖面层</td><td>150 间</td><td>九至十一层</td><td>合格</td></tr>
<tr><td>5</td><td>砖面层</td><td>150 间</td><td>十二至十四层</td><td>合格</td></tr>
<tr><td>6</td><td>砖面层</td><td>125 间</td><td>十五至十七层</td><td>合格</td></tr>
<tr><td></td><td></td><td></td><td></td><td></td></tr>
<tr><td></td><td></td><td></td><td></td><td></td></tr>
<tr><td></td><td></td><td></td><td></td><td></td></tr>
<tr><td></td><td></td><td></td><td></td><td></td></tr>
<tr><td colspan="6">说明:检验批质量验收记录资料齐全完整</td></tr>
<tr><td colspan="2">施工单位检查结果</td><td colspan="4">所含检验批无遗漏,各检验批所覆盖的区段和所含内容无遗漏,全部符合要求,本分项工程符合要求。
项目专业技术负责人:
年 月 日</td></tr>
<tr><td colspan="2">监理(建设)单位验收结论</td><td colspan="4">本分项工程合格。
专业监理工程师:
(建设单位项目专业技术负责人)
年 月 日</td></tr>
</table>

注:本表(分项 A 类)适用于不涉及全高垂直度检查、无特殊要求的分项工程。混凝土现浇结构、混凝土装配结构、砖砌体、混凝土小型空心砌块砌体、石砌体分项工程质量验收记录使用分项 B 类表格。

地面砖面层检验批质量验收记录

GB 50209—2010　　　　　　　　　　　　　　　　　　　　　　　　　　桂建质 030112　003

单位(子单位)工程名称	品茗人宿舍	分部(子分部)工程名称	建筑装饰装修	分项工程名称	板块面层铺设
施工单位		项目负责人	潘颖秋	检验批容量	150 间
分包单位		分包单位项目负责人		检验批部位	六至八层
施工依据	建筑装饰装修施工方案		验收依据	《建筑地面工程施工质量验收规范》(GB 50209—2010)	

	验收项目		设计要求及规范规定			最小/实际抽样	检查记录	检查结果
主控项目	1	块材质量	符合设计要求和国家现行有关标准的规定		观察检查和检查型式检验报告、出厂检验报告、出厂合格证	—	质量证明文件齐全，检查合格	合格
主控项目	2	板块进场	有放射性限量检测合格报告		检查检测报告	—	试验合格，报告编号×××	合格
主控项目	3	面层与下一层	黏结牢固，无空鼓		用小锤轻击检查	3/3	抽查 3 处，全部合格	合格
一般项目	1	表面质量	洁净、图案清晰、色泽一致，接缝平整，深浅一致，周边顺直；板块无裂纹、掉角和缺棱等缺陷		观察检查	3/3	抽查 3 处，全部合格	合格
一般项目	2	邻接处镶边用料	用料及尺寸符合设计要求，边角应整齐、光滑		观察和用钢尺检查	3/3	抽查 3 处，全部合格	合格
一般项目	3	表面坡度	符合设计要求，不倒泛水，无积水；与地漏、管道结合处严密牢固，无渗漏		观察和采用泼水或用坡度尺检查	3/3	抽查 3 处，全部合格	合格
一般项目	4	踢脚线	表面洁净，与柱、墙面的结合应牢固。高度及出柱、墙厚度应符合设计要求，且均匀一致		用小锤轻击、钢尺和观察检查	3/3	抽查 3 处，全部合格	合格
一般项目	5	楼梯踏步和台阶板块	宽度、高度符合设计要求。板块缝隙宽度一致；楼层梯段相邻踏步高度差≤10 mm；每踏步两端宽度差≤10 mm(旋转楼梯梯段≤5 m)；做防滑处理，齿角整齐，防滑条顺直、牢固		观察和钢尺检查	3/3	抽查 3 处，全部合格	合格
一般项目	6 表面允许偏差/mm	表面平整度	缸砖	4.0	用 2 m 靠尺和楔形塞尺检查			
一般项目	6 表面允许偏差/mm	表面平整度	水泥花砖	3.0	用 2 m 靠尺和楔形塞尺检查			
一般项目	6 表面允许偏差/mm	表面平整度	陶瓷锦砖、陶瓷地砖	2.0	用 2 m 靠尺和楔形塞尺检查	3/3	抽查 3 处，全部合格	合格
一般项目	6 表面允许偏差/mm	接缝高低差	陶瓷锦砖、陶瓷地砖、水泥花砖	0.5	用钢尺和楔形塞尺检查	3/3	抽查 3 处，全部合格	合格
一般项目	6 表面允许偏差/mm	接缝高低差	缸砖	1.5	用钢尺和楔形塞尺检查			
一般项目	6 表面允许偏差/mm	缝格平直		3.0	拉 5 m 线和钢尺检查	3/3	抽查 3 处，全部合格	合格
一般项目	6 表面允许偏差/mm	踢脚线上口平直	陶瓷锦砖、陶瓷地砖	3.0	拉 5 m 线和钢尺检查	3/3	抽查 3 处，全部合格	合格
一般项目	6 表面允许偏差/mm	踢脚线上口平直	缸砖	4.0	拉 5 m 线和钢尺检查			
一般项目	6 表面允许偏差/mm	板块间隙宽度		2.0	钢尺检查	3/3	抽查 3 处，全部合格	合格

施工单位检查结果	主控项目全部符合要求，一般项目满足规范要求，本检验批符合要求。 专业工长： 项目专业质量检查员： 年　月　日	监理(建设)单位验收结论	主控项目全部合格，一般项目满足规范要求，本检验批合格。 专业监理工程师： (建设单位项目专业技术负责人) 年　月　日

注：1. 检查数量：按每层或每施工段(或变形缝)划分检验批，高层建筑的标准层按每 3 层(不足 3 层按 3 层计)划分检验批；每检验批随机抽查数量应不少于3 间，不足3 间应全检(走廊或过道以10 延米为一间，厂房以单跨、礼堂或门厅以两个轴线为一间)；有防水要求的，每检验批抽检 4 间，不足 4 间全检。

2. 合格判定标准：主控项目必须达到本表所列规定的质量标准；一般项目 80% 以上的检查点(处)符合本表所列规定的质量要求，其他检查点(处)无明显影响使用、无大于允许偏差值50% 的偏差为合格。

3. 单块砖边角允许有局部空鼓，但每自然间或标准间的空鼓砖不超过总数的5%。

整体面层铺设 分项工程质量验收记录

桂建质(分项 A 类)

单位(子单位)工程名称	品茗人宿舍	分部(子分部)工程名称	建筑装饰装修(地面)		
检验批数量	1	分项工程专业质量检查员			
施工单位		项目负责人		项目技术负责人	
分包单位		分包单位项目负责人		分包内容	

序号	检验批名称	检验批容量	部位/区段	施工单位检查结果	监理(建设)单位验收意见
1	水泥砂浆面层	68 间	地下室地面	合格	所含检验批无遗漏,各检验批所覆盖的区段和所含内容无遗漏,所查检验批全部合格

说明:检验批质量验收记录资料齐全完整	
施工单位检查结果	所含检验批无遗漏,各检验批所覆盖的区段和所含内容无遗漏,全部符合要求,本分项工程符合要求。 项目专业技术负责人: 年 月 日
监理(建设)单位验收结论	本分项工程合格。 专业监理工程师: (建设单位项目专业技术负责人) 年 月 日

注:本表(分项 A 类)适用于不涉及全高垂直度检查、无特殊要求的分项工程。混凝土现浇结构、混凝土装配结构、砖砌体、混凝土小型空心砌块砌体、石砌体分项工程质量验收记录使用分项 B 类表格。

地面水泥砂浆面层检验批质量验收记录

GB 50209—2010　　　　桂建质 030103　001

单位(子单位)工程名称	品茗人宿舍	分部(子分部)工程名称	建筑装饰装修(地面)	分项工程名称	整体面层铺设
施工单位		项目负责人	潘颖秋	检验批容量	68 间
分包单位		分包单位项目负责人		检验批部位	地下室地面
施工依据	建筑装饰装修施工方案	验收依据	《建筑地面工程施工质量验收规范》(GB 50209—2010)		

		验收项目	设计要求及规范规定			最小/实际抽样数	检查记录	检查结果
主控项目	1	材料质量	采用硅酸盐水泥、普通硅酸盐水泥,不同品种、不同强度等级的水泥不应混用;砂为中粗砂,当采用石屑时,其粒径为 1 ~ 5 mm,且含泥量≤3%;防水水泥砂浆采用的砂或石屑,其含泥量≤1%		观察检查和检查质量合格证明文件	—	质量证明文件齐全,检查合格	合格
	2	外加剂	技术性能符合国家现行有关标准的规定,品种和掺量经试验确定		观察检查和检查质量合格证明文件、配合比试验报告			
	3	体积比(强度等级)	符合设计要求;体积比应为 1∶2,强度等级不应小于 M15		检查强度等级检测报告	—	试验合格,报告编号 ×××	合格
	4	排水坡向	坡向正确、排水通畅;防水水泥砂浆面层无渗漏		观察检查和蓄水、泼水检验或坡度尺检查及检查检验记录	—	检查合格,详见泼水试验记录	合格
	5	面层与下层结合	结合牢固,无空鼓、开裂		观察和用小锤轻击检查	3/3	抽查 3 处,全部合格	合格
一般项目	1	表面质量	洁净,无裂纹、脱皮、麻面、起砂现象		观察检查	3/3	抽查 3 处,全部合格	合格
	2	表面坡度	符合设计要求,不应有倒泛水和积水现象		观察和采用泼水或用坡度尺检查	—	检查合格,详见泼水试验记录	合格
	3	水泥砂浆踢脚线	与柱、墙面紧密结合,高度和出柱、墙厚度符合设计要求且均匀一致		用小锤轻击、钢尺和观察检查			
	4	面层厚度	符合设计要求		尺量检查	3/3	抽查 3 处,全部合格	合格
	5	楼梯、台阶踏步	宽度、高度符合设计要求,踏步面层做防滑处理,齿角整齐,防滑条顺直、牢固		观察和钢尺检查	3/3	抽查 3 处,全部合格	合格
			相邻踏步高度差≤10 mm,每踏步两端宽度差≤10 mm(旋转梯为≤5 mm)					
	6	表面允许偏差	表面平整度	4 mm	用 2 m 靠尺和楔形塞尺检查	3/3	抽查 3 处,全部合格	合格
			踢脚线上口平直	4 mm	拉 5 m 线和钢尺检查			
			缝格顺直	3 mm		3/3	抽查 3 处,全部合格	合格

施工单位检查结果	主控项目全部符合要求,一般项目满足规范要求,本检验批符合要求。 专业工长: 项目专业质量检查员: 年　月　日	监理(建设)单位验收结论	主控项目全部合格,一般项目满足规范要求,本检验批合格。 专业监理工程师: (建设单位项目专业技术负责人) 年　月　日

注:1. 检查数量:按每层或每施工段(或变形缝)划分检验批,高层建筑的标准层按每 3 层(不足 3 层按 3 层计)划分检验批;每检验批抽查数量应随机检验不应少于 3 间,不足 3 间应全检(走廊或过道以 10 延米为一间,厂房以单跨、礼堂或门厅以两个轴线为一间);有防水要求的,每检验批抽检 4 间,不足 4 间全检。
2. 合格判定标准:主控项目必须达到本表所列规定的质量标准;一般项目 80% 以上的检查点(处)符合本表所列规定的质量要求,其他检查点(处)无明显影响使用、无大于允许偏差值 50% 的偏差为合格。
3. 面层空鼓面积≤400 m^2,且每自然间或标准间不多于 2 处;踢脚线局部空鼓长度≤300 mm,且每自然间或标准间不多于 2 处。

二、抹灰子分部工程

1. 抹灰子分部工程验收资料明细

本节我们将以品茗人宿舍工程为例按其抹灰工程不同的做法从施工工序顺序到验收过程以表格的形式列出其验收资料。

<table>
<tr><th>序号</th><th colspan="2">验收内容</th><th>验收资料</th><th>备注</th></tr>
<tr><td>1</td><td colspan="2">抹灰工程施工方案</td><td></td><td></td></tr>
<tr><td>2</td><td colspan="2">抹灰工程施工技术交底</td><td></td><td></td></tr>
<tr><td>3</td><td colspan="2">施工日记</td><td></td><td></td></tr>
<tr><td rowspan="7">4</td><td rowspan="7">抹灰工程材料</td><td rowspan="7">内墙：素水泥浆；15 mm 厚 1∶1∶6水泥石灰砂浆；5 mm 厚 1∶0.5∶3水泥石灰砂浆；15 mm 厚 1∶3水泥砂浆；4 mm 厚 1∶1水泥砂浆；20% 白乳胶；20 mm 厚 1∶2水泥砂浆。
顶棚：7 mm 厚 1∶1∶4水泥石灰砂浆；5 mm厚 1∶0.5∶3水泥石灰砂浆。
外墙：20 mm 厚 JZ-C（无机活性）保温砂浆 B 型、3 mm 厚 A 型；4 mm 厚抗裂砂浆</td><td>水泥出厂合格证、试验报告汇总表</td><td></td></tr>
<tr><td>水泥合格证、试验报告</td><td></td></tr>
<tr><td>砂检验报告</td><td></td></tr>
<tr><td>石灰等其他外加剂合格证、检验报告</td><td></td></tr>
<tr><td>砂浆配合比报告</td><td></td></tr>
<tr><td>保温砂浆、抗裂砂浆合格证明文件、检测报告</td><td></td></tr>
<tr><td>进场验收记录</td><td></td></tr>
<tr><td rowspan="3">5</td><td colspan="2" rowspan="3">一至三层厨卫间、房间过道、电梯候梯间抹灰工程</td><td>一般抹灰检验批质量验收记录/原始记录</td><td></td></tr>
<tr><td>留置抹灰砂浆试块—砂浆试块报告</td><td></td></tr>
<tr><td>隐蔽工程检查验收记录</td><td></td></tr>
<tr><td rowspan="3">6</td><td colspan="2" rowspan="3">四至六层卫生间、房间过道、电梯候梯间抹灰工程</td><td>一般抹灰检验批质量验收记录/原始记录</td><td></td></tr>
<tr><td>留置抹灰砂浆试块—砂浆试块报告</td><td></td></tr>
<tr><td>隐蔽工程检查验收记录</td><td></td></tr>
<tr><td>⋮</td><td colspan="2">⋮</td><td>⋮</td><td></td></tr>
<tr><td rowspan="3">10</td><td colspan="2" rowspan="3">十六至十七层卫生间、房间过道、电梯候梯间抹灰工程</td><td>一般抹灰检验批质量验收记录/原始记录</td><td></td></tr>
<tr><td>留置抹灰砂浆试块—砂浆试块报告</td><td></td></tr>
<tr><td>隐蔽工程检查验收记录</td><td></td></tr>
<tr><td rowspan="3">11</td><td colspan="2" rowspan="3">地下室内墙抹灰工程</td><td>一般抹灰检验批质量验收记录/原始记录</td><td></td></tr>
<tr><td>留置抹灰砂浆试块—砂浆试块报告</td><td></td></tr>
<tr><td>隐蔽工程检查验收记录</td><td></td></tr>
<tr><td rowspan="3">12</td><td colspan="2" rowspan="3">一至三层内墙抹灰工程</td><td>一般抹灰检验批质量验收记录/原始记录</td><td></td></tr>
<tr><td>留置抹灰砂浆试块—砂浆试块报告</td><td></td></tr>
<tr><td>隐蔽工程检查验收记录</td><td></td></tr>
<tr><td rowspan="3">13</td><td colspan="2" rowspan="3">四至六层内墙抹灰工程</td><td>一般抹灰检验批质量验收记录/原始记录</td><td></td></tr>
<tr><td>留置抹灰砂浆试块—砂浆试块报告</td><td></td></tr>
<tr><td>隐蔽工程检查验收记录</td><td></td></tr>
<tr><td>⋮</td><td colspan="2">⋮</td><td>⋮</td><td></td></tr>
</table>

续表

序号	验收内容	验收资料	备注
17	十六至十七层内墙抹灰工程	一般抹灰检验批质量验收记录/原始记录	
		留置抹灰砂浆试块—砂浆试块报告	
		隐蔽工程检查验收记录	
18	地下室顶棚抹灰工程	一般抹灰检验批质量验收记录/原始记录	
		留置抹灰砂浆试块—砂浆试块报告	
		隐蔽工程检查验收记录	
19	一至三层顶棚抹灰工程	一般抹灰检验批质量验收记录/原始记录	
		留置抹灰砂浆试块—砂浆试块报告	
		隐蔽工程检查验收记录	
20	四至六层顶棚抹灰工程	一般抹灰检验批质量验收记录/原始记录	
		留置抹灰砂浆试块—砂浆试块报告	
		隐蔽工程检查验收记录	
⋮	⋮	⋮	
24	十六至十七层顶棚抹灰工程	一般抹灰检验批质量验收记录/原始记录	
		留置抹灰砂浆试块—砂浆试块报告	
		隐蔽工程检查验收记录	
25	三至十层 B—L 轴外墙抹灰工程	一般抹灰检验批质量验收记录/原始记录	
		留置同条件砂浆试块—砂浆试块报告	
		隐蔽工程检查验收记录	
26	十一至十七层 B—L 轴外墙抹灰工程	一般抹灰检验批质量验收记录/原始记录	
		留置同条件砂浆试块　砂浆试块报告	
		隐蔽工程检查验收记录	
27	三至十层 L—B 轴外墙抹灰工程	一般抹灰检验批质量验收记录/原始记录	
		留置同条件砂浆试块—砂浆试块报告	
		隐蔽工程检查验收记录	
28	十一至十七层 L—B 轴外墙抹灰工程	一般抹灰检验批质量验收记录/原始记录	
		留置同条件砂浆试块—砂浆试块报告	
		隐蔽工程检查验收记录	
29	三至十层 1—13 轴外墙抹灰工程	一般抹灰检验批质量验收记录/原始记录	
		留置同条件砂浆试块—砂浆试块报告	
		隐蔽工程检查验收记录	
30	十一至十七层 1—13 轴外墙抹灰工程	一般抹灰检验批质量验收记录/原始记录	
		留置同条件砂浆试块—砂浆试块报告	
		隐蔽工程检查验收记录	

续表

序号	验收内容	验收资料	备注
31	三至十层 13—1 轴外墙抹灰工程	一般抹灰检验批质量验收记录/原始记录	
		留置同条件砂浆试块—砂浆试块报告	
		隐蔽工程检查验收记录	
32	十一至十七层 13—1 轴外墙抹灰工程	一般抹灰检验批质量验收记录/原始记录	
		留置同条件砂浆试块—砂浆试块报告	
		隐蔽工程检查验收记录	
33	一至二层外墙、阳台外墙抹灰工程	一般抹灰检验批质量验收记录/原始记录	
		留置抹灰砂浆试块—砂浆试块报告	
		隐蔽工程检查验收记录	
34	一般抹灰分项工程	一般抹灰分项工程质量验收记录	
35	抹灰子分部工程	抹灰子分部工程质量验收记录	

注:1. 抹灰工程按相同材料、工艺和施工条件划分检验批,厨卫间与楼层的抹灰材料不同,应分别划分检验批。

2. 子分部工程、分项工程、检验批及材料的报审、报验参考本教材或品茗软件填写示例及应用指南。

2. 抹灰子分部工程验收资料填写示例

抹灰子分部工程质量验收记录

GB 50210—2001　　　　　　　　　　　　　　　　　　　　　　　　桂建质 0302

<table>
<tr><td>单位(子单位)
工程名称</td><td>品茗人宿舍</td><td>分部工程
名称</td><td></td><td>分项工程
数量</td><td></td></tr>
<tr><td>施工单位</td><td></td><td>项目负责人</td><td></td><td>技术(质量)
负责人</td><td></td></tr>
<tr><td>分包单位</td><td></td><td>分包单位
负责人</td><td></td><td>分包内容</td><td></td></tr>
<tr><td>序号</td><td>分项工程名称</td><td>检验批数</td><td>施工单位检查结果</td><td colspan="2">监理(建设)单位验收意见</td></tr>
<tr><td>1</td><td>一般抹灰</td><td>35</td><td>合格</td><td colspan="2" rowspan="4">(验收意见、合格或不合格的结论、是否同意验收)
所含分项工程无遗漏并全部合格,本子分部工程合格,同意验收</td></tr>
<tr><td>2</td><td>保温层薄抹灰</td><td></td><td></td></tr>
<tr><td>3</td><td>装饰抹灰</td><td></td><td></td></tr>
<tr><td>4</td><td>清水砌体勾缝</td><td></td><td></td></tr>
<tr><td>质量控制资料检查结论</td><td colspan="2">(按附表检查)
共 7 项,经查符合要求 7 项,经核定符合规范要求　　项</td><td>安全和功能检验(检测)报告检查结论</td><td colspan="2">(按附表检查)
共核查　　项,符合要求　　项,经返工处理符合要求　　项</td></tr>
<tr><td>观感验收记录</td><td colspan="2">1. 共抽查 5 项,符合要求 5 项,不符合要求 0 项。
2. 观感质量评价: 好</td><td>验收组
验收结论</td><td colspan="2">(合格或不合格、是否同意验收的结论)
合格,同意验收</td></tr>
<tr><td>勘察单位
项目负责人:

年　月　日</td><td colspan="2">设计单位
项目负责人:

年　月　日</td><td>分包单位
项目负责人:
年　月　日
施工单位:
项目负责人:
年　月　日</td><td colspan="2">监理(建设)单位
项目负责人:

年　月　日</td></tr>
</table>

注:“经核定符合规范要求　　项”是指初验未通过的项目,按《建筑工程施工质量验收统一标准》(GB 50300—2013)第 5.0.6 条处理的情况。

抹灰子分部工程资料检查表

GB 50210—2001　　桂建质 0302 附表

序号	检查内容	份数	监理单位检查意见
1	设计图纸/变更文件	1 /0	√
2	水泥合格证/检验报告	5 /5	√
3	砂检验单	5	√
4	其他原材料合格证/检验报告	3 /3	√
5	砂浆配合比报告	10	√
6	隐蔽工程检查验收记录——桂建质(附)	25	√
7	施工记录		
8	重大质量问题处理方案/验收记录		
9	分项工程质量验收记录——桂建质(分项 A 类)	1	√
检查人:			
			年　月　日

注:检查意见分两种:合格打“√”,不合格打“×”。

一般抹灰　分项工程质量验收记录

桂建质(分项 A 类)

<table>
<tr><td colspan="2">单位(子单位)工程名称</td><td colspan="2">品茗人宿舍</td><td>分部(子分部)工程名称</td><td colspan="2">建筑装饰装修(抹灰)</td></tr>
<tr><td colspan="2">检验批数量</td><td colspan="2">35</td><td>分项工程专业质量检查员</td><td colspan="2"></td></tr>
<tr><td colspan="2">施工单位</td><td colspan="2"></td><td>项目负责人</td><td>项目技术负责人</td><td></td></tr>
<tr><td colspan="2">分包单位</td><td colspan="2"></td><td>分包单位项目负责人</td><td>分包内容</td><td></td></tr>
<tr><td>序号</td><td>检验批名称</td><td>检验批容量</td><td>部位/区段</td><td>施工单位检查结果</td><td colspan="2">监理(建设)单位验收意见</td></tr>
<tr><td>1</td><td>一般抹灰</td><td>850 m²</td><td>一至二层外墙</td><td>合格</td><td colspan="2" rowspan="23">所含检验批无遗漏,各检验批所覆盖的区段和所含内容无遗漏,所查检验批全部合格</td></tr>
<tr><td>2</td><td>一般抹灰</td><td>612 m²</td><td>三至十层 B—L 轴外墙</td><td>合格</td></tr>
<tr><td>3</td><td>一般抹灰</td><td>560 m²</td><td>十一至十七层 B—L 轴外墙</td><td>合格</td></tr>
<tr><td>4</td><td>一般抹灰</td><td>612 m²</td><td>三至十层 L—B 轴外墙</td><td>合格</td></tr>
<tr><td>5</td><td>一般抹灰</td><td>560 m²</td><td>十一至十七层 L—B 轴外墙</td><td>合格</td></tr>
<tr><td>6</td><td>一般抹灰</td><td>892 m²</td><td>三至十层 1—13 轴外墙</td><td>合格</td></tr>
<tr><td>7</td><td>一般抹灰</td><td>818 m²</td><td>十一至十七层 1—13 轴外墙</td><td>合格</td></tr>
<tr><td>8</td><td>一般抹灰</td><td>892 m²</td><td>三至十层 13—1 轴外墙</td><td>合格</td></tr>
<tr><td>9</td><td>一般抹灰</td><td>818 m²</td><td>十一至十七层 13—1 轴外墙</td><td>合格</td></tr>
<tr><td>10</td><td>一般抹灰</td><td>32 间</td><td>一至三层厨卫间、房间过道、电梯候梯间</td><td>合格</td></tr>
<tr><td>11</td><td>一般抹灰</td><td>34 间</td><td>四至五层卫生间、电梯候梯间</td><td>合格</td></tr>
<tr><td>12</td><td>一般抹灰</td><td>42 间</td><td>六至七层卫生间、房间过道、电梯候梯间</td><td>合格</td></tr>
<tr><td>13</td><td>一般抹灰</td><td>42 间</td><td>八至九层卫生间、房间过道、电梯候梯间</td><td>合格</td></tr>
<tr><td>14</td><td>一般抹灰</td><td>42 间</td><td>十至十一层卫生间、房间过道、电梯候梯间</td><td>合格</td></tr>
<tr><td>15</td><td>一般抹灰</td><td>42 间</td><td>十二至十三层卫生间、房间过道、电梯候梯间</td><td>合格</td></tr>
<tr><td>16</td><td>一般抹灰</td><td>42 间</td><td>十四至十五层卫生间、房间过道、电梯候梯间</td><td>合格</td></tr>
<tr><td>17</td><td>一般抹灰</td><td>28 间</td><td>十六至十七层卫生间、房间过道、电梯候梯间</td><td>合格</td></tr>
<tr><td>18</td><td>一般抹灰</td><td>25 间</td><td>地下室内墙</td><td>合格</td></tr>
<tr><td>19</td><td>一般抹灰</td><td>48 间</td><td>一至三层内墙</td><td>合格</td></tr>
<tr><td>20</td><td>一般抹灰</td><td>30 间</td><td>四至五层内墙</td><td>合格</td></tr>
<tr><td>21</td><td>一般抹灰</td><td>38 间</td><td>六至七层内墙</td><td>合格</td></tr>
<tr><td>22</td><td>一般抹灰</td><td>38 间</td><td>八至九层内墙</td><td>合格</td></tr>
<tr><td>23</td><td>一般抹灰</td><td>38 间</td><td>十至十一层内墙</td><td>合格</td></tr>
</table>

续表

序号	检验批名称	检验批容量	部位/区段	施工单位检查结果	监理(建设)单位验收意见
24	一般抹灰	38 间	十二至十三层内墙	合格	所含检验批无遗漏,各检验批所覆盖的区段和所含内容无遗漏,所查检验批全部合格
25	一般抹灰	38 间	十四至十五层内墙	合格	
26	一般抹灰	28 间	十六至十七层内墙	合格	
27	一般抹灰	25 间	地下室顶棚	合格	
28	一般抹灰	48 间	一至三层顶棚	合格	
29	一般抹灰	30 间	四至五层顶棚	合格	
30	一般抹灰	38 间	六至七层顶棚	合格	
31	一般抹灰	38 间	八至九层顶棚	合格	
32	一般抹灰	38 间	十至十一层顶棚	合格	
33	一般抹灰	38 间	十二至十三层顶棚	合格	
34	一般抹灰	38 间	十四至十五层顶棚	合格	
35	一般抹灰	28 间	十六至十七层顶棚	合格	
说明:检验批质量验收记录资料齐全完整					

施工单位 检查结果	所含检验批无遗漏,各检验批所覆盖的区段和所含内容无遗漏,全部符合要求,本分项工程符合要求。 项目专业技术负责人: 年 月 日
监理(建设)单位 验收结论	本分项工程合格。 专业监理工程师: (建设单位项目专业技术负责人) 年 月 日

注:本表(分项 A 类)适用于不涉及全高垂直度检查、无特殊要求的分项工程。混凝土现浇结构、混凝土装配结构、砖砌体、混凝土小型空心砌块砌体、石砌体分项工程质量验收记录使用分项 B 类表格。

三、门窗子分部工程

1.门窗子分部工程验收资料明细

本节我们将以品茗人宿舍工程为例，按其门窗工程不同的门窗类别列出其验收资料。

序号	验收内容		验收资料	备注
1	门窗工程施工方案			
2	门窗工程施工技术交底			
3	施工日记			
4	门窗	木门	产品合格证	
			主要材料（设备）、成品进场验收记录	
		钢门	产品合格证、性能检测报告、复验报告	
			主要材料（设备）、成品进场验收记录	
		铝合金推拉窗	产品合格证、性能检测报告、复验报告	
			主要材料（设备）、成品进场验收记录	
		防火门（乙级、丙级）、防火卷帘门	生产许可证、产品合格证、性能检测报告	
			主要材料（设备）、成品进场验收记录	
		热镀膜反射、无色玻璃	产品合格证、性能检测报告	
			主要材料（设备）、成品进场验收记录	
		五金等其他材料	产品合格证、检验报告	
5	一至三层木门窗安装		木门窗安装检验批质量验收记录/原始记录	
			隐蔽工程检查验收记录	
6	四至五层木门窗安装		木门窗安装检验批质量验收记录/原始记录	
			隐蔽工程检查验收记录	
⋮	⋮		⋮	⋮
10	十六至十七层及屋面层木门窗安装		木门窗安装检验批质量验收记录/原始记录	
			隐蔽工程检查验收记录	
11	一层钢门窗安装		钢门窗安装检验批质量验收记录/原始记录	
			隐蔽工程检查验收记录	
12	屋面层钢门窗安装		钢门窗安装检验批质量验收记录/原始记录	
			隐蔽工程检查验收记录	
13	一至三层铝合金门窗安装		铝合金门窗安装检验批质量验收记录/原始记录	
			隐蔽工程检查验收记录	

续表

序号	验收内容	验收资料	备注
14	四至五层铝合金门窗安装	铝合金门窗安装检验批质量验收记录/原始记录	
		隐蔽工程检查验收记录	
⋮	⋮	⋮	⋮
18	十六至十七层及屋面层铝合金门窗安装	铝合金门窗安装检验批质量验收记录/原始记录	
		隐蔽工程检查验收记录	
19	地下一层至五层特种门安装	特种门安装检验批质量验收记录/原始记录	
		隐蔽工程检查验收记录	
20	六至十一层特种门安装	特种门安装检验批质量验收记录/原始记录	
		隐蔽工程检查验收记录	
21	十二至十七层及屋面层特种门安装	特种门安装检验批质量验收记录/原始记录	
		隐蔽工程检查验收记录	
22	一至三层门窗玻璃安装	门窗玻璃安装检验批质量验收记录/原始记录	
23	四至五层门窗玻璃安装	门窗玻璃安装检验批质量验收记录/原始记录	
⋮	⋮	⋮	⋮
27	十六至十七层及屋面层门窗玻璃安装	门窗玻璃安装检验批质量验收记录/原始记录	
28	金属外窗检测	金属外窗气密性/水密性/抗风压检测报告	
29	木门窗安装分项工程	木门窗安装分项工程质量验收记录	
30	金属门窗安装分项工程	金属门窗安装分项工程质量验收记录	
31	特种门安装分项工程	特种门安装分项工程质量验收记录	
32	门窗玻璃安装分项工程	门窗玻璃安装分项工程质量验收记录	
33	门窗子分部工程	门窗子分部工程质量验收记录	

注：子分部工程、分项工程、检验批及材料的报审、报验参考本教材或品茗软件填写示例及应用指南。

2. 门窗子分部工程验收资料填写示例

门窗子分部工程质量验收记录

GB 50210—2001　　　　　　　　　　　　　　　　　　　　　　桂建质 0304

<table>
<tr><td colspan="2">单位(子单位)工程名称</td><td colspan="2">品茗人宿舍</td><td>分部工程名称</td><td></td><td>分项工程数量</td><td></td></tr>
<tr><td colspan="2">施工单位</td><td colspan="2"></td><td>项目负责人</td><td></td><td>技术(质量)负责人</td><td></td></tr>
<tr><td colspan="2">分包单位</td><td colspan="2"></td><td>分包单位负责人</td><td></td><td>分包内容</td><td></td></tr>
<tr><td>序号</td><td colspan="3">分项工程名称</td><td>检验批数</td><td>施工单位检查结果</td><td colspan="2">监理(建设)单位验收意见</td></tr>
<tr><td rowspan="2">1</td><td rowspan="2">木门窗安装</td><td colspan="2">木门窗制作</td><td></td><td></td><td colspan="2" rowspan="11">(验收意见、合格或不合格的结论、是否同意验收)

所含分项工程无遗漏并全部合格,本子分部工程合格,同意验收</td></tr>
<tr><td colspan="2">木门窗安装</td><td>13</td><td>合格</td></tr>
<tr><td rowspan="3">2</td><td rowspan="3">金属门窗安装</td><td colspan="2">钢门窗安装</td><td>2</td><td>合格</td></tr>
<tr><td colspan="2">铝合金门窗安装</td><td>8</td><td>合格</td></tr>
<tr><td colspan="2">涂色镀锌钢板门窗安装</td><td></td><td></td></tr>
<tr><td>3</td><td colspan="3">塑料门窗安装</td><td></td><td></td></tr>
<tr><td rowspan="3">4</td><td rowspan="3">特种门安装</td><td colspan="2">特种门安装</td><td>6</td><td>合格</td></tr>
<tr><td colspan="2">推拉自动门安装</td><td></td><td></td></tr>
<tr><td colspan="2">旋转门安装</td><td></td><td></td></tr>
<tr><td>5</td><td colspan="3">门窗玻璃安装</td><td>8</td><td>合格</td></tr>
<tr><td colspan="5"></td></tr>
<tr><td colspan="2">质量控制资料检查结论</td><td colspan="2">(按附表第 1—9 项检查)
共 7 项,经查符合要求 7 项,经核定符合规范要求 0 项</td><td>安全和功能检验(检测)报告检查结论</td><td colspan="3">(按附表第 10—12 项检查)
共核查 1 项,符合要求 1 项,经返工处理符合要求 0 项</td></tr>
<tr><td colspan="2">观感验收记录</td><td colspan="2">1. 共抽查 45 项,符合要求 45 项,不符合要求 0 项。
2. 观感质量评价:好</td><td>验收组验收结论</td><td colspan="3">(合格或不合格、是否同意验收的结论)
合格,同意验收</td></tr>
<tr><td colspan="2">勘察单位
项目负责人:

年　月　日</td><td colspan="2">设计单位
项目负责人:

年　月　日</td><td colspan="2">分包单位
项目负责人:
年　月　日
施工单位
项目负责人:
年　月　日</td><td colspan="2">监理(建设)单位
项目负责人:

年　月　日</td></tr>
</table>

注:“经核定符合规范要求　　项”是指初验未通过的项目,按《建筑工程施工质量验收统一标准》(GB 50300—2013)第 5.0.6 条处理的情况。

门窗子分部工程资料检查表

GB 50210—2001 　　桂建质 0304 附表

序号	检查内容	份数	监理单位检查意见
1	设计图纸/变更文件	1/0	√
2	成品门窗合格证	52	√
3	特种门生产许可证/性能检测报告	10/3	√
4	玻璃合格证/性能检测报告	8/4	√
5	其他材料合格证/检验报告	3/3	√
6	进场验收记录	8	√
7	施工记录		
8	重大质量问题处理方案/验收记录	—	√
9	分项工程质量验收记录——桂建质(分项 A 类)	4	√
10	人造木板甲醛含量检测报告		√
11	金属外窗气密性/水密性/抗风压检测报告	1/1/1	√
12	塑料外窗气密性/水密性/抗风压检测报告		

检查人：

年　月　日

注：检查意见分两种，合格打“√”，不合格打“×”。

木门窗安装　分项工程质量验收记录

桂建质(分项 A 类)

<table>
<tr><td colspan="2">单位(子单位)
工程名称</td><td colspan="2">品茗人宿舍</td><td>分部(子分部)
工程名称</td><td colspan="3">建筑装饰装修(门窗)</td></tr>
<tr><td colspan="2">检验批数量</td><td colspan="2">13</td><td>分项工程专业
质量检查员</td><td colspan="3"></td></tr>
<tr><td colspan="2">施工单位</td><td colspan="2"></td><td>项目负责人</td><td></td><td>项目技术
负责人</td><td></td></tr>
<tr><td colspan="2">分包单位</td><td colspan="2"></td><td>分包单位
项目负责人</td><td></td><td>分包内容</td><td></td></tr>
<tr><td>序号</td><td>检验批
名称</td><td>检验批
容量</td><td>部位/区段</td><td>施工单位检查结果</td><td colspan="3">监理(建设)
单位验收意见</td></tr>
<tr><td>1</td><td>木门窗安装</td><td>85 樘</td><td>一至三层</td><td>合格</td><td colspan="3" rowspan="13">所含检验批无遗漏,各检验批所覆盖的区段和所含内容无遗漏,所查检验批全部合格</td></tr>
<tr><td>2</td><td>木门窗安装</td><td>90 樘</td><td>四至五层</td><td>合格</td></tr>
<tr><td>3</td><td>木门窗安装</td><td>52 樘</td><td>六层</td><td>合格</td></tr>
<tr><td>4</td><td>木门窗安装</td><td>52 樘</td><td>七层</td><td>合格</td></tr>
<tr><td>5</td><td>木门窗安装</td><td>52 樘</td><td>八层</td><td>合格</td></tr>
<tr><td>6</td><td>木门窗安装</td><td>52 樘</td><td>九层</td><td>合格</td></tr>
<tr><td>7</td><td>木门窗安装</td><td>52 樘</td><td>十层</td><td>合格</td></tr>
<tr><td>8</td><td>木门窗安装</td><td>52 樘</td><td>十一层</td><td>合格</td></tr>
<tr><td>9</td><td>木门窗安装</td><td>52 樘</td><td>十二层</td><td>合格</td></tr>
<tr><td>10</td><td>木门窗安装</td><td>52 樘</td><td>十三层</td><td>合格</td></tr>
<tr><td>11</td><td>木门窗安装</td><td>52 樘</td><td>十四层</td><td>合格</td></tr>
<tr><td>12</td><td>木门窗安装</td><td>52 樘</td><td>十五层</td><td>合格</td></tr>
<tr><td>13</td><td>木门窗安装</td><td>79 樘</td><td>十六至屋面层</td><td>合格</td></tr>
<tr><td colspan="8">说明:检验批质量验收记录资料齐全完整</td></tr>
<tr><td colspan="2">施工单位
检查结果</td><td colspan="6">所含检验批无遗漏,各检验批所覆盖的区段和所含内容无遗漏,全部符合要求,本分项工程符合要求。
项目专业技术负责人:
年　月　日</td></tr>
<tr><td colspan="2">监理(建设)单位
验收结论</td><td colspan="6">本分项工程合格。
专业监理工程师:
(建设单位项目专业技术负责人)
年　月　日</td></tr>
</table>

注:本表(分项 A 类)适用于不涉及全高垂直度检查、无特殊要求的分项工程。混凝土现浇结构、混凝土装配结构、砖砌体、混凝土小型空心砌块砌体、石砌体分项工程质量验收记录使用分项 B 类表格。

木门窗安装检验批质量验收记录

GB 50210—2001　　　　　　　　　　　　　　　　桂建质 030401(Ⅱ)003

单位(子单位)工程名称	品茗人宿舍	分部(子分部)工程名称	建筑装饰装修(门窗)	分项工程名称	木门窗安装
施工单位		项目负责人	潘颖秋	检验批容量	52 樘
分包单位		分包单位项目负责人		检验批部位	六层
施工依据	建筑装饰装修工程施工方案		验收依据	《建筑装饰装修工程质量验收规范》(GB 50210—2001)	

<table>
<tr><td rowspan="5">主控项目</td><td colspan="3">验收项目</td><td colspan="3">设计要求及规范规定</td><td>最小/实际抽样数量</td><td>检查记录</td><td>检查结果</td></tr>
<tr><td>1</td><td colspan="2">成品门窗检查</td><td colspan="2">木门窗的品种、类型、规格、开启方向、安装位置及连接方式应符合设计要求</td><td>观察;尺量检查;检查成品的产品合格证书</td><td>—</td><td>质量证明文件齐全,检查合格</td><td>合格</td></tr>
<tr><td>2</td><td colspan="2">门窗框安装</td><td colspan="2">牢固;预埋木砖的防腐处理,木门窗框固定点数量、位置及固定方法符合设计要求</td><td>观察;手扳检查;检查隐蔽工程验收记录和施工记录</td><td>—</td><td>检查合格,详见隐蔽验收记录</td><td>合格</td></tr>
<tr><td>3</td><td colspan="2">门窗扇安装</td><td colspan="2">牢固,开关灵活,关闭严密,无倒翘</td><td rowspan="2">观察;开启和关闭检查;手扳检查</td><td>3/3</td><td>抽查 3 处,全部合格</td><td>合格</td></tr>
<tr><td>4</td><td colspan="2">门窗配件</td><td colspan="2">型号、规格、数量符合设计要求,安装牢固,位置正确,功能满足使用要求</td><td>3/3</td><td>抽查 3 处,全部合格</td><td>合格</td></tr>
<tr><td rowspan="8">一般项目</td><td>1</td><td colspan="2">门窗与墙体间的缝隙嵌填</td><td colspan="2">填嵌材料符合设计要求,填嵌饱满;寒冷地区外门窗(或门窗框)与砌体间的空隙应填充保温材料</td><td>轻敲门窗框检查;检查隐蔽工程验收记录和施工记录</td><td>3/3</td><td>抽查 3 处,全部合格</td><td>合格</td></tr>
<tr><td>2</td><td colspan="2">细部质量</td><td colspan="2">批水、盖口条、压缝条、密封条安装顺直,与门窗结合牢固、严密</td><td>观察;手扳检查</td><td>3/3</td><td>抽查 3 处,全部合格</td><td>合格</td></tr>
<tr><td rowspan="6">3</td><td colspan="2" rowspan="2"></td><td colspan="2">单位/mm</td><td rowspan="2"></td><td rowspan="2"></td><td rowspan="2"></td><td rowspan="2"></td></tr>
<tr><td>普通√</td><td>高级</td></tr>
<tr><td rowspan="4">安装允许偏差</td><td>门窗槽口对角线长度差</td><td>3</td><td>2</td><td>用钢尺检查</td><td>3/3</td><td>抽查 3 处,全部合格</td><td>合格</td></tr>
<tr><td>门窗框的正、侧面垂直度</td><td>2</td><td>1</td><td>用 1 m 垂直检测尺检查</td><td>3/3</td><td>抽查 3 处,全部合格</td><td>合格</td></tr>
<tr><td>框与扇、扇与扇接缝高低差</td><td>2</td><td>1</td><td>用钢直尺和塞尺检查</td><td>3/3</td><td>抽查 3 处,全部合格</td><td>合格</td></tr>
<tr><td>双层门窗内外框间距</td><td>4</td><td>3</td><td>用钢尺检查</td><td></td><td></td><td></td></tr>
</table>

续表

<table>
<tr><td></td><td colspan="4">验收项目</td><td colspan="3">设计要求及规范规定</td><td>最小/实际抽样数量</td><td>检查记录</td><td>检查结果</td></tr>
<tr><td rowspan="12">一般项目</td><td rowspan="12">4</td><td colspan="3" rowspan="2"></td><td colspan="2">单位/mm</td><td rowspan="2"></td><td rowspan="2"></td><td rowspan="2"></td><td rowspan="2"></td></tr>
<tr><td>普通√</td><td>高级</td></tr>
<tr><td rowspan="10">安装留缝限值(mm)</td><td colspan="2">门窗扇对口缝</td><td>1~2.5</td><td>1.5~2</td><td rowspan="6">用塞尺检查</td><td>3/3</td><td>抽查3处,全部合格</td><td>合格</td></tr>
<tr><td colspan="2">工业厂房双扇大门对口缝</td><td>2~5</td><td>—</td><td></td><td></td><td></td></tr>
<tr><td colspan="2">门窗扇与上框间留缝</td><td>1~2</td><td>3</td><td>3/3</td><td>抽查3处,全部合格</td><td>合格</td></tr>
<tr><td colspan="2">门窗扇与侧框间留缝</td><td>1~2.5</td><td>1~1.5</td><td>3/3</td><td>抽查3处,全部合格</td><td>合格</td></tr>
<tr><td colspan="2">窗扇与下框间留缝</td><td>2~3</td><td>2~2.5</td><td></td><td></td><td></td></tr>
<tr><td colspan="2">门扇与下框间留缝</td><td>3~5</td><td>3~4</td><td>3/3</td><td>抽查3处,全部合格</td><td>合格</td></tr>
<tr><td rowspan="4">无下框时门扇与地面间留缝</td><td>外门</td><td>4~7</td><td>5~6</td><td rowspan="4">用塞尺检查</td><td>3/3</td><td>抽查3处,全部合格</td><td>合格</td></tr>
<tr><td>内门</td><td>5~8</td><td>6~7</td><td>3/3</td><td>抽查3处,全部合格</td><td>合格</td></tr>
<tr><td>卫生间门</td><td>8~12</td><td>8~10</td><td>3/3</td><td>抽查3处,全部合格</td><td>合格</td></tr>
<tr><td>厂房大门</td><td>10~20</td><td>—</td><td></td><td></td><td></td></tr>
<tr><td colspan="4">施工单位检查结果</td><td colspan="7">主控项目全部符合要求,一般项目满足规范要求,本检验批符合要求。

专业工长:
项目专业质量检查员: 年 月 日</td></tr>
<tr><td colspan="4">监理(建设)单位验收结论</td><td colspan="7">主控项目全部合格,一般项目满足规范要求,本检验批合格。

专业监理工程师:
(建设单位项目专业技术负责人) 年 月 日</td></tr>
</table>

注:检验批的划分与检查数量:按同一品种、类型和规格每100樘为一个检验批,不足100樘也划分为一个检验批;每个检验批至少抽查5%,并不少于3樘,不足3樘时全数检查。

金属门窗安装 分项工程质量验收记录

桂建质(分项 A 类)

<table>
<tr><td colspan="2">单位(子单位)
工程名称</td><td>品茗人宿舍</td><td>分部(子分部)
工程名称</td><td colspan="3">建筑装饰装修(门窗)</td></tr>
<tr><td colspan="2">检验批数量</td><td>10</td><td>分项工程专业
质量检查员</td><td colspan="3"></td></tr>
<tr><td colspan="2">施工单位</td><td></td><td>项目负责人</td><td></td><td>项目技术
负责人</td><td></td></tr>
<tr><td colspan="2">分包单位</td><td></td><td>分包单位
项目负责人</td><td></td><td>分包内容</td><td></td></tr>
<tr><td>序号</td><td>检验批
名称</td><td>检验批
容量</td><td>部位/区段</td><td>施工单位
检查结果</td><td colspan="2">监理(建设)
单位验收意见</td></tr>
<tr><td>1</td><td>钢门窗安装</td><td>5 樘</td><td>一层</td><td>合格</td><td colspan="2" rowspan="10">所含检验批无遗漏,各检验批所覆盖的区段和所含内容无遗漏,所查检验批全部合格</td></tr>
<tr><td>2</td><td>钢门窗安装</td><td>4 樘</td><td>屋面层</td><td>合格</td></tr>
<tr><td>3</td><td>铝合金门窗安装</td><td>99 樘</td><td>一至三层</td><td>合格</td></tr>
<tr><td>4</td><td>铝合金门窗安装</td><td>64 樘</td><td>四至五层</td><td>合格</td></tr>
<tr><td>5</td><td>铝合金门窗安装</td><td>74 樘</td><td>六至七层</td><td>合格</td></tr>
<tr><td>6</td><td>铝合金门窗安装</td><td>74 樘</td><td>八至九层</td><td>合格</td></tr>
<tr><td>7</td><td>铝合金门窗安装</td><td>74 樘</td><td>十至十一层</td><td>合格</td></tr>
<tr><td>8</td><td>铝合金门窗安装</td><td>74 樘</td><td>十二至十三层</td><td>合格</td></tr>
<tr><td>9</td><td>铝合金门窗安装</td><td>74 樘</td><td>十四至十五层</td><td>合格</td></tr>
<tr><td>10</td><td>铝合金门窗安装</td><td>67 樘</td><td>十六至屋面层</td><td>合格</td></tr>
<tr><td colspan="7">说明:检验批质量验收记录资料齐全完整</td></tr>
<tr><td colspan="2">施工单位
检查结果</td><td colspan="5">所含检验批无遗漏,各检验批所覆盖的区段和所含内容无遗漏,全部符合要求,本分项工程符合要求。
项目专业技术负责人:
年 月 日</td></tr>
<tr><td colspan="2">监理(建设)单位验收结论</td><td colspan="5">本分项工程合格。
专业监理工程师:
(建设单位项目专业技术负责人)
年 月 日</td></tr>
</table>

注:本表(分项 A 类)适用于不涉及全高垂直度检查、无特殊要求的分项工程。混凝土现浇结构、混凝土装配结构、砖砌体、混凝土小型空心砌块砌体、石砌体分项工程质量验收记录使用分项 B 类表格。

钢门窗安装检验批质量验收记录

GB 50210—2001　　　　桂建质 030402(Ⅰ)001

单位(子单位)工程名称	品茗人宿舍	分部(子分部)工程名称	建筑装饰装修(门窗)	分项工程名称	金属门窗安装
施工单位		项目负责人	潘颖秋	检验批容量	5 樘
分包单位		分包单位项目负责人		检验批部位	一层
施工依据	建筑装饰装修工程施工方案		验收依据	《建筑装饰装修工程质量验收规范》(GB 50210—2001)	

	检查项目			设计要求及规范规定		最小/实际抽样数量	检查记录	检查结果
主控项目	1	成品门窗检查		品种、类型、规格、尺寸、性能、开启方向、安装位置及连接方式符合设计要求	观察;尺量检查;检查产品合格证书、性能检测报告、进场验收记录和复验报告		质量证明文件齐全,检查合格,报告编号	合格
				防腐处理及填嵌、密封处理符合设计要求			检查合格,详见隐蔽验收记录	合格
	2	门窗框预埋件		安装牢固,预埋件数量、位置、埋设方式、与框的连接方式符合设计要求	观察;手扳检查;检查隐蔽工程验收记录		检查合格,详见隐蔽验收记录	合格
	3	门窗扇安装		牢固,开关灵活,关闭严密,无倒翘	观察;开启和关闭检查;手扳检查	3/3	抽查 3 处,全部合格	合格
	4	门窗配件		型号、规格、数量符合设计要求,安装牢固,位置正确,功能满足使用要求		3/3	抽查 3 处,全部合格	合格
一般项目	1	表观质量		表面洁净、平整、光滑、色泽一致,无锈蚀;大面无划痕、碰伤;漆膜或保护层应连续	观察	3/3	抽查 3 处,全部合格	合格
	2	门窗框与墙体间的缝隙嵌填		填嵌应饱满,并采用密封胶密封,密封胶表面光滑、顺直,无裂纹	观察;轻敲门窗框检查;检查隐蔽工程验收记录		检查合格,详见隐蔽验收记录	合格
	3	橡胶、毛毡密封条安装		安装完好,不脱槽	观察;开启和关闭检查	3/3	抽查 3 处,全部合格	合格
	4	留缝限值	门窗框、扇配合间隙	≤2 mm	用塞尺检查	3/3	抽查 3 处,全部合格	合格
			无下框时门扇与地面间留缝	4 ~ 8 mm		3/3	抽查 3 处,全部合格	合格

续表

<table>
<tr><td></td><td colspan="3">检查项目</td><td colspan="3">设计要求及规范规定</td><td>最小/实际抽样数量</td><td>检查记录</td><td>检查结果</td></tr>
<tr><td rowspan="9">一般项目</td><td rowspan="9">5</td><td rowspan="9">允许偏差</td><td rowspan="2">门窗槽口高度、宽度</td><td>√</td><td>高、宽 ≤ 1 500 mm时:2.5 mm</td><td rowspan="4">用钢尺检查</td><td>3/3</td><td>抽查3处,全部合格</td><td>合格</td></tr>
<tr><td>√</td><td>高、宽 > 1 500 mm时:3.5 mm</td><td>2/2</td><td>抽查2处,全部合格</td><td>合格</td></tr>
<tr><td rowspan="2">门窗槽口对角线长度差</td><td></td><td>长度≤2 000 mm时:5 mm</td><td></td><td></td><td></td></tr>
<tr><td>√</td><td>长度>2 000 mm时:6 mm</td><td>3/3</td><td>抽查3处,全部合格</td><td>合格</td></tr>
<tr><td>门窗框的正、侧面垂直度</td><td colspan="2">3 mm</td><td>用1 m垂直检测尺检查</td><td>3/3</td><td>抽查3处,全部合格</td><td>合格</td></tr>
<tr><td>门窗横框水平度</td><td colspan="2">3 mm</td><td>用1 m水平尺和塞尺检查</td><td>3/3</td><td>抽查3处,全部合格</td><td>合格</td></tr>
<tr><td>门窗横框标高</td><td colspan="2">5 mm</td><td rowspan="3">用钢尺检查</td><td>3/3</td><td>抽查3处,全部合格</td><td>合格</td></tr>
<tr><td>门窗竖向偏离中心</td><td colspan="2">4 mm</td><td>3/3</td><td>抽查3处,全部合格</td><td>合格</td></tr>
<tr><td>双层门窗内外框间距</td><td colspan="2">5 mm</td><td>3/3</td><td>抽查3处,全部合格</td><td>合格</td></tr>
<tr><td colspan="4">施工单位检查结果</td><td colspan="6">主控项目全部符合要求,一般项目满足规范要求,本检验批符合要求。

专业工长:
项目专业质量检查员:　　　　年　月　日</td></tr>
<tr><td colspan="4">监理(建设)单位验收结论</td><td colspan="6">主控项目全部合格,一般项目满足规范要求,本检验批合格。

专业监理工程师:
(建设单位项目专业技术负责人)　　　　年　月　日</td></tr>
</table>

注:检验批的划分与检查数量:按同一品种、类型和规格每100樘为一个检验批,不足100樘也划分为一个检验批;每个检验批至少抽查5%,并不少于3樘,不足3樘时全数检查。

铝合金门窗安装检验批质量验收记录

GB 50210—2001　　　　桂建质 030402(Ⅱ)003

<table>
<tr><td colspan="3">单位(子单位)工程名称</td><td>品茗人宿舍</td><td>分部(子分部)工程名称</td><td>建筑装饰装修(门窗)</td><td>分项工程名称</td><td colspan="2">金属门窗安装</td></tr>
<tr><td colspan="3">施工单位</td><td></td><td>项目负责人</td><td>潘颖秋</td><td>检验批容量</td><td colspan="2">74 樘</td></tr>
<tr><td colspan="3">分包单位</td><td></td><td>分包单位项目负责人</td><td></td><td>检验批部位</td><td colspan="2">六至七层</td></tr>
<tr><td colspan="3">施工依据</td><td colspan="2">《铝合金门窗工程技术规范》(JGJ 214—2010)</td><td>验收依据</td><td colspan="3">《建筑装饰装修工程质量验收规范》(GB 50210—2001)</td></tr>
<tr><td rowspan="8">主控项目</td><td colspan="2">检查项目</td><td colspan="2">设计要求及规范规定</td><td>最小/实际抽样数量</td><td>检查记录</td><td colspan="2">检查结果</td></tr>
<tr><td rowspan="3">1</td><td rowspan="3">成品门窗检查</td><td>品种、类型、规格、尺寸、性能、开启方向、安装位置及连接方式符合设计要求</td><td rowspan="3">观察;尺量检查;检查产品合格证书、性能检测报告、进场验收记录和复验报告、隐蔽工程验收记录</td><td></td><td>质量证明文件齐全,通过进场验收</td><td colspan="2">合格</td></tr>
<tr><td>防腐处理及填嵌、密封处理符合设计要求</td><td></td><td>检查合格,详见隐蔽验收记录</td><td colspan="2">合格</td></tr>
<tr><td>设计型材壁厚 1.4 mm</td><td></td><td>符合设计要求,详见进场验收</td><td colspan="2">合格</td></tr>
<tr><td>2</td><td>门窗框预埋件</td><td>安装牢固,预埋件数量、位置、埋设方式、与框的连接方式符合设计要求</td><td>观察;手扳检查;检查隐蔽工程验收记录</td><td></td><td>检查合格,详见隐蔽验收记录</td><td colspan="2">合格</td></tr>
<tr><td>3</td><td>门窗扇安装</td><td>牢固,开关灵活,关闭严密,无倒翘;推拉门窗扇必须有防脱落措施</td><td rowspan="2">观察;开启和关闭检查;手扳检查</td><td>8/8</td><td>抽查 8 处,全部合格</td><td colspan="2">合格</td></tr>
<tr><td>4</td><td>门窗配件</td><td>型号、规格、数量符合设计要求,安装牢固,位置正确,功能满足使用要求</td><td>8/8</td><td>抽查 8 处,全部合格</td><td colspan="2">合格</td></tr>
<tr><td colspan="8"></td></tr>
<tr><td rowspan="5">一般项目</td><td>1</td><td>表观质量</td><td>表面洁净、平整、光滑、色泽一致,无锈蚀;大面无划痕、碰伤;漆膜或保护层应连续</td><td>观察</td><td>8/8</td><td>抽查 8 处,全部合格</td><td colspan="2">合格</td></tr>
<tr><td>2</td><td>铝合金门窗推拉门窗扇开关力</td><td>≤100 N</td><td>用弹簧秤检查</td><td>8/8</td><td>抽查 8 处,全部合格</td><td colspan="2">合格</td></tr>
<tr><td>3</td><td>门窗框与墙体间的缝隙嵌填</td><td>填嵌应饱满,并采用密封胶密封,密封胶表面光滑、顺直,无裂纹</td><td>观察;轻敲门窗框检查;检查隐蔽工程验收记录</td><td></td><td>检查合格,详见隐蔽验收记录</td><td colspan="2">合格</td></tr>
<tr><td>4</td><td>橡胶、毛毡密封条安装</td><td>安装完好,不脱槽</td><td>观察;开启和关闭检查</td><td>8/8</td><td>抽查 8 处,全部合格</td><td colspan="2">合格</td></tr>
<tr><td>5</td><td>排水孔</td><td>有排水孔的门窗,排水孔畅通,位置和数量符合设计要求</td><td>观察</td><td>8/8</td><td>抽查 8 处,全部合格</td><td colspan="2">合格</td></tr>
</table>

续表

<table>
<tr><td></td><td colspan="3">检查项目</td><td colspan="2">设计要求及规范规定</td><td>最小/实际抽样数量</td><td>检查记录</td><td>检查结果</td></tr>
<tr><td rowspan="9">一般项目</td><td rowspan="9">6</td><td rowspan="9">安装允许偏差</td><td>门窗槽口高度、宽度</td><td>高、宽≤1 500 mm 时：1.5 mm
高、宽>1 500 mm 时：2 mm</td><td rowspan="2">用钢尺检查</td><td>8/8</td><td>抽查 8 处，全部合格</td><td>合格</td></tr>
<tr><td>门窗槽口对角线长度差</td><td>长度≤2 000 mm 时：3 mm
长度>2 000 mm 时：4 mm</td><td>8/8</td><td>抽查 8 处，全部合格</td><td>合格</td></tr>
<tr><td>门窗框的正、侧面垂直度</td><td>2.5 mm</td><td>用垂直检测尺检查</td><td>8/8</td><td>抽查 8 处，全部合格</td><td>合格</td></tr>
<tr><td>门窗横框水平度</td><td>2 mm</td><td>用 1 m 水平尺和塞尺检查</td><td>8/8</td><td>抽查 8 处，全部合格</td><td>合格</td></tr>
<tr><td>门窗横框标高</td><td>5 mm</td><td rowspan="4">用钢尺检查</td><td>8/8</td><td>抽查 8 处，合格 7 处</td><td>合格</td></tr>
<tr><td>门窗竖向偏离中心</td><td>5 mm</td><td>8/8</td><td>抽查 8 处，全部合格</td><td>合格</td></tr>
<tr><td>双层门窗内外框间距</td><td>4 mm</td><td></td><td></td><td></td></tr>
<tr><td>推拉门窗扇与框搭接量</td><td>1.5 mm</td><td>8/8</td><td>抽查 8 处，合格 7 处</td><td>合格</td></tr>
<tr><td colspan="4">施工单位检查结果</td><td colspan="5">主控项目全部符合要求，一般项目满足规范要求，本检验批符合要求。

专业工长：
项目专业质量检查员：　　　　年　月　日</td></tr>
<tr><td colspan="4">监理（建设）单位验收结论</td><td colspan="5">主控项目全部合格，一般项目满足规范要求，本检验批合格。

专业监理工程师：
（建设单位项目专业技术负责人）　　　　年　月　日</td></tr>
</table>

注：1. 检验批的划分与检查数量：按同一品种、类型和规格每 100 樘为一个检验批，不足 100 樘也划分为一个检验批；每个检验批至少抽查 5%，并不少于 3 樘，不足 3 樘时全数检查；高层建筑的外窗，每个检验批至少抽查 10%，并不得少于 6 樘，不足 6 樘时全数检查。

2. 主控项目第 1 项中，应将设计要求的型材壁厚填入“质量要求”栏中。

四、吊顶子分部工程

1. 吊顶子分部工程验收资料明细

本节我们将以品茗人宿舍工程为例，按其吊顶工程的做法列出其验收资料。

<table>
<tr><th>序号</th><th>验收内容</th><th>验收资料</th><th>备　注</th></tr>
<tr><td>1</td><td colspan="2">吊顶工程施工方案</td><td></td></tr>
<tr><td>2</td><td colspan="2">吊顶工程施工技术交底</td><td></td></tr>
<tr><td>3</td><td colspan="2">施工日记</td><td></td></tr>
<tr><td rowspan="4">4</td><td rowspan="2">轻钢龙骨</td><td>主要材料（设备）、成品进场验收记录</td><td rowspan="4"></td></tr>
<tr><td>产品合格证书、性能检测报告</td></tr>
<tr><td rowspan="2">水泥纤维板</td><td>主要材料（设备）、成品进场验收记录</td></tr>
<tr><td>产品合格证书、性能检测报告、复验报告（防火性能检测报告）</td></tr>
<tr><td rowspan="4">5</td><td rowspan="2">一至九层大堂、内走廊、电梯楼梯间吊顶</td><td>暗龙骨吊顶检验批质量验收记录/原始记录</td><td rowspan="4"></td></tr>
<tr><td>隐蔽工程检查验收记录</td></tr>
<tr><td rowspan="2">十至十七层内走廊、电梯楼梯间</td><td>暗龙骨吊顶检验批质量验收记录/原始记录</td></tr>
<tr><td>隐蔽工程检查验收记录</td></tr>
<tr><td>6</td><td>板块面层吊顶分项工程</td><td>板块面层吊顶分项工程质量验收记录</td><td></td></tr>
<tr><td>7</td><td>吊顶子分部工程</td><td>吊顶子分部工程质量验收记录</td><td></td></tr>
</table>

注：子分部工程、分项工程、检验批及材料的报审、报验参考本教材或品茗软件填写示例及应用指南。

2. 吊顶子分部工程验收资料填写示例

门窗子分部工程质量验收记录

GB 50210—2001　　　　　　　　　　　　　　　　　　　　　　　　桂建质 0304

<table>
<tr><td colspan="2">单位(子单位)工程名称</td><td>品茗人宿舍</td><td>分部工程名称</td><td></td><td>分项工程数量</td><td></td></tr>
<tr><td colspan="2">施工单位</td><td></td><td>项目负责人</td><td></td><td>技术(质量)负责人</td><td></td></tr>
<tr><td colspan="2">分包单位</td><td></td><td>分包单位负责人</td><td></td><td>分包内容</td><td></td></tr>
<tr><td>序号</td><td colspan="2">分项工程名称</td><td>检验批数</td><td colspan="2">施工单位检查结果</td><td>监理(建设)单位验收意见</td></tr>
<tr><td rowspan="2">1</td><td rowspan="2">木门窗安装</td><td>木门窗制作</td><td></td><td colspan="2"></td><td rowspan="11">(验收意见、合格或不合格的结论、是否同意验收)

所含分项工程无遗漏并全部合格,本子分部工程合格,同意验收</td></tr>
<tr><td>木门窗安装</td><td>13</td><td colspan="2">合格</td></tr>
<tr><td rowspan="3">2</td><td rowspan="3">金属门窗安装</td><td>钢门窗安装</td><td>2</td><td colspan="2">合格</td></tr>
<tr><td>铝合金门窗安装</td><td>8</td><td colspan="2">合格</td></tr>
<tr><td>涂色镀锌钢板门窗安装</td><td></td><td colspan="2"></td></tr>
<tr><td>3</td><td colspan="2">塑料门窗安装</td><td></td><td colspan="2"></td></tr>
<tr><td rowspan="3">4</td><td rowspan="3">特种门安装</td><td>特种门安装</td><td>6</td><td colspan="2">合格</td></tr>
<tr><td>推拉自动门安装</td><td></td><td colspan="2"></td></tr>
<tr><td>旋转门安装</td><td></td><td colspan="2"></td></tr>
<tr><td>5</td><td colspan="2">门窗玻璃安装</td><td>8</td><td colspan="2">合格</td></tr>
<tr><td colspan="6"></td></tr>
<tr><td colspan="2">质量控制资料检查结论</td><td colspan="2">(按附表第1—9项检查)
共 7 项,经查符合要求 7 项,经核定符合规范要求 0 项</td><td>安全和功能检验(检测)报告检查结论</td><td colspan="2">(按附表第10—12项检查)
共核查 1 项,符合要求 1 项,经返工处理符合要求 0 项</td></tr>
<tr><td colspan="2">观感验收记录</td><td colspan="2">1. 共抽查 45 项,符合要求 45 项,不符合要求 0 项
2. 观感质量评价:好</td><td>验收组验收结论</td><td colspan="2">(合格或不合格、是否同意验收的结论)
合格,同意验收</td></tr>
<tr><td colspan="2">勘察单位
项目负责人:

年　月　日</td><td colspan="2">设计单位
项目负责人:

年　月　日</td><td>分包单位
项目负责人:
年　月　日
施工单位
项目负责人:
年　月　日</td><td colspan="2">监理(建设)单位
项目负责人:

年　月　日</td></tr>
</table>

注:“经核定符合规范要求　项”是指初验未通过的项目,按《建筑工程施工质量验收统一标准》(GB 50300—2013)第5.0.6条处理的情况。

门窗子分部工程资料检查表

GB 50210—2001　　　　桂建质0304附表

序号	检查内容	份数	监理单位检查意见
1	设计图纸/变更文件	1/0	√
2	成品门窗合格证	52	√
3	特种门生产许可证/性能检测报告	10/3	√
4	玻璃合格证/性能检测报告	8/4	√
5	其他材料合格证/检验报告	3/3	√
6	进场验收记录	8	√
7	施工记录		
8	重大质量问题处理方案/验收记录	—	√
9	分项工程质量验收记录一桂建质(分项A类)	4	√
10	人造木板甲醛含量检测报告	—	√
11	金属外窗气密性/水密性/抗风压检测报告	1/1/1	√
12	塑料外窗气密性/水密性/抗风压检测报告		
检查人: 年　月　日			

注:检查意见分两种,合格打“”√,不合格打“×”。

木门窗安装 分项工程质量验收记录

桂建质(分项 A 类)

<table>
<tr><td>单位(子单位)
工程名称</td><td>品茗人宿舍</td><td>分部(子分部)
工程名称</td><td colspan="3">建筑装饰装修(门窗)</td></tr>
<tr><td>检验批数量</td><td>13</td><td>分项工程专业
质量检查员</td><td colspan="3"></td></tr>
<tr><td>施工单位</td><td></td><td>项目负责人</td><td></td><td>项目技术
负责人</td><td></td></tr>
<tr><td>分包单位</td><td></td><td>分包单位
项目负责人</td><td></td><td>分包内容</td><td></td></tr>
</table>

<table>
<tr><td>序号</td><td>检验批
名称</td><td>检验批
容量</td><td>部位/区段</td><td>施工单位检查结果</td><td>监理(建设)
单位验收意见</td></tr>
<tr><td>1</td><td>木门窗安装</td><td>85 樘</td><td>一至三层</td><td>合格</td><td rowspan="13">所含检验批无遗漏,各检验批所覆盖的区段和所含内容无遗漏,所查检验批全部合格</td></tr>
<tr><td>2</td><td>木门窗安装</td><td>90 樘</td><td>四至五层</td><td>合格</td></tr>
<tr><td>3</td><td>木门窗安装</td><td>52 樘</td><td>六层</td><td>合格</td></tr>
<tr><td>4</td><td>木门窗安装</td><td>52 樘</td><td>七层</td><td>合格</td></tr>
<tr><td>5</td><td>木门窗安装</td><td>52 樘</td><td>八层</td><td>合格</td></tr>
<tr><td>6</td><td>木门窗安装</td><td>52 樘</td><td>九层</td><td>合格</td></tr>
<tr><td>7</td><td>木门窗安装</td><td>52 樘</td><td>十层</td><td>合格</td></tr>
<tr><td>8</td><td>木门窗安装</td><td>52 樘</td><td>十一层</td><td>合格</td></tr>
<tr><td>9</td><td>木门窗安装</td><td>52 樘</td><td>十二层</td><td>合格</td></tr>
<tr><td>10</td><td>木门窗安装</td><td>52 樘</td><td>十三层</td><td>合格</td></tr>
<tr><td>11</td><td>木门窗安装</td><td>52 樘</td><td>十四层</td><td>合格</td></tr>
<tr><td>12</td><td>木门窗安装</td><td>52 樘</td><td>十五层</td><td>合格</td></tr>
<tr><td>13</td><td>木门窗安装</td><td>79 樘</td><td>十六至屋面层</td><td>合格</td></tr>
<tr><td colspan="6">说明:检验批质量验收记录资料齐全完整</td></tr>
<tr><td colspan="2">施工单位
检查结果</td><td colspan="4">所含检验批无遗漏,各检验批所覆盖的区段和所含内容无遗漏,全部符合要求,本分项工程符合要求。

项目专业技术负责人:

年 月 日</td></tr>
<tr><td colspan="2">监理(建设)单位
验收结论</td><td colspan="4">本分项工程合格。

专业监理工程师:
(建设单位项目专业技术负责人)

年 月 日</td></tr>
</table>

注:本表(分项 A 类)适用于不涉及全高垂直度检查、无特殊要求的分项工程。混凝土现浇结构、混凝土装配结构、砖砌体、混凝土小型空心砌块砌体、石砌体分项工程质量验收记录使用分项 B 类表格。

木门窗安装检验批质量验收记录

GB 50210—2001　　　　　　　　　　　　　　　　　　　　　　　　桂建质 030401(Ⅱ)003

<table>
<tr><td>单位(子单位)工程名称</td><td>品茗人宿舍</td><td>分部(子分部)工程名称</td><td>建筑装饰装修(门窗)</td><td>分项工程名称</td><td>木门窗安装</td></tr>
<tr><td>施工单位</td><td></td><td>项目负责人</td><td>潘颖秋</td><td>检验批容量</td><td>52 樘</td></tr>
<tr><td>分包单位</td><td></td><td>分包单位项目负责人</td><td></td><td>检验批部位</td><td>六层</td></tr>
<tr><td>施工依据</td><td colspan="2">建筑装饰装修工程施工方案</td><td>验收依据</td><td colspan="2">《建筑装饰装修工程质量验收规范》(GB 50210—2001)</td></tr>
</table>

<table>
<tr><td rowspan="5">主控项目</td><td colspan="3">验收项目</td><td colspan="3">设计要求及规范规定</td><td>最小/实际抽样数量</td><td>检查记录</td><td>检查结果</td></tr>
<tr><td>1</td><td colspan="2">成品门窗检查</td><td colspan="2">木门窗的品种、类型、规格、开启方向、安装位置及连接方式应符合设计要求</td><td>观察;尺量检查;检查成品的产品合格证书</td><td></td><td>质量证明文件齐全,检查合格</td><td>合格</td></tr>
<tr><td>2</td><td colspan="2">门窗框安装</td><td colspan="2">牢固,预埋木砖的防腐处理、木门窗框固定点数量、位置及固定方法符合设计要求</td><td>观察;手扳检查;检查隐蔽工程验收记录和施工记录</td><td></td><td>检查合格,详见隐蔽验收记录</td><td>合格</td></tr>
<tr><td>3</td><td colspan="2">门窗扇安装</td><td colspan="2">牢固,开关灵活,关闭严密,无倒翘</td><td rowspan="2">观察;开启和关闭检查;手扳检查</td><td>3/3</td><td>抽查 3 处,全部合格</td><td>合格</td></tr>
<tr><td>4</td><td colspan="2">门窗配件</td><td colspan="2">型号、规格、数量符合设计要求,安装牢固,位置正确,功能满足使用要求</td><td>3/3</td><td>抽查 3 处,全部合格</td><td>合格</td></tr>
<tr><td rowspan="8">一般项目</td><td>1</td><td colspan="2">门窗与墙体间的缝隙嵌填</td><td colspan="2">填嵌材料符合设计要求,填嵌饱满;寒冷地区外门窗(或门窗框)与砌体间的空隙应填充保温材料</td><td>轻敲门窗框检查;检查隐蔽工程验收记录和施工记录</td><td>3/3</td><td>抽查 3 处,全部合格</td><td>合格</td></tr>
<tr><td>2</td><td colspan="2">细部质量</td><td colspan="2">批水、盖口条、压缝条、密封条安装顺直,与门窗结合牢固、严密</td><td>观察;手扳检查</td><td>3/3</td><td>抽查 3 处,全部合格</td><td>合格</td></tr>
<tr><td rowspan="6">3</td><td colspan="2" rowspan="2"></td><td colspan="2">单位/mm</td><td rowspan="2"></td><td rowspan="2"></td><td rowspan="2"></td><td rowspan="2"></td></tr>
<tr><td>普通√</td><td>高级</td></tr>
<tr><td rowspan="4">安装允许偏差</td><td>门窗槽口对角线长度差</td><td>3</td><td>2</td><td>用钢尺检查</td><td>3/3</td><td>抽查 3 处,全部合格</td><td>合格</td></tr>
<tr><td>门窗框的正、侧面垂直度</td><td>2</td><td>1</td><td>用 1 m 垂直检测尺检查</td><td>3/3</td><td>抽查 3 处,全部合格</td><td>合格</td></tr>
<tr><td>框与扇、扇与扇接缝高低差</td><td>2</td><td>1</td><td>用钢直尺和塞尺检查</td><td>3/3</td><td>抽查 3 处,全部合格</td><td>合格</td></tr>
<tr><td>双层门窗内外框间距</td><td>4</td><td>3</td><td>用钢尺检查</td><td></td><td></td><td></td></tr>
</table>

续表

<table>
<tr><td rowspan="14">一般项目</td><td colspan="4">验收项目</td><td colspan="3">设计要求及规范规定</td><td>最小/实际抽样数量</td><td>检查记录</td><td>检查结果</td></tr>
<tr><td rowspan="13">4</td><td colspan="3" rowspan="2"></td><td colspan="2">单位/mm</td><td rowspan="2"></td><td rowspan="2"></td><td rowspan="2"></td><td rowspan="2"></td></tr>
<tr><td>普通√</td><td>高级</td></tr>
<tr><td rowspan="10">安装留缝限值</td><td colspan="2">门窗扇对口缝</td><td>1~2.5</td><td>1.5~2</td><td rowspan="6">用塞尺检查</td><td>3/3</td><td>抽查 3 处,全部合格</td><td>合格</td></tr>
<tr><td colspan="2">工业厂房双扇大门对口缝</td><td>2~5</td><td>—</td><td></td><td></td><td></td></tr>
<tr><td colspan="2">门窗扇与上框间留缝</td><td>1~2</td><td>3</td><td>3/3</td><td>抽查 3 处,全部合格</td><td>合格</td></tr>
<tr><td colspan="2">门窗扇与侧框间留缝</td><td>1~2.5</td><td>1~1.5</td><td>3/3</td><td>抽查 3 处,全部合格</td><td>合格</td></tr>
<tr><td colspan="2">窗扇与下框间留缝</td><td>2~3</td><td>2~2.5</td><td></td><td></td><td></td></tr>
<tr><td colspan="2">门扇与下框间留缝</td><td>3~5</td><td>3~4</td><td>3/3</td><td>抽查 3 处,全部合格</td><td>合格</td></tr>
<tr><td rowspan="4">无下框时门扇与地面间留缝</td><td>外门</td><td>4~7</td><td>5~6</td><td rowspan="4">用塞尺检查</td><td>3/3</td><td>抽查 3 处,全部合格</td><td>合格</td></tr>
<tr><td>内门</td><td>5~8</td><td>6~7</td><td>3/3</td><td>抽查 3 处,全部合格</td><td>合格</td></tr>
<tr><td>卫生间门</td><td>8~12</td><td>8~10</td><td>3/3</td><td>抽查 3 处,全部合格</td><td>合格</td></tr>
<tr><td>厂房大门</td><td>10~20</td><td>—</td><td></td><td></td><td></td></tr>
<tr><td colspan="4">施工单位检查结果</td><td colspan="7">主控项目全部符合要求,一般项目满足规范要求,本检验批符合要求。

专业工长:
项目专业质量检查员:　　　　年　月　日</td></tr>
<tr><td colspan="4">监理(建设)单位验收结论</td><td colspan="7">主控项目全部合格,一般项目满足规范要求,本检验批合格。

专业监理工程师:
(建设单位项目专业技术负责人)　　　　年　月　日</td></tr>
</table>

注:检验批的划分与检查数量:按同一品种、类型和规格每 100 樘为一个检验批,不足 100 樘也划分为一个检验批;每个检验批至少抽查 5%,并不少于 3 樘,不足 3 樘时全数检查。

五、饰面砖子分部工程

1. 饰面砖子分部工程验收资料明细

本节我们将以品茗人宿舍工程为例，按其饰面砖工程不同的做法列出其验收资料。

序号	验收内容	验收资料	备注
1	饰面砖工程施工方案		
2	饰面砖工程施工技术交底		
3	施工日记		
4	饰面砖	产品合格证、检验报告	
		主要材料（设备）、成品进场验收记录	
5	一至二层外墙面	外墙饰面砖粘贴检验批质量验收记录/原始记录	
6	阳台外墙面	外墙饰面砖粘贴检验批质量验收记录/原始记录	
7	一至三层厨卫间、房间过道、电梯候梯间	内墙饰面砖粘贴检验批质量验收记录/原始记录	
8	四至六层卫生间、房间过道、电梯候梯间	内墙饰面砖粘贴检验批质量验收记录/原始记录	
⋮	⋮	⋮	⋮
12	十六至十七层卫生间、房间过道、电梯候梯间	内墙饰面砖粘贴检验批质量验收记录/原始记录	
13	一至十七层内走廊墙面	内墙饰面砖粘贴检验批质量验收记录/原始记录	
14	三至十六层活动室墙面	内墙饰面砖粘贴检验批质量验收记录/原始记录	
15	外墙饰面砖黏结强度检测	外墙饰面砖黏结强度检测报告	
16	外墙饰面砖粘贴分项工程	外墙饰面砖粘贴分项工程质量验收记录	
17	内墙饰面砖粘贴分项工程	内墙饰面砖粘贴分项工程质量验收记录	
18	饰面砖子分部工程	饰面板（砖）子分部工程质量验收记录	

注：子分部工程、分项工程、检验批及材料的报审、报验参考本教材或品茗软件填写示例及应用指南。

2. 饰面砖子分部工程验收资料填写示例

饰面砖子分部工程质量验收记录

GB 50210—2001　　　　　　　　　　　　　　　　　　　　　桂建质 0308

<table>
<tr><td>单位(子单位)工程名称</td><td>品茗人宿舍</td><td>分部工程名称</td><td></td><td>分项工程数量</td><td></td></tr>
<tr><td>施工单位</td><td></td><td>项目负责人</td><td></td><td>技术(质量)负责人</td><td></td></tr>
<tr><td>分包单位</td><td></td><td>分包单位负责人</td><td></td><td>分包内容</td><td></td></tr>
<tr><td>序号</td><td colspan="2">分项工程名称</td><td>检验批数</td><td>施工单位检查结果</td><td>监理(建设)单位验收意见</td></tr>
<tr><td>1</td><td colspan="2">外墙饰面砖粘贴</td><td>4</td><td>合格</td><td rowspan="2">(验收意见、合格或不合格的结论、是否同意验收)
所含分项工程无遗漏并全部合格,本子分部工程合格,同意验收</td></tr>
<tr><td>2</td><td colspan="2">内墙饰面砖粘贴</td><td>10</td><td>合格</td></tr>
<tr><td>质量控制资料检查结论</td><td colspan="2">(按附表第1—9项检查)
共 4 项,经查符合要求 4 项,
经核定符合规范要求　项</td><td>安全和功能检验(检测)报告检查结论</td><td colspan="2">(按附表第10—13项检查)
共核查 1 项,符合要求 1 项,
经返工处理符合要求　项</td></tr>
<tr><td>观感验收记录</td><td colspan="2">1. 共抽查 8 项,符合要求 8 项,不符合要求 0 项。
2. 观感质量评价:好</td><td>验收组验收结论</td><td colspan="2">(合格或不合格、是否同意验收的结论)
合格,同意验收</td></tr>
<tr><td>勘察单位

项目负责人:

年　月　日</td><td colspan="2">设计单位

项目负责人:

年　月　日</td><td>分包单位

项目负责人:

年　月　日

施工单位

项目负责人:

年　月　日</td><td colspan="2">监理(建设)单位

项目负责人:

年　月　日</td></tr>
</table>

注:“经核定符合规范要求　项”是指初验未通过的项目,按《建筑工程施工质量验收统一标准》(GB 50300—2013)第5.0.6条处理的情况。

饰面砖子分部工程资料检查表

GB 50210—2001　　　　桂建质 0308 附表

序号	检查内容	份数	监理单位检查意见
1	设计图纸/变更文件	1/0	√
2	外墙陶瓷面砖性能检测报告	4	√
3	水泥合格证/检验报告		
4	其他材料合格证/检验报告		
5	进场验收记录	4	√
6	隐蔽工程检查验收记录——桂建质(附)		
7	施工记录		
8	重大质量问题处理方案/验收记录		
9	分项工程质量验收记录——桂建质(分项 A 类)	2	√
10	后置埋件现场拉拔检测报告		
11	外墙饰面砖样板件黏结强度检测报告	1	√
12	人造木板甲醛含量检测报告		
13	室内用花岗石放射性检测报告		
检查人： 年　月　日			

注：检查意见分两种，合格打"√"，不合格打"×"。

外墙饰面砖粘贴 分项工程质量验收记录

桂建质(分项 A 类)

<table>
<tr><td colspan="2">单位(子单位)工程名称</td><td colspan="2">品茗人宿舍</td><td>分部(子分部)工程名称</td><td colspan="3">建筑装饰装修(饰面砖)</td></tr>
<tr><td colspan="2">检验批数量</td><td colspan="2">4</td><td>分项工程专业质量检查员</td><td colspan="3"></td></tr>
<tr><td colspan="2">施工单位</td><td colspan="2"></td><td>项目负责人</td><td></td><td>项目技术负责人</td><td></td></tr>
<tr><td colspan="2">分包单位</td><td colspan="2"></td><td>分包单位项目负责人</td><td></td><td>分包内容</td><td></td></tr>
<tr><td>序号</td><td>检验批名称</td><td>检验批容量</td><td>部位/区段</td><td>施工单位检查结果</td><td colspan="3">监理(建设)单位验收意见</td></tr>
<tr><td>1</td><td>外墙饰面砖粘贴</td><td>836 m²</td><td>一至二层外墙</td><td>合格</td><td colspan="3" rowspan="10">所含检验批无遗漏,各检验批所覆盖的区段和所含内容无遗漏,所查检验批全部合格</td></tr>
<tr><td>2</td><td>外墙饰面砖粘贴</td><td>700 m²</td><td>三至七层阳台外墙面</td><td>合格</td></tr>
<tr><td>3</td><td>外墙饰面砖粘贴</td><td>700 m²</td><td>八至十二层阳台外墙面</td><td>合格</td></tr>
<tr><td>4</td><td>外墙饰面砖粘贴</td><td>610 m²</td><td>十三至十七层阳台外墙面</td><td>合格</td></tr>
<tr><td></td><td></td><td></td><td></td><td></td></tr>
<tr><td></td><td></td><td></td><td></td><td></td></tr>
<tr><td></td><td></td><td></td><td></td><td></td></tr>
<tr><td></td><td></td><td></td><td></td><td></td></tr>
<tr><td></td><td></td><td></td><td></td><td></td></tr>
<tr><td></td><td></td><td></td><td></td><td></td></tr>
<tr><td colspan="8">说明:检验批质量验收记录资料齐全完整</td></tr>
<tr><td colspan="2">施工单位检查结果</td><td colspan="6">所含检验批无遗漏,各检验批所覆盖的区段和所含内容无遗漏,全部符合要求,本分项工程符合要求。
项目专业技术负责人:
年 月 日</td></tr>
<tr><td colspan="2">监理(建设)单位验收结论</td><td colspan="6">本分项工程合格。
专业监理工程师:
(建设单位项目专业技术负责人)
年 月 日</td></tr>
</table>

注:本表(分项 A 类)适用于不涉及全高垂直度检查、无特殊要求的分项工程。混凝土现浇结构、混凝土装配结构、砖砌体、混凝土小型空心砌块砌体、石砌体分项工程质量验收记录使用分项 B 类表格。

外墙饰面砖粘贴检验批质量验收记录

GB 50210—2001　　桂建质 030801　001

<table>
<tr><td colspan="2">单位(子单位)工程名称</td><td colspan="2">品茗人宿舍</td><td>分部(子分部)工程名称</td><td>建筑装饰装修(饰面砖)</td><td>分项工程名称</td><td>外墙饰面砖粘贴</td></tr>
<tr><td colspan="2">施工单位</td><td colspan="2"></td><td>项目负责人</td><td>潘颖秋</td><td>检验批容量</td><td>836 m²</td></tr>
<tr><td colspan="2">分包单位</td><td colspan="2"></td><td>分包单位项目负责人</td><td></td><td>检验批部位</td><td>一至二层外墙</td></tr>
<tr><td colspan="2">施工依据</td><td colspan="3">建筑装饰装修施工方案</td><td>验收依据</td><td colspan="2">《建筑装饰装修工程质量验收规范》(GB 50210—2001)</td></tr>
<tr><td rowspan="5">主控项目</td><td colspan="3">验收项目</td><td>设计要求及规范规定</td><td>最小/实际抽样数量</td><td>检查记录</td><td>检查结果</td></tr>
<tr><td>1</td><td>饰面砖质量</td><td>品种、规格、图案、颜色和性能符合设计要求</td><td>按注3的规定</td><td>—</td><td>质量证明文件齐全,检查合格</td><td>合格</td></tr>
<tr><td>2</td><td>饰面砖粘贴材料、施工方法</td><td>找平、防水、黏结和勾缝材料及施工方法符合设计要求及国家现行产品标准和工程技术标准的规定</td><td>检查产品合格证书、复验报告和隐蔽工程验收记录</td><td>—</td><td>质量证明文件齐全,试验合格,报告编号×××</td><td>合格</td></tr>
<tr><td>3</td><td>饰面砖粘贴质量</td><td>牢固</td><td>检查样板件黏结强度检测报告和施工记录</td><td>—</td><td>试验合格,报告编号×××</td><td>合格</td></tr>
<tr><td>4</td><td colspan="2">满粘法施工的饰面砖工程应无空鼓、裂缝</td><td>观察;用小锤轻击检查</td><td>9/9</td><td>抽查9处,全部合格</td><td>合格</td></tr>
<tr><td rowspan="5">一般项目</td><td>1</td><td>表观质量</td><td>饰面砖表面平整、洁净、色泽一致,无裂痕和缺损</td><td rowspan="2">观察</td><td>9/9</td><td>抽查9处,全部合格</td><td>合格</td></tr>
<tr><td>2</td><td colspan="2">阴阳角处搭接方式、非整砖使用部位符合设计要求</td><td>9/9</td><td>抽查9处,全部合格</td><td>合格</td></tr>
<tr><td>3</td><td>墙面突出物</td><td>周围的饰面砖应整砖套割吻合,边缘整齐;墙裙、贴脸突出墙面的厚度一致</td><td rowspan="2">观察;尺量检查</td><td>9/9</td><td>抽查9处,全部合格</td><td>合格</td></tr>
<tr><td>4</td><td>饰面砖接缝</td><td>平直、光滑,填嵌连续、密实;宽度和深度符合设计要求</td><td>9/9</td><td>抽查9处,全部合格</td><td>合格</td></tr>
<tr><td>5</td><td>滴水线(槽)</td><td>有排水要求的部位应做滴水线(槽);滴水线(槽)顺直,流水坡向正确,坡度符合设计要求</td><td>观察;用水平尺检查</td><td>9/9</td><td>抽查9处,全部合格</td><td>合格</td></tr>
</table>

续表

<table>
<tr><td colspan="2">验收项目</td><td colspan="2">设计要求及规范规定</td><td>最小/实际抽样数量</td><td>检查记录</td><td>检查结果</td></tr>
<tr><td rowspan="6">6</td><td>立面垂直度</td><td>3</td><td>用2 m垂直检测尺检查</td><td>9/9</td><td>抽查9处,全部合格</td><td>合格</td></tr>
<tr><td>表面平整度</td><td>4</td><td>用2 m靠尺和塞尺检查</td><td>9/9</td><td>抽查9处,全部合格</td><td>合格</td></tr>
<tr><td>阴阳角方正</td><td>3</td><td>用直角检测尺检查</td><td>9/9</td><td>抽查9处,全部合格</td><td>合格</td></tr>
<tr><td>接缝直线度</td><td>3</td><td>拉5 m线,不足5 m拉通线,用钢直尺检查</td><td>9/9</td><td>抽查9处,全部合格</td><td>合格</td></tr>
<tr><td>接缝高低差</td><td>1</td><td>用钢直尺和塞尺检查</td><td>9/9</td><td>抽查9处,全部合格</td><td>合格</td></tr>
<tr><td>接缝宽度</td><td>1</td><td>用钢直尺检查</td><td>9/9</td><td>抽查9处,全部合格</td><td>合格</td></tr>
<tr><td>施工单位检查结果</td><td colspan="3">主控项目全部符合要求,一般项目满足规范要求,本检验批符合要求。

专业工长:

项目专业质量检查员:
年　月　日</td><td>监理(建设)单位验收结论</td><td colspan="2">主控项目全部合格,一般项目满足规范要求,本检验批合格。

专业监理工程师:
(建设单位项目专业技术负责人)
年　月　日</td></tr>
</table>

注:1. 本记录适用于内墙饰面砖粘贴工程和高度不大于100 m、抗震设防烈度不大于8度、采用满粘法施工的外墙饰面砖粘贴工程的质量验收。

2. 检验批的划分与检查数量:

(1)室内:相同材料、工艺和施工条件的,每50间为一个检验批,不足50间也划分为一个检验批(大面积房间和走廊按施工面积30 m^2 为一间);每个检验批至少抽查10%,并不少于3间,不足3间时全数检查。

(2)室外:相同材料、工艺和施工条件的,每500~1 000 m^2 为一个检验批,不足500 m^2 也划分为一个检验批;每个检验批每100 m^2 至少抽查1处,每处不小于10 m^2。

3. 饰面砖质量检查方法:观察;检查产品合格证书、进场验收记录、性能检测报告和复验报告。

内墙饰面砖粘贴 分项工程质量验收记录

桂建质(分项 A 类)

<table>
<tr><td colspan="2">单位(子单位)
工程名称</td><td colspan="2">品茗人宿舍</td><td>分部(子分部)
工程名称</td><td colspan="2">建筑装饰装修(饰面砖)</td></tr>
<tr><td colspan="2">检验批数量</td><td colspan="2">10</td><td>分项工程专业
质量检查员</td><td colspan="2"></td></tr>
<tr><td colspan="2">施工单位</td><td colspan="2"></td><td>项目负责人</td><td>项目技术
负责人</td><td></td></tr>
<tr><td colspan="2">分包单位</td><td colspan="2"></td><td>分包单位
项目负责人</td><td>分包内容</td><td></td></tr>
<tr><td>序号</td><td>检验批名称</td><td>检验批
容量</td><td>部位/区段</td><td>施工单位检查结果</td><td colspan="2">监理(建设)
单位验收意见</td></tr>
<tr><td>1</td><td>内墙饰面砖粘贴</td><td>32 间</td><td>一至三层厨卫间、房间过道、电梯候梯间</td><td>合格</td><td colspan="2" rowspan="12">所含检验批无遗漏,各检验批所覆盖的区段和所含内容无遗漏,所查检验批全部合格</td></tr>
<tr><td>2</td><td>内墙饰面砖粘贴</td><td>32 间</td><td>四至五层卫生间、电梯候梯间</td><td>合格</td></tr>
<tr><td>3</td><td>内墙饰面砖粘贴</td><td>42 间</td><td>六至七层卫生间、房间过道、电梯候梯间</td><td>合格</td></tr>
<tr><td>4</td><td>内墙饰面砖粘贴</td><td>42 间</td><td>八至九层卫生间、房间过道、电梯候梯间</td><td>合格</td></tr>
<tr><td>5</td><td>内墙饰面砖粘贴</td><td>42 间</td><td>十至十一层卫生间、房间过道、电梯候梯间</td><td>合格</td></tr>
<tr><td>6</td><td>内墙饰面砖粘贴</td><td>42 间</td><td>十二至十三层卫生间、房间过道、电梯候梯间</td><td>合格</td></tr>
<tr><td>7</td><td>内墙饰面砖粘贴</td><td>42 间</td><td>十四至十五层卫生间、房间过道、电梯候梯间</td><td>合格</td></tr>
<tr><td>8</td><td>内墙饰面砖粘贴</td><td>28 间</td><td>十六至十七层卫生间、房间过道、电梯候梯间</td><td>合格</td></tr>
<tr><td>9</td><td>内墙饰面砖粘贴</td><td>34 间</td><td>一至十七层内走廊墙面</td><td>合格</td></tr>
<tr><td>10</td><td>内墙饰面砖粘贴</td><td>14 间</td><td>三至十六层活动室墙面</td><td>合格</td></tr>
<tr><td></td><td></td><td></td><td></td><td></td></tr>
<tr><td></td><td></td><td></td><td></td><td></td></tr>
<tr><td colspan="7">说明:检验批质量验收记录资料齐全完整</td></tr>
<tr><td colspan="2">施工单位
检查结果</td><td colspan="5">所含检验批无遗漏,各检验批所覆盖的区段和所含内容无遗漏,全部符合要求,本分项工程符合要求。
项目专业技术负责人:
年 月 日</td></tr>
<tr><td colspan="2">监理(建设)单位
验收结论</td><td colspan="5">本分项工程合格。
专业监理工程师:
(建设单位项目专业技术负责人)
年 月 日</td></tr>
</table>

注:本表(分项 A 类)适用于不涉及全高垂直度检查、无特殊要求的分项工程。混凝土现浇结构、混凝土装配结构、砖砌体、混凝土小型空心砌块砌体、石砌体分项工程质量验收记录使用分项 B 类表格。

内墙饰面砖粘贴检验批质量验收记录

GB 50210—2001　　　　桂建质 030802　003

<table>
<tr><td>单位(子单位)工程名称</td><td>品茗人宿舍</td><td>分部(子分部)工程名称</td><td>建筑装饰装修(饰面砖)</td><td>分项工程名称</td><td>内墙饰面砖粘贴</td></tr>
<tr><td>施工单位</td><td></td><td>项目负责人</td><td>潘颖秋</td><td>检验批容量</td><td>42 间</td></tr>
<tr><td>分包单位</td><td></td><td>分包单位项目负责人</td><td></td><td>检验批部位</td><td>六至七层卫生间、房间过道、电梯候梯间</td></tr>
<tr><td>施工依据</td><td colspan="2">建筑装饰装修施工方案</td><td>验收依据</td><td colspan="2">《建筑装饰装修工程质量验收规范》(GB 50210—2001)</td></tr>
</table>

<table>
<tr><td rowspan="5">主控项目</td><td colspan="2">验收项目</td><td colspan="2">设计要求及规范规定</td><td>最小/实际抽样数量</td><td>检查记录</td><td>检查结果</td></tr>
<tr><td>1</td><td>饰面砖质量</td><td>品种、规格、图案、颜色和性能符合设计要求</td><td>按表注 3 的规定</td><td>—</td><td>质量证明文件齐全,检查合格</td><td>合格</td></tr>
<tr><td>2</td><td>饰面砖粘贴材料、施工方法</td><td>找平、防水、黏结和勾缝材料及施工方法符合设计要求及国家现行产品标准和工程技术标准的规定</td><td>检查产品合格证书、复验报告和隐蔽工程验收记录</td><td>—</td><td>质量证明文件齐全,试验合格,报告编号×××</td><td>合格</td></tr>
<tr><td>3</td><td>饰面砖粘贴质量</td><td>牢固</td><td>检查样板件黏结强度检测报告和施工记录</td><td>—</td><td>试验合格,报告编号×××</td><td>合格</td></tr>
<tr><td>4</td><td colspan="2">满粘法施工的饰面砖工程应无空鼓、裂缝</td><td>观察;用小锤轻击检查</td><td>5/5</td><td>抽查 5 处,全部合格</td><td>合格</td></tr>
<tr><td rowspan="5">一般项目</td><td>1</td><td>表观质量</td><td>饰面砖表面平整、洁净、色泽一致,无裂痕和缺损</td><td rowspan="2">观察</td><td>5/5</td><td>抽查 5 处,全部合格</td><td>合格</td></tr>
<tr><td>2</td><td colspan="2">阴阳角处搭接方式、非整砖使用部位符合设计要求</td><td>5/5</td><td>抽查 5 处,全部合格</td><td>合格</td></tr>
<tr><td>3</td><td>墙面突出物</td><td>周围的饰面砖应整砖套割吻合,边缘整齐;墙裙、贴脸突出墙面的厚度一致</td><td rowspan="2">观察;尺量检查</td><td>5/5</td><td>抽查 5 处,全部合格</td><td>合格</td></tr>
<tr><td>4</td><td>饰面砖接缝</td><td>平直、光滑,填嵌连续、密实;宽度和深度符合设计要求</td><td>5/5</td><td>抽查 5 处,全部合格</td><td>合格</td></tr>
<tr><td>5</td><td>滴水线(槽)</td><td>有排水要求的部位应做滴水线(槽);滴水线(槽)顺直,流水坡向正确,坡度符合设计要求</td><td>观察;用水平尺检查</td><td></td><td></td><td></td></tr>
</table>

续表

<table>
<tr><td></td><td colspan="2">验收项目</td><td colspan="2">设计要求及规范规定</td><td>最小/实际抽样数量</td><td>检查记录</td><td>检查结果</td></tr>
<tr><td rowspan="6"></td><td rowspan="6">6</td><td>立面垂直度</td><td>2</td><td>用 2 m 垂直检测尺检查</td><td>5/5</td><td>抽查 5 处,全部合格</td><td>合格</td></tr>
<tr><td>表面平整度</td><td>3</td><td>用 2 m 靠尺和塞尺检查</td><td>5/5</td><td>抽查 5 处,全部合格</td><td>合格</td></tr>
<tr><td>阴阳角方正</td><td>3</td><td>用直角检测尺检查</td><td>5/5</td><td>抽查 5 处,全部合格</td><td>合格</td></tr>
<tr><td>接缝直线度</td><td>2</td><td>拉5 m线,不足5 m拉通线,用钢直尺检查</td><td>5/5</td><td>抽查 5 处,全部合格</td><td>合格</td></tr>
<tr><td>接缝高低差</td><td>0.5</td><td>用钢直尺和塞尺检查</td><td>5/5</td><td>抽查 5 处,全部合格</td><td>合格</td></tr>
<tr><td>接缝宽度</td><td>1</td><td>用钢直尺检查</td><td>5/5</td><td>抽查 5 处,全部合格</td><td>合格</td></tr>
<tr><td>施工单位检查结果</td><td colspan="3">主控项目全部符合要求,一般项目满足规范要求,本检验批符合要求。
专业工长:
项目专业质量检查员:
年　月　日</td><td>监理(建设)单位验收结论</td><td colspan="3">主控项目全部合格,一般项目满足规范要求,本检验批合格。
专业监理工程师:
(建设单位项目专业技术负责人)
年　月　日</td></tr>
</table>

注:1. 本记录适用于内墙饰面砖粘贴工程和高度不大于100 m、抗震设防烈度不大于8度、采用满粘法施工的外墙饰面砖粘贴工程的质量验收。

2. 检验批的划分与检查数量:

(1)室内:相同材料、工艺和施工条件的,每50间为一个检验批,不足50间也划分为一个检验批(大面积房间和走廊按施工面积30 m^2 为一间);每个检验批至少抽查10%,并不少于3间,不足3间时全数检查。

(2)室外:相同材料、工艺和施工条件的,每500~1 000 m^2 为一个检验批,不足500 m^2 也划分为一个检验批;每个检验批每100 m^2 至少抽查1处,每处不小于10 m^2。

3. 饰面砖质量检查方法:观察;检查产品合格证书、进场验收记录、性能检测报告和复验报告。

六、涂饰子分部工程

1. 涂饰子分部工程验收资料明细

本节我们将以品茗人宿舍工程为例，按其涂饰工程的做法列出其验收资料。

序号	验收内容	验收资料	备注
1	涂饰工程施工方案		
2	涂饰工程施工技术交底		
3	施工日记		
4	外墙涂料；内墙、顶棚白腻子	产品合格证、性能检测报告	
		主要材料（设备）、成品进场验收记录	
5	三至十层 B—L 轴外墙面	水性涂料涂饰检验批质量验收记录/原始记录	
6	十一至十七层 B—L 轴外墙面	同上	
7	三至十层 L—B 轴外墙面	同上	
8	十一至十七层 L—B 轴外墙面	同上	
9	三至十层 1—13 轴外墙面	同上	
10	十一至十七层 1—13 轴外墙面	同上	
11	三至十层 13—1 轴外墙面	同上	
12	十一至十七层 13—1 轴外墙面	同上	
13	地下室内墙面	同上	
14	一至三层内墙面	同上	
15	四至六层内墙面	水性涂料涂饰检验批质量验收记录/原始记录	
⋮	⋮	⋮	⋮
19	十六至十七层内墙面	水性涂料涂饰检验批质量验收记录/原始记录	
20	地下室顶棚面	同上	
21	一至三层顶棚面	同上	
22	四至六层顶棚面	水性涂料涂饰检验批质量验收记录/原始记录	
⋮	⋮	⋮	⋮
26	十六至十七层顶棚面	水性涂料涂饰检验批质量验收记录/原始记录	
27	水性涂料涂饰分项工程	水性涂料涂饰分项工程质量验收记录/原始记录	
28	涂饰子分部工程	涂饰子分部工程质量验收记录	

注：子分部工程、分项工程、检验批及材料的报审、报验参考本教材或品茗软件填写示例及应用指南。

2. 涂饰子分部工程验收资料填写示例

涂饰子分部工程质量验收记录

GB 50210—2001　　　　桂建质0310

<table>
<tr><td>单位(子单位)
工程名称</td><td>品茗人宿舍</td><td>分部工程
名称</td><td></td><td>分项工程
数量</td><td></td></tr>
<tr><td>施工单位</td><td></td><td>项目负责人</td><td></td><td>技术(质量)
负责人</td><td></td></tr>
<tr><td>分包单位</td><td></td><td>分包单位
负责人</td><td></td><td>分包内容</td><td></td></tr>
</table>

<table>
<tr><td>序号</td><td>分项工程名称</td><td>检验批数</td><td>施工单位检查结果</td><td>监理(建设)单位验收意见</td></tr>
<tr><td>1</td><td>水性涂料涂饰</td><td>24</td><td>合格</td><td rowspan="3">(验收意见、合格或不合格的结论、是否同意验收)

所含分项工程无遗漏并全部合格,本子分部工程合格,同意验收</td></tr>
<tr><td>2</td><td>溶剂型涂料涂饰</td><td></td><td></td></tr>
<tr><td>3</td><td>美术涂饰</td><td></td><td></td></tr>
</table>

<table>
<tr><td rowspan="8">质量控制
资料检查
结论</td><td>序号</td><td>资料名称</td><td>份数</td><td>监理单位检查意见</td></tr>
<tr><td>1</td><td>设计图纸/变更文件</td><td>1/0</td><td>√</td></tr>
<tr><td>2</td><td>材料合格证/检验报告</td><td>3/3</td><td>√</td></tr>
<tr><td>3</td><td>进场验收记录</td><td>3</td><td>√</td></tr>
<tr><td>4</td><td>施工记录</td><td></td><td></td></tr>
<tr><td>5</td><td>重大质量问题处理方案/验收记录</td><td></td><td></td></tr>
<tr><td>6</td><td>分项工程质量验收记录——桂建质(分项A类)</td><td>1</td><td>√</td></tr>
<tr><td colspan="4">(按上述内容检查)
共 4 项,经查符合要求 4 项,经核定符合规范要求 0 项。
检查人:
年　月　日</td></tr>
</table>

<table>
<tr><td>观感验收
记录</td><td>1. 共抽查 10 项,符合要求 10 项,不符合要求 0 项。
2. 观感质量评价:好</td><td>验收组
验收结论</td><td>(合格或不合格、是否同意验收的结论)
合格,同意验收</td></tr>
</table>

<table>
<tr><td rowspan="2">勘察单位
项目负责人:

年　月　日</td><td rowspan="2">设计单位
项目负责人:

年　月　日</td><td>分包单位
项目负责人:

年　月　日</td><td rowspan="2">监理(建设)单位
项目负责人:

年　月　日</td></tr>
<tr><td>施工单位
项目负责人:

年　月　日</td></tr>
</table>

注:"经核定符合规范要求　项"是指初验未通过的项目,按《建筑工程施工质量验收统一标准》(GB 50300—2013)第5.0.6条处理的情况。

水性涂料涂饰 分项工程质量验收记录

桂建质(分项 A 类)

<table>
<tr><td>单位(子单位)
工程名称</td><td colspan="3">品茗人宿舍</td><td colspan="2">分部(子分部)
工程名称</td><td colspan="2">建筑装饰装修(涂饰)</td></tr>
<tr><td>检验批数量</td><td colspan="3">24</td><td colspan="2">分项工程专业
质量检查员</td><td colspan="2"></td></tr>
<tr><td>施工单位</td><td colspan="3"></td><td colspan="2">项目负责人</td><td>项目技术
负责人</td><td></td></tr>
<tr><td>分包单位</td><td colspan="3"></td><td colspan="2">分包单位
项目负责人</td><td>分包内容</td><td></td></tr>
<tr><td>序号</td><td>检验批
名称</td><td>检验批
容量</td><td colspan="2">部位/区段</td><td>施工单位
检查结果</td><td colspan="2">监理(建设)单位验收意见</td></tr>
<tr><td>1</td><td>水性涂料涂饰</td><td>25 间</td><td colspan="2">地下室内墙</td><td>合格</td><td colspan="2" rowspan="22">所含检验批无遗漏,各检验批所覆盖的区段和所含内容无遗漏,所查检验批全部合格</td></tr>
<tr><td>2</td><td>水性涂料涂饰</td><td>48 间</td><td colspan="2">一至三层内墙</td><td>合格</td></tr>
<tr><td>3</td><td>水性涂料涂饰</td><td>30 间</td><td colspan="2">四至五层内墙</td><td>合格</td></tr>
<tr><td>4</td><td>水性涂料涂饰</td><td>38 间</td><td colspan="2">六至七层内墙</td><td>合格</td></tr>
<tr><td>5</td><td>水性涂料涂饰</td><td>38 间</td><td colspan="2">八至九层内墙</td><td>合格</td></tr>
<tr><td>6</td><td>水性涂料涂饰</td><td>38 间</td><td colspan="2">十至十一层内墙</td><td>合格</td></tr>
<tr><td>7</td><td>水性涂料涂饰</td><td>38 间</td><td colspan="2">十二至十三层内墙</td><td>合格</td></tr>
<tr><td>8</td><td>水性涂料涂饰</td><td>38 间</td><td colspan="2">十四至十五层内墙</td><td>合格</td></tr>
<tr><td>9</td><td>水性涂料涂饰</td><td>28 间</td><td colspan="2">十六至十七层内墙</td><td>合格</td></tr>
<tr><td>10</td><td>水性涂料涂饰</td><td>25 间</td><td colspan="2">地下室顶棚</td><td>合格</td></tr>
<tr><td>11</td><td>水性涂料涂饰</td><td>48 间</td><td colspan="2">一至三层顶棚</td><td>合格</td></tr>
<tr><td>12</td><td>水性涂料涂饰</td><td>30 间</td><td colspan="2">四至五层顶棚</td><td>合格</td></tr>
<tr><td>13</td><td>水性涂料涂饰</td><td>38 间</td><td colspan="2">六至七层顶棚</td><td>合格</td></tr>
<tr><td>14</td><td>水性涂料涂饰</td><td>38 间</td><td colspan="2">八至九层顶棚</td><td>合格</td></tr>
<tr><td>15</td><td>水性涂料涂饰</td><td>38 间</td><td colspan="2">十至十一层顶棚</td><td>合格</td></tr>
<tr><td>16</td><td>水性涂料涂饰</td><td>38 间</td><td colspan="2">十二至十三层顶棚</td><td>合格</td></tr>
<tr><td>17</td><td>水性涂料涂饰</td><td>38 间</td><td colspan="2">十四至十五层顶棚</td><td>合格</td></tr>
<tr><td>18</td><td>水性涂料涂饰</td><td>28 间</td><td colspan="2">十六至十七层顶棚</td><td>合格</td></tr>
<tr><td>19</td><td>水性涂料涂饰</td><td>612 m^2</td><td colspan="2">三至十层 B—L 轴外墙</td><td>合格</td></tr>
<tr><td>20</td><td>水性涂料涂饰</td><td>560 m^2</td><td colspan="2">十一至十七层 B—L 轴外墙</td><td>合格</td></tr>
<tr><td>21</td><td>水性涂料涂饰</td><td>612 m^2</td><td colspan="2">三至十层 L—B 轴外墙</td><td>合格</td></tr>
<tr><td>22</td><td>水性涂料涂饰</td><td>560 m^2</td><td colspan="2">十一至十七层 L—B 轴外墙</td><td>合格</td></tr>
</table>

续表

<table>
<tr><th>序号</th><th>检验批
名称</th><th>检验批
容量</th><th>部位/区段</th><th>施工单位
检查结果</th><th>监理(建设)单
位验收意见</th></tr>
<tr><td>23</td><td>水性涂料涂饰</td><td>892 m^2</td><td>三至十层 1—13 轴外墙</td><td>合格</td><td rowspan="2">所含检验批无遗漏,各检验批所覆盖的区段和所含内容无遗漏,所查检验批全部合格</td></tr>
<tr><td>24</td><td>水性涂料涂饰</td><td>818 m^2</td><td>十一至十七层 13—1 轴外墙</td><td>合格</td></tr>
<tr><td colspan="6">说明:检验批质量验收记录资料齐全完整</td></tr>
<tr><td colspan="2">施工单位
检查结果</td><td colspan="4">所含检验批无遗漏,各检验批所覆盖的区段和所含内容无遗漏,全部符合要求,本分项工程符合要求。

项目专业技术负责人:

年　月　日</td></tr>
<tr><td colspan="2">监理(建设)单位
验收结论</td><td colspan="4">本分项工程合格。

专业监理工程师:
(建设单位项目专业技术负责人)
年　月　日</td></tr>
</table>

注:本表(分项 A 类)适用于不涉及全高垂直度检查、无特殊要求的分项工程。混凝土现浇结构、混凝土装配结构、砖砌体、混凝土小型空心砌块砌体、石砌体分项工程质量验收记录使用分项 B 类表格。

水性涂料涂饰检验批质量验收记录

GB 50210—2001　　　　桂建质 031001　004

单位（子单位）工程名称	品茗人宿舍	分部（子分部）工程名称	建筑装饰装修（涂饰）	分项工程名称	水性涂料涂饰
施工单位		项目负责人	潘颖秋	检验批容量	38 间
分包单位		分包单位项目负责人		检验批部位	六至七层内墙
施工依据	《建筑涂饰工程施工及验收规程》（JGJ/T29—2003）		验收依据	《建筑装饰装修工程质量验收规范》（GB 50210—2001）	

		验收项目			设计要求及规范规定		最小/实际抽样数量	检查记录	检查结果
主控项目	1	涂料质量			品种、型号和性能符合设计要求	检查产品合格证书、性能检测报告和进场验收记录	—	质量证明文件齐全，试验合格，报告编号	合格
	2	涂饰颜色和图案			符合设计要求	观察	4/4	抽查 4 处，全部合格	合格
	3	涂饰均匀、黏结牢固，不得漏涂、透底、起皮和掉粉				观察；手摸检查	4/4	抽查 4 处，全部合格	合格
	4	基层处理			符合表注 3 的规定	观察；手摸检查；检查施工记录	4/4	抽查 4 处，全部合格	合格
一般项目	1	涂层与其他装修材料和设备衔接处吻合，界面清晰				观察	4/4	抽查 4 处，全部合格	合格
	2	薄涂料涂饰质量	颜色	普通涂饰	均匀一致	观察			
				高级涂饰					
			泛碱、咬色	普通涂饰	允许少量轻微				
				高级涂饰	不允许				
			流坠、疙瘩	普通涂饰	允许少量轻微				
				高级涂饰	不允许				
			砂眼、刷纹	普通涂饰	允许少量轻微砂眼，刷纹流畅				
				高级涂饰	无砂眼、无刷纹				
			装饰线、分色线直线度允许偏差	普通涂饰	2 mm	拉 5 m 线，不足 5 m 拉通线，用钢直尺检查			
				高级涂饰	1 mm				

续表

<table>
<tr><td rowspan="11">一般项目</td><td colspan="3">验收项目</td><td colspan="2">设计要求及规范规定</td><td>最小/实际抽样数量</td><td>检查记录</td><td>检查结果</td></tr>
<tr><td rowspan="6">3</td><td rowspan="6">厚涂料涂饰质量</td><td rowspan="2">颜色</td><td>普通涂饰</td><td rowspan="2">均匀一致</td><td rowspan="6">观察</td><td>4/4</td><td>抽查4处,全部合格</td><td>合格</td></tr>
<tr><td>高级涂饰</td><td></td><td></td><td></td></tr>
<tr><td rowspan="2">泛碱、咬色</td><td>普通涂饰</td><td>允许少量轻微</td><td>4/4</td><td>抽查4处,全部合格</td><td>合格</td></tr>
<tr><td>高级涂饰</td><td>不允许</td><td></td><td></td><td></td></tr>
<tr><td rowspan="2">点状分布</td><td>普通涂饰</td><td></td><td></td><td></td><td></td></tr>
<tr><td>高级涂饰</td><td>疏密均匀</td><td></td><td></td><td></td></tr>
<tr><td rowspan="3">4</td><td rowspan="3">复层涂料涂饰质量</td><td colspan="2">颜色</td><td>均匀一致</td><td rowspan="3">观察</td><td></td><td></td><td></td></tr>
<tr><td colspan="2">泛碱、咬色</td><td>不允许</td><td></td><td></td><td></td></tr>
<tr><td colspan="2">喷点疏密程度</td><td>均匀,不允许连片</td><td></td><td></td><td></td></tr>
<tr><td>施工单位检查结果</td><td colspan="4">主控项目全部符合要求,一般项目满足规范要求,本检验批符合要求。

专业工长:
项目专业质量检查员:

年　月　日</td><td>监理（建设）单位验收结论</td><td colspan="3">主控项目全部合格,一般项目满足规范要求,本检验批合格。

专业监理工程师:
（建设单位项目专业技术负责人）

年　月　日</td></tr>
</table>

注:1. 本记录表适用于乳液型涂料、无机涂料、水溶性涂料等水性涂料涂饰工程的质量验收。

2. 检验批的划分与检查数量:

(1)室外:每栋楼的同类涂料涂饰的墙面每500～1 000 m^2 划分为一个检验批,不足500 m^2 也划分为一个检验批;每个检验批每100 m^2 至少抽查1处,每处不小于10 m^2。

(2)室内:同类涂料涂饰的墙面每50间(大面积房间和走廊按涂饰面积30 m^2 为一间)划分为一个检验批,不足50间也划分为一个检验批;每个检验批至少抽查10%,并不少于3间;不足3间时全数检查。

3. 工程的基层处理应符合下列规定:

(1)新建筑物的混凝土或抹灰基层在涂饰涂料前应涂刷抗碱封闭底漆。

(2)旧墙面在涂饰涂料前应清除疏松的旧装修层,并涂刷界面剂。

(3)混凝土或抹灰基层涂刷溶剂型涂料时,含水率不得大于8%;涂刷乳液型涂料时,含水率不得大于10%。木材基层的含水率不得大于12%。

(4)基层腻子应平整、坚实、牢固,无粉化、起皮和裂缝;内墙腻子的黏结强度应符合《建筑室内用腻子》(JG/T 298—2010)的规定。

(5)厨房、卫生间墙面必须使用耐水腻子。

4. 涂料涂饰工程施工的环境温度应为5～35 ℃。

5. 工程应在涂层养护期满后进行质量验收。

检验批现场验收检查原始记录

单位(子单位)工程名称	品茗人宿舍			
检查工具				
检验排名称	水性涂料涂饰检验批质量验收记录		检验批编号	桂建质 031001　004
编号	验收项目	验收部位	验收情况记录	备注
主控项目 2	涂饰颜色和图案	六层 10—11 轴 × C—E 轴	√	
	同上	六层 F—K 轴 × 8—9 轴	√	
	同上	七层 6—8 轴 × C—E 轴	√	
	同上	七层 F—K 轴 × 5—6 轴	√	
主控项目 3	涂饰均匀、黏结牢固，不得漏涂、透底、起皮和掉粉	六层 10—11 轴 × C—E 轴	√	
	同上	六层 F—K 轴 × 8—9 轴	√	
	同上	七层 6—8 轴 × C—E 轴	√	
	同上	七层 F—K 轴 × 5—6 轴	√	
主控项目 4	基层处理	六层 10—11 轴 × C—E 轴	√	
	同上	六层 F—K 轴 × 8—9 轴	√	
	同上	七层 6—8 轴 × C—E 轴	√	
	同上	七层 F—K 轴 × 5—6 轴	√	
一般项目 1	涂层与其他装修材料和设备衔接处吻合，界面清晰	六层 10—11 轴 × C—E 轴	√	
	同上	六层 F—K 轴 × 8—9 轴	√	
	同上	七层 6—8 轴 × C—E 轴	√	
	同上	七层 F—K 轴 × 5—6 轴	√	
一般项目 3	厚涂料涂饰质量—颜色[普通涂饰]	六层 10—11 轴 × C—E 轴	√	
	同上	六层 F—K 轴 × 8—9 轴	√	
	同上	七层 6—8 轴 × C—E 轴	√	
	同上	七层 F—K 轴 × 5—6 轴	√	
	厚涂料涂饰质量—泛碱、咬色[普通涂饰]	六层 10—11 轴 × C—E 轴	√	
	同上	六层 F—K 轴 × 8—9 轴	√	
	同上	七层 6—8 轴 × C—E 轴	√	
	同上	七层 F—K 轴 × 5—6 轴	√	
检查人员（签名）	专业监理工程师：		专业质量检查员：	
	专业工长：		记录人：	

检查日期：　　　　年　月　日

水性涂料涂饰检验批质量验收记录

GB 50210—2001　　　　　　　　　　　　　　　　　　桂建质 031001　001

<table>
<tr><td>单位(子单位)工程名称</td><td>品茗人宿舍</td><td>分部(子分部)工程名称</td><td>建筑装饰装修(涂饰)</td><td>分项工程名称</td><td>水性涂料涂饰</td></tr>
<tr><td>施工单位</td><td></td><td>项目负责人</td><td>潘颖秋</td><td>检验批容量</td><td>612 m²</td></tr>
<tr><td>分包单位</td><td></td><td>分包单位项目负责人</td><td></td><td>检验批部位</td><td>三至十层 B—L 轴外墙</td></tr>
<tr><td>施工依据</td><td colspan="2">《建筑涂饰工程施工及验收规程》(JGJ/T29—2015)</td><td>验收依据</td><td colspan="2">《建筑装饰装修工程质量验收规范》(GB 50210—2001)</td></tr>
</table>

<table>
<tr><td></td><td colspan="4">验收项目</td><td colspan="2">设计要求及规范规定</td><td>最小/实际抽样数量</td><td>检查记录</td><td>检查结果</td></tr>
<tr><td rowspan="4">主控项目</td><td>1</td><td colspan="3">涂料质量</td><td>品种、型号和性能符合设计要求</td><td>检查产品合格证书、性能检测报告和进场验收记录</td><td>—</td><td>质量证明文件齐全,试验合格,报告编号×××</td><td>合格</td></tr>
<tr><td>2</td><td colspan="3">涂饰颜色和图案</td><td>符合设计要求</td><td>观察</td><td>7/7</td><td>抽查 7 处,全部合格</td><td>合格</td></tr>
<tr><td>3</td><td colspan="4">涂饰均匀、黏结牢固,不得漏涂、透底、起皮和掉粉</td><td>观察;手摸检查</td><td>7/7</td><td>抽查 7 处,全部合格</td><td>合格</td></tr>
<tr><td>4</td><td colspan="3">基层处理</td><td>符合表注 3 的规定</td><td>观察;手摸检查;检查施工记录</td><td>7/7</td><td>抽查 7 处,全部合格</td><td>合格</td></tr>
<tr><td rowspan="11">一般项目</td><td>1</td><td colspan="4">涂层与其他装修材料和设备衔接处吻合,界面清晰</td><td>观察</td><td>7/7</td><td>抽查 7 处,全部合格</td><td>合格</td></tr>
<tr><td rowspan="10">2</td><td rowspan="10">薄涂料涂饰质量</td><td rowspan="2">颜色</td><td>普通涂饰</td><td rowspan="2">均匀一致</td><td rowspan="8">观察</td><td></td><td></td><td></td></tr>
<tr><td>高级涂饰</td><td>7/7</td><td>抽查 7 处,全部合格</td><td>合格</td></tr>
<tr><td rowspan="2">泛碱、咬色</td><td>普通涂饰</td><td>允许少量轻微</td><td></td><td></td><td></td></tr>
<tr><td>高级涂饰</td><td>不允许</td><td>7/7</td><td>抽查 7 处,全部合格</td><td>合格</td></tr>
<tr><td rowspan="2">流坠、疙瘩</td><td>普通涂饰</td><td>允许少量轻微</td><td></td><td></td><td></td></tr>
<tr><td>高级涂饰</td><td>不允许</td><td>7/7</td><td>抽查 7 处,全部合格</td><td>合格</td></tr>
<tr><td rowspan="2">砂眼、刷纹</td><td>普通涂饰</td><td>允许少量轻微砂眼,刷纹通顺</td><td></td><td></td><td></td></tr>
<tr><td>高级涂饰</td><td>无砂眼无刷纹</td><td>7/7</td><td>抽查 7 处,全部合格</td><td>合格</td></tr>
<tr><td rowspan="2">装饰线、分色线直线度允许偏差</td><td>普通涂饰</td><td>2 mm</td><td rowspan="2">拉 5 m 线,不足 5 m 拉通线,用钢直尺检查</td><td></td><td></td><td></td></tr>
<tr><td>高级涂饰</td><td>1 mm</td><td>7/7</td><td>抽查 7 处,全部合格</td><td>合格</td></tr>
</table>

续表

<table>
<tr><td rowspan="10">一般项目</td><td colspan="4">验收项目</td><td colspan="2">设计要求及规范规定</td><td>最小/实际抽样数量</td><td>检查记录</td><td>检查结果</td></tr>
<tr><td rowspan="6">3</td><td rowspan="6">厚涂料涂饰质量</td><td rowspan="2">颜色</td><td>普通涂饰</td><td rowspan="2">均匀一致</td><td rowspan="6">观察</td><td>7/7</td><td>抽查7处,全部合格</td><td>合格</td></tr>
<tr><td>高级涂饰</td><td></td><td></td><td></td></tr>
<tr><td rowspan="2">泛碱、咬色</td><td>普通涂饰</td><td>允许少量轻微</td><td>7/7</td><td>抽查7处,全部合格</td><td>合格</td></tr>
<tr><td>高级涂饰</td><td>不允许</td><td></td><td></td><td></td></tr>
<tr><td rowspan="2">点状分布</td><td>普通涂饰</td><td></td><td></td><td></td><td></td></tr>
<tr><td>高级涂饰</td><td>疏密均匀</td><td></td><td></td><td></td></tr>
<tr><td rowspan="3">4</td><td rowspan="3" colspan="2">复层涂料涂饰质量</td><td>颜色</td><td>均匀一致</td><td rowspan="3">观察</td><td></td><td></td><td></td></tr>
<tr><td>泛碱、咬色</td><td>不允许</td><td></td><td></td><td></td></tr>
<tr><td>喷点疏密程度</td><td>均匀,不允许连片</td><td></td><td></td><td></td></tr>
<tr><td colspan="2">施工单位检查结果</td><td colspan="4">主控项目全部符合要求,一般项目满足规范要求,本检验批符合要求。

专业工长:
项目专业质量检查员:

年 月 日</td><td>监理(建设)单位验收结论</td><td colspan="3">主控项目全部合格,一般项目满足规范要求,本检验批合格。

专业监理工程师:
(建设单位项目专业技术负责人)

年 月 日</td></tr>
</table>

七、细部子分部工程

以品茗人宿舍工程为例，按其细部工程不同的做法列出其验收资料明细。

序号	验收内容	验收资料	备注
1	细部工程施工方案		
2	细部工程施工技术交底		
3	施工日记		
4	窗帘盒、门窗套、护栏和扶手、图饰	产品合格证、性能检测报告	
		主要材料(设备)、成品进场验收记录	
5	三至六层 1—13 轴、13—1 轴侧窗	窗帘盒、窗台板和散热器罩制作与安装检验批质量验收记录/原始记录	
⋮	⋮	⋮	⋮
8	十五至十七层 1—13、13—1 轴侧窗	窗帘盒、窗台板和散热器罩制作与安装检验批质量验收记录/原始记录	
9	一至二层外墙门窗套	门窗套制作与安装检验批质量验收记录/原始记录	
10	三至六层外墙门窗套	门窗套制作与安装检验批质量验收记录/原始记录	
⋮	⋮	⋮	⋮
13	十五至十七层外墙门窗套	门窗套制作与安装检验批质量验收记录/原始记录	
14	1—2 轴楼梯	护栏和扶手制作与安装检验批质量验收记录/原始记录	
		预埋件隐蔽工程检查验收记录	
15	12—13 轴楼梯	护栏和扶手制作与安装检验批质量验收记录/原始记录	
		预埋件隐蔽工程检查验收记录	
16	三层阳台、天面	护栏和扶手制作与安装检验批质量验收记录/原始记录	
		预埋件隐蔽工程检查验收记录	
⋮	⋮	⋮	⋮
19	十七层阳台、天面	护栏和扶手制作与安装检验批质量验收记录/原始记录	
		预埋件隐蔽工程检查验收记录	
20	屋面层	护栏和扶手制作与安装检验批质量验收记录/原始记录	
		预埋件隐蔽工程检查验收记录	

续表

序号	验收内容	验收资料	备注
21	一层外墙图饰	花饰制作与安装检验批质量验收记录/原始记录	
22	二层外墙图饰	花饰制作与安装检验批质量验收记录/原始记录	
23	窗帘盒、窗台板和散热器罩制作与安装分项工程	窗帘盒、窗台板和散热器罩制作与安装分项工程质量验收记录	
24	门窗套制作与安装分项工程	门窗套制作与安装分项工程质量验收记录	
25	护栏和扶手制作与安装分项工程	护栏和扶手制作与安装分项工程质量验收记录	
26	花饰制作与安装分项工程	花饰制作与安装分项工程质量验收记录	
27	细部子分部工程	细部子分部工程质量验收记录	

注：子分部工程、分项工程、检验批及材料的报审、报验参考本教材或品茗软件填写示例及应用指南。

八、建筑装饰装修分部工程验收

1. 建筑装饰装修分部工程验收资料明细

本书我们以品茗人宿舍为例列出建筑装饰装修分部工程验收资料明细。

序号	验收内容	验收资料	备注
1	建筑装饰装修分部验收	建筑装饰装修分部工程施工技术资料审查表	
		子分部、分项工程验收资料	
		室内环境检测报告	
		建筑装饰装修分部工程质量验收报告(南宁)	
		建筑装饰装修分部工程质量验收记录	
		建筑装饰装修分部工程报验申请表	

注:分部工程、子分部工程、分项工程、检验批及施工方案和工程材料的报验、报审等参考本教材人工挖孔桩或品茗软件填写示例及应用指南。

2. 建筑装饰装修分部工程验收资料填写示例

建筑装饰装修分部工程质量验收记录

GB 50300—2013　　　　　　　　　　　　　　　　　　　　　　　　　　　　　桂建质 03

单位(子单位)工程名称	品茗人宿舍	子分部工程数量	7	分项工程数量	
施工单位		项目负责人		技术(质量)负责人	
分包单位		分包单位负责人		分包内容	

序号	子分部工程名称	分项工程数	施工单位检查结果	验收组验收结论
1	地面	3	合格	(验收意见、合格或不合格的结论、是否同意验收) 所含子分部工程无遗漏并全部合格,本分部工程合格,同意验收
2	抹灰	1	合格	
3	外墙防水			
4	门窗	4	合格	
5	吊顶	1	合格	
6	轻质隔墙			
7	饰面板			
8	饰面砖	2	合格	
9	幕墙			
10	涂饰	1	合格	
11	裱糊与软包			
12	细部	4	合格	

质量控制资料检查结论	共 36 项,经查符合要求 36 项,经核定不符合要求 0 项	安全和功能检验(检测)报告检查结论	共核查 4 项,符合要求 4 项,经返工处理符合要求 0 项
观感质量验收结论	1. 共抽查 71 项,符合要求 71 项,不符合要求 0 项。 2. 观感质量评价(好、一般、差):好		

施工单位	设计单位	监理(建设)单位	勘察单位
项目负责人: (公章) 年 月 日	项目负责人: (公章) 年 月 日	项目负责人: (公章) 年 月 日	项目负责人: (公章) 年 月 日

注:1. 质量控制资料、安全和功能检验(检测)报告检查情况可查阅有关子分部工程质量验收记录或直接查阅原件,统计整理后填入本表。

2. 本验收记录还应有各有关子分部工程质量验收记录作附件。

3. 观感质量验收由总监理工程师或建设单位项目专业负责人组织并以其为主,听取参验人员意见后作出评价。如评为"差"时,能修的尽量修;若不能修,只要不影响结构安全和使用功能,可协商接收,并在"验收组验收意见"栏中注明。

4. 勘察单位不需参加除地基与基础分部以外的分部工程验收,此时可以将勘察单位签字盖章栏删除;设计单位不需参加电梯分部工程验收,此时可以将设计单位签字盖章栏删除,并将施工单位栏改为电梯安装单位栏。

第六节　建筑屋面

1. 建筑屋面分部工程验收资料明细

以乙品茗人宿舍工程为例，按其建筑屋面构造做法从施工工序顺序到验收过程以表格的形式列出其验收资料。

序号	验收内容		验收资料	备注
1	建筑屋面工程施工方案			
2	建筑屋面工程施工技术交底			
3	施工日记			
4	3—11 轴×A—B 轴三层屋面验收资料			
(1)	找平层	1:2.5 水泥砂浆 20 mm 厚找平层	水泥合格证、7 d 强度试验报告、28 d 强度试验报告，砂子检验报告	
			找平层检验批质量验收记录/原始记录	
			水泥砂浆配合比	
			水泥砂浆找平层隐蔽验收记录	
(2)	防水层	3 mm 厚高聚物 APP 改性沥青防水卷材	产品合格证、产品性能检测报告，防水卷材试验报告	
			卷材防水层检验批质量验收记录/原始记录	
			屋面淋水、蓄水试验记录 04-11	
			防水卷材隐蔽验收记录	
(3)	细部构造	檐口	檐口检验批质量验收记录/原始记录	
		檐沟和天沟	檐沟和天沟检验批质量验收记录/原始记录	
		水落口	水落口检验批质量验收记录/原始记录	
(4)	保温层	40 mm 厚挤塑聚苯乙烯泡沫塑料板	产品合格证、产品性能检测报告，挤塑聚苯乙烯泡沫塑料板试验报告	
			板状材料保温层检验批质量验收记录/原始记录	
(5)	隔离层	干铺无纺聚酯纤维布隔离层	产品合格证	
			隔离层检验批质量验收记录/原始记录	
			隔离层隐蔽验收记录	
(6)	保护层	40 mm 厚 C30 细石混凝土，内配Φ4@150，双向钢筋；20 mm 厚 1:4 干硬性水泥砂浆面铺地面砖	商品混凝土：配合比、合格证(28 d)、交接单； 自拌：水泥合格证、试验报告，砂、石检验报告； 钢筋：钢筋质量证明书、钢筋见证取样复试报告	
			水泥砂浆配合比	
			地面砖合格证、检验报告等	
			钢筋隐蔽验收记录	
			商品混凝土施工记录或混凝土开盘鉴定、自拌混凝土施工记录	
			留置混凝土标养试块	
			保护层检验批质量验收记录/原始记录	

续表

序号	验收内容		验收资料	备注
5	1—13 轴 × B—D 轴十七层屋面验收资料			
(1)	找平层	1:2.5 水泥砂浆 20 mm 厚找平层	水泥合格证、7 d 强度试验报告、28 d 强度试验报告,砂子检验报告	
			找平层检验批质量验收记录/原始记录	
			水泥砂浆配合比	
			水泥砂浆找平层隐蔽验收记录	
(2)	防水层	3 mm 厚高聚物 APP 改性沥青防水卷材	产品合格证、产品性能检测报告,防水卷材试验报告	
			卷材防水层检验批质量验收记录/原始记录	
			屋面淋水、蓄水试验记录 04-11	
			防水卷材隐蔽验收记录	
(3)	细部构造	水落口	水落口检验批质量验收记录/原始记录	
(4)	保温层	40 mm 厚挤塑聚苯乙烯泡沫塑料板	产品合格证、产品性能检测报告,挤塑聚苯乙烯泡沫塑料板试验报告	
			板状材料保温层检验批质量验收记录/原始记录	
			板状材料保温层隐蔽验收记录	
(5)	隔离层	干铺无纺聚酯纤维布隔离层	产品合格证	
			隔离层检验批质量验收记录/原始记录	
			隔离层隐蔽验收记录	
(6)	保护层	40 mm 厚 C30 细石混凝土,内配Φ4@150,双向钢筋;20 mm 厚 1:4 干硬性水泥砂浆面铺地面砖	商品混凝土:配合比、合格证(28 d)、交接单; 自拌:水泥合格证、试验报告,砂、石检验报告; 钢筋:钢筋质量证明书、钢筋见证取样复试报告	
			水泥砂浆配合比	
			地面砖合格证、检验报告等	
			钢筋隐蔽验收记录	
			商品混凝土施工记录或混凝土开盘鉴定、自拌混凝土施工记录	
			留置混凝土标养试块	
			保护层检验批质量验收记录/原始记录	
6	1—13 × E—L 轴平屋面验收资料			
(1)	找平层	1:2.5 水泥砂浆 20 mm 厚找平层	水泥合格证、7 d 强度试验报告、28 d 强度试验报告,砂子检验报告	
			找平层检验批质量验收记录/原始记录	
			水泥砂浆配合比	
			水泥砂浆找平层隐蔽验收记录	
(2)	防水层	3 mm 厚高聚物 APP 改性沥青防水卷材	产品合格证、产品性能检测报告,防水卷材试验报告	
			卷材防水层检验批质量验收记录/原始记录	
			屋面淋水、蓄水试验记录 04-11	
			防水卷材隐蔽验收记录	

续表

序号	验收内容		验收资料	备注
(3)	细部构造	檐口	檐口检验批质量验收记录/原始记录	
		檐沟和天沟	檐沟和天沟检验批质量验收记录/原始记录	
		女儿墙和山墙	女儿墙和山墙检验批质量验收记录/原始记录	
		水落口	水落口检验批质量验收记录/原始记录	
		伸出屋面管道	伸出屋面管道检验批质量验收记录/原始记录	
		屋面出入口	屋面出入口检验批质量验收记录/原始记录	
		设施基座	设施基座检验批质量验收记录/原始记录	
(4)	保温层	40 mm 厚挤塑聚苯乙烯泡沫塑料板	产品合格证、产品性能检测报告，挤塑聚苯乙烯泡沫塑料板试验报告	
			板状材料保温层检验批质量验收记录/原始记录	
			板状材料保温层隐蔽验收记录	
(5)	隔离层	干铺无纺聚酯纤维布隔离层	产品合格证	
			隔离层检验批质量验收记录/原始记录	
			隔离层隐蔽验收记录	
(6)	保护层	40 mm 厚 C30 细石混凝土，内配Φ4@150，双向钢筋；20 mm 厚 1∶4 干硬性水泥砂浆面铺地面砖	商品混凝土：配合比、合格证（28 d）、交接单；自拌：水泥合格证、试验报告，砂、石检验报告；钢筋：钢筋质量证明书、钢筋见证取样复试报告	
			水泥砂浆配合比	
			地面砖合格证、检验报告等	
			钢筋隐蔽验收记录	
			商品混凝土施工记录或混凝土开盘鉴定、自拌混凝土施工记录	
			留置混凝土标养试块	
			保护层检验批质量验收记录/原始记录	
7	5—9 轴×C—F 轴波纹瓦坡屋面验收资料			
(1)	找平层	20 mm 厚 1∶3 水泥砂浆找平层	水泥合格证、7 d 强度试验报告、28 d 强度试验报告，砂子检验报告	
			找平层检验批质量验收记录/原始记录	
			水泥砂浆配合比	
			水泥砂浆找平层隐蔽验收记录	
(2)	防水层	3 mm 厚高聚物 APP 改性沥青防水卷材	产品合格证、产品性能检测报告，防水卷材试验报告	
			卷材防水层检验批质量验收记录/原始记录	
			屋面淋水、蓄水试验记录 04-11	
			防水卷材隐蔽验收记录	
(3)	细部构造	檐口	檐口检验批质量验收记录/原始记录	
		檐沟和天沟	檐沟和天沟检验批质量验收记录/原始记录	
		水落口	水落口检验批质量验收记录/原始记录	
		屋脊	屋脊检验批质量验收记录/原始记录	

续表

序号	验收内容		验收资料	备注
(4)	隔离层	满铺 0.5 mm 厚聚乙烯薄膜 1 层	产品合格证	
			隔离层检验批质量验收记录/原始记录	
(5)	保护层	1∶3 水泥砂浆卧瓦层最薄处 30 mm 厚(配Φ5@500×500 钢筋网)	水泥合格证、7 d 强度试验报告、28 d 强度试验报告,砂子检验报告; 钢筋:钢筋质量证明书、钢筋见证取样复试报告	
			钢筋隐蔽验收记录	
			保护层检验批质量验收记录/原始记录	
			水泥砂浆配合比	
			水泥砂浆保护层隐蔽验收记录	
(6)	波纹瓦	平瓦(水或泥彩瓦、西式陶瓦)	产品合格证	
			烧结瓦和混凝土瓦铺装检验批质量验收记录/原始记录	
8	2/5—2/8 轴×F—J 轴波纹瓦坡屋面验收资料			
(1)	找平层	20 mm 厚 1∶3 水泥砂浆找平层	找平层检验批质量验收记录/原始记录	
			水泥合格证、7 d 强度试验报告、28 d 强度试验报告,砂子检验报告	
			水泥砂浆配合比	
			水泥砂浆找平层隐蔽验收记录	
(2)	防水层	3 mm 厚高聚物 APP 改性沥青防水卷材	产品合格证、产品性能检测报告,防水卷材试验报告	
			卷材防水层检验批质量验收记录/原始记录	
			屋面淋水、蓄水试验记录 04-11	
			防水卷材隐蔽验收记录	
(3)	细部构造	檐口	檐口检验批质量验收记录/原始记录	
		檐沟和天沟	檐沟和天沟检验批质量验收记录/原始记录	
		水落口	水落口检验批质量验收记录/原始记录	
		屋脊	屋脊检验批质量验收记录/原始记录	
(4)	隔离层	满铺 0.5 mm 厚聚乙烯薄膜 1 层	产品合格证	
			隔离层检验批质量验收记录/原始记录	
(5)	保护层	1∶3 水泥砂浆卧瓦层最薄处 30 mm 厚(配Φ5@500×500 钢筋网)	水泥合格证、7 d 强度试验报告、28 d 强度试验报告,砂子检验报告; 钢筋:钢筋质量证明书、钢筋见证取样复试报告	
			钢筋隐蔽验收记录	
			保护层检验批质量验收记录/原始记录	
			水泥砂浆配合比	
			水泥砂浆保护层隐蔽验收记录	
(6)	波纹瓦	平瓦(水或泥彩瓦、西式陶瓦)	产品合格证	
			烧结瓦和混凝土瓦铺装检验批质量验收记录/原始记录	

续表

序号	验收内容	验收资料	备注
9	混凝土评定	混凝土检验批验收记录(标养统计评定)	
10	找平层分项工程	找平层分项工程质量验收记录	
11	隔离层分项工程	隔离层分项工程质量验收记录	
12	保护层分项工程	保护层分项工程质量验收记录	
13	板状材料保温层分项工程	板状材料保温层分项工程质量验收记录	
14	卷材防水层分项工程	卷材防水层分项工程质量验收记录	
15	烧结瓦和混凝土瓦铺装分项工程	烧结瓦和混凝土瓦铺装分项工程质量验收记录	
16	檐口分项工程	檐口分项工程质量验收记录	
17	檐沟和天沟分项工程	檐沟和天沟分项工程质量验收记录	
18	女儿墙和山墙分项工程	女儿墙和山墙分项工程质量验收记录	
19	水落口分项工程	水落口分项工程质量验收记录	
20	伸出屋面管道分项工程	伸出屋面管道分项工程质量验收记录	
21	屋面出入口分项工程	屋面出入口分项工程质量验收记录	
22	设施基座分项工程	设施基座分项工程质量验收记录	
23	屋脊分项工程	屋脊分项工程质量验收记录	
24	基层与保护子分部	基层与保护子分部工程质量验收记录	
25	保温与隔热子分部	保温与隔热子分部工程质量验收记录	
26	防水与密封子分部	防水与密封子分部工程质量验收记录	
27	瓦面与板面子分部	瓦面与板面子分部工程质量验收记录	
28	细部构造子分部	细部构造子分部工程质量验收记录	
29	建筑屋面分部	建筑屋面分部施工技术资料审查表	
		建筑屋面分部工程质量验收记录	
		建筑屋面分部工程质量验收报告(南宁)	

注:子分部工程、分项工程、检验批及工程材料的报审、报验参考本教材人工挖孔桩或品茗软件填写示例及应用指南。

2. 建筑屋面分部工程验收资料填写示例

建筑屋面分部工程质量验收记录

GB 50300—2013　GB 50207—2012　　桂建质 04

<table>
<tr><td colspan="2">单位(子单位)工程名称</td><td colspan="2">品茗人宿舍</td><td>子分部工程数量</td><td></td><td>分项工程数量</td><td></td></tr>
<tr><td colspan="2">施工单位</td><td colspan="2"></td><td>项目负责人</td><td></td><td>技术(质量)负责人</td><td></td></tr>
<tr><td colspan="2">分包单位</td><td colspan="2"></td><td>分包单位负责人</td><td></td><td>分包内容</td><td></td></tr>
<tr><td>序号</td><td colspan="2">子分部工程名称</td><td>分项工程数</td><td colspan="2">施工单位检查结果</td><td colspan="2">验收组验收意见</td></tr>
<tr><td>1</td><td colspan="2">基层与保护</td><td>3</td><td colspan="2">合格</td><td colspan="2" rowspan="5">(验收意见、合格或不合格的结论、是否同意验收)
所含子分部工程无遗漏并全部合格,本分部工程合格,同意验收</td></tr>
<tr><td>2</td><td colspan="2">保温与隔热</td><td>1</td><td colspan="2">合格</td></tr>
<tr><td>3</td><td colspan="2">防水与密封</td><td>1</td><td colspan="2">合格</td></tr>
<tr><td>4</td><td colspan="2">瓦面与板面</td><td>1</td><td colspan="2">合格</td></tr>
<tr><td>5</td><td colspan="2">细部构造</td><td>7</td><td colspan="2">合格</td></tr>
<tr><td colspan="2">质量控制资料检查结论</td><td colspan="2">共 42 项,经查符合要求 42 项,经核定符合规范要求 0 项</td><td>安全和功能检验(检测)报告检查结论</td><td colspan="3">共核查 4 项,符合要求 4 项,经返工处理符合要求 0 项</td></tr>
<tr><td colspan="2">观感质量验收结论</td><td colspan="6">1. 共抽查 20 项,符合要求 20 项,不符合要求 0 项。
2. 观感质量评价(好、一般、差):好</td></tr>
<tr><td colspan="2">施工单位</td><td colspan="2">设计单位</td><td colspan="2">监理(建设)单位</td><td colspan="2">勘察单位</td></tr>
<tr><td colspan="2">项目负责人:

(公章)
年　月　日</td><td colspan="2">项目负责人:

(公章)
年　月　日</td><td colspan="2">项目负责人:

(公章)
年　月　日</td><td colspan="2">项目负责人:

(公章)
年　月　日</td></tr>
</table>

注:1. 质量控制资料、安全和功能检验(检测)报告检查情况可查阅有关子分部工程质量验收记录或直接查阅原件,统计整理后填入本表。

2. 本验收记录还应有各有关子分部工程质量验收记录作附件。

3. 观感质量验收由总监理工程师或建设单位项目专业负责人组织并以其为主,听取参验人员意见后作出评价。如评为“差”时,能修的尽量修;若不能修,只要不影响结构安全和使用功能,可协商接收,并在“验收组验收意见”栏中注明。

4. 勘察单位不需参加除地基与基础分部以外的分部工程验收,此时可以将勘察单位签字盖章栏删除;设计单位不需参加电梯分部工程验收,此时可以将设计单位签字盖章栏删除,并将施工单位栏改为电梯安装单位栏。

第七节　建筑节能

1. 建筑节能分部工程验收资料明细

本节将以品茗人宿舍工程为例，按其建筑节能工程的各构造做法、节能措施列出其验收资料。

序号	验收内容		验收资料	备注
1	居住建筑节能设计审查备案及备案表、建筑节能设计计算书			
2	节能分部工程施工组织设计			
3	节能分部工程施工技术交底			
4	施工日记			
5	围护系统节能子分部—墙体节能分项工程			
(1)	墙体节能材料	外墙砌体：页岩烧结多孔砖；外保温砂浆：20 mm厚JZ-C(无机活性)保温砂浆B型、3 mm厚A型；4 mm厚抗裂砂浆；耐碱玻璃纤维网格布、基层界面砂浆	页岩烧结多孔砖出厂合格证、检验报告	
			保温砂浆、抗裂砂浆、界面砂浆合格证、检测报告	
			耐碱玻璃纤维网格布合格证明文件、检测报告	
			建筑节能工程进场材料、设备和构件验收记录表	
(2)	一至二层外墙		墙体节能检验批质量验收记录(材料)/原始记录	
	填充墙砌体隐蔽验收		隐蔽工程检查验收记录/隐蔽图像	
	三至十层外墙		墙体节能检验批质量验收记录(材料)/原始记录	
	填充墙砌体隐蔽验收		隐蔽工程检查验收记录/隐蔽图像	
	十一至十七层外墙		墙体节能检验批质量验收记录(材料)/原始记录	
	填充墙砌体隐蔽验收		隐蔽工程检查验收记录/隐蔽图像	
(3)	三至十层B—L轴外墙		墙体节能检验批质量验收记录(保温浆料)/原始记录	
			留置同条件保温砂浆试块—砂浆试块报告	
			隐蔽工程检查验收记录/隐蔽图像	
	十一至十七层B—L轴外墙		墙体节能检验批质量验收记录(保温浆料)/原始记录	
			留置同条件保温砂浆试块—砂浆试块报告	
			隐蔽工程检查验收记录/隐蔽图像	
	三至十层L—B轴外墙		墙体节能检验批质量验收记录(保温浆料)/原始记录	
			留置同条件保温砂浆试块—砂浆试块报告	
			隐蔽工程检查验收记录/隐蔽图像(略)	
	十一至十七层L—B轴外墙		墙体节能检验批质量验收记录(保温浆料)/原始记录	
			留置同条件保温砂浆试块—砂浆试块报告	
			隐蔽工程检查验收记录/隐蔽图像	

续表

序号	验收内容	验收资料	备注
(3)	三至十层1—13轴外墙	墙体节能检验批质量验收记录（保温浆料）/原始记录	
		留置同条件保温砂浆试块—砂浆试块报告	
		隐蔽工程检查验收记录/隐蔽图像（略）	
	十一至十七层1—13轴外墙	墙体节能检验批质量验收记录（保温浆料）/原始记录	
		留置同条件保温砂浆试块—砂浆试块报告	
		隐蔽工程检查验收记录/隐蔽图像	
	三至十层13—1轴外墙	墙体节能检验批质量验收记录（保温浆料）/原始记录	
		留置同条件保温砂浆试块—砂浆试块报告	
		隐蔽工程检查验收记录/隐蔽图像	
	十一至十七层13—1轴外墙	墙体节能检验批质量验收记录（保温浆料）/原始记录	
		留置同条件保温砂浆试块—砂浆试块报告	
		隐蔽工程检查验收记录/隐蔽图像	
(4)	墙体传热系数检测	墙体传热系数检测报告	
(5)	外墙节能构造钻芯检测	外墙节能构造钻芯检测报告	
(6)	墙体节能分项工程	墙体节能分项工程质量验收记录	
6	围护系统节能子分部—门窗节能分项工程		
(1)	门窗节能材料：铝合金无色透明、反射镀膜玻璃	产品合格证、性能检测报告	
		建筑节能工程进场材料、设备和构件验收记录	
(2)	一至三层外窗	门窗节能检验批质量验收记录/原始记录	
		隐蔽工程检查验收记录/隐蔽图像	
	四至五层外窗	门窗节能检验批质量验收记录/原始记录	
		隐蔽工程检查验收记录/隐蔽图像	
	⋮	⋮	⋮
	十六至十七层外窗	门窗节能检验批质量验收记录/原始记录	
		隐蔽工程检查验收记录/隐蔽图像	
(3)	玻璃光学参数检测	玻璃光学参数检测报告（遮阳、传热、可见光透射比）	
(4)	金属外窗检测	金属外窗气密性/水密性/抗风压检测报告	
(5)	门窗节能分项工程	门窗节能分项工程质量验收记录	
7	围护系统节能子分部—屋面节能分项工程		
(1)	保温材料：40 mm厚挤塑聚苯乙烯泡沫塑料板	产品合格证、检验报告	
		建筑节能工程进场材料、设备和构件验收记录	
(2)	3—11轴×A—B轴三层屋面	屋面节能检验批质量验收记录/原始记录	
		隐蔽工程检查验收记录/隐蔽图像	
(3)	1—13轴×B—D轴十七层屋面	屋面节能检验批质量验收记录/原始记录	
		隐蔽工程检查验收记录/隐蔽图像	

续表

序号	验收内容	验收资料	备注
(4)	1—13 轴 × E—L 轴平屋面	屋面节能检验批质量验收记录/原始记录	
		隐蔽工程检查验收记录/隐蔽图像	
(5)	屋面节能保温材料检测	挤塑聚苯乙烯泡沫塑料板导热系数、压缩强度、密度检测报告	
(6)	屋面节能分项工程	屋面节能分项工程质量验收记录	
8	供暖空调设备及管网节能子分部—通风与空调设备节能分项工程		
(1)	通风系统设备、材料	产品合格证等	
		建筑节能工程进场材料、设备和构件验收记录	
		通风与空调节能检验批质量验收记录(设备、材料)/原始记录	
(2)	风系统	通风与空调节能检验批质量验收记录(风系统)/原始记录	
		风管系统严密性检验记录	
(3)	通风系统试运转和调试	通风与空调节能检验批质量验收记录(试运转和调试)/原始记录	
		试运转和调试记录	
(4)	通风系统节能性能检测	通风系统节能性能检测报告	
(5)	通风与空调设备节能分项工程	通风与空调设备节能分项工程质量验收记录	
9	电气动力节能子分部—配电节能分项工程		
(1)	配电与照明材料	产品合格证、检验报告等	
		建筑节能工程进场材料、设备和构件验收记录	
(2)	地下一层配电与照明	配电与照明节能检验批质量验收记录/原始记录	
⋮	⋮	⋮	⋮
(19)	十七层配电与照明	配电与照明节能检验批质量验收记录/原始记录	
(20)	地下一层至十七层照明系统照明全负荷试验	照明全负荷试验记录	
(21)	通电试运行中测出的照度和功率密度值检测	室内照度和功率密度值检测报告	
(22)	低压配电电源质量检测	低压配电电源质量检测报告	
(23)	电缆、电线截面积、电阻值检测	电缆、电线截面积、电阻值检测报告	
(24)	配电节能分项工程	配电节能分项工程质量验收记录	
10	可再生能源子分部工程		
(1)	太阳能热水系统	室内热水供应系统子分部工程、分项工程、检验批及其他质量、安全检验(检测)报告	
(2)	太阳能热水系统的集热系统得热量及效率等检测	太阳能热水系统的集热系统得热量及效率等检测报告	
11	围护系统节能子分部工程	围护系统节能子分部工程质量验收记录	

续表

序号	验收内容	验收资料	备注
12	供暖空调设备及管网节能子分部工程	供暖空调设备及管网节能子分部工程质量验收记录	
13	电气动力节能子分部工程	电气动力节能子分部工程质量验收记录	
14	可再生能源子分部工程	可再生能源子分部工程质量验收记录	
15	建筑节能分部工程验收	节能工程质量验收监督通知书	
		建筑节能分部工程技术资料审查表	
		南宁市建筑节能专项验收核验表	
		节能分部工程质量验收记录	
		建筑节能分部工程质量验收报告	

注:子分部工程、分项工程、检验批及材料的报审、报验参考本教材或品茗软件填写示例及应用指南。

第八节　竣工验收文件

一、工程竣工相关文件

以品茗人宿舍为例，工程竣工需要的相关文件明细如下：

序号	工程竣工相关文件	备　注
1	建设工程规划许可证复印件（含附件）	
2	环保部门验收准用文件复印件	
3	消防部门验收准用文件复印件	
4	电梯验收检验报告	
5	建筑节能分部工程质量验收报告	
6	单位工程建筑节能综合质量验收报告	
7	农民工工资发放表/农民工登记表	
8	按合同约定支付工程款的有效凭证文件	
9	工程竣工验收监督检查通知书	
10	工程竣工验收实施方案（附验收组名单）	
11	商品住宅的《住宅质量保证书》和《住宅使用说明书》	
12	建设工程竣工验收报告	
13	建设工程质量竣工验收意见书	
14	竣工验收存在问题整改通知书	
15	竣工验收存在问题整改验收意见书	
16	单位（子单位）工程质量竣工验收记录—汇总表	
17	单位工程质量控制资料核查记录	
18	单位工程安全和功能检验资料核及主要功能抽查记录	
19	单位工程观感质量检查记录	
20	其他竣工文件	

二、需提交市质量安全监督站存档的文件

以品茗人宿舍为例,需要提交市质量监督站存档的文件明细如下:

序号	文件和资料名称	备　注
1	地基验槽记录/地基处理子分部工程质量验收报告	
2	桩基子分部工程质量验收报告	
3	地基和基础分部工程质量验收报告	
4	钢结构子分部工程质量验收报告	
5	幕墙子分部工程质量验收报告	
6	建筑节能分部工程质量验收报告	
7	主体结构分部工程质量验收报告	
8	工程竣工验收监督检查通知书	
9	施工单位工程竣工报告	

第四章

竣工验收资料常见问题解答

1. 检验批施工质量验收如何划分？“检验批容量”一栏如何填写？最小和实际抽样数量如何填写？

答:《建筑工程施工质量验收统一标准》(GB 50300—2013)广西配套验收表格的检验批划分与“检验批容量”一栏的填写有着密切的关系。检验批容量与最小和实际抽样数量又有着直接的关系。

(1)检验批划分原则:

①多层及高层建筑工程中主体分部工程中的分项工程按楼层或施工段来划分检验批;

②单层建筑工程中的分项工程按变形缝等划分检验批;

③地基基础分部工程中的分项工程一般划分为一个检验批;有地下层的基础工程按不同地下层或施工段、后浇带划分检验批;

④屋面分部工程中的分项工程按不同楼层屋面划分检验批;

⑤其他分部工程中的分项工程一般按楼层划分检验批;

⑥对于工程量较少的分项工程可统一为一个检验批;

⑦安装工程一般按一个设计系统或设备组别划分一个检验批;

⑧室外工程统一划分为一个检验批;

⑨散水、台阶、明沟等含在地面检验批中。

(2)检验批划分、检验批容量及最小和实际抽样数量的填写:

《建筑工程施工质量验收统一标准》(GB 50300—2013)广西配套验收表格的检验批质量验收记录表均注明检验批的划分和检查数量,如一般抹灰检验批质量验收记录的检验批的划分和检查数量:

①相同材料、工艺和施工条件的室外抹灰工程每 500 ~ 1 000 m^2 划分为一个检验批,不足 500 m^2 也划分为一个检验批。

②相同材料、工艺和施工条件的室内抹灰工程每 50 个自然间(大面积房间和走廊按抹灰面积 30 m^2 为一间)划分为一个检验批,不足 50 间也划分为一个检验批。

③室内每个检验批至少抽查 10%,并不少于 3 间;不足 3 间时全数检查。

④室外每个检验批每 100 m^2 至少抽查 1 处,每处不少于 10 m^2。

下面以“一般抹灰检验批质量验收记录”为例详解。

室内:根据本书施工图 JZ-9 六至十六层标准层,可以统计出每层房间有 19 间。综合以上的检验批的划分原则,品茗人宿舍一般抹灰的检验批只能按六至七层、八至九层等每两层共计 38 间划分。“检验批部位”填写:六至七层;“检验批容量”填写:38 间;“最小抽样数量”按室内工程抽查 10%(即 38 × 10%),四舍五入后填写:4;“实际抽样数量”应大于或等于最小抽样数量,填写:4。

室外:根据本书施工图 JZ-1 建筑设计总说明,室内抹灰一、二层与三层以上抹灰砂浆的材料及配合比是不一样的。因此,检验批的划分按不同材料及每 500 ~ 1 000 m^2 划分为一个检验批,填写:三至十层 B—L 轴外墙等;检验批容量即三至十层 B—L 轴外墙的抹灰砂浆面积,填写:612 m^2;最小抽样数量按室外每个检验批每 100 m^2 至少抽查 1 处,填写:7;实际抽样数量应大于或等于最小抽样数量,填写:7。

2. 混凝土结构检验批表格中,“样本总数”一栏如何填写？

答:一般情况下,现浇混凝土结构检验批表格的检验批容量与样本总数相等。

(1)现浇结构模板安装检验批质量验收记录——检验批部位:副楼独立基础 A—D 轴/1—13 轴;检验批容量:32 件,全数检查项的样本总数:32,即 32 个独立柱基础构件,详见本书结施图 JG-3;一般情况下,只有板部位才有如插筋、预留洞、相邻模板表面高低差等验收项目。

(2)钢筋原材料检验批质量验收记录——检验批部位: ±0 以下 A—L 轴/1—13 轴;检验批容量:8 批,全数检查项的样本总数:8,即进场 8 批钢材。

(3)钢筋连接检验批质量验收记录——检验批部位:副楼独立基础 A—D 轴/1—13 轴;检验批容量:32 件,全数检查项的样本总数:即 32 个独立柱基础构件,详见本书结施图 JG-3。

(4)钢筋安装检验批质量验收记录——检验批部位:副楼独立基础 A—D 轴/1—13 轴;检验批容量:32 件,全数检查项的样本总数:32,即 32 个独立柱基础构件,详见本书结施图 JG-3。

(5)混凝土原材料检验批质量验收记录——检验批部位:副楼独立柱基垫层,即混凝土原材料使用部位;检验批容量:13 m^3,即垫层的混凝土方量;从表中的验收项目,如"主控项目 1:水泥进场"等内容可知,此表只有自拌混凝土时才用到,如独立柱基垫层,底板垫层等。因此,表中的验收项目均只需提供相关产品质量证明文件或试验报告,样本总数一栏留空即可。

(6)现浇结构外观质量及尺寸偏差检验批质量验收记录——检验批部位:副楼独立基础 A—D 轴/1—13 轴;检验批容量:32 件,全数检查项的样本总数:32,即 32 个独立柱基础构件,详见本书结施图 JG-3。

注:以上(1)(6)表中若对检查数量的需求为:"在同一检验批内,对梁、柱和独立基础,应抽查 10% 且不少于 3 件;对墙和板,应按有代表性的自然间抽查 10%,且应不少于 3 间;对大空间结构,墙可按相邻轴线高度 5 m 左右划分检查面,板可按纵横轴线划分检查面,抽查 10%,且均不少于 3 面。"此时,样本总数按柱、梁、墙、板、独立基础等的检验批容量计,详见本书基础及主体结构不同的示例内容。

对检验批容量与样本总数不相等的检验批表格详解:

(1) 钢筋加工检验批质量验收记录——检验批部位: ±0 以下 A—L 轴/1—13 轴;检验批容量:12 种,其中主控项目 1 中光圆钢筋的样本总数:3,即 3 种不同直径的光圆钢筋;335 MPa级、400 MPa 级带肋钢筋,样本总数:6,即 6 种不同直径的 335 MPa 级、400 MPa 级带肋钢筋;500 MPa 级带肋钢筋,样本总数:3,即 3 种不同直径的 500 MPa 级带肋钢筋;主控项目最小抽样数量,按同一设备加工的同一类型钢筋每工作班抽查不应少于 3 件,光圆钢筋填写:9(按每种钢筋类型一工作班抽查 3 件,3 种类型至少 3 工作班,最小抽查数量 3 ×3 =9 件);实际抽样数量应大于或等于最小抽样数量,填写:9;其他验收项目同理。

(2)混凝土拌合物检验批质量验收记录——检验批部位:六层墙、柱;检验批容量:75 m^3。其中,主控项目 2 中混凝土拌合物的样本总数可以车辆批次计,一般常见的商品混凝土搅拌车一车容量为 6,8,12,16 m^3 等,按一车 6 ~8 m^3 不同容量车计,需要 11 车,因此,样本总数:11;其他检查项目均为相关质量证明文件或试验记录的检查,样本总数一栏留空即可。

(3)混凝土施工检验批质量验收记录——检验批部位:副楼独立基础 A—D 轴/1—13 轴;检验批容量:150 m^3。其中主控项目 1 中混凝土取样和留置,样本总数可填:150,也可留空;主控项目 2 中后浇带的留设位置及处理方法,全数检查的样本总数是指有多少处后浇带,本工程留空不填,检查记录"—"表示无该项(本案例工程只有底板及顶板留设后浇带,因底板及顶板为防水混凝土,只需编制防水混凝土检验批验收记录即可);主控项目 3 中混凝土养护,检查方法:观察、检查混凝土养护记录,因此,样本总数留空不填,检查记录:符合要求,详见混凝土施工记录(自拌或商品混凝土施工记录已有该检查内容)。

3. 检验批表格中,"施工依据"一栏如何填写?

答:广西建设工程质量安全监督总站和广西工程建设质量管理协会组织编制的《广西建筑工程施工工艺标准》(试行)2012 年已经发布实施。因此,"施工依据"一栏可填写工艺标准如《广西建筑工程施工工艺标准》(试行),可填写相应的施工规范,如《混凝土结构施工规范》(GB 50666—2011),也可填写如"钻孔灌注桩施工方案"等。

4.《检验批现场验收检查原始记录》如何填写? 是否需要存档?

答:《关于执行〈建筑工程施工质量验收统一标准〉(GB 50300—2013)若干问题的通知》(桂建质安监〔2015〕80 号)关于原始记录的说明:

(1)本表作为检验批验收记录的附表使用,在单位工程竣工验收前存档备查,竣工验收后可不存档。

(2)"检验批名称"与"检验批编号"栏按对应的检验批验收记录填写。

(3)"验收项目"栏对照检验批验收记录,填写实际进行验收的项目;如果同一验收项目对应多行验收部位,验收项目不用重复填写;"编号"栏按"验收项目"顺序编号。

(4)"验收部位"栏填写各个检查点的部位,每个部位占用一格,下个部位另起一行。

(5)"验收情况记录"栏中,针对定性检查项目可以采用文字描述、数据说明或者打"√"的方式,说明本部位的验收情况,不合格的或者超标的必须明确指出;对于定量检查的项目,需要填写量测数据,量测数据中超标或者不合格的应做标识,超过国家验收规范的用"○"将其圈出。

(6)在"备注"栏中,填写发现明显不合格个体的情况,以及整改、复查是否合格的情况。

(7)参加验收的监理工程师、专业质量检查员、专业工长、记录员应在本表填写完成后现场签名。"

注:严格意义来说,原始记录应手写,本书第三章案例工程章节原始记录的填写示例仅作为参考。

5. 沉降观测应由谁来做?

答:沉降观测应由建设单位委托有结构检测资质的检测机构或测绘院承担,此外,作为施工单位来说,本身也要做好沉降观测记录的。这是因为在施工过程中需要随时掌握房子的沉降情况。

6. 同一施工企业施工的两个相同的单位工程,施工资料及送样如何处理?

答:执行单位工程。

7. 一个施工队,施工两栋相同型号的楼,都是甲方供货(如钢筋、罐装水泥等),送检时是否按楼栋号分别取样送检?

答：只要同规格、同型号（同一批号）、同时进场、同时验收，不超过批量要求的可以作为一次取样。

8. 施工合同是总公司签署的，由分公司负责施工，施工单位盖章（表尾）应用总公司的印章还是分公司的印章？

答：开工、竣工报告及竣工工程质量验收记录必须盖公司级的法人章。

9. 关于“及时”的问题——一些表格未能及时填全，如何报监理单位？（如混凝土施工检验批）

答：所谓“及时”，就是材料进场后必须马上进行验收；施工过程中在隐蔽前必须进行验收；施工完毕，具备检查条件时，立即验收并办理验收手续。所谓分阶段验收，是指初步验收和龄期到且试块合格后再验收。

《建筑工程施工质量验收规范广西应用手册》规定：有混凝土、砂浆强度等级要求的检验批，按规定制取试件后，可填写试件编号，其他内容先行验收，署验收当日日期，各方签名确认。待试件试验报告出来后，结果合格则验收记录自动生效，不合格的处理后再重新验收。

10. 材料进场时有备案证书，其备案证书上加盖的印章与生产厂家不一致，请问这备案证书是否有用？是否要加盖与产方名称一致的印章？

答：没有用，二者应该一致。

11. 供货方提供给施工单位的合格证复印件中有“复印无效”等字样，但供货方已加盖供货方印章，此合格证复印件能否使用？

答：不能使用。

12. 在材料合格证或合格证复印件中的厂家的检测报告中有个检测日期，此日期的有效期一般为多长？（如砖、钢筋等材料出厂质量证明书）

答：砖、钢筋等材料的出厂质量证明书，是厂家对此批产品的出厂检验结果，没有“过期”的规定。

13. 材料合格证为复印件或抄件应如何标示整理？

答：合格证上标示的内容应避免被装订覆盖，尽量标示在证件中下部的空白处。材料供应商和施工项目部要分别在合格证上进行标示。供应商应注明：原件存放处、购货单位名称（工地名称或经营部）、规格、数量、炉批号、该复印件所复印的次数和份数、经手人签字及签字日期并加盖公章；施工项目部应注明：原件存放处、单位工程名称、使用的具体部位、批号、数量、经手人签字等。小于 A4 幅面的合格证需用 A4 白纸托底。

14. 施工和监理单位对材料进场报验资料如何整理比较合理？

答：为了便于整理和核查，材料报审表与相应的质量证明文件不要分开。建议做法：把监理单位核查意见为“同意进入施工现场”的报审表为第一次报验，材料合格证附在该表之后；把监理单位核查意见为“同意使用拟定部位”的报审表为第二次报验，已合格的材料复检试验报告附在该表之后。

注：水泥材料报验应分三次，首先是材料进场报验，然后是 3 d 安定性复检合格后的报验，最后是 28 d 强度合格后的完整报验。

15. 材料进场报验时若所检材料不合格应如何处理？

答：应对复检不合格的材料或试件（如钢筋的双倍复检、砂浆混凝土的无效试件及结论为“不合格”或“超标”的试件)在材料报验表上应有“禁止使用不合格材料”的明确结论,有监理人员及时签发的监理通知书,并有文字说明不合格材料的处理及去向;同时还应注意对复检结论为“不合格”的试验报告必须归入档案,作为处理结果的主要依据,不能废弃。

16. 对水泥出厂质量证明书有哪些要求?

答:水泥出厂质量证明书内容应包括水泥牌号、厂标、出厂日期、批号、合格证编号、抗压强度、抗折强度、安定性、凝结时间。

水泥出厂质量证明书应为原件,必须同时具备以下三个方面:盖有厂家质检部门印章的水泥出厂合格证、龄期 3 d 水泥检验报告单、龄期 28 d 水泥检验报告单。上述三者的出厂编号、出厂日期应一致。

水泥厂在水泥出厂的 7 d 内,签发水泥品质试验报告单,在 32 d 内补发 28 d 强度值。

17. 某工程使用的水泥有有效的合格证明,施工单位因其他原因未做水泥物检,但已按规定留置试块,且全部合格,是否需要对实体进行检验?

答:此种情况不符合质量验收标准,应对实体进行检验,包括通过观感确认是否存在水泥安定性不良的裂缝,作为结构是否安全的依据。

18. 如果水泥的 7 d 强度合格,28 d 强度不合格怎么办?

答:对水泥所使用的部位进行实体检验。

19. 什么是现场检验或实体检验?

答:在监理工程师或建设单位代表见证下,对已经完成施工作业的分项或分部工程,按照有关规定在工程实体上抽取试样,在现场进行检验或送至有见证检测资质的检测机构进行检验的活动,简称为实体检验或现场检验。

20. 目前,水泥物检大多数仅有 3 d 强度而未有 28 d 强度报告即用到工程上,施工、监理在资料上如何处理?

答:重要工程无 28 d 复试报告是不允许使用的;但对一般工程而言,非重要结构可以使用,但监理单位不承担 28 d 强度不合格的责任。

21. 水泥厂家在水泥进场时只提供 3 d 物理性能检测报告,有时不提供 28 d 后的补强报告,而本工程已做了复验,复验合格报告能否作为存档依据而不用厂家 28 d 的补强报告?

答:水泥必须有 28 d 强度补报单,否则视为不符合标准。

22. 热镀扁铁或圆钢属二次加工产品,无合格证,施工时如何处理?

答:有热镀锌证明资料即可。

23. 商品混凝土进场交接的具体内容是什么?

答:预拌商品混凝土供应单位必须向施工单位提供以下资料:配合比通知单、预拌混凝土出厂合格证、运输单以及供应单位与施工单位交接时填写的预拌混凝土抽样交接单(南宁市)。

商品混凝土进场交接内容:进场数量,确认混凝土出厂强度等级是否与订货单相符;商品混凝土出厂时间和搅拌车进场时间;商品混凝土坍落度记录。施工单位在监理单位和生产单位见证下取样留置标养试块。

24. 混凝土标养试块不合格,同条件试块合格,是否评定为合格?

答:应对其标养试块所代表的验收批部位进行实体检验,再行判定是否合格。

25. 混凝土标养试块评定结果不合格,同条件试块评定结果合格,此批混凝土强度应如何判定及处理?

答:需实体检验。

26. 同条件试块,标养试块全部合格,但试块评定不合格,离散性大如何处理?

答:此属不符合验收标准,应由设计单位出具具体意见,方可验收。

27. 混凝土试块单个值合格,总评定不合格怎么办?

答:总体混凝土质量不均匀,由设计单位处理。

28. 混凝土同条件养护试块,累计温度达到 600 ℃ · d 才送检,有没有时间限制?

答:《混凝土结构工程施工质量验收规范》(GB 50204—2015)规定,同条件养护试块的等效养护龄期可取按日平均温度逐日累计达到 600 ℃ · d 时所对应的龄期。也就是说,同条件养护试块的等效养护龄期累计达到 600 ℃ · d 时的那一天就是时间的限制。一般实验室通常允许温度累计误差为 ±20 ℃ · d(具体可咨询当地实验室),龄期不小于 14 d、不大于 60 d(气温为 0 ℃及以下的天数不计入龄期)。每组试块应附有一张温度累计表。

29. 混凝土试块在 28 d 后才可知其抗压值是否符合要求,其检验批的评定结果在 28 d 后才可确定。也就是说,在此之前无法判定其是否合格。在实际施工中不可能在 28 d 后才进行下道工序施工,这与"上道工序验收不合格不得进行下道工序施工"原则相矛盾,如何解释此问题? 资料中对评定日期如何填写?

答:对一些有龄期的检测项目,在其龄期不到而不能提供数据时,可以先将其他项目进行评价,并根据施工现场的质量保证和控制情况,暂时验收该项目,待检测数据出来后再填入数据。只要不影响施工安全,即可进行下道工序施工。

《建筑工程施工质量验收规范广西应用手册》规定:有混凝土、砂浆强度等级要求的检验批,按规定制取试件后,可填写试件编号,其他内容先行验收,署验收当日日期,各方签名确认。待试件试验报告出来后,结果合格则验收记录自动生效,不合格的处理后重新验收。

30. 混凝土构件的同条件养护试块是否可与检验拆模时混凝土强度的混凝土试块同用? 如不能同用,宜在多久后试压拆模试块的强度?

答:混凝土同条件养护试块达到等效龄期的强度是实体检验的依据,而拆模时的混凝土同条件试块强度值决定拆模的依据。

第五章

施工工艺流程及施工做法

施工工艺标准及施工做法是施工企业在施工中进行过程控制的依据,施工员在技术交底时应将施工的操作工艺及施工做法详细说明,但现实情况往往是,应由施工员编制的技术交底由资料员随意代编。因此,本节将广西建设工程质量安全监督总站和广西工程建设质量管理协会组织编制的《广西建筑工程施工工艺标准》(试行)摘录常见的四种类型的桩基础工程的施工工艺流程及《住宅厨房卫生间设施》(98ZJ513)卫生间蹲位做法供资料员学习。了解施工工艺标准及施工做法,将能保证其验收资料的时间交圈,满足验收要求。

第一节　施工工艺流程

人工挖孔灌注桩施工工艺流程如图5.1所示。

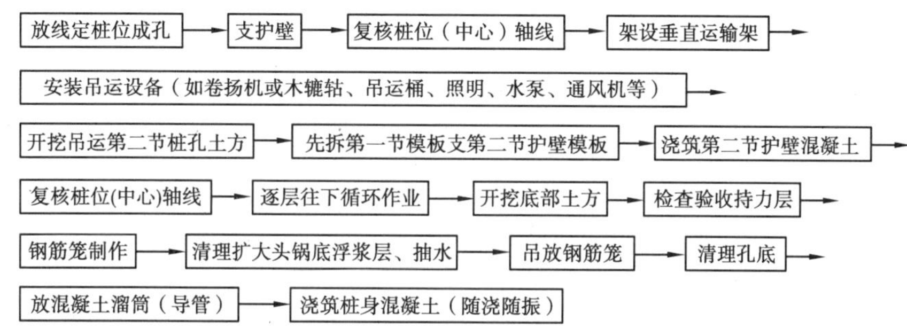

图5.1　人工挖孔灌注桩施工工艺流程图

长螺旋钻孔灌注桩施工工艺流程如图5.2所示。

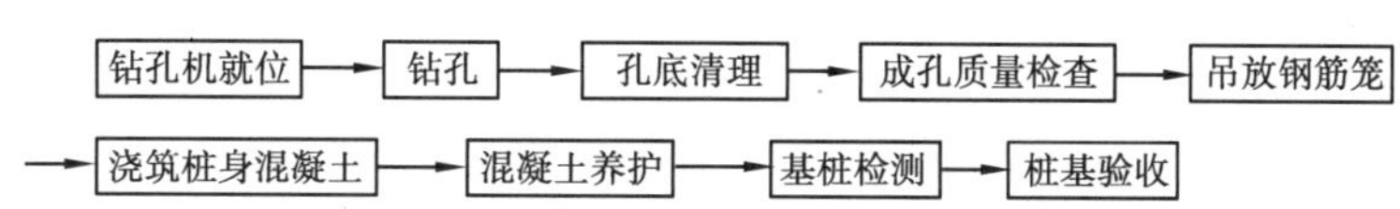

图5.2　长螺旋钻孔灌注桩施工工艺流程图

静力压桩施工工艺流程如图5.3所示。

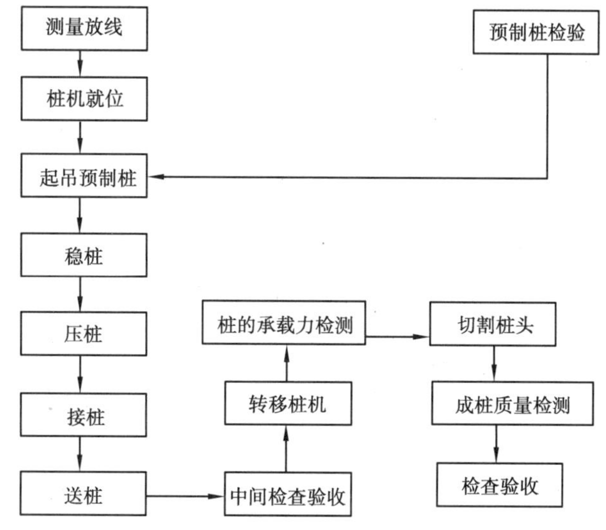

图5.3　静力压桩施工工艺流程图

钢筋混凝土独立柱基础工程(浇灌式)施工工艺流程如图 5.4 所示。

清理→混凝土垫层→弹线→钢筋绑扎→相关专业施工→清理→支模板→清理→混凝土浇筑→混凝土振捣→混凝土找平→混凝土养护→模板拆除

图 5.4　钢筋混凝土独立柱基础工程(浇灌式)施工工艺流程图

CFG 桩复合地基施工工艺流程如图 5.5 所示。

钻机就位、对中→钻孔→混凝土施工→提升钻杆→成桩→移位

图 5.5　CFG 桩复合地基施工工艺流程图

第二节　施工做法

施工做法参考《住宅厨房卫生间设施》(98ZJ513)。卫生间蹲位做法如图 5.6 所示。

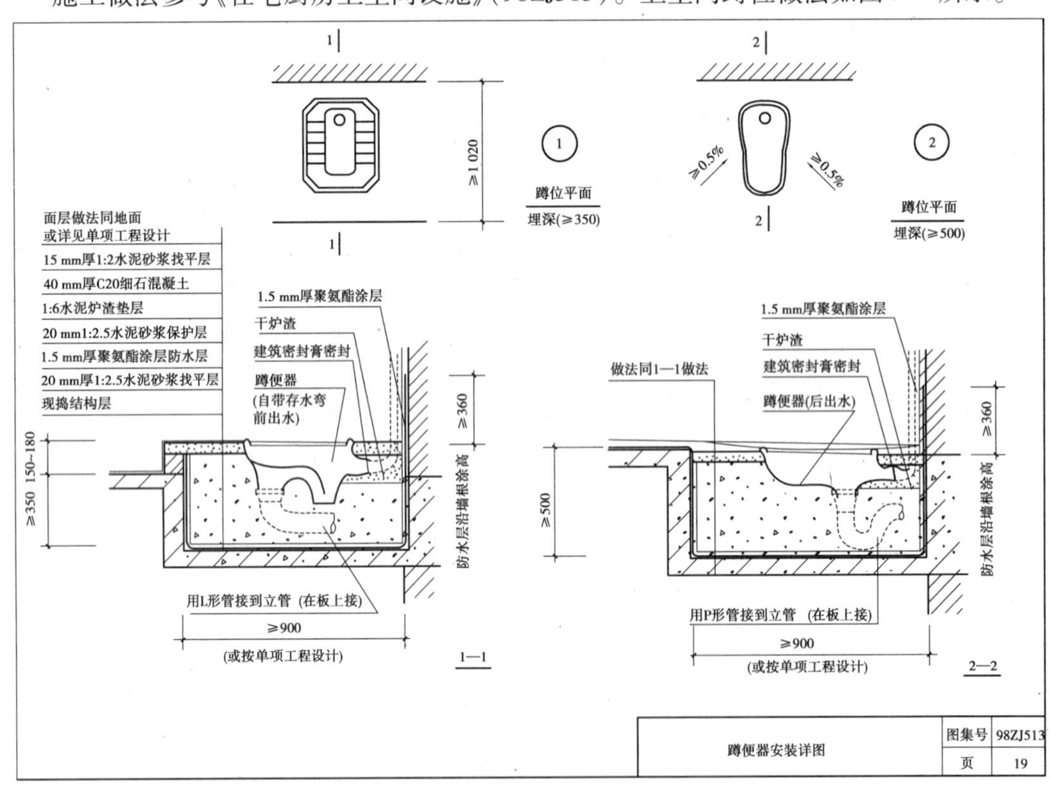

图 5.6　蹲便器安装详图

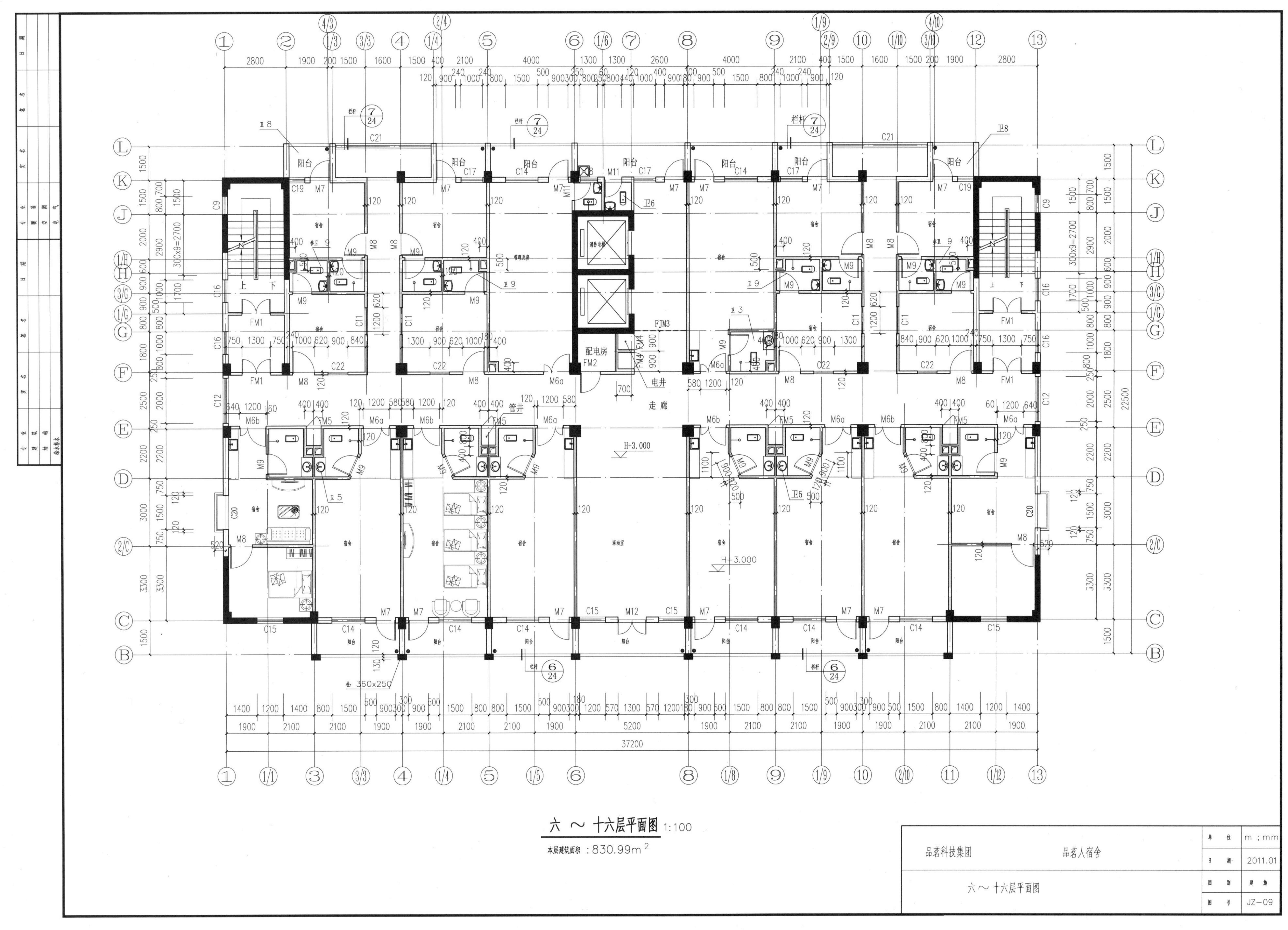
六 ～ 十六层平面图 1:100
本层建筑面积：830.99m²
品茗科技集团
品茗人宿舍
六～十六层平面图
单位 m；mm
日期 2011.01
图别 建施
图号 JZ-09

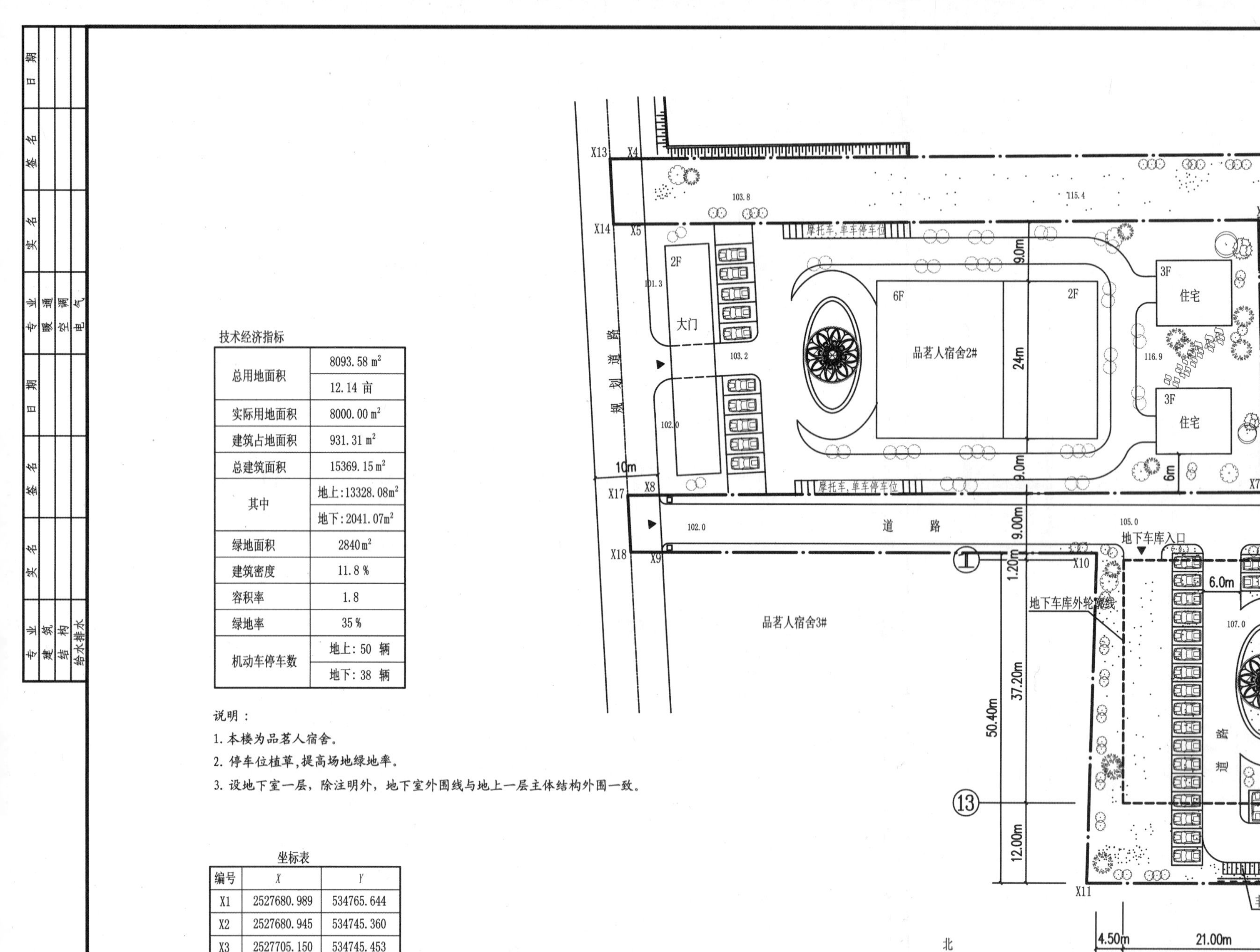

技术经济指标

总用地面积	8093.58 m^2
	12.14 亩
实际用地面积	8000.00 m^2
建筑占地面积	931.31 m^2
总建筑面积	15369.15 m^2
其中	地上:13328.08m^2
	地下:2041.07m^2
绿地面积	2840 m^2
建筑密度	11.8 %
容积率	1.8
绿地率	35 %
机动车停车数	地上:50 辆
	地下:38 辆

说明：

1. 本楼为品茗人宿舍。
2. 停车位植草，提高场地绿地率。
3. 设地下室一层，除注明外，地下室外围线与地上一层主体结构外围一致。

坐标表

编号	X	Y
X1	2527680.989	534765.644
X2	2527680.945	534745.360
X3	2527705.150	534745.453
X4	2527704.088	534619.928
X5	2527694.092	534620.487
X6	2527694.915	534717.543
X7	2527653.314	534718.495
X8	2527652.708	534622.801
X9	2527644.000	534623.288
X10	2527644.000	534692.000
X11	2527593.605	534690.496
X12	2527593.605	534763.906
X13	2527704.016	534614.923
X14	2527694.050	534615.482
X15	2527602.158	534765.752
X16	2527652.677	534617.795
X17	2527644.000	534618.280

图例

规划建筑	
已有建筑	
绿化	
绿化停车位	
道路	
围墙及大门	
护坡	
挡土墙	

总平面图 1:500

品茗科技集团	品茗人宿舍	单位	m；mm
		日期	2011.01
总平面图		图别	建施
		图号	JZ-02

建筑设计说明

一、设计依据

1. 经批准的本工程总平面规划方案、工程设计方案。

2. 有关的设计规范和标准：

(1)《民用建筑设计通则》 （GB 50352—2005）；

(2)《宿舍建筑设计规范》（JGJ 36—2005）；

(3)《建筑设计防火规范》（GB 50016—2006）；

(4)《高层民用建筑设计防火规范》（GB 50045—95）；

(5)《汽车库建筑设计规范》 （JGJ 100—98）；

(6)《汽车库、修车库、停车库设计防火规范》 （GB 50067—97）；

(7)《地下工程防水技术规范》（GB 50108—2008）；

(8)《屋面工程技术规范》（GB 50345—2004）；

(9)《广西壮族自治区居住建筑节能设计标准》（DB 45／221—2007）；

(10)《公共建筑节能设计规范》 （DB45／T 392—2007）。

二、工程项目概况

1. 工程名称：品茗科技集团品茗人宿舍；建设地点：南宁市； 建设单位：品茗科技集团。

2. 总建筑面积：15369.15m²，其中地上建筑面积：13328.08m²，地下建筑面积：2041.07m²；建筑占地面积：931.31m²。

3. 建筑层数：地上17层，地下1层；建筑高度：55.6m。

4. 结构合理使用年限为100年。

5. 耐火等级：一级。

6. 屋面防水等级：二级；地下室防水等级：二级。

7. 抗震设防烈度：6度。

三、设计标高

1. 本工程设计标高±0.000。相当于绝对高程度107.6m。

2. 本工程标高以m为单位；总平面图尺寸以m为单位；其他尺寸以mm为单位。

四、墙体

1. 墙体的基础部分详见结施图。

2. 本工程砌体：采用页岩烧结多孔砖，未注明的墙厚为240mm。

五、地下室防水做法

1. 地下室底板及墙体防水做法：采用防水混凝土卷材防水做法，详见构造做法表。

2. 地下室室外顶板：板面上C15细石混凝土找坡抹平并清理干净；20mm厚1：2.5水泥砂浆，3mm厚高聚物APP改性沥青防水卷材，40mm厚C30细石混凝土配Φ4@150双向钢筋网抹面。

六、建筑屋面

1.三层及十七层天面：混凝土板面上清理干净；20mm厚1：2.5水泥砂浆，3mm厚高聚物APP改性沥青防水卷材，40mm厚挤塑聚苯乙烯泡沫塑料板，干铺无纺聚酯纤维布隔离层，40mm厚C30细石混凝土配Φ4@150双向钢筋网，20mm厚1：4干硬性水泥砂浆面铺地面砖。

2.平屋面：混凝土板面上清理干净；20mm厚1：2.5水泥砂浆，3mm厚高聚物APP改性沥青防水卷材，40mm厚挤塑聚苯乙烯泡沫塑料板，干铺无纺聚酯纤维布隔离层，40mm厚C30细石混凝土配φ4@150双向钢筋网抹面。

3.平屋面泛水处防水做法详见图集05ZJ201，第29页，1大样图。其他防水层细部构造做法按《屋面工程技术规范》及图集05ZJ201施工。

4. 波纹瓦坡屋面：详见图集05ZJ211，第16页，2大样图；防水层使用3mm厚高聚物APP改性沥青防水卷材。细部做法按图集05ZJ211施工。

七、外装修

1.外墙面颜色及材料详见立面图。

2.涂料外墙面：20mm厚保温砂浆，外墙涂料面。

3.面砖外墙面：用于一、二层外墙面、阳台外墙面；15mm厚1：3水泥砂浆，刷素水泥浆1道，5mm厚1：1水泥砂浆加水重20%白乳胶镶贴面砖，水泥浆刷缝。阳台外墙面贴灰色面砖。

4.未详尽的饰线构造：墙面或梁面上，在饰线的上端锚入钢筋中φ6@200．1φ6通长，混凝土C25；饰线的结构尺寸应按建筑尺寸扣除抹灰层的厚度尺寸。

5. 所有外墙突出构件(包括外墙装饰线)均应做滴水线。

八、内装修

1. 地下室地面：钢筋混凝土底板面上，1：2水泥砂浆找坡抹面，20~40mm厚。

2. 楼面：面砖楼面。做法：楼面板上铺20mm厚1：4干硬性水泥砂浆，面铺地面砖，白水泥浆刷缝。其中卫生间、一层的厨房和餐厅铺防滑面砖。

3. 内墙面1：白腻子墙面；用于宿舍房间、活动室办公室、楼梯间、地下室。做法：素水泥浆1道；15mm厚1：1：6水泥石灰砂浆；5mm厚1：0.5：3水泥石灰砂浆；刮白腻子面2道。贴120mm高面砖踢脚线。

4. 内墙面2：面砖墙面；用于卫生间、房间过道、电梯候梯间、厨房。做法：15mm厚1：3水泥砂浆；刷素水泥浆1道；4mm厚1：1水泥砂浆加水重20%白乳胶镶贴墙面砖；白水泥浆刷缝。

5. 内墙面3：内走廊墙面及三至十六层活动室墙面贴面砖2100mm高，以上为白腻子墙面。

6. 顶棚面：板底面清理干净，7mm厚1：1：4水泥石灰砂浆，5mm厚1：0.5：3水泥石灰砂浆；面刮白腻子2道。

7. 吊顶：轻钢龙骨水泥纤维板吊顶；用于一层大堂、内走廊、电梯候梯间。做法详见图集52198ZJ，第7页，1大样图。大堂吊顶式样另出图。

8. 平顶角线：石膏角线；用于一层大堂、内外走廊、餐厅和电梯候梯间，二层活动室，十七层走廊和活动室；做法详见图集98ZJ501，第19页，5大样图。

9. 楼梯栏杆：不锈钢栏杆。做法参照图集05ZJ401，第12页，W大样图。

10. 楼梯踏步设防滑条。

11. 宿舍阳台安装晒衣架。做法参照图集98ZJ411，第45页，2a大样图。

12. 三至十六层东侧和西侧的宿舍窗安装百叶窗帘(垂吊式)。

13. 电梯选用无障碍电梯。电梯候梯间无障碍设施做法参照图集05ZJ301第27页，1大样图。

14. 内走廊两侧、十七层至屋面楼梯间的一侧，安装800mm高φ40不锈钢管扶手。做法参照图集ZJ301第14页E大样图。

15. 三至十六层宿舍阳台安装晒衣架；做法参照图集98ZJ411，第45页，2a大样图。

16. 消防水池内墙面抹灰：20mm厚1：2水泥砂浆(分两次抹灰)。

17. 地下车库柱用角钢L50×4护角，9000mm高，设防撞警示标识。

18. 地下车库车位安装成品车轮挡。

九、室外工程

1. 室外台阶、坡道、栏杆做法详见各层平面及大样图。

2. 散水做法：详见图集98ZJ901，第4页，3大样图；散水宽度1500mm。

十、门窗及油漆

1. 门窗做法详见门窗表及门窗大样图。

2. 非成品木门油漆：原木色半亚光漆面。

3. 除门窗表中注明外，其余玻璃采用6mm厚无色玻璃。

4. 外墙门窗套1：欧式门窗套；用于立面图所表示的一、二层门窗套；具体做法由专业厂家设计制作。

5. 外墙门窗套2：饰线门窗套；用于立面图所表示的三层以上门窗套；线宽外凸60mm，浅灰色涂料面。

6. 一层消防控制室的门顶上设200mm×200mm的排气孔，孔顶标高2.400。

十一、其他事项

1. 所有窗须经有资质的单位进行安全验算并制作安装。

2. 使用的装饰材料须符合环保要求。

3. 装修中所用的饰面块料、涂料、油漆等，施工前均需作出样板，经业主、监理、设计确认后方可施工。

4. 电梯设备由业主确定，速度1.5m／s，载重量1000kg；选用无障碍电梯；电梯井的预埋铁件和预留孔洞按设备图的要求设置。

5. 消防电梯安装时井底须留有2m³以上的排水容量。在消防电梯井底部，设1φ100排水管道，排水至地下车库的排水沟。

6.地下发动机房的通风排气根据发动机的工艺要求设置。

7. 需要进行二次装修或精装修的部分，由业主确定并另行委托设计。

8. 本设计文件未详尽之处，按国家和地方的有关规范、标准、规定进行施工。

地下室底板防水

序号	构造名称	构造做法	材料厚度(mm)
①	刚性防水层	钢筋混凝土结构底板	
②	保护层	1:2.5水泥砂浆保护层	20
③	防水层	改性沥青防水卷材	4
④	找平层	1:3水泥砂浆找平层	20
⑤	垫层	C15混凝土垫层	100
⑥	基层	素土夯实	

地下室侧壁防水（防2）

序号	构造名称	构造做法	材料厚度(mm)
①	回填层	3:7灰土分层夯实，宽>500mm	
②	保护层	M5水泥砂浆砌筑灰砂砖保护层	120
③	找平层	1:3水泥砂浆找平层	20
④	防水层	改性沥青防水卷材	4
⑤	找平层	1:3水泥砂浆找平层	20
⑥	刚性防水层	防水钢筋混凝土侧壁	

品茗科技集团	品茗人宿舍	单位	m；mm
		日期	2011.01
建筑设计说明		图别	建施
		图号	JZ-01

专业	实名	签名	日期
建筑 结构 给水排水			
暖通 空调 电气			

图 纸 目 录

共 1 页 第 1 页

品茗大学设计院	建设单位	品茗科技集团	设计号	2011-PM
	工程名称	品茗人宿舍		2011-1

序号	图别	图号	图纸名称	采用标准图集或重复使用图纸			备 注
				图集编号或工程名称	图别	图号	
1	建施	JZ-01	建筑设计说明				
2	建施	JZ-02	总平面图				
3	建施	JZ-03	地下层平面图				
4	建施	JZ-04	地下室屋面层平面图				
5	建施	JZ-05	一层平面图				
6	建施	JZ-06	二层平面图				
7	建施	JZ-07	三层平面图				
8	建施	JZ-08	四、五层平面图				
9	建施	JZ-09	六～十六层平面图				
10	建施	JZ-10	十七层平面图				
11	建施	JZ-11	屋面层平面图				
12	建施	JZ-12	坡屋顶平面图、屋面水箱平面图、*b*—*b*剖面图				
13	建施	JZ-13	西立面图				
14	建施	JZ-14	东立面图				
15	建施	JZ-15	南立面图				
16	建施	JZ-16	北立面图				
17	建施	JZ-17	1—1 剖面图				
18	建施	JZ-18	2—2 剖面图				
19	建施	JZ-19	门窗表、门窗大样				
20	建施	JZ-20	卫生间 1—5 大样图、窗 C23及C24大样图				
21	建施	JZ-21	卫生间 6—11 大样图				
22	建施	JZ-22	楼梯平面图一				
23	建施	JZ-23	楼梯平面图二				
24	建施	JZ-24	节点大样图一				
25	建施	JZ-25	节点大样图二				
26	建施	JZ-26	建筑节能设计说明				

审核:　　　　项目负责人:　　　　设计人:

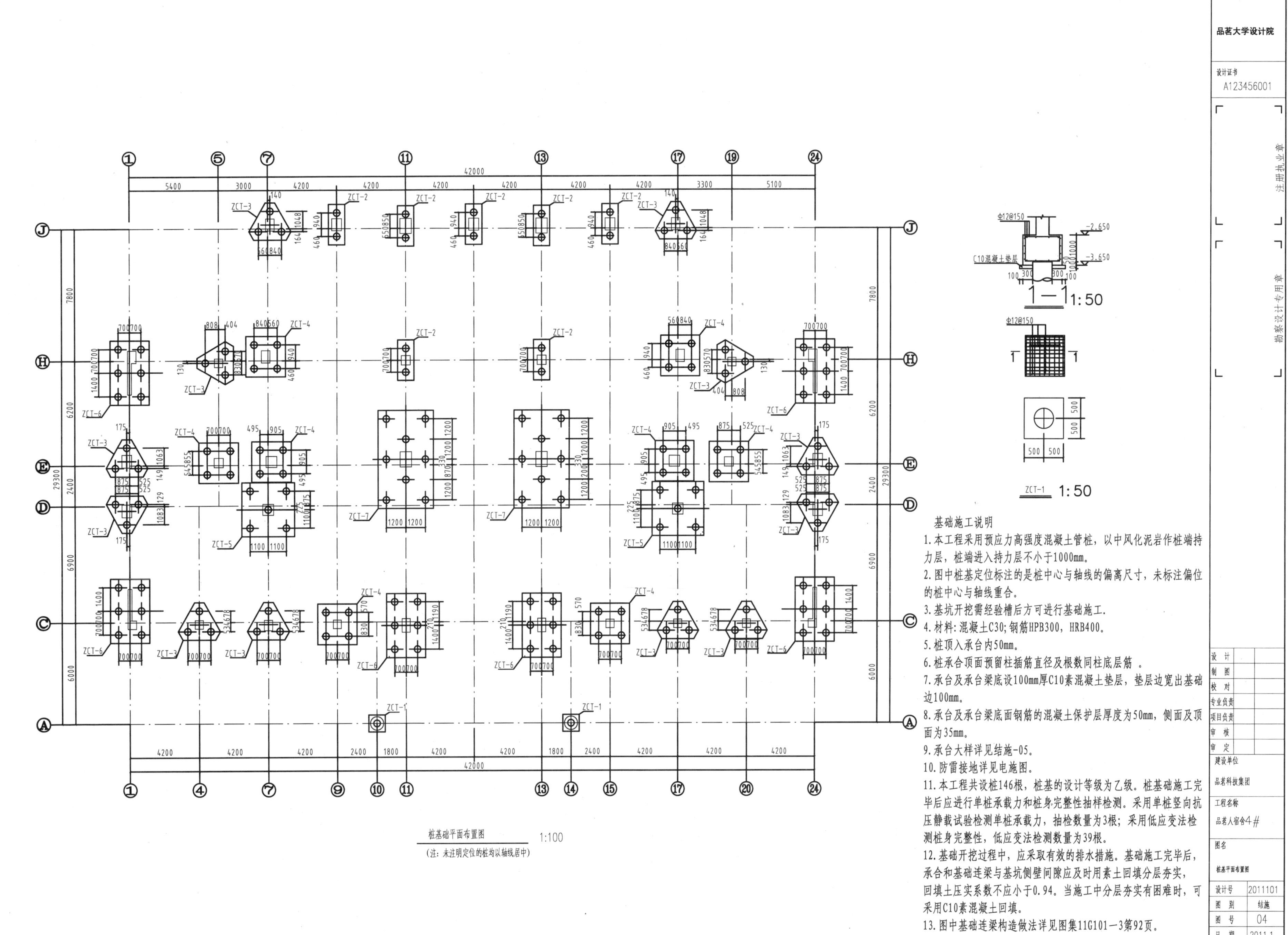

设计单位
品茗大学设计院
设计证书
A123456001
注册执业章
勘察设计专用章
1—1 1:50
Φ12@150
C10混凝土垫层
-2.650
-3.650
ZCT-1 1:50
基础施工说明
1.本工程采用预应力高强度混凝土管桩，以中风化泥岩作桩端持力层，桩端进入持力层不小于1000mm。
2.图中桩基定位标注的是桩中心与轴线的偏离尺寸，未标注偏位的桩中心与轴线重合。
3.基坑开挖需经验槽后方可进行基础施工.
4.材料：混凝土C30；钢筋HPB300，HRB400。
5.桩顶入承台内50mm。
6.桩承台顶面预留柱插筋直径及根数同柱底层筋 。
7.承台及承台梁底设100mm厚C10素混凝土垫层，垫层边宽出基础边100mm。
8.承台及承台梁底面钢筋的混凝土保护层厚度为50mm，侧面及顶面为35mm。
9.承台大样详见结施-05。
10.防雷接地详见电施图。
11.本工程共设桩146根，桩基的设计等级为乙级。桩基础施工完毕后应进行单桩承载力和桩身完整性抽样检测。采用单桩竖向抗压静载试验检测单桩承载力，抽检数量为3根；采用低应变法检测桩身完整性，低应变法检测数量为39根。
12.基础开挖过程中，应采取有效的排水措施。基础施工完毕后，承台和基础连梁与基坑侧壁间隙应及时用素土回填分层夯实，回填土压实系数不应小于0.94。当施工中分层夯实有困难时，可采用C10素混凝土回填。
13.图中基础连梁构造做法详见图集11G101—3第92页。
桩基础平面布置图 1:100
（注：未注明定位的桩均以轴线居中）
设计
制图
校对
专业负责
项目负责
审核
审定
建设单位
品茗科技集团
工程名称
品茗人宿舍4#
图名
桩基平面布置图
设计号 2011101
图别 结施
图号 04
日期 2011.1

预应力高强混凝土管桩桩基说明

一、一般说明

▲ 1.本说明为通用说明，条文中凡有"▲"符号者适合本工程。

▲ 2.全部尺寸除标高和桩长以米（m）为单位外，其余均以毫米（mm）为单位。

▲ 3.本工程桩基设计等级为乙级。

▲ 4.设计依据：本工程岩土工程勘察报告。

二、管桩类型

▲ 1.本工程采用的管桩桩径为φ400mm，桩靴类型采用闭口十字刀刃，详见桩表。为防止桩端水软化土层，应在桩管内灌注2m高C30级微膨胀混凝土（见桩头大样）。

□ 2.根据工程地质勘察资料，本工程采用的是摩擦桩，施工必须保证图纸中要求的设计桩长（有效桩长），停打（压）以桩长为控制标准。

□ 3.根据工程地质勘察资料，本工程采用的是端承桩，桩端支承于桩端持力层，承载力特征值（标贯值 N＝击），端承桩停打（压）以最后贯入度为主要控制标准。

▲ 4.根据工程地质勘察资料，本工程采用的是摩擦端承桩，桩端支承于中风化泥岩上，桩的极限端阻力标准值 q_{pk}=10000kPa。要求桩端进入持力层1m，使贯入度达到控制标准，同时使桩长不小于10m。

□ 5. 抗拔桩

（1）本工程________________桩为抗拔桩。

施工必须确保图纸中要求的设计桩长。根据地质钻探资料，最小设计桩长为______m。

（2）根据地质资料，桩端持力层为__________层。

（3）抗拔桩周附近不得大面积堆载，以防引起桩侧负摩擦。

（4）抗拔桩施工完成后，应进行成桩质量检测。检测数量根据具体情况由设计确定。检测方法应符合现行行业标准《建筑桩基技术规范》(JGJ 94—2008)关于单桩竖向抗拔静载试验的规定。

▲ 6.本工程管桩接头必须采取可靠措施做好接头处防腐处理。

桩 表

桩 号	桩外径(mm)	壁厚(mm)	桩的有效长度(m)	单桩竖向承载力特征值(kN)	单桩竖向抗拔力特征值(kN)	桩型号
PHC1	400	95	>12	1100		A

注：①单桩竖向极限承载力为单桩竖向承载力特征值的2倍。

②单桩竖向承载力特征值应通过单桩竖向静载荷试验确定。

③对小于12m的管桩进行必要的静载试验，并知会设计人员复核设计。

三、施工方式

预应力管桩的打（压）桩设备、机具选择、施工要求等级应按现行规范和规程处理，而且必须满足本工程桩承载力要求。

□ 1.锤击预应力管桩：

桩外径(mm)	柴油锤型号	锤重(t)	冲程(m)	最后贯入度控制值(mm/10击)
400		6.2	1.5	25

▲ 2.静压预应力管桩：

沉桩采用静力压桩施工时的终压控制条件：

□ （1）本工程以设计桩长控制为主，终压力峰值作对照；终压力峰值为单桩竖向承载力标准值的2～2.5倍。

▲ （2）本工程以终压力峰值（单桩竖向承载力标准值的2倍）为终压控制条件，而且压桩在峰值下复压3～5次，桩的总沉降量（贯入度）少于25mm。

四、施工要求

▲ 1.试桩。工程桩施工前应根据地质情况选取5根桩作试打桩，以取得正式施打（压）所需的有关控制数据，尤其是需要送桩的贯入度控制值。

▲ 2.跳打。凡桩距等于或小于2.5D及承台下桩数多于9根的，均应采取跳打方式施工。

▲ 3.接桩。下节桩施打后露出地面约600mm时即可接桩。管桩的接长采用机械连接接头，接头应符合国标《预应力混凝土管桩》(03SG409)中的有关规定及要求，且要求接桩处做好防腐措施，接桩次数尽量少。

▲ 4.送桩。本工程采用的管桩允许送桩，送桩深度不超过1m，管桩内充满水时，严禁送桩作业。

▲ 5.截桩头。最后一节桩的桩顶须高出设计桩顶标高2倍桩径长度，以供截桩之用，截桩须用专用截桩机；桩顶与承台连接如下图所示。

承台

①

②

预应力高强度管桩预应力筋（仅抗拔桩）（凿去桩头混凝土）

35d

50

1500

箍筋5φ8

C35预拌微膨胀混凝土填充密实

5mm厚钢板

$D1$

D

1—1

（与圆钢板焊牢）

圆钢板 t=5

d=$D1$−15

2—2

截桩桩顶与承台连接大样

配筋表

桩外径(mm)	①	②
400	6φ16	3φ8
500	6φ18	3φ8
600	6φ20	3φ8

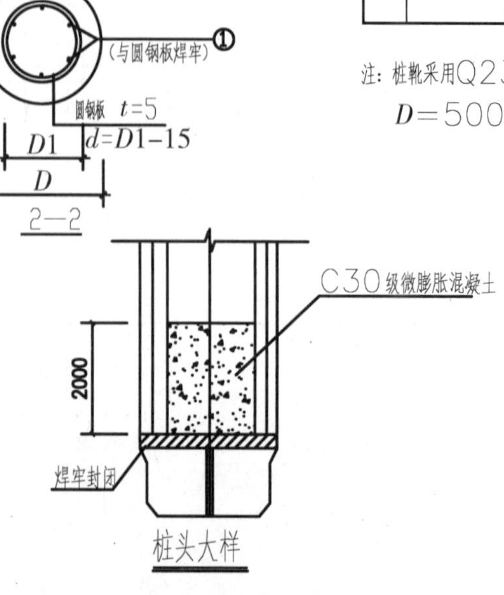

桩头大样

五、施工允许误差

▲ 1.桩位施放误差<30mm，桩的垂直度偏差不得大于桩长的0.5%。

▲ 2.上下桩节中心线偏差<5mm，节点弯曲矢高不得大于桩长的0.1%，且不大于20mm。

六、质检

▲ 1.施工单位必须对每根桩做好一切施工记录，记录内容包括：桩的节数、每节长度、总锤击数及最后1m锤击数（压力峰值）、最后三阵每阵贯入度、桩顶标高、桩平面偏位值，并将有关资料整理成册，提交有关部门检查验收。打（压）桩完成后应向设计院提供桩位竣工平面图，经复核满足设计要求后方可进行承台及地下室底板的施工。

▲ 2.要求管桩生产厂家的产品必须通过省级或省级以上机构的鉴定，PHC管桩混凝土强度等级不低于C80。

▲ 3.基桩承载力检测按国家相关规定执行。

七、规程

管桩施工必须符合如下规程的各项规定：

▲ 1.《预应力钢筋混凝土管桩施工技术规程》(YBJ 235—1991)。

▲ 2.《预应力混凝土管桩》(03SG409)。

桩靴类型

	名 称	结构图	透视图	本工程选用桩靴
A	敞口平底式			
B	闭口十字刀刃			✓
C	闭口钝圆锥形			

注：桩靴采用Q235钢板焊接而成：D＝400mm时板厚为10mm，D＝500mm时板厚为12mm。

设计单位	品茗大学设计院
设计证书	A123456001
注册执业章	
勘察设计专用章	
设 计	
制 图	
校 对	
专业负责	
项目负责	
审 核	
审 定	
建设单位	品茗科技集团
工程名称	品茗人宿舍4#
图名	桩基础说明
设计号	2011101
图 别	结 施
图 号	03
日 期	2011.1

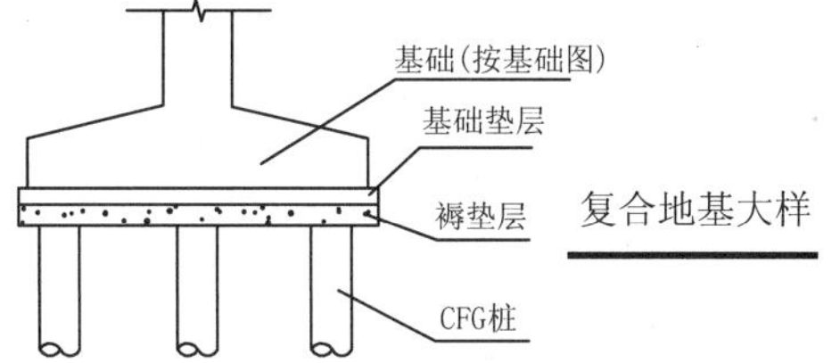

CFG桩地基处理说明：

1. 根据广西水文地质工程地质勘察院2010年10月提供的《品茗人宿舍2#岩土工程勘察报告》提供的场区地质勘察资料，以及结构施工图地基承载力要求，本设计采用CFG桩处理不良地基，处理后复合地基承载力特征值$f_{ak}\geq$200kPa;CFG桩置换率≥10.0%。
2. 设计桩径450mm，桩端支承于第 3 层黏土层，桩端进入第 3 层黏土层不小于2.0m，桩长为5.0～8.0m，总桩数114条。
3. 桩身强度等级为C15，由碎石、粗砂、水泥配成，由实验室得出配合比。
4. 施工桩顶标高宜超灌500mm以上，采用人工开挖基础，桩头人工凿平，避免机械碰断桩头。
5. 施工结束28d后选总桩数的0.5%～1%,且不少于3点做复合地基载荷试验，加荷量为200kPa的2.0倍;并抽取总桩数的10%进行低应变动力试验，检测桩身完整性。
6. 褥垫层采用中粗砂或细碎石等，最大粒径不大于30mm，机械夯实，夯填度不大于0.9，褥垫层厚度300mm。
7. 其他按《建筑地基处理技术规范》(JGJ 79—2012)执行。

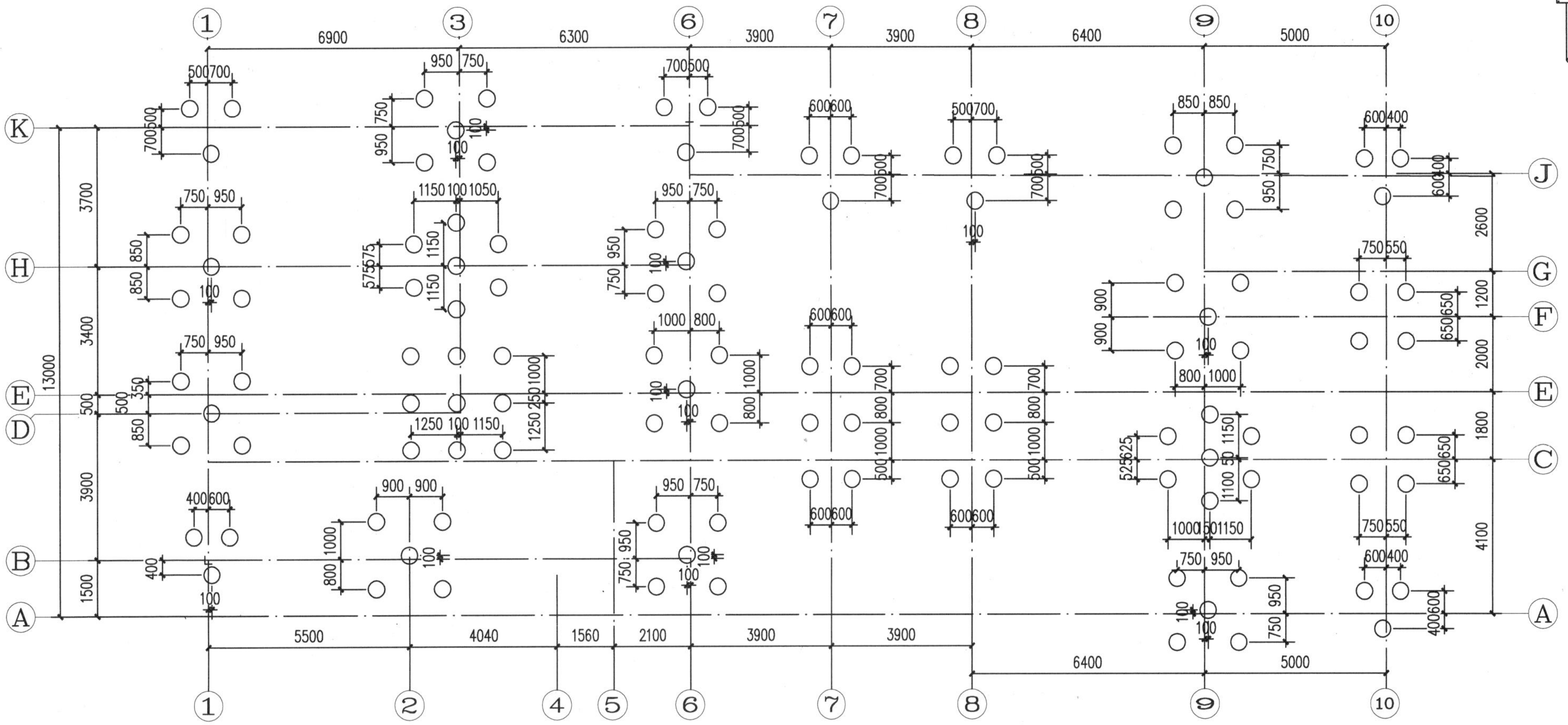

C F G桩平面布置图1:100

品茗大学设计院	建设单位	品茗科技集团	院　长		专业负责人		设计号	2011-PM2
	工程名称	品茗人宿舍2#	院总工		校　对		图　别	结　施
	图名	C F G桩平面布置图	审　核		设　计		图　号	JG-2
			项目负责人		制　图		日　期	2011.01

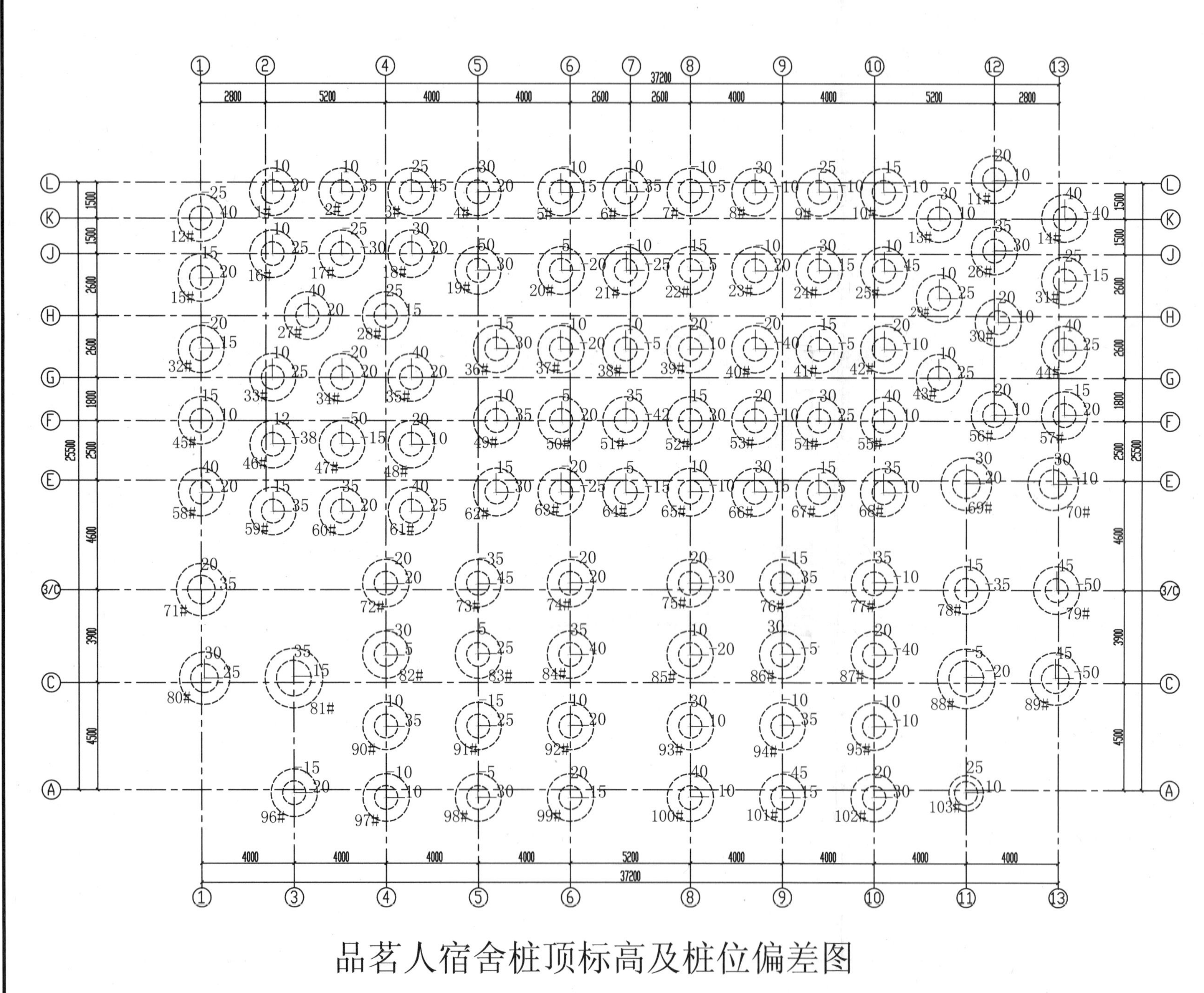

品茗人宿舍桩顶标高及桩位偏差图

桩孔验收明细表

桩号	桩顶标高（m）	桩号	桩顶标高（m）	桩号	桩顶标高（m）	桩号	桩顶标高（m）
1#	-6.05	27#	-6.04	53#	-7.11	79#	-6.33
2#	-6.03	28#	-6.03	54#	-7.12	80#	-6.04
3#	-6.06	29#	-5.96	55#	-7.08	81#	-6.32
4#	-7.09	30#	-5.93	56#	-5.94	82#	-6.00
5#	-7.10	31#	-5.94	57#	-5.96	83#	-6.03
6#	-7.11	32#	-6.02	58#	-6.03	84#	-6.01
7#	-7.10	33#	-6.04	59#	-6.08	85#	-6.00
8#	-7.12	34#	-6.02	60#	-6.04	86#	-6.02
9#	-7.07	35#	-6.03	61#	-6.07	87#	-6.05
10#	-7.10	36#	-7.13	62#	-7.13	88#	-6.30
11#	-5.96	37#	-7.11	63#	-7.08	89#	-6.29
12#	-6.05	38#	-7.10	64#	-7.10	90#	-6.04
13#	-5.93	39#	-7.08	65#	-7.12	91#	-6.01
14#	-5.95	40#	-7.09	66#	-7.11	92#	-6.03
15#	-6.03	41#	-7.12	67#	-7.10	93#	-6.02
16#	-6.05	42#	-7.12	68#	-7.10	94#	-6.05
17#	-6.02	43#	-5.96	69#	-6.03	95#	-6.02
18#	-6.04	44#	-5.92	70#	-6.01	96#	-6.29
19#	-7.09	45#	-6.08	71#	-6.28	97#	-6.02
20#	-7.10	46#	-6.06	72#	-6.02	98#	-6.01
21#	-7.12	47#	-6.07	73#	-6.01	99#	-6.03
22#	-7.11	48#	-6.02	74#	-6.00	100#	-6.04
23#	-7.08	49#	-7.09	75#	-6.03	101#	-6.01
24#	-7.10	50#	-7.10	76#	-6.01	102#	-6.02
25#	-7.07	51#	-7.08	77#	-6.02	103#	-6.32
26#	-5.97	52#	-7.11	78#	-6.32		

编制人：	年　月　日
审批人：	年　月　日
监理工程师：	年　月　日

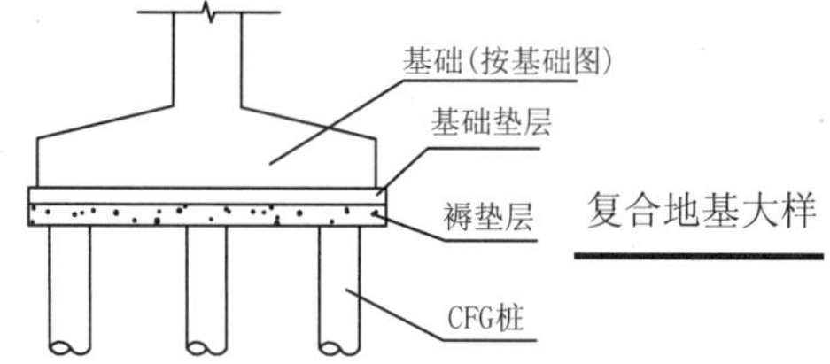

复合地基大样

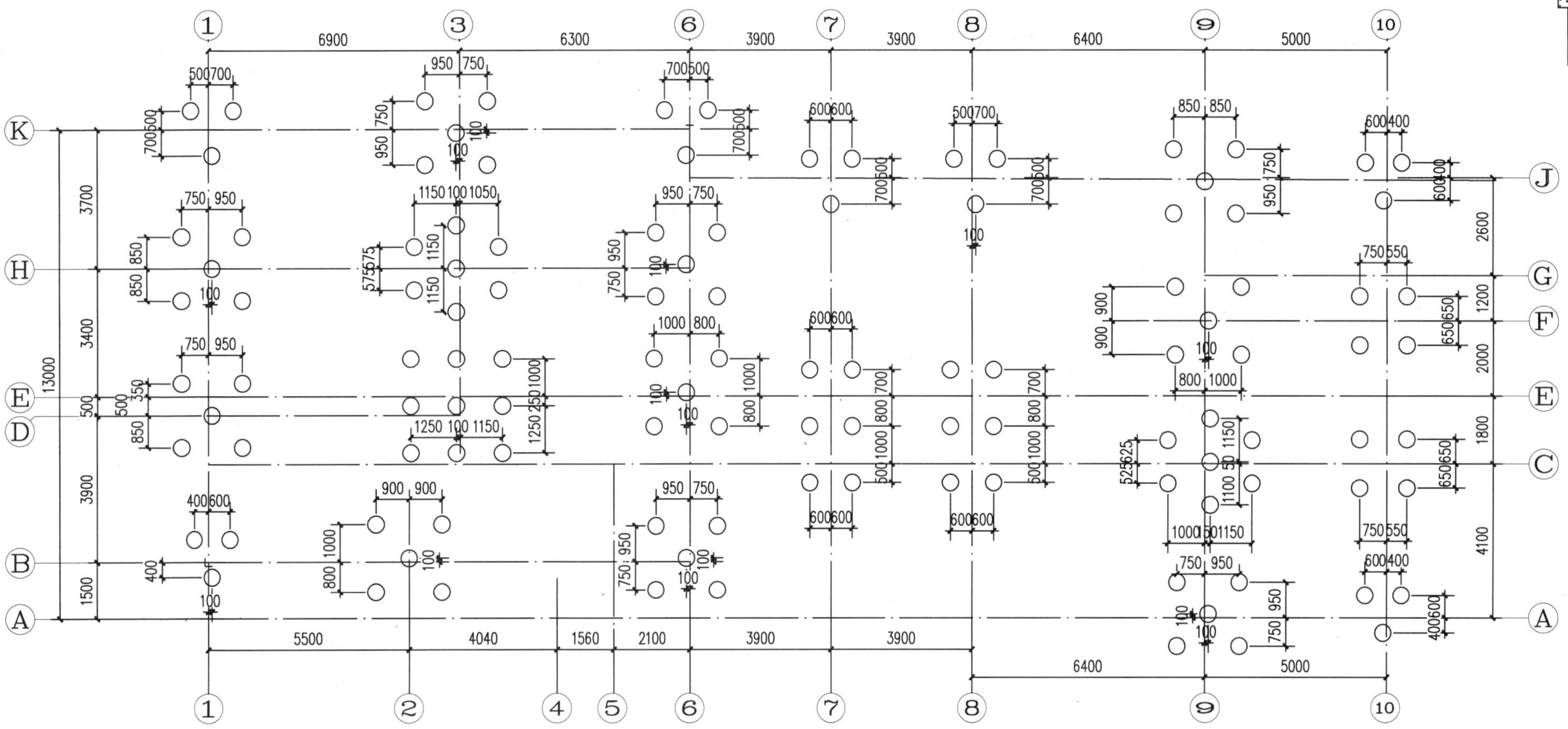

CFG桩地基处理说明:

1. 根据广西水文地质工程地质勘察院2010年10月提供的《品茗人宿舍2#岩土工程勘察报告》提供的场区地质勘察资料，以及结构施工图地基承载力要求，本设计采用CFG桩处理不良地基，处理后复合地基承载力特征值$f_{ak}\geqslant$200kPa;CFG桩置换率≥10.0%。
2. 设计桩径450mm，桩端支承于第 3 层黏土层，桩端进入第 3 层黏土层不小于2.0m，桩长为5.0～8.0m，总桩数114条。
3. 桩身强度等级为C15，由碎石、粗砂、水泥配成，由实验室得出配合比。
4. 施工桩顶标高宜超灌500mm以上，采用人工开挖基础，桩头人工凿平，避免机械碰断桩头。
5. 施工结束28d后选总桩数的0.5%～1%,且不少于3点做复合地基载荷试验，加荷量为200kPa的2.0倍;并抽取总桩数的10%进行低应变动力试验，检测桩身完整性。
6. 褥垫层采用中粗砂或细碎石等，最大粒径不大于30mm，机械夯实，夯填度不大于0.9，褥垫层厚度300mm。
7. 其他按《建筑地基处理技术规范》(JGJ 79—2012)执行。

CFG桩平面布置图1:100

品茗大学设计院	建设单位	品茗科技集团	院 长		专业负责人		设计号	2011-PM2
	工程名称	品茗人宿舍2#	院总工		校 对		图 别	结 施
	图名	CFG桩平面布置图	审 核		设 计		图 号	JG-2
			项目负责人		制 图		日 期	2011.01

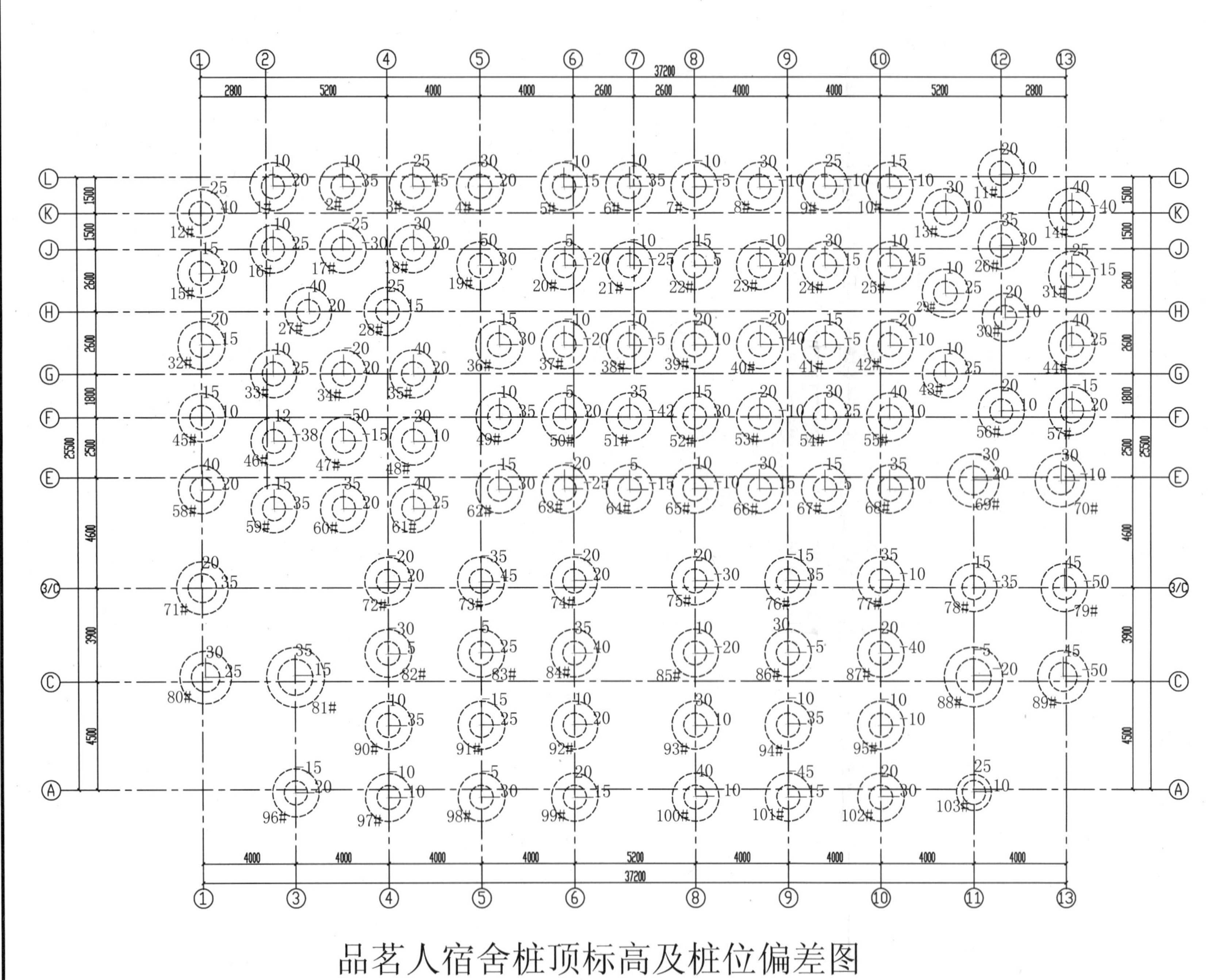

品茗人宿舍桩顶标高及桩位偏差图

桩孔验收明细表

桩号	桩顶标高（m）	桩号	桩顶标高（m）	桩号	桩顶标高（m）	桩号	桩顶标高（m）
1#	-6.05	27#	-6.04	53#	-7.11	79#	-6.33
2#	-6.03	28#	-6.03	54#	-7.12	80#	-6.04
3#	-6.06	29#	-5.96	55#	-7.08	81#	-6.32
4#	-7.09	30#	-5.93	56#	-5.94	82#	-6.00
5#	-7.10	31#	-5.94	57#	-5.96	83#	-6.03
6#	-7.11	32#	-6.02	58#	-6.03	84#	-6.01
7#	-7.10	33#	-6.04	59#	-6.08	85#	-6.00
8#	-7.12	34#	-6.02	60#	-6.04	86#	-6.02
9#	-7.07	35#	-6.03	61#	-6.07	87#	-6.05
10#	-7.10	36#	-7.13	62#	-7.13	88#	-6.30
11#	-5.96	37#	-7.11	63#	-7.08	89#	-6.29
12#	-6.05	38#	-7.10	64#	-7.10	90#	-6.04
13#	-5.93	39#	-7.08	65#	-7.12	91#	-6.01
14#	-5.95	40#	-7.09	66#	-7.11	92#	-6.03
15#	-6.03	41#	-7.12	67#	-7.10	93#	-6.02
16#	-6.05	42#	-7.12	68#	-7.10	94#	-6.05
17#	-6.02	43#	-5.96	69#	-6.03	95#	-6.02
18#	-6.04	44#	-5.92	70#	-6.01	96#	-6.29
19#	-7.09	45#	-6.08	71#	-6.28	97#	-6.02
20#	-7.10	46#	-6.06	72#	-6.02	98#	-6.01
21#	-7.12	47#	-6.07	73#	-6.01	99#	-6.03
22#	-7.11	48#	-6.02	74#	-6.00	100#	-6.04
23#	-7.08	49#	-7.09	75#	-6.03	101#	-6.01
24#	-7.10	50#	-7.10	76#	-6.01	102#	-6.02
25#	-7.07	51#	-7.08	77#	-6.02	103#	-6.32
26#	-5.97	52#	-7.11	78#	-6.32		

编制人：	年　月　日
审批人：	年　月　日
监理工程师：	年　月　日

图 纸 目 录

品茗大学设计研究院	建设单位	品茗科技集团	设计号	2011-PM
	工程名称	品茗人员宿舍	2011年01月	

序号	图 别	图 号	图 纸 名 称	采用标准图集或重复使用图纸			备 注
				图集编号或工程名称	图 别	图 号	
1	结施	JG-1	结构设计总说明				
2	结施	JG-2	钻孔桩基础平面图				
3	结施	JG-3	钻孔桩承台及柱下独立基础平面图				
4	结施	JG-4	地下室底板平面结构图				
5	结施	JG-5	混凝土墙大样,地下部分工程设计说明 集水坑B—B大样				
6	结施	JG-6	混凝土墙、柱平面布置图				
7	结施	JG-7	框架柱配筋一览表 地下室水池局部大样				
8	结施	JG-8	地下室顶板平面结构布置及板配筋图				
9	结施	JG-9	地下室顶板平面梁配筋图				
10	结施	JG-10	二层平面结构布置图				
11	结施	JG-11	二层平面板配筋图				
12	结施	JG-12	二层平面梁配筋图				
13	结施	JG-13	三层平面结构布置图				
14	结施	JG-14	三层平面板配筋图				
15	结施	JG-15	三层平面梁配筋图				
16	结施	JG-16	四、五层平面结构布置图				
17	结施	JG-17	四、五层平面板配筋图				
18	结施	JG-18	六~十六层平面结构布置图				
19	结施	JG-19	六~十六层平面结构布置图				
20	结施	JG-20	六~十六层平面板配筋图				
21	结施	JG-21	六~十六层平面梁配筋图				
22	结施	JG-22	十七层平面结构布置图				

审核： 项目负责人： 设计人：

图 纸 目 录

品茗大学设计研究院	建设单位	品茗科技集团	设计号	2011-PM
	工程名称	品茗人员宿舍	2011年01月	

序号	图 别	图 号	图 纸 名 称	采用标准图集或重复使用图纸			备 注
				图集编号或工程名称	图 别	图 号	
23	结施	JG-23	十七层平面板配筋图				
24	结施	JG-24	十七层平面梁配筋图				
25	结施	JG-25	屋面层平面结构布置图				
26	结施	JG-26	屋面层平面板配筋图				
27	结施	JG-27	屋面层平面梁配筋图				
28	结施	JG-28	屋面消防水箱结构平面及详图 坡屋面一、二屋顶平面梁配筋图				
29	结施	JG-29	楼梯结构图				

审核： 项目负责人： 设计人：

建筑节能设计说明

一、工程概况

1．工程名称：品茗人宿舍。
2．建设单位：品茗科技集团。
3．工程建设地点及所处气候分区：广西南宁市，夏热冬暖地区南区。
4．建筑层数：地上 17 层。
5．建筑物朝向：东西向。

二、执行标准

1．《民用建筑热工设计规范》（GB 50176—93）。
2．《广西壮族自治区居住建筑节能设计标准》（DB45/T392—2007）。
3．《夏热冬暖地区居住建筑节能设计标准》（JGJ 75—2003）。

三、节能措施

1．屋面：保温隔热层为40mm挤塑聚苯乙烯泡沫塑料板，具体性能参数详见表1。
2．外墙：外墙采用240mm页岩烧结多孔砖，23mm 厚JZ-C(无机活性)保温砂浆，具体性能参数详见表1。
3．外窗：外窗采用铝合金无色透明玻璃(6mm)和铝合金热反射镀膜玻璃(6mm)，具体性能参数详见表1。
4．节能设计指标详见表2。
5．其他详居住建筑节能计算报告书。
6．采用广西重点推广的节能技术为：240mm页岩烧结多孔砖、高聚物改性沥青防水卷材屋面技术。

四、结论

符合规范要求，属于节能建筑。

表1　外围护结构及热工性能参数表

部位	构造层							热惰性指标D值	传热系数K [W/(m²k)]
	构造材料名称	厚度(mm)	导热系数 [W/(m•k)]	蓄热系数 [W/(m²k)]	修正系数	热阻值R [(m²K)/W]	热惰性指标 D=R•S		
屋面	地砖	8	1.00	0.01	1.0	0.008	0.00	4.22	0.79
	1:4干硬性水泥砂浆	20	0.93	11.37	1.0	0.022	0.24		
	C30细石混凝土	40	1.74	17.20	1.0	0.023	0.40		
	挤塑聚苯乙烯泡沫塑料板	40	0.03	0.36	1.5	0.889	0.48		
	高聚物改性沥青防水卷材	3	0.27	6.80	1.0	0.011	0.08		
	1:2.5水泥砂浆	20	0.93	11.37	1.0	0.022	0.24		
	钢筋混凝土屋面板	100	1.74	17.20	1.0	0.057	0.99		
	水泥石灰砂浆	12	0.93	11.37	1.0	0.014	0.15		
无外保温外墙	面砖	5	1.000	0.010	1.0	0.005	0.000	3.86	1.55
	20mm厚水泥砂浆	20	0.930	11.306	1.0	0.022	0.243		
	240mm厚烧结页岩砖	240	0.54	7.63	1.0	0.441	3.36		
	(或是250mm厚钢筋混凝土墙梁)	250	1.740	17.060	1.0	0.144	2.451		
	20mm 厚混合砂浆	20	0.870	10.750	1.0	0.023	0.247		
有外保温外墙	外墙防水涂料							3.55	1.15
	柔性耐水腻子								
	4mm厚抗裂砂浆	4	0.93	11.37	1.0	0.005	0.06		
	3mm厚JZ-C(无机活性)保温砂浆A型	3	0.079	2.980	1.0	0.038	0.113		
	20mm厚JZ-C(无机活性)保温砂浆B型	20	0.075	2.780	1.0	0.222	0.741		
	墙体界面剂								
	页岩烧结多孔砖	240	0.54	7.63	1.0	0.441	3.36		
	水泥石灰砂浆	20	0.87	10.75	1.0	0.023	0.25		

部位	朝向	窗型	玻璃品种及厚度	玻璃遮阳系数Sc	玻璃传热系数K	可见光透射比	气溶性
外窗	外窗	铝合金玻璃窗	热反射镀膜玻璃(6mm)	0.45	6.00	0.70	3级
	外窗	铝合金玻璃窗	热反射镀膜玻璃(6mm)	0.45	6.00	0.70	
	外窗	铝合金玻璃窗	无色透明玻璃(6mm)	0.80	6.00	0.83	
	外窗	铝合金玻璃窗	无色透明玻璃(6mm)	0.80	6.00	0.83	

表2　建筑节能设计指标一览表（适用于广西地区居住建筑）

序号	设计内容			考核标准	设计值
1	屋面	传热系数K[W/(m•K²)]		K≤1.0，D≥2.5 K≤0.5（轻质材料）	0.71
		热惰性指标D			2.50
2	外墙	传热系数K[W/(cm²•K)]		K≤2.0，D≥3.0 或 K≤2.0，D≥2.5 或 K≤0.7（轻质材料），ρ≤0.8	1.89
		热惰性指标D			3.51
3	窗墙面积比	各朝向窗墙面积比	东向	≤0.30	0.23
			西向	≤0.30	0.19
			南向	≤0.50	0.21
			北向	≤0.45	0.21
		平均窗墙面积比		—	0.21
4	天窗	天窗面积/屋面面积		≤4%	—
		传热系数K		≤4.0 W/(m•K)²	—
		遮阳系数Sc		≤0.5	—
5	外窗	传热系数K		北区详见标准表2，南区无要求	—
		综合的遮阳系数SW		北区详见标准表3，南区详见标准表4	0.48
		可开启面积		大于所在房间面积8%或外窗面积45%	所在房间面积8.02%
		气密性		1-9层：≤2.5m³/(m•h)，且≤7.5m³/(m²•h)	3级
				10层及以上：≤1.5m³/(m•h)，且≤4.5m³/(m²•h)	—
6	建筑节能设计综合评价（对比评定法）			提供相应计算书； 空调采暖年耗电指数：ECF≤ECFref 或空调采暖年耗电量(kW•h)：EC≤ECFref	—
7	暖通空调	分散式空调设备		能效比（性能参数）应符合相关产品节能标准	2.7
		集中式空调设备		应设分室（分户）温度控制及分户冷（热）计量措施	—
		地源热泵		热泵系统应用水资源不被破坏、不被污染	—
		多联式空调设备		能效比（性能参数）应符合相关产品节能标准	—

建设单位		审定			设计号	2011-PM
		审核				
项目名称		项目负责人			单位	m；mm
		专业负责人			日期	2011.01
图名		校对			图别	建施
		设计			图号	JZ-26

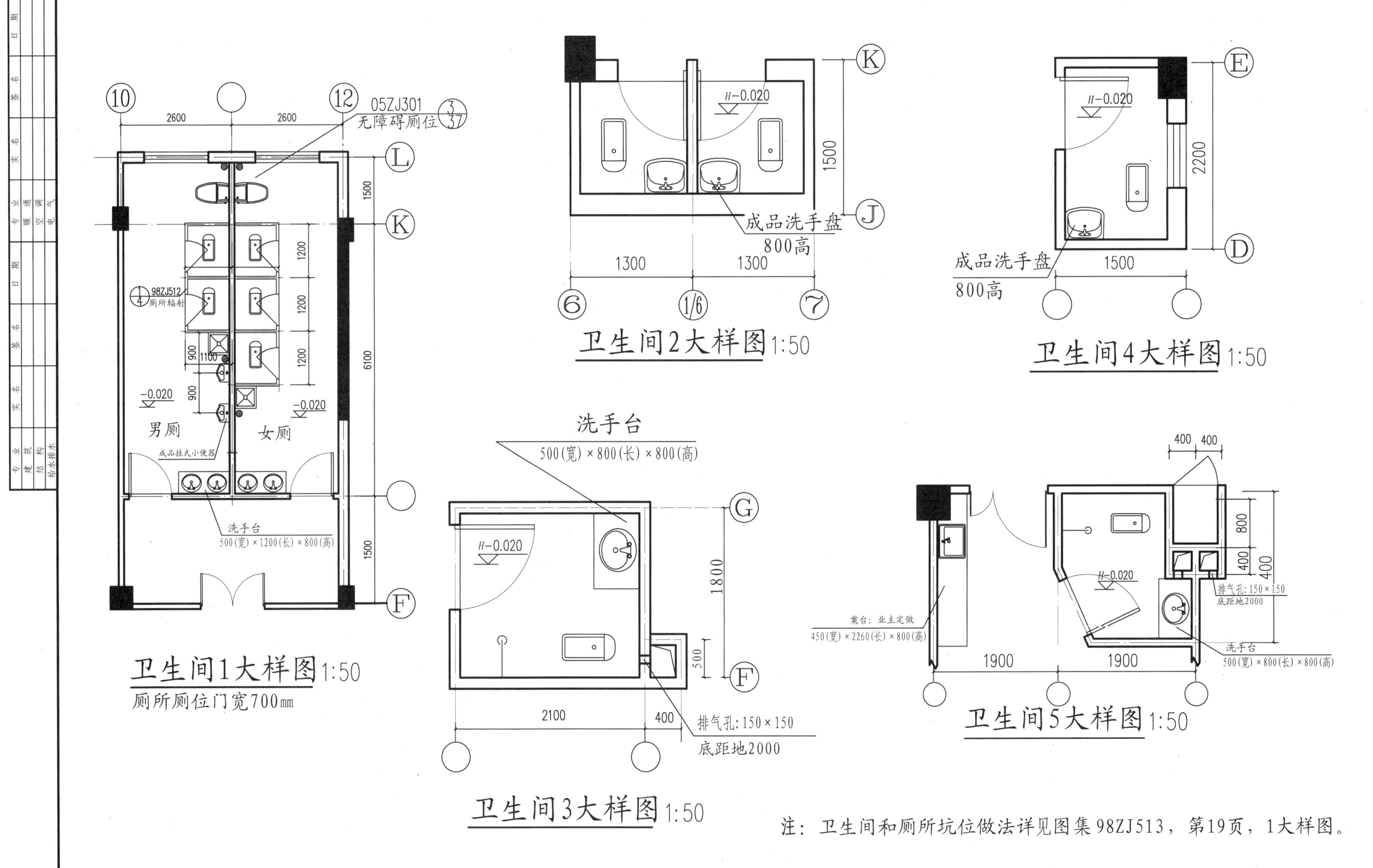

注：卫生间和厕所坑位做法详见图集98ZJ513，第19页，1大样图。

品茗科技集团	品茗人宿舍	单位	m；mm
		日期	2011.01
卫生间1－5大样图		图别	建施
		图号	JZ-20

门窗表

编号	洞口尺寸(宽×高)	数量	类别	选用图集及编号	备注
M1	4000x3500	1	不锈钢玻璃弹簧门	详大样图	10mm厚钢化无色玻璃
M2	2000x2700	1	铝合金玻璃弹簧门	98ZJ641；PLM90-50 改	8mm厚无色钢化玻璃
M3	1500x2850	3	平开半玻不锈钢门	详大样图	
M4	1500x2100	9	平开木门	参98ZJ601；M11-1521	成品门，业主定购
M5	1000x2100	13	平开木门	参98ZJ601；M11-1021	成品门，业主定购
M6a	1200x2100	81	平开木门	参98ZJ601；M237-1321改	成品门，业主定购
M6b	1200x2100	55	平开木门	参98ZJ601；M237-1321改	成品门，业主定购
M7	900x2100	185	带纱平开木门	参98ZJ601；SM11-0921	成品门，业主定购
M8	1000x2100	127	平开木门	参98ZJ601；M23-1021	成品门，业主定购
M9	900x2100	233	平开木门	参98ZJ601；M11-0921	成品门，业主定购
M10	900x2100	6	平开木门	参98ZJ601；M11-0921	成品门，业主定购
M11	800x2100	38	平开木门	参98ZJ601；M11-0821	成品门，业主定购
M12	1300x2100	14	带纱平开木门	参98ZJ601；SM11-1321	成品门，业主定购
M13	1300x2100	6	平开木门	参98ZJ601；M11-1321	成品门，业主定购
M14	1500x2200	2	平开不锈钢门		成品门，业主定购
M15	1000x1900	2	平开不锈钢门		成品门，业主定购
FM1	1300x2100	73	平开门	乙级防火门	
FM2	900x2100	21	平开门	乙级防火门	
FM3	1500x2200	4	平开门	乙级防火门	
FM4	700x1700	38	平开门	丙级防火门	
FM5	680x1700	56	平开门	丙级防火门	
FM6	1000x2100	2	平开门	乙级防火门	
FJM1	3420x4100	1	防火卷帘门	乙级防火门	
FJM2	2420x4100	1	防火卷帘门	乙级防火门	
FJM3	2420x2700	14	防火卷帘门	乙级防火门	
FJM4	2420x3700	1	防火卷帘门	乙级防火门	

编号	洞口尺寸(宽×高)	数量	类别	选用图集及编号	备注
C1	2000x1800	18	铝合金推拉窗	98ZJ721，参ATLC90-55	窗台高900mm；6mm厚浅灰色热镀膜反射玻璃
C2	2000x1800	5	铝合金推拉窗	98ZJ721，参ATLC90-55	窗台高900mm；6mm厚无色玻璃
C3	1500x1800	11	铝合金推拉窗	98ZJ721，ATLC90-12	窗台高900mm；6mm厚浅灰色热镀膜反射玻璃
C4	1000x1800	13	铝合金推拉窗	98ZJ721，参ATLC90-12	窗台高900mm；6mm厚无色玻璃
C5	1200x1800	4	铝合金推拉窗	98ZJ721，ATLC90-12	窗台高900mm；6mm厚无色玻璃
C6	3700x2500	1	铝合金隐框窗	详大样图	窗台高1000mm；6mm厚浅灰色热镀膜反射玻璃
C7	2500x2500	6	铝合金隐框窗	详大样图	窗台高1000mm；6mm厚浅灰色热镀膜反射玻璃
C8	800x800	30	铝合金推拉窗	98ZJ721，参ATLC90-1	窗台高1500mm；6mm厚压花玻璃
C9	800x700	34	铝合金推拉窗	98ZJ721，参ATLC90-1	一、二层窗台高900mm，设不锈钢窗栅；其余窗台高200mm
C10	1500x1500	4	铝合金推拉窗	98ZJ721，TLC90-12	窗台高900mm；6mm厚无色玻璃
C11	1200x1500	6	铝合金平开窗	98ZJ721，ATLC90-12	窗台高900mm；6mm厚无色玻璃
C12	2000x1500	30	铝合金推拉窗	98ZJ721，参ATLC90-54	窗台高900mm；6mm厚无色玻璃
C13	2000x1500	6	铝合金推拉窗	98ZJ721，参ATLC90-54	窗台高900mm；6mm厚浅灰色热镀膜反射玻璃
C14	1500x1500	112	铝合金推拉窗	98ZJ721，ATLC90-12	窗台高900mm；6mm厚浅灰色热镀膜反射玻璃
C15	1200x1500	56	铝合金推拉窗	98ZJ721，ATLC90-12	窗台高900mm；6mm厚浅灰色热镀膜反射玻璃
C16	1000x1500	60	铝合金推拉窗	98ZJ721，参ATLC90-12	窗台高900mm；6mm厚无色玻璃
C17	1000x1500	36	铝合金推拉窗	98ZJ721，参ATLC90-12	窗台高900mm；6mm厚浅灰色热镀膜反射玻璃
C18	600x1500	4	铝合金推拉窗	98ZJ721，APLC90-6	窗台高900mm；6mm厚浅灰色热镀膜反射玻璃
C19	720x1500	22	铝合金推拉窗	98ZJ721，参ATLC90-17	窗台高900mm；6mm厚浅灰色热镀膜反射玻璃
C20	1500x1500	28	铝合金推拉窗	详大样图	窗台高900mm；6mm厚无色玻璃
C21	4360x1450	22	铝合金推拉窗	98ZJ721，ATLC90-54(6窗扇)	窗台高1150mm；6mm厚浅灰色热镀膜反射玻璃
C22	900x600	44	铝合金推拉窗	98ZJ721，ATLC90-6	窗台高1800mm；6mm厚无色玻璃
C23	1500x1800	3	铝合金推拉窗	详大样图	窗台高900mm；6mm厚浅灰色热镀膜反射玻璃
C24	1800x1800	2	铝合金推拉窗	详大样图	6mm厚浅灰色热镀膜反射玻璃；设防盗窗栅
C25	600x900	2	铝合金推拉窗	98ZJ721，参TLC90-2	窗台高900mm；6mm厚无色玻璃
C26	2400x1800	2	铝合金推拉窗	98ZJ721，参ATLC90-55	窗台高900mm；6mm厚无色玻璃

注：第16层的 C15 窗改为半圆弧顶。

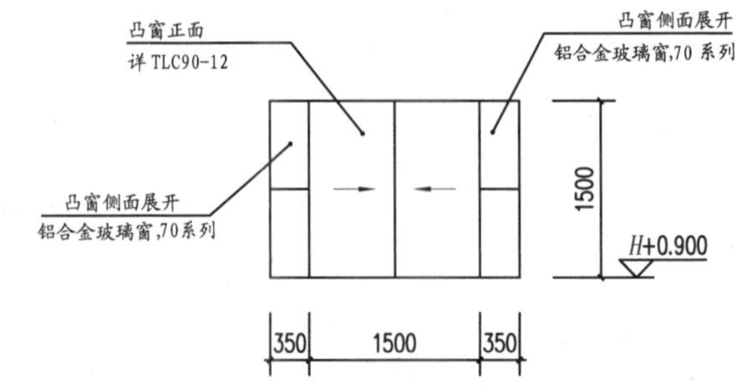

C19大样图 1:50

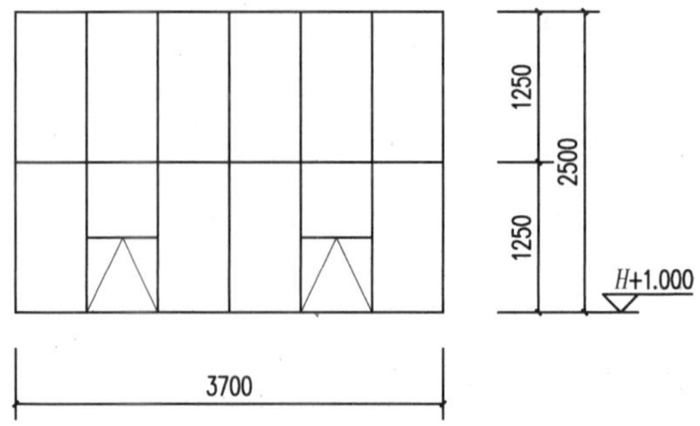

C6大样图 1:50

注：铝合金隐框窗：做法按图集 98ZJ721，HLC110-20改。

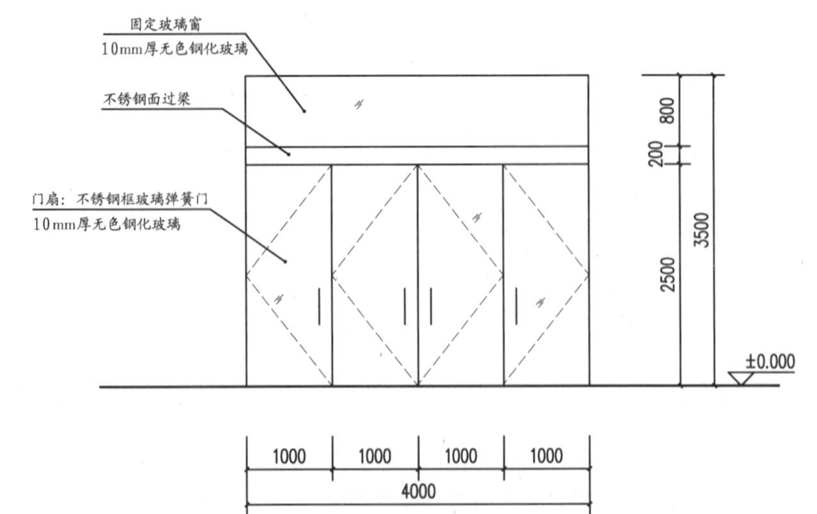

M1大样图 1:50

注：门外侧设花岗岩门套，线宽200mm。

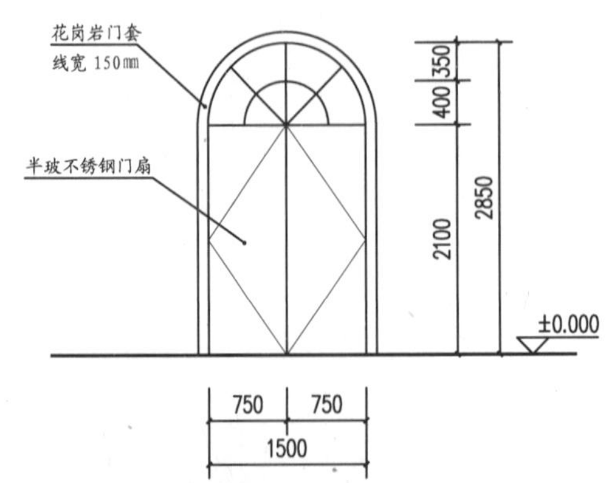

M3大样图 1:50

注：门扇式样参 98ZJ681 第21页，GJM275图。

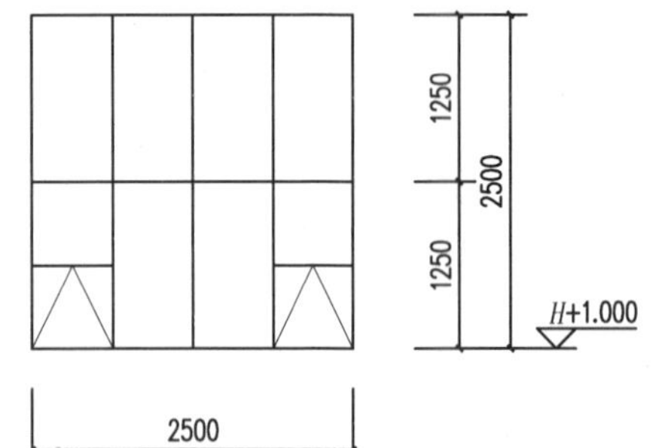

C7大样图 1:50

注：铝合金隐框窗：做法按图集 98ZJ721，HLC110-15改。

品茗科技集团	品茗人宿舍	单位	m；mm
		日期	2011.01
门窗表、门窗大样		图别	建施
		图号	JZ-19

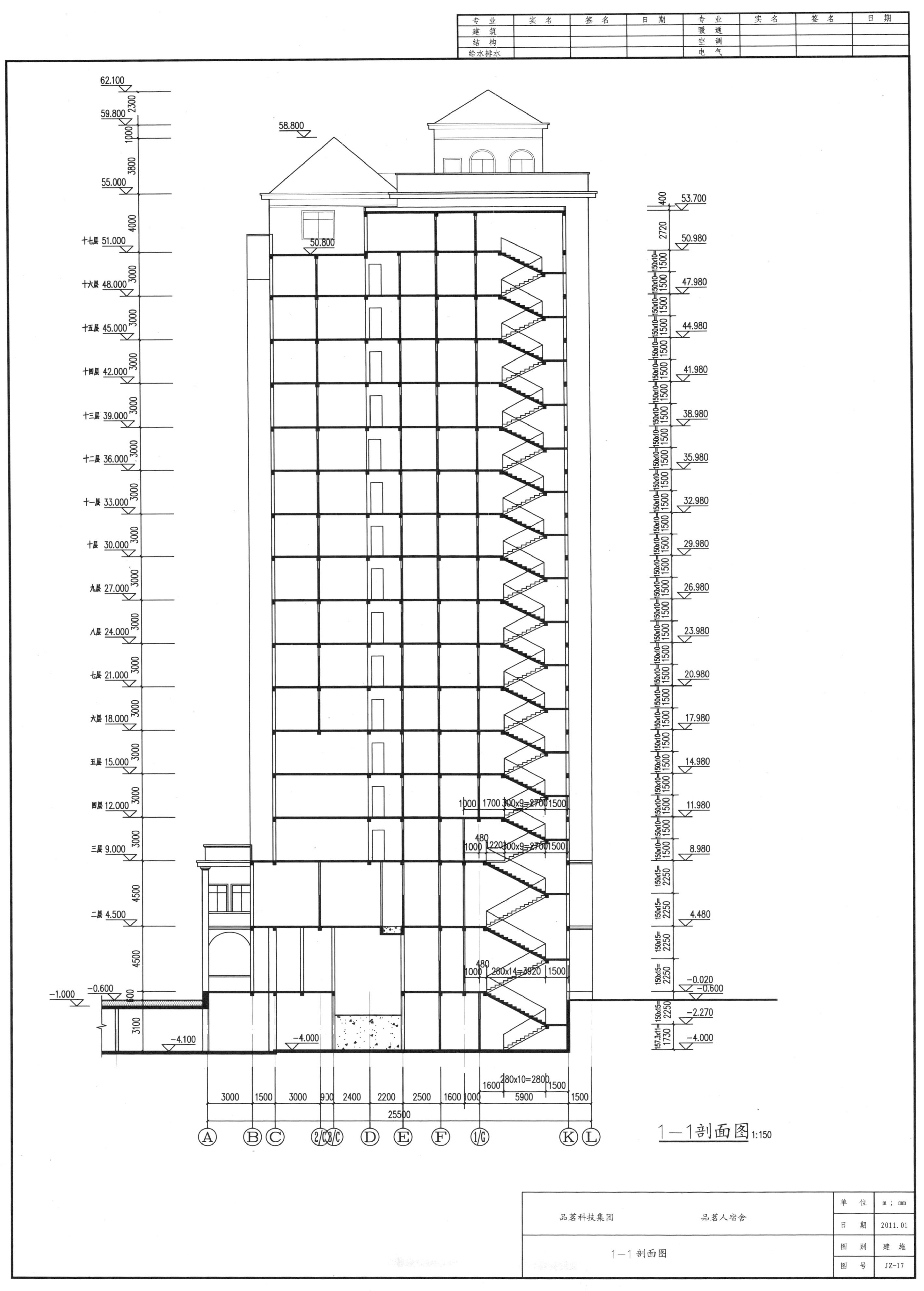
专业 | 实名 | 签名 | 日期 | 专业 | 实名 | 签名 | 日期
建筑
结构
给水排水
暖通
空调
电气
62.100
59.800
58.800
55.000
53.700
50.980
50.800
十七层 51.000
十六层 48.000
十五层 45.000
十四层 42.000
十三层 39.000
十二层 36.000
十一层 33.000
十层 30.000
九层 27.000
八层 24.000
七层 21.000
六层 18.000
五层 15.000
四层 12.000
三层 9.000
二层 4.500
-0.600
-1.000
-4.100
-4.000
47.980
44.980
41.980
38.980
35.980
32.980
29.980
26.980
23.980
20.980
17.980
14.980
11.980
8.980
4.480
-0.020
-0.600
-2.270
-4.000
300x9=2700
280x14=3920
280x10=2800
25500
1—1剖面图 1:150
品茗科技集团
品茗人宿舍
1—1剖面图
单位 m；mm
日期 2011.01
图别 建施
图号 JZ-17

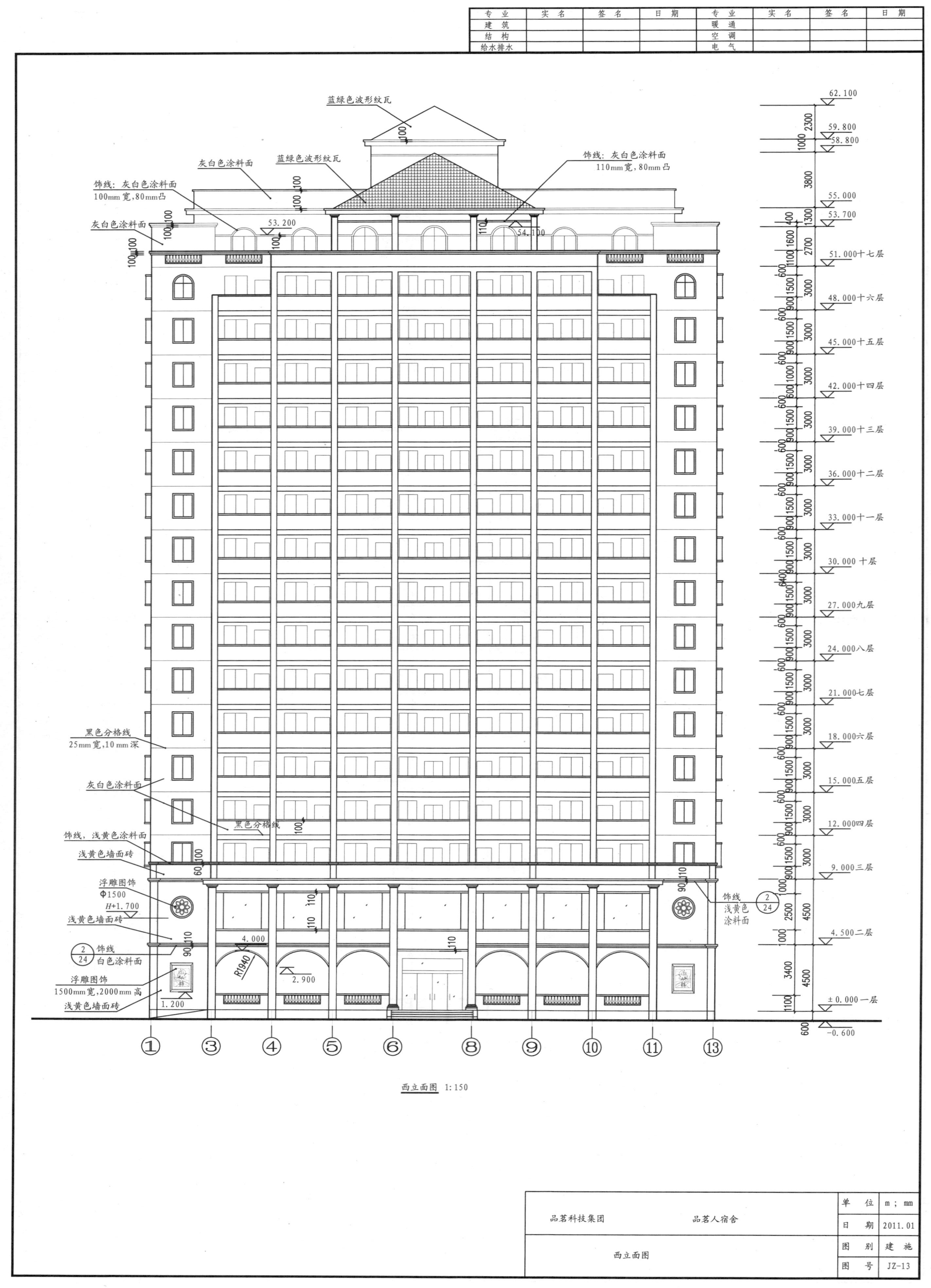

西立面图 1:150

品茗科技集团	品茗人宿舍	单位	m；mm
		日期	2011.01
西立面图		图别	建施
		图号	JZ-13

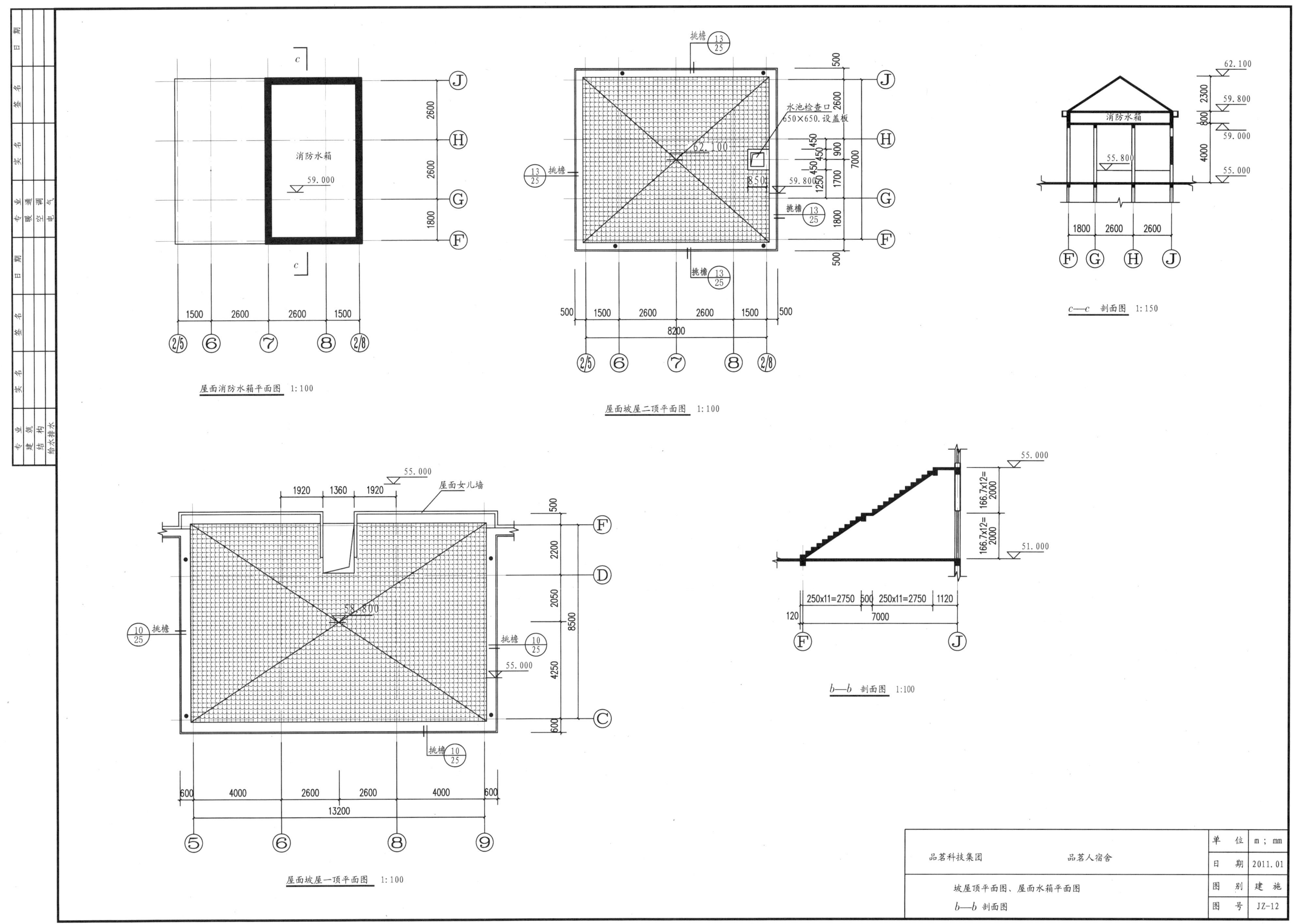

消防水箱
59.000
屋面消防水箱平面图 1:100
挑檐
水池检查口
650×650.设盖板
62.100
59.800
屋面坡屋二顶平面图 1:100
62.100
59.800
59.000
55.000
55.800
c—c 剖面图 1:150
55.000
屋面女儿墙
58.800
屋面坡屋一顶平面图 1:100
51.000
166.7x12=2000
250x11=2750
b—b 剖面图 1:100
品茗科技集团
品茗人宿舍
坡屋顶平面图、屋面水箱平面图
b—b 剖面图
单位 m；mm
日期 2011.01
图别 建施
图号 JZ-12

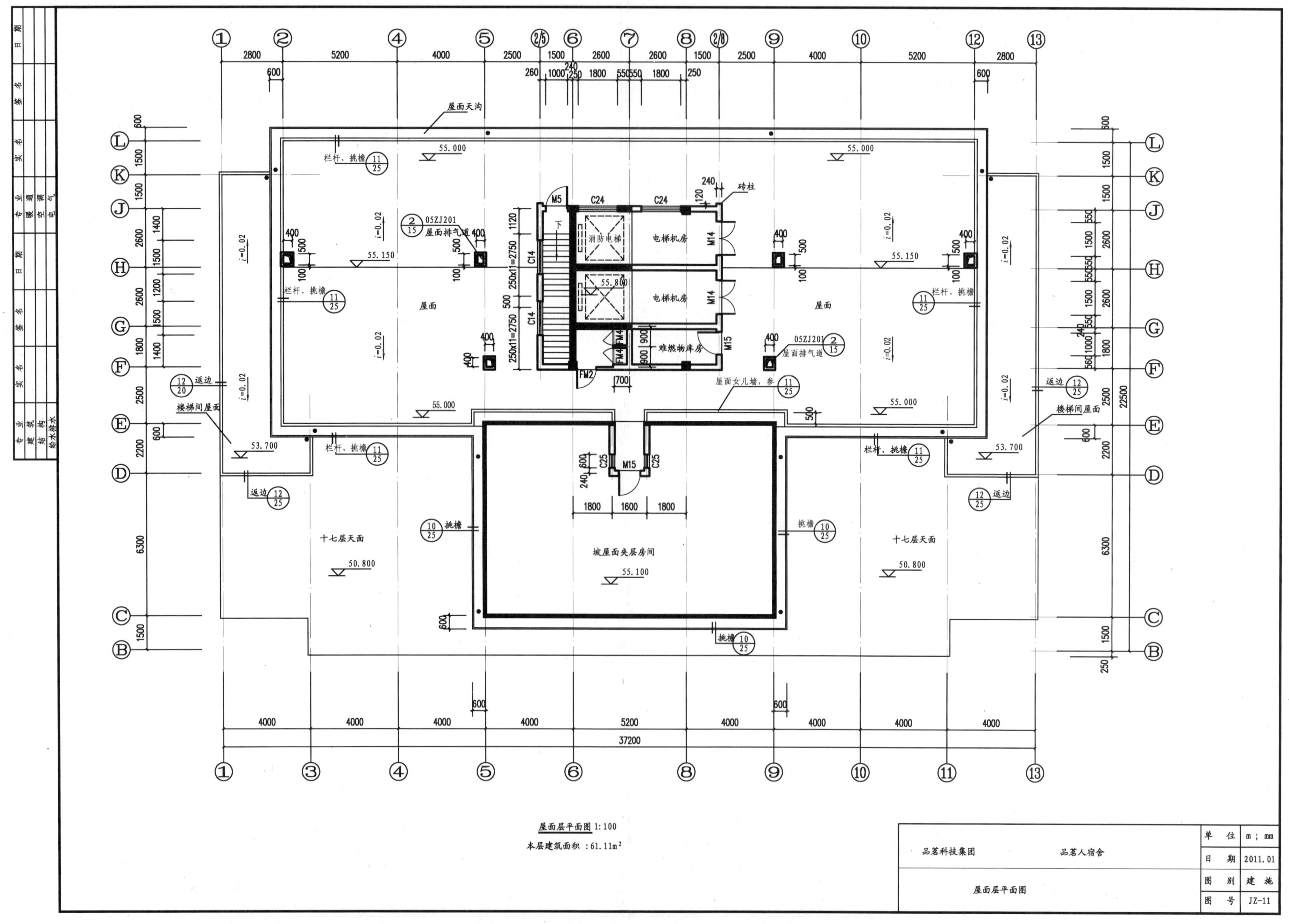

屋面天沟
55.000
栏杆、挑檐 11/25
05ZJ201 2/15 屋面排气道
55.150
屋面
i=0.02
M5
C24
C24
砖柱
消防电梯
电梯机房
电梯机房
M14
M14
55.800
C14
C14
250x11=2750
250x11=2750
FM4
FM4
难燃物库房
M15
FM2
700
屋面女儿墙，参 11/25
返边 12/20
返边 12/25
楼梯间屋面
53.700
55.000
C25
M15
C25
1800
1600
1800
挑檐 10/25
十七层天面
50.800
坡屋面夹层房间
55.100
2800
5200
4000
2500
1500
2600
2600
1500
2500
4000
5200
2800
4000
4000
4000
4000
5200
4000
4000
4000
4000
37200
22500
6300
屋面层平面图 1:100
本层建筑面积 :61.11m²
品茗科技集团
品茗人宿舍
屋面层平面图
单位 m；mm
日期 2011.01
图别 建施
图号 JZ-11
专业
建筑
结构
给水排水
暖通
空调
电气
实名
签名
日期

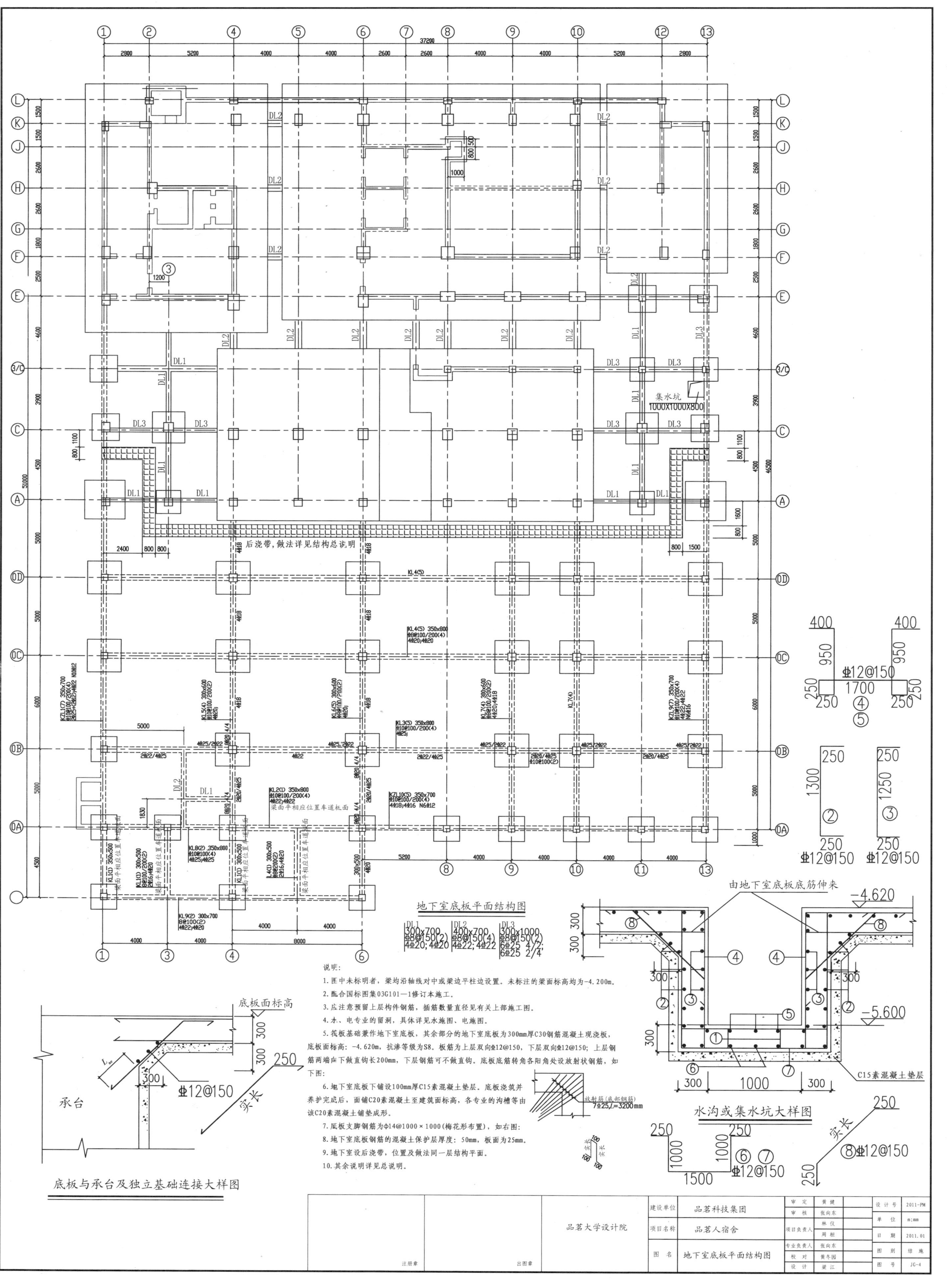
地下室底板平面结构图
DL1 300x700 Φ8@150(2) 4Φ20; 4Φ20
DL2 400x700 Φ8@150(4) 4Φ22; 4Φ22
DL3 300x1000 Φ8@150(2) 6Φ25 4/2; 6Φ25 2/4
说明:
1. 图中未标明者，梁均沿轴线对中或梁边平柱边设置。未标注的梁面标高均为-4.200m。
2. 配合国标图集03G101—1修订本施工。
3. 应注意预留上层构件钢筋，插筋数量直径见有关上部施工图。
4. 水、电专业的留洞，具体详见水施图、电施图。
5. 筏板基础兼作地下室底板，其余部分的地下室底板为300mm厚C30钢筋混凝土现浇板，底板面标高: -4.620m，抗渗等级为S8。板筋为上层双向Φ12@150，下层双向Φ12@150; 上层钢筋两端向下做直钩长200mm，下层钢筋可不做直钩。底板底筋转角各阳角处设放射状钢筋，如下图:
放射筋(底部钢筋) 7Φ25,L=3200mm
6. 地下室底板下铺设100mm厚C15素混凝土垫层。底板浇筑并养护完成后，面铺C20素混凝土至建筑面标高，各专业的沟槽等由该C20素混凝土铺垫成形。
7. 底板支脚钢筋为Φ14@1000×1000(梅花形布置)，如右图:
8. 地下室底板钢筋的混凝土保护层厚度: 50mm，板面为25mm。
9. 地下室设后浇带，位置及做法同一层结构平面。
10. 其余说明详见总说明。
后浇带，做法详见结构总说明
集水坑 1000X1000X800
底板与承台及独立基础连接大样图
底板面标高
承台
Φ12@150
实长
水沟或集水坑大样图
由地下室底板底筋伸来
-4.620
-5.600
C15素混凝土垫层
⑧Φ12@150
②③ Φ12@150
⑥⑦ Φ12@150
④⑤ Φ12@150
品茗大学设计院
建设单位 品茗科技集团
项目名称 品茗人宿舍
图名 地下室底板平面结构图
设计号 2011-PM
日期 2011.01
图别 结施
图号 JG-4

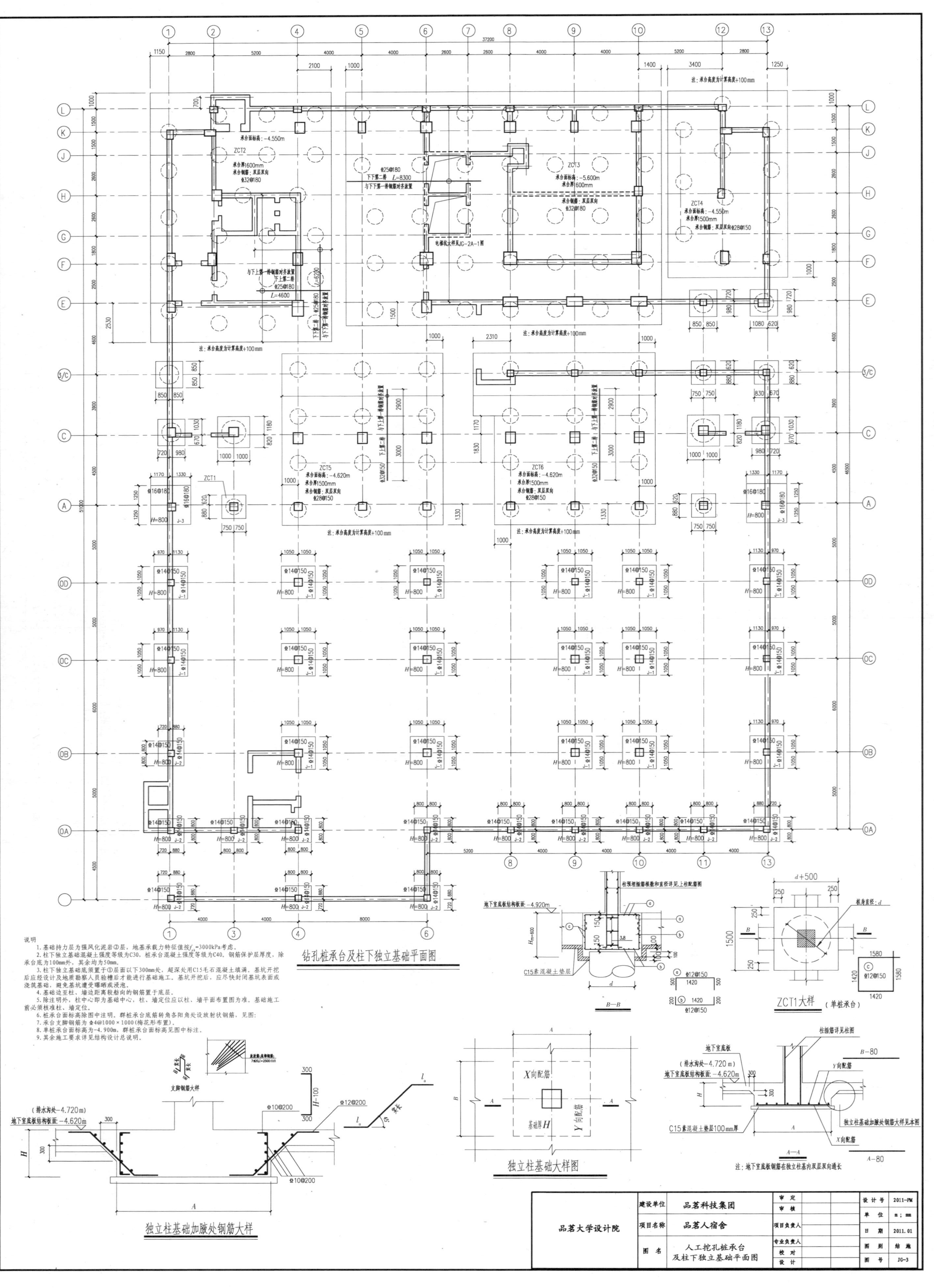
钻孔桩承台及柱下独立基础平面图
说明
1. 基础持力层为强风化泥岩②层，地基承载力特征值按f_{ak}=3000kPa考虑。
2. 柱下独立基础混凝土强度等级为C30，桩承台混凝土强度等级为C40。钢筋保护层厚度，除承台底为100mm外，其余均为50mm。
3. 柱下独立基础底须置于①层面以下300mm处，超深处用C15毛石混凝土填满。基坑开挖后应经设计及地质勘察人员验槽后才能进行基础施工。基坑开挖后，应尽快封闭基坑表面或浇筑基础，避免基坑遭受曝晒或浸泡。
4. 基础边至柱、墙边距离较舫向的钢筋置于底层。
5. 除注明外，柱中心即为基础中心，柱、墙定位应以柱、墙平面布置图为准。基础施工前必须核准柱、墙定位。
6. 桩承台面标高除图中注明。群桩承台底筋转角各阳角处设放射状钢筋，见图：
7. 承台支脚钢筋为 Φ4@1000×1000(梅花形布置)。
8. 单桩承台面标高为-4.900m，群桩承台面标高见图中标注。
9. 其余施工要求详见结构设计总说明。
支脚钢筋大样
独立柱基础加腋处钢筋大样
独立柱基础大样图
ZCT1大样（单桩承台）
B—B
A—A
注：地下室底板钢筋在独立柱基内双层双向通长
C15素混凝土垫层100mm厚
独立柱基础加腋处钢筋大样见本图
注：承台高度为计算高度+100mm
建设单位 品茗科技集团
项目名称 品茗人宿舍
图名 人工挖孔桩承台及柱下独立基础平面图
品茗大学设计院
设计号 2011-PM
单位 m；mm
日期 2011.01
图别 结施
图号 JG-3

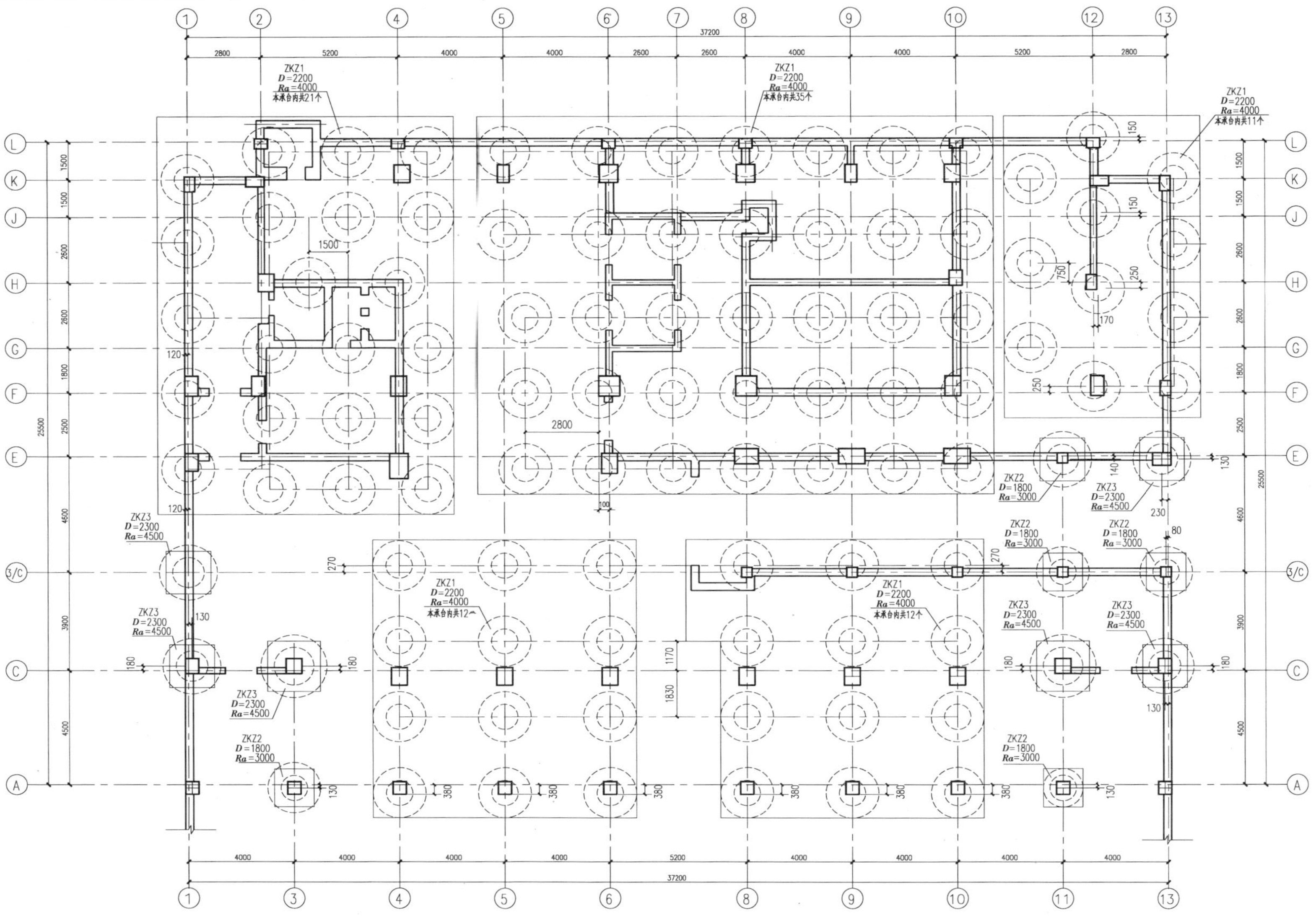

钻孔桩基础平面图

注：① d为桩身直径，Ra为桩竖向承载力特征值。
② 除注明外，桩中心即为柱中心，桩施工前应注意与柱平面布置图核准。

钻孔灌注桩统一说明

一、一般说明

(一)全部尺寸除注明外，均以毫米(m)为单位，标高以米(m)为单位。其余说明未尽之处详见结构设计总说明。

(二)桩顶标高：承台底，桩帽底标高+0.100m。±0.000相当的绝对标高详见建施图。

(三)桩端支承于中风化泥岩④层内，桩端极限端阻力标准值为：2600kPa。桩长度L为6~8m，要求桩底进入④层面以下深度≥1.5m。桩底标高较低的挖孔桩应优先施工。

二、成孔及质检

(一)本工程采用的桩径d(桩身直径)详见表一。

(二)桩身施工前须试成孔，数量不少于两个以便核对地质资料，检验用的设备，施工工艺以及技术要求是否合适，如出现缩颈，塌孔，回淤，贯入度不能满足设计要求时，应拟订补救措施或重新考虑施工设备及施工工艺。

(三)施工工程桩前，须先施工单体工程指定的试桩，试桩的数量不得少于总桩数的3%，且每一单体工程不得少于3根，并进行桩的垂直静载荷试验。

(四)桩身入土深度的控制以设计桩长为主，但同时须满足桩端进入支承土层的设计深度。

(五)孔底沉渣必须设法清除，在浇筑混凝土前，沉渣厚度对一般桩不得大于150mm，对端承桩不得大于50mm。

(六)对于一柱一桩的桩位允许偏差不得超过100mm。

(七)成桩时如发现地质条件与勘察报告提供的数据或控制指标已符合要求，而其他参考指标与要求相差较大时，应会同勘察设计单位研究处理。

(八)为了检验工程桩的桩身质量与承载能力，在工程桩施工完成后须抽样不少于总桩数1%的桩进行动载测试。

(九)工程桩全部完工后，应经中间验收合格并向设计单位提工桩位竣工平面图，桩基施工记录，动载测试报告等必要的资料，经复查认可，还须凿除桩顶疏松混凝土，并调直伸入承台之锚拉纵筋后，方能进行下道工序的施工。

(十)试桩方法及桩基施工质量控制均按《建筑桩基技术规范》(JGJ 94—2008)及当地相关规程的有关规定执行。

三、钢筋笼制作及安装

(一)纵向钢筋HRB400级钢(⌀)，纵向③号钢筋除注明外均通长至桩底。纵向钢筋的接驳应优先采用对接焊接，$d<22$mm的钢筋容许采用搭接，搭接长度为L_1，焊接接头必须按规范要求错开。

(二)加劲箍③及螺旋钢箍④采用HRB400级及HPB300级钢，纵横钢筋交接处均应焊牢。

(三)钢筋笼外侧须设混凝土垫块，或采用其他有效措施，以确保钢筋保护层的厚度。

四、桩心，桩承台混凝土浇筑

(一)桩混凝土强度等级为C30。桩承台及基础梁的混凝土强度等级：主楼范围为C40，其余均为C30。钢筋的混凝土保护层厚度为50mm。

(二)用常规方法浇筑桩心混凝土时，必须使用导管或串筒，出料口离混凝土面不得大于2000mm，且应连续浇筑，分层振捣，分层高度为1000~1500mm。混凝土坍落度一般取80~100mm。

表一　桩身配筋表

编号	桩身直径 d (mm)	长纵筋③	加劲箍⑤	螺旋箍④
ZKZ1	1000	14⌀18	⌀14@2000	⌀8@200
ZKZ2	1100	15⌀18	⌀14@2000	⌀8@200
ZKZ3	1200	16⌀18	⌀14@2000	⌀8@200

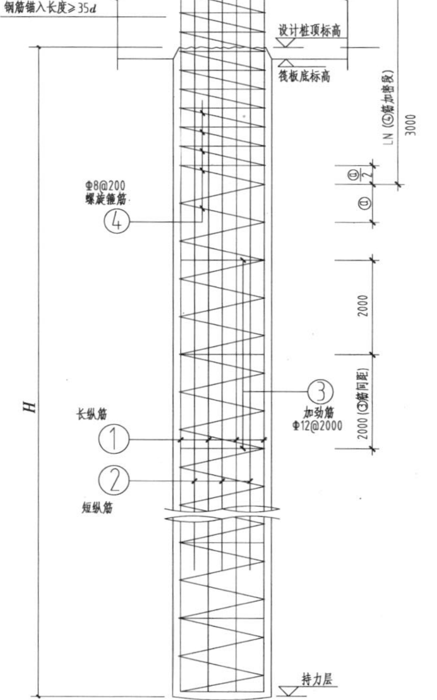

灌注桩桩身大样

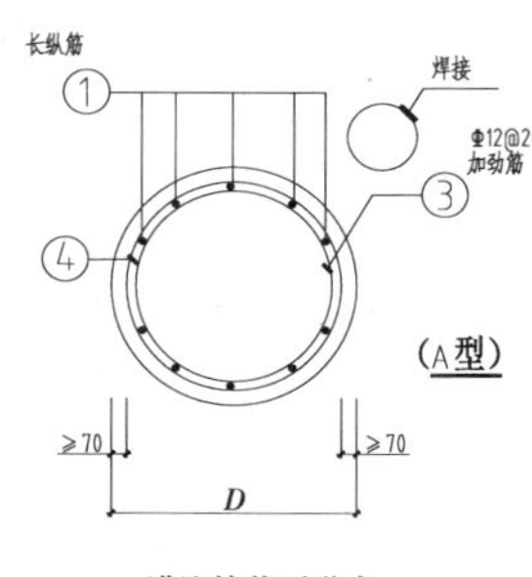

灌注桩截面形式

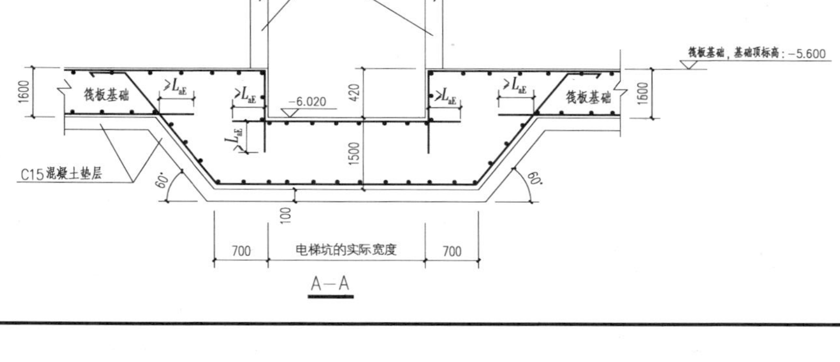

A—A

品茗大学设计院	建设单位	品茗科技集团	审定		设计号	2011-PM
			审核		单位	m,mm
	项目名称	品茗人宿舍	项目负责人		日期	2011.01
			专业负责人		图别	结施
	图名	钻孔桩基础平面图	校对		图号	JG-2
			设计			

结构设计总说明

一、设计依据

(1)《建筑结构荷载规范》(GB 50009—2001)(2006年版)；
(2)《建筑抗震设计规范》(GB 50011—2001)(2008年版)；
(3)《混凝土结构设计规范》(GB 50010—2002)；
(4)《高层建筑混凝土结构技术规程》(JGJ 3—2002)；
(5)《砌体结构设计规范》(GB 50003—2001)；
(6)《建筑工程抗震设防分类标准》(GB 50223—2008)；
(7)《建筑地基基础设计规范》(GB 50007—2002)；
(8)《钢结构设计规范》(GB 50017—2003)；
(9)《建筑结构可靠度设计统一标准》(GB 50068—2001)；
(10)《建筑工程抗震设防分类标准》(GB 50223—2008)；
(11)《混凝土小型空心砌块建筑技术规程》(JGJ/T 14—95)；
(12)《混凝土结构施工图平面整体表示方法制图规则和构造详图》(03G101—1修正版)；
(13)《全国民用建筑工程设计技术措施—结构—2003》(建设部工程质量安全监督与行业发展司，中国建筑标准设计研究所)；
(14)广西基础勘察工程有限责任公司提供的《品茗科技集团品茗人宿舍岩土工程勘察报告(详细勘察)》。

二、自然条件及设计要求

(一)建筑结构安全等级：二级。
(二)结构设计使用年限：100年。
(三)基本风压：主楼：W_0=0.40 kN/m²(按50年重现期)。
(四)抗震条件及要求：

建筑抗震设防类别：丙类；抗震设防基本烈度：6度；设计地震分组：第一组；设计基本地震加速度值：0.05g(g为重力加速度)；建筑场地类别：Ⅱ类；抗震等级：剪力墙抗震等级为三级，框架抗震等级为三级。

(五)结构形式：本工程为框架剪力墙结构。
(六)地基基础设计等级：乙级。
(七)基础设计：

本工程采用的基础形式为钻孔桩基础及柱下独立基础、局部筏板基础，详见基础详图中基础说明。

(八)活荷载标准值限值(kN/m²)：

卧室、客厅、厨房、卫生间，2.0；阳台，2.5；卫生间，2.0；电梯前厅，3.5；走廊，2.5；消防疏散楼梯，3.5；上人屋面，2.0；电梯机房，7.0；配电机房，7.0；不上人屋面，0.7。

各层平面允许装修荷载标准值限值(kN/m²)：
室内楼面(考虑二次装修，贴面砖)：1.5(含二次找平层)；
楼梯(一次装修贴面砖)：0.7(含找平层)；

屋面找坡：选择膨胀珍珠岩制品或其他轻质材料找坡，容重不得大于3.0 kN/m³，为节约造价，施工荷载不应超出设计荷载，如超出设计荷载，由施工方做临时支撑解决，未经技术鉴定或设计许可，不得改变本工程结构的用途和使用环境。

(九)主要结构材料：

1. 混凝土：混凝土强度等级>C25时，如有条件须采用商品混凝土，如无条件则须严格控制混凝土的配置，试块合格后方可用于施工。
A.基础：采用钻孔桩基础，详见钻孔桩基础平面图；
B.梁、板混凝土强度等级详见各层平面图的说明；
C.墙、柱混凝土强度等级详见“墙、柱布置及配筋图”；
D.次要构件(如过梁、构造柱、圈梁等)：C25。

2. 钢筋：符号 表示采用HPB300钢筋( )：f_y=210N/mm²；
符号 表示采用HRB335钢筋( )：f_y=300N/mm²；
符号 表示采用HRB400钢筋( )：f_y=360N/mm²。

普通钢筋须优先采用延性、韧性和可焊性较好的钢筋：

纵向受力钢筋须选用HPB300、HRB335；箍筋须选用HRB335、HPB300热轧钢筋；HPB300、HRB335热轧钢筋的抗拉强度实测值与屈服强度实测值的比值不应小于1.25，且钢筋的屈测值与强度标准值的比值不应大于1.3；钢筋检验方法须符合现行国标《混凝土结构工程施工及验收规范》(GB 50204—2002)的规定。

3. 填充墙：外墙按建筑施工图选用，强度为MU7.5；容重不大于13kN/m³；剪力墙结构洞填充墙、楼梯间围护墙按建筑施工图选用，强度为MU7.5，容重不大于13kN/m³，Mb5混合砂浆砌筑；卫生间隔墙为100mm厚混凝土空心砌块，容重不大于12kN/m³，Mb5混合砂浆砌筑。其余内墙为轻质机制墙板。

4. 型钢、钢板、钢管：
(1)Q235等级B的碳素结构钢；
(2)所有钢材的抗拉强度实测值与屈服强度实测值的比值不应小于1.2；
(3)所有钢材应有明显的屈服台阶，且伸长率应大于20%；
(4)所有钢材应有良好的可焊性和合格的冲击韧性。
除不锈钢外，所有型钢、钢板、钢管均须做防锈处理。

5. 焊条：除HRB335钢筋互焊用E50焊条、HRB335与HPB300钢筋互焊时用E50焊条外；其他互焊情况下均用E43。焊缝质量等级：二级。

所有钢结构的施工、验收须符合国标《建筑钢结构焊接技术规程》(JGJ 81—2002)及条文说明(J 218—2002)和《钢结构工程施工质量验收规范》(GB 50205—2001)的规定。

屋面(找平、防水、架空水泥砖隔热层)：3.1(找坡另计)；卫生间填充焦渣混凝土：容重不得大于14.0 kN/m³。

三、构造要求

(一)钢筋的混凝土各部位保护层厚度：均按图集03G101—1修正版规定执行。室内现浇板钢筋的混凝土保护层厚度为15mm，屋面现浇板钢筋的混凝土保护层厚度为20mm。

(二)各类环境中结构混凝土耐久性要求：
1. 有抗渗要求的混凝土结构，混凝土的抗渗等级应符合有关标准的要求。
2. 有防腐(侵)蚀要求的混凝土结构，混凝土的防护措施应符合有关标准要求。
3. 三类环境中的结构构件，其受力钢筋宜采用环氧树脂涂层带肋钢筋；对预应力钢筋、锚具及连接器，应采取专门防护措施。
4. 对临时性混凝土结构，可不考虑混凝土的耐久性要求。

(三)钢筋锚固及搭接长度按图集03G101—1修正版采用(楼梯按图集03G101—2采用)。

(四)直径≥18mm的HRB400柱子钢筋的接头首选机械连接，也可采用电渣压力焊接，钢筋机械连接建议采用等强镦粗直螺纹连接工艺，有关技术要求遵照《钢筋机械连接通用技术规程》(JGJ 107—2003)执行。

(五)钢筋混凝土现浇板：
1. 板的底部钢筋应伸过梁或墙中心且不小于50mm，当为HPB300钢筋时端部应设弯钩，当为HRB335、HRB400钢筋时，端部不加弯钩。室内现浇板钢筋的混凝土保护层厚度为15mm；屋面现浇板钢筋的混凝土保护层厚度为20mm。
2. 板的中间支座上部钢筋(负筋)两端设直钩，直钩长为板厚—保护层厚，边支座负筋一般应伸至支座外皮留保护层厚度，锚固长度如已满足受拉钢筋的最小锚固长度，直钩长度同另一端，如不满足时，此端加垂直段至满足锚固长度(当HPB300级钢筋时，端部另设弯钩)；当边梁较宽时，负筋不必伸至梁外皮，但必须满足最小锚固长度或图中注明尺寸施工，且进入梁内的钢筋水平段长度不得小于0.4La(La为钢筋锚固长度)。
3. 板上孔洞应预留，避免后凿，一般结构平面图中只表示出洞口尺寸大于300mm的孔洞，施工时各工种必须根据各专业图纸配合土建预留全部孔洞，当孔洞尺寸小于300mm时，洞边不再另加钢筋，板筋由洞边绕过，不得截断；当洞口尺寸大于300mm时，应设洞边加强筋，按平面图示意的要求施工。当平面图未注明时，按如下要求留设：洞口每侧各两根，其截面积不得小于被洞口截断之钢筋面积1/2，且不小于2φ12，长度为单向板受力方向或双向板的两个方向沿跨度通长并锚入梁内，单向板的非受力方向洞口加筋长度为洞宽加两侧各30d。
4. 在柱子范围内的板负筋应根据柱子的大小相应加长，以便板负筋自柱边伸入板内的长度与自梁边伸入板内的长度相同。
5. 一般情况下双向板的底部钢筋，短跨钢筋置下排，长跨钢筋置上排，上部钢筋短跨置于上排，长跨置于下排。
6. 现浇板板底与梁底相平时，板底钢筋入梁部分微弯起搁在梁底钢筋之上。
7. 板内分布钢筋包括楼梯梯段板，除注明者外，按如下要求设置：

板厚(mm)	≤120	>120
分布钢筋直径、间距	6@200	6@200

8. 板内预埋管尽量不要两条交叉放置，预埋管或预留洞间距不宜小于300mm，要求管洞直径不大于1/3板厚，管道边距板外边不小于25mm；沿所预埋的管线，在板面无负筋处设附加负筋，如上图示。
9. 地面以上楼面端跨板阳角无通长面钢筋时，按图13附加双向抗裂钢筋，与原配筋同间隔放置。当无梁情况下阴角按图13增加45°抗裂钢筋，钢筋在板面筋之下。

(六)框架柱、框架梁、次梁：
1. 框架柱、框架梁、次梁设计说明详见国标(03G101—1修正版)。
2. 梁侧纵向筋除按梁配筋标注外，还应按国标(03G101—1修正版)设梁侧构造筋，设置钢筋为2φ12@200(从板底算起)，各层梁配筋集中标注可不注此项数值。悬挑梁的支座为梁者，悬挑梁的悬臂负筋须伸入梁支座内(从梁内边算起)>1.5倍挑梁净长且不小于所在内跨的净跨长的1/3；挑梁净长L≥2.5m时，悬挑梁的悬臂筋不得小于3φ14，所有悬挑梁的第二排悬臂负筋均在距支座边1/2挑梁净长处下弯15d后截断；所有圆弧梁箍筋均应按国标03G101—1图集的受扭箍筋弯制。
3. 不同编号梁在同一支座处负筋直径相同时应拉通。
4. 主次梁交接处，无论是否设置吊筋，均在主梁中于次梁两侧各增设3道加密箍，加密箍直径、形式同主梁箍筋，其间距为50mm，主次梁底相平时，次梁钢筋入主梁部分微弯起搁在主梁底钢筋之上，相邻两跨梁面标高或梁底标高不同(高差≥40mm)时按悬挑梁端部次梁梁高大于主梁时按图7施工，折梁配筋构造见大样图12处理。卫生间板底低于边梁梁底时边梁加高见大样图9—1，梁局部加高大样见大样图1。
5. 梁配筋图中，在主次梁相交处，若在两条梁相交的节点处画有圆圈，均按井字梁处理：主次梁底筋均不得在此截断，梁底筋在该支座应拉通；井字梁交接处，如梁底相平，则底筋较大者置于下方；无论是否设置吊筋，主梁相交四侧均各增设3道加密箍，加密箍直径、形式同该梁箍筋，其间距为50mm。
6. 梁上留洞应严格按设计图要求埋设套管，不得自行留设孔洞，预埋套管加强箍筋如图上无注明时，可按附图2施工；梁的混凝土与墙柱不同时浇捣时按图3大样处理。
7. 当楼面梁跨度L(净跨或挑梁净长)较大时，梁跨中需按规范规定起拱：L≤4m时，梁跨中起拱L/1000；4m<L<9m时，梁跨中起拱2L/1000；L>9m时，梁跨中起拱3L/1000；挑梁净长L≥2.5m时，悬挑梁外端支模时向上起拱30mm。
8. 框架柱及剪力墙边缘构件箍筋为复合箍，由大箍和中间小箍或拉结钢筋组成，除拉结钢筋外均采用封闭形式，并做成135°弯钩。
9. 框架柱及剪力墙与水泥砖砌块墙连接应按建筑施工图中的墙体位置，沿框架柱及剪力墙高每隔500~600mm(可按砌块高度调整)在墙宽范围内留出2φ6拉结筋，拉结筋锚入柱内200mm，伸出柱及剪力墙外皮长度详见(八)2条，两端加弯钩，所有窗台均用砌块砌筑，窗台下均设压顶梁同墙厚，高150mm，纵筋4φ10通长锚入两端墙柱或构造柱内La，箍筋φ6@200。
10. 柱子与圈梁、钢筋混凝土腰带、现浇过梁相连时，均应按建筑图中墙体位置以及相应的圈梁、腰带、过梁配筋说明或图，由柱子留出相应的钢筋，钢筋长度为柱子内La、柱子外L_1。

(七)钢筋混凝土墙：
1. 钢筋混凝土墙设计说明详见国标036101—1修正版。
2. 墙内钢筋均为双向双排，剪力墙钢筋布置一般竖向钢筋在内，横向钢筋在外，其他墙体均如详图所示，双排钢筋之间用拉结筋联结。
3. 墙体在每层楼、天面标高处设置暗梁，暗梁除单体图注明外，梁宽同墙宽，暗梁高度范围梁身水平钢筋同该墙身水平钢筋，按图8做法。
4. 墙上孔洞必须预留，除按结构施工图纸预留孔洞外，还须根据各工种施工图纸，由各工种的施工人员核对无遗漏后才能合模；如洞口尺寸≤150mm时，洞边不再设附加钢筋，墙内钢筋绕洞边过不截断；当洞口尺寸大于150mm时，洞边加固按图8做法。
5. 墙体与砌块墙、圈梁、压顶梁、现浇过梁相连时参见(六)第8、9条。
6. 长墙体浇筑时应采取有效措施避免水化热产生裂缝(如掺加高效减水剂、粉煤灰及少水泥用量等)，并必须做好养护。为避免剪力墙结构洞填充砌体处产生裂缝，可在砌块与剪力墙交界处增设一层较细密的双向钢丝网，伸入二者内各200mm，地下室底板、顶板及侧墙应设置梅花形排列的拉结钢筋，拉结钢筋长度应能拉住最外层受力钢筋，且直径应不小于φ6，间距应不大于500mm。

(八)砌体部分
1. 填充砌体宜与柱及剪力墙脱开10~15mm或柔性连接，并每隔500~600mm高度设2φ6拉结钢筋与柱(或混凝土墙)可靠拉结，拉结筋入柱(混凝土墙)200mm，进入砌体内长度不小于砌体长度的1/5及700mm；当砌体高度大于2倍墙净高时，墙顶宜与梁(板)拉结，可砌斜砖顶紧梁底或板底，斜砌砖倾角应大于60°且应在下面平砌砖沉实后(一般5天左右)再行斜砌，砌筑时应逐块敲紧、填满砂浆；当墙高大于4m时，墙体半高处须设置与柱(或混凝土墙)连接且沿墙全长贯通的钢筋混凝土水平系梁，梁宽同墙宽，梁高200mm，梁内纵筋410两端锚入柱内La，箍筋6@200，砌块应达到龄期后方可砌筑。
2. 砌块墙体相互交接时应同时砌筑，交错搭接，沿墙高每隔500~600mm设2φ6水平拉结钢筋，钢筋入砌体墙长度不小于墙长的1/5及700mm。
3. 当门、窗洞顶无结构梁时，(不能用砖过梁)应另设过梁，其做法如下表：

门洞宽	h	①号钢筋	②号钢筋	截面
<1200	200	208	2φ12	
1300~2000	250	210	2φ14	
2000~4000	300	210	2φ16	
过梁宽度同墙宽度，其支座长度≥250mm				

注：(1)当门窗洞顶离结构梁底距离小于过梁高度时，过梁与结构梁浇成整体(图A)。
(2)所有门窗顶挑檐或雨篷梁板及其他外挑构件均须可靠支撑，待其上砌体(压重)砌筑完毕且上层框架梁板达到设计强度后方可拆除支撑及模板。

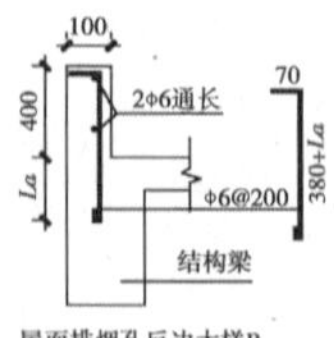
屋面排烟孔反边大样B

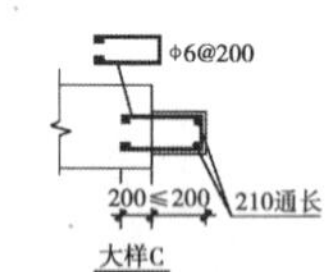
大样C

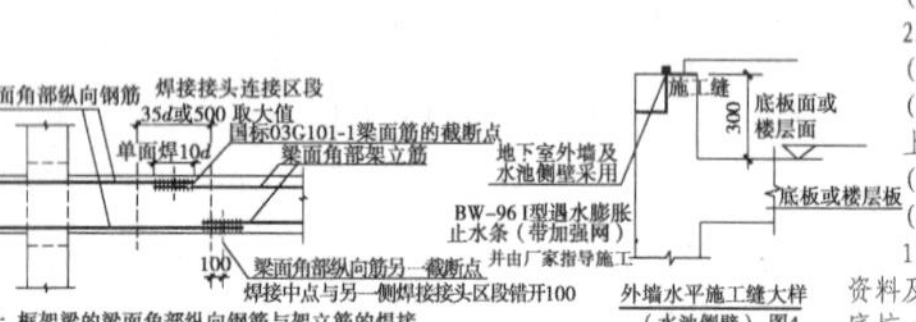
图十 框架梁的梁面角部纵向钢筋与架立筋的焊接

外墙水平施工缝大样（水池侧壁）图4

表1 结构混凝土的耐久性要求

条件	环境类别	最大水胶比	最小水泥用量(kg/m³)	最低混凝土强度等级	最大氯离子含量(%)	最大碱含量(kg/m³)
室内正常环境	一	0.65	225	C20	1.0	—
室内潮湿环境、地下室、露天环境	二a	0.60	250	C25	0.3	3.0

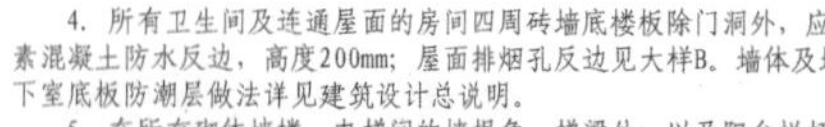

4. 所有卫生间及连通屋面的房间四周砖墙底楼板除门洞外，应设素混凝土防水反边，高度200mm；屋面排烟孔反边见大样B。墙体及地下室底板防潮层做法详见建筑设计总说明。
5. 在所有砌体墙楼、电梯间的墙拐角、梯梁处，以及阳台栏杆、天面女儿墙的墙拐角处，或当砌体墙长大于5m、阳台栏杆及女儿墙长大于3m、或其端部自由(无与之垂直的丁字墙相连)时，须分别于墙、栏杆、女儿墙拐角、梯梁处及墙、栏杆、女儿墙中部或端部设置混凝土构造柱GZ(190mm×190mm)，构造柱纵筋4Φ12通长，锚入上下梁内400mm，箍筋6@200；阳台栏杆、女儿墙顶设压顶梁同墙厚，高120mm，纵筋2Φ12通长锚入两端墙柱或构造柱内La，拉筋Φ6@200。门窗洞边距混凝土墙柱边不足200mm时，可在门窗洞边设混凝土小柱垛(见大样C)，纵筋2 10通长，锚入上下楼面梁或过梁内400mm；施工时须注意构造柱插筋的留设。砖墙平混凝土柱边锚拉筋大样详见大样图13a。

四、其他

(一)本工程图示尺寸以毫米(mm)为单位，标高以米(m)为单位。
(二)±0.000相当于绝对标高值详见建筑施工图。
(三)施工应遵照现行《混凝土结构工程施工及验收规范》(GB 50204—2002)等现行的施工及验收规范或标准。
(四)埋件：玻璃幕墙、建筑吊顶、门窗安装、楼梯栏杆、阳台栏板以及电梯导轨等与结构构件相连时，各工种应密切配合，将本专业需要的埋件留全。电缆桥架、管道支架不得遗漏，如采用膨胀螺栓连接时，应执行第(五)条规定。

留洞，埋管：屋面、雨蓬、卫生间地漏、溢水口，须与相关工种图纸密切配合预留。

(五)主体结构某些部位钢筋密集，且又是要害部位，不得削弱，某些部位钢筋较少，因此规定可设置及禁止设置膨胀螺栓部位：
1. 可设膨胀螺栓部位：
(1)除梁宽范围外的楼板；
(2)梁高(h)中部h/3的梁侧面；
(3)钢筋混凝土墙体除暗柱以外的部位。
2. 禁止设置膨胀螺栓部位：
(1)柱；钢筋混凝土墙内的暗柱。
(2)梁底部、顶部、梁高(h)的上下h/3范围。
上述禁止设置膨胀螺栓部位如需联结时，必须预留埋件。
(六)防雷接地要求详见电施图纸。
(七)设备与土建关系：
1. 电梯订货时，必须符合本图提供之洞口尺寸，订货后应将土建资料及时提供给设计单位，以便核实是否有变更：电梯井壁、牛腿、底坑、各层控制按钮、指示灯槽、预埋件、机房底板留洞、顶板留设吊钩及自动扶梯牛腿、底坑、预埋件等均须配合订货电梯及自动扶梯样本施工。
2. 玻璃幕墙及佳壁埃特板埋件应配合相关图纸，埋件于钢筋混凝土结构上预埋。
3. 各种大型水、电、暖通设备订货后应将士建资料及时提供给设计单位，以便核实是否有变更留洞、预埋件、设备基础等均须配合订货设备样本施工。
(八)沉降观测：
1. 水准基点的设置：
基点设置以保证其稳定可靠为原则，宜设置在基岩上，或设置在压缩性较低的土层上。水准基点的位置，宜靠近观测点，但必须在建筑物所产生的压力影响范围以外，具体位置现场确定，数量不应少于3个。
2. 观测点的设置：观测点的布置，详见墙、柱布置及配筋图。观测点的大样见图10。
3. 水准测量：
(1)宜采用精密水平仪和铟钢尺，应固定测量工具，固定人员，观测前应严格校验仪器。
(2)测量精度宜采用Ⅱ级水准测量，视线长度宜为20~30m，视线高度不宜低于0.3m，水准测量应采用闭合法。
(3)观测时应随记气象资料：
观测次数和时间：主体结构施工阶段每施工完3层(包括地下室部分)观测1次，建筑装修和设备安装阶段每两个月1次，建筑物竣工后第一年不少于3~4次，第二年2~3次，以后每年1次直至沉降稳定为止。稳定标准为沉降速度小于0.01~0.04mm/d，则可认为沉降进入稳定阶段。

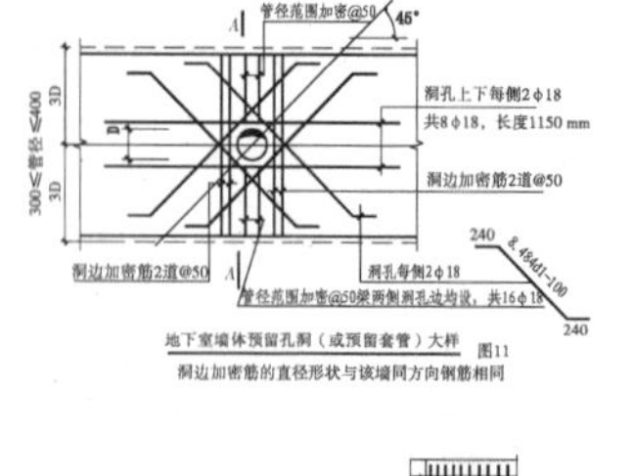
地下室墙体预留孔洞(或预留套管)大样 图11

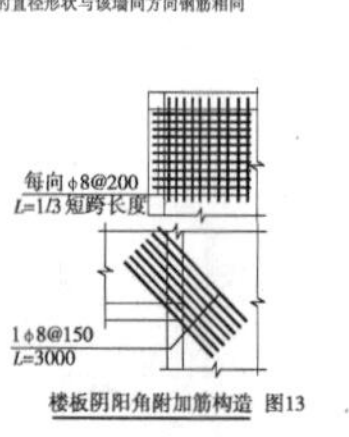
楼板阴阳角附加筋构造 图13

当墙中洞边长(管径)<150mm时，可无须加固，墙中钢筋可绕洞边而过。

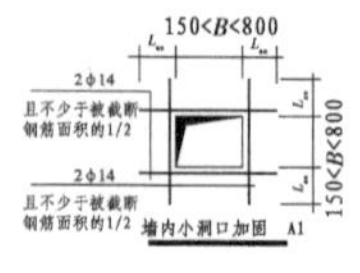
墙内小洞口加固

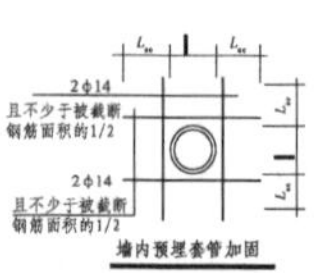
墙内预埋套管加固

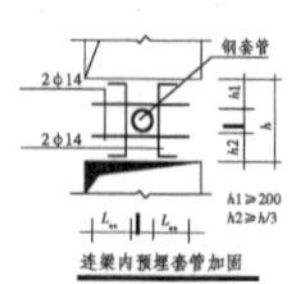
述梁内预埋套管加固

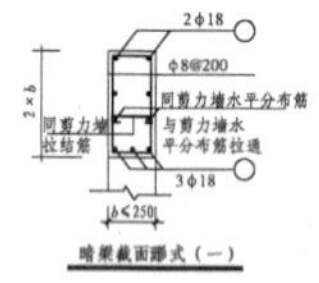
暗梁截面形式(一)

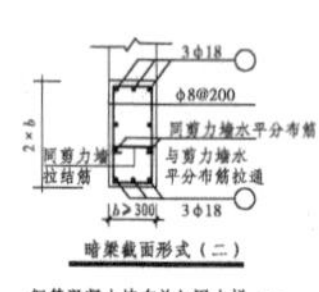
暗梁截面形式(二)

钢筋混凝土墙内暗梁加固大样 图8

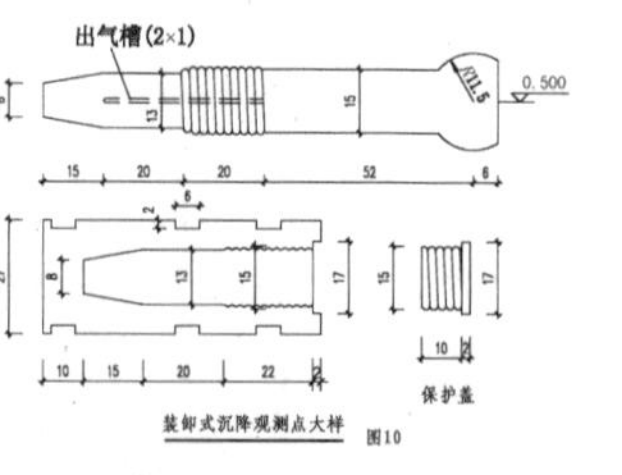
埋标式沉降观测点大样 图10

品茗科技集团	品茗人宿舍	单位	mm
		日期	2011.01
结构设计总说明		图别	结施
		图号	JG-1

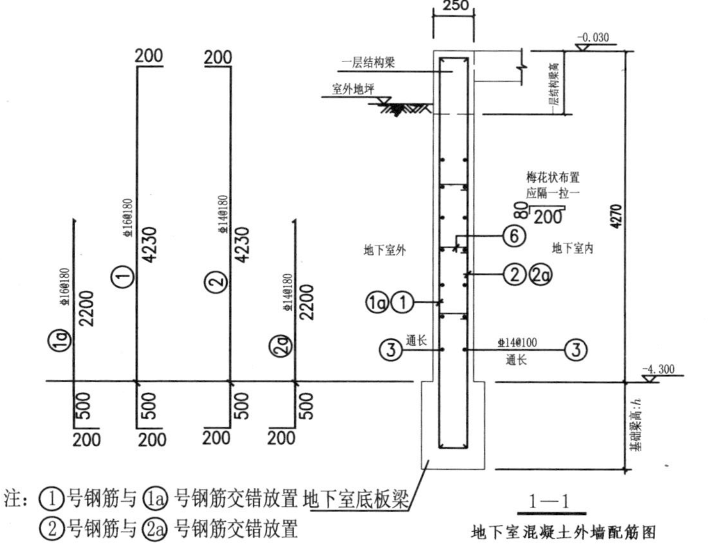

注：①号钢筋与(1a)号钢筋交错放置
②号钢筋与(2a)号钢筋交错放置

1—1
地下室混凝土外墙配筋图

注：①号钢筋与(1a)号钢筋交错放置
②号钢筋与(2a)号钢筋交错放置

2—2
地下室北面混凝土外墙配筋图

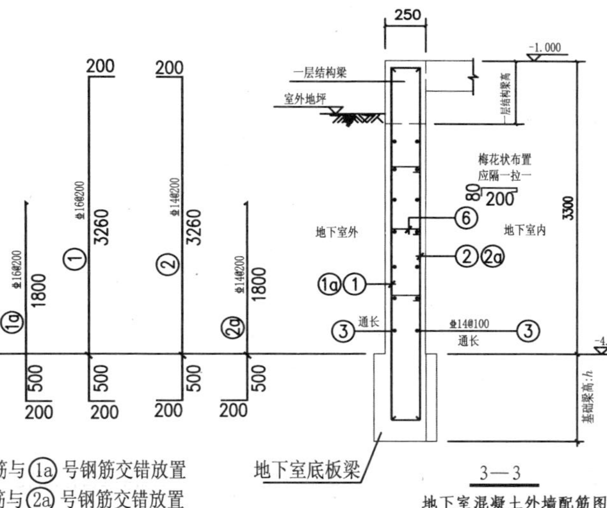

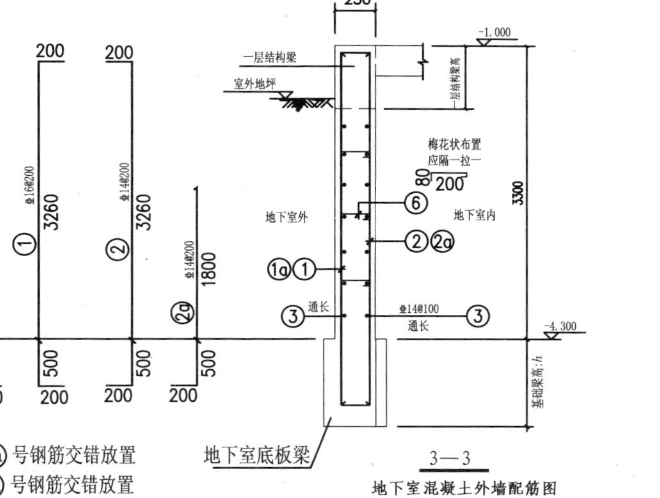

注：①号钢筋与(1a)号钢筋交错放置
②号钢筋与(2a)号钢筋交错放置

3—3
地下室混凝土外墙配筋图

4—4 水池外壁
(4a—4a 水池内隔墙)

地下部分工程设计说明

1. 地下室地坑机械开挖时，最后应留出300mm用人工挖掘、修整。

2. 基础及土方开挖承建单位应组织好排水降水及防雨工作，基坑支护应根据地质情况进行设计，防止发生边坡塌陷、基坑积水浸泡以及因抽水引起地下水位下降而造成周围建筑沉降的事故，直到基坑回填完为止。

3. 一层以下因混凝土体积较大，施工应采取降低水化热的措施，防止混凝土开裂。

4. 对混凝土墙、底板、顶板混凝土应选择发热量较低的水泥品种，采用可靠的养护措施，保证足够的养护时间；合理安排混凝土的浇捣顺序。

5. 加强对墙体及底板、顶板混凝土的早期养护，采取遮盖等措施以防止混凝土开裂。

6. 基础回填土及位于设备基础、地面、散水、踏步等下的回填土，必须分层夯实，每层厚度300mm，压实系数≥0.94。地下室混凝土浇筑完毕，侧墙防水层施工完成后尽早进行回填土，并按规范要求分层夯实。

7. 地下室底板外墙、水池侧壁为刚性自防水混凝土，应掺入高效防水剂。防水剂应为高复合防水膨胀剂。防水剂的品种和掺量应经试验确定。所有外加剂应符合国家或行业标准一等品及以上的质量要求。

8. 所有地下室的穿墙管及门窗预留洞等必须与建筑及给排水、电气等设备图纸核准无误后，方可在浇捣混凝土前预埋和预留。沿墙长度方向埋设于内的预埋管不得两条交叠放置，穿墙管位置与内墙角、凹凸部位距离必须大于300mm。洞口补强构造见图集03G101-1的53页。

9. 所有地下室的预埋件必须与设备及建筑图纸核准无误后，方可在浇捣混凝土前预埋。预埋管或预留洞间距不得<300mm。

10. 混凝土外墙、水池壁施工缝：

地下室地板、外墙及水池侧壁均应连续浇筑混凝土，墙体不宜留设垂直施工缝；若需留设水平施工缝时，可留设在底板面或楼层面以上500mm处，水平施工缝大样如图一所示；施工缝处必须清洗干净并铺15mm厚水泥砂浆一道后方可继续浇筑混凝土。水泥砂浆中水泥：砂比值应与混凝土相同。施工缝的止水带均为遇水膨胀止水条（带加强网）。为了保证止水效果，应选用合格的品牌严格按产品应用说明在厂家技术指导下进行施工，其技术指标应符合行业标准JG／T 141—2001的规定，并应取得厂方的质量承诺。

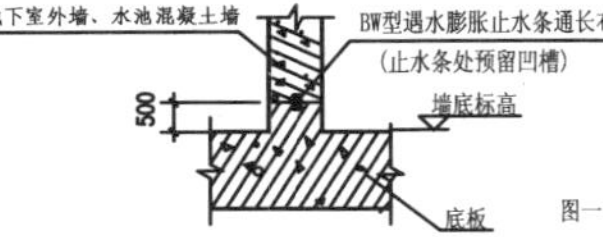

图一

注：采用BW-S72型遇水膨胀止水条，规格为30mm×20mm，其技术指标应符合行业标准JG／T 141—2001的规定。

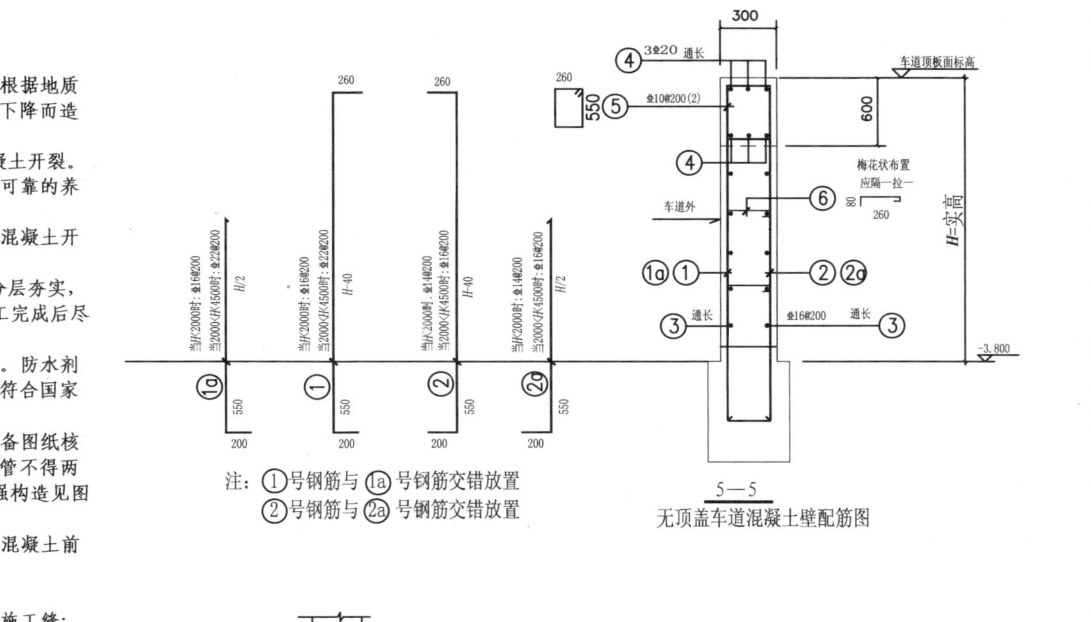

注：①号钢筋与(1a)号钢筋交错放置
②号钢筋与(2a)号钢筋交错放置

5—5
无顶盖车道混凝土壁配筋图

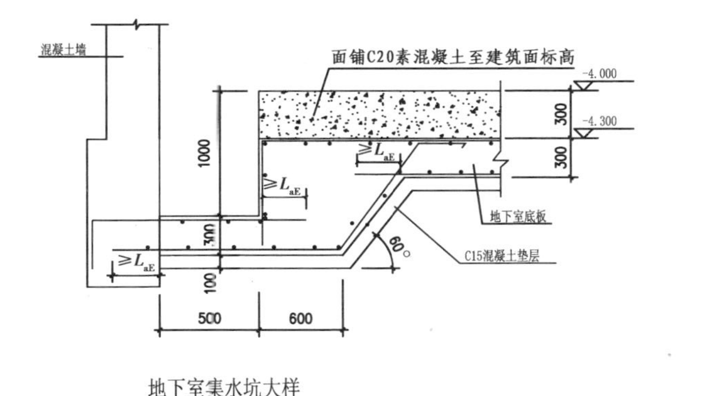

地下室集水坑大样
B—B

品茗科技集团	品茗人宿舍	单位	m：mm
		日期	2011.01
混凝土墙大样，地下部分工程设计说明 集水坑B—B大样		图别	结施
		图号	JG-5

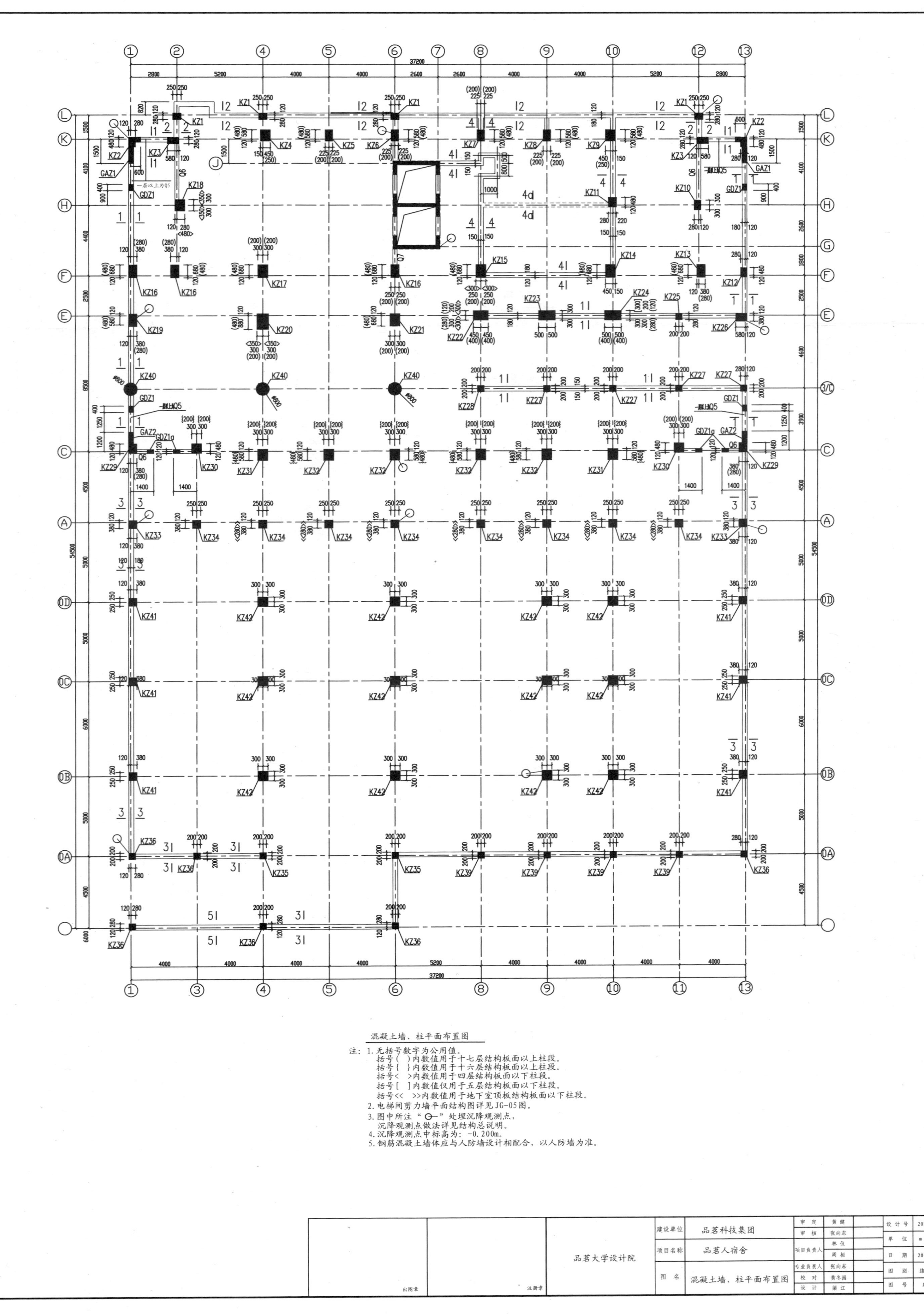
混凝土墙、柱平面布置图
注：1.无括号数字为公用值。
括号（ ）内数值用于十七层结构板面以上柱段。
括号{ }内数值用于十六层结构板面以上柱段。
括号< >内数值用于四层结构板面以下柱段。
括号[ ]内数值仅用于五层结构板面以下柱段。
括号<< >>内数值用于地下室顶板结构板面以下柱段。
2.电梯间剪力墙平面结构图详见JG-05图。
3.图中所注“○—”处埋沉降观测点，
沉降观测点做法详见结构总说明。
4.沉降观测点中标高为：-0.200m。
5.钢筋混凝土墙体应与人防墙设计相配合，以人防墙为准。
出图章
注册章
品茗大学设计院
建设单位 品茗科技集团
项目名称 品茗人宿舍
图名 混凝土墙、柱平面布置图
审定 黄健
审核 张向东
项目负责人 林仪 周桓
专业负责人 张向东
校对 黄冬园
设计 梁江
设计号 2011-PM
单位 m；mm
日期 2011.01
图别 结施
图号 JG-6

框架柱配筋一览表

柱号	标 高	b×h(圆柱直径D)	角 筋	b边一侧中部筋	h边一侧中部筋	箍 筋 类型号	箍 筋
KZ1	基础顶面~0.900m	500X400	4Φ20	2Φ20	1Φ18	1(4X3)	Φ8@100/200
KZ2	基础顶面~四层结构楼面	400X600	4Φ25	2Φ20	2Φ20	1(4X4)	Φ10@100
	四层结构楼面~屋面板面	400X600	4Φ18	2Φ16	2Φ16	1(4X4)	Φ10@100
KZ3	基础顶面~四层结构楼面	700X400	4Φ25	3Φ22	2Φ20	1(4X4)	Φ10@100
	四层结构楼面~屋面板面	700X400	4Φ18	3Φ16	2Φ16	1(4X4)	Φ10@100
KZ4	基础顶面~四层结构楼面	600X700	4Φ25	3Φ22	3Φ25	1(4X4)	Φ10@100
	四层结构楼面~十七层结构楼面	600X700	4Φ20	3Φ16	3Φ16	1(4X4)	Φ10@100
	十七层结构楼面~屋面板面	400X600	4Φ18	2Φ16	2Φ16	1(4X4)	Φ8@100
KZ5	基础顶面~三层结构楼面	450X700	4Φ25	3Φ22	4Φ22	1(4X4)	Φ10@100/200
	三层结构楼面~四层结构楼面	450X700	4Φ25	2Φ20	3Φ18	1(4X4)	Φ10@100
	四层结构楼面~十七层结构楼面	450X700	4Φ20	2Φ16	3Φ16	1(4X4)	Φ10@100
	十七层结构楼面~屋面板面	400X600	4Φ18	2Φ16	2Φ16	1(4X4)	Φ8@100
KZ6	基础顶面~十七层结构楼面	450X700	4Φ20	2Φ16	3Φ16	1(4X4)	Φ10@100
	十七层结构楼面~屋面板面	400X600	4Φ18	2Φ16	2Φ16	1(4X4)	Φ8@100
KZ7	基础顶面~四层结构楼面	450X700	4Φ22	2Φ20	3Φ20	1(4X4)	Φ10@100
	四层结构楼面~十七层结构楼面	450X700	4Φ20	2Φ16	3Φ16	1(4X4)	Φ10@100
	十七层结构楼面~屋面板面	400X600	4Φ18	2Φ16	2Φ16	1(4X4)	Φ8@100
KZ8	基础顶面~一层结构楼面	450X700	4Φ25	2Φ25	3Φ25	1(4X4)	Φ10@100/200
	一层结构楼面~四层结构楼面	450X700	4Φ25	2Φ20	3Φ20	1(4X4)	Φ10@100
	四层结构楼面~十七层结构楼面	450X700	4Φ20	2Φ16	3Φ16	1(4X4)	Φ10@100
	十七层结构楼面~屋面板面	400X600	4Φ18	2Φ16	2Φ16	1(4X4)	Φ8@100
KZ9	基础顶面~四层结构楼面	600X700	4Φ25	3Φ22	4Φ22	1(4X4)	Φ10@100
	四层结构楼面~十七层结构楼面	600X700	4Φ22	3Φ18	3Φ18	1(4X4)	Φ10@100
	十七层结构楼面~屋面板面	400X600	4Φ18	2Φ16	2Φ16	1(4X4)	Φ8@100
KZ10	基础顶面~四层结构楼面	400X600	4Φ25	2Φ22	2Φ25	1(4X4)	Φ10@100
	四层结构楼面~十层结构楼面	400X600	4Φ25	2Φ20	2Φ20	1(4X4)	Φ10@100
	十层结构楼面~屋面板面	400X600	4Φ18	2Φ16	2Φ16	1(4X4)	Φ8@100
KZ11	基础顶面~三层结构楼面	500X600	4Φ18	2Φ16	2Φ16	1(4X4)	Φ8@100/200
KZ12	基础顶面~四层结构楼面	400X600	4Φ25	2Φ20	2Φ20	1(4X4)	Φ10@100
	四层结构楼面~屋面板面	400X600	4Φ18	2Φ16	2Φ16	1(4X4)	Φ10@100
KZ13	基础顶面~十七层结构楼面	500X800	4Φ25	3Φ18	3Φ18	1(4X4)	Φ10@100
	十七层结构楼面~屋面板面	400X600	4Φ18	2Φ16	2Φ16	1(4X4)	Φ8@100
KZ14	基础顶面~四层结构楼面	600X800	4Φ25	3Φ22	4Φ22	1(4X4)	Φ10@100
	四层结构楼面~十七层结构楼面	600X800	4Φ20	3Φ18	3Φ18	1(4X4)	Φ10@100
	十七层结构楼面~屋面板面	600X600	4Φ22	2Φ18	2Φ18	1(4X4)	Φ8@100
KZ15	基础顶面~四层结构楼面	600X800	4Φ25	2Φ22	2Φ22	1(4X4)	Φ10@100
	四层结构楼面~十七层结构楼面	500X800	4Φ20	2Φ20	2Φ20	1(4X4)	Φ10@100
	十七层结构楼面~坡屋面板面	400X600	4Φ18	2Φ16	2Φ16	1(4X4)	Φ8@100
KZ16	基础顶面~十七层结构楼面	500X800	4Φ20	2Φ20	2Φ20	1(4X4)	Φ10@100
	十七层结构楼面~坡屋面板面	400X600	4Φ18	2Φ16	2Φ16	1(4X4)	Φ8@100
KZ17	基础顶面~四层结构楼面	600X800	4Φ25	3Φ22	4Φ22	1(4X4)	Φ10@100
	四层结构楼面~十七层结构楼面	600X800	4Φ20	2Φ20	2Φ20	1(4X4)	Φ10@100
	十七层结构楼面~屋面板面	400X600	4Φ20	2Φ18	2Φ18	1(4X4)	Φ8@100
KZ18	基础顶面~二层结构楼面	600X700	4Φ25	4Φ25	4Φ25	1(4X5)	Φ12@100/200
	二层结构楼面~四层结构楼面	600X700	4Φ25	4Φ22	4Φ22	1(4X5)	Φ12@100
	四层结构楼面~十七层结构楼面	400X600	4Φ25	2Φ22	2Φ22	1(4X4)	Φ10@100
	十七层结构楼面~屋面板面	400X600	4Φ20	2Φ18	2Φ18	1(4X4)	Φ8@100
KZ19	基础顶面~四层结构楼面	500X700	4Φ25	2Φ22	3Φ22	1(4X4)	Φ10@100
	四层结构楼面~十七层结构楼面	500X700	4Φ20	2Φ18	3Φ18	1(4X4)	Φ10@100
	十七层结构楼面~屋面板面	400X600	4Φ18	2Φ16	2Φ16	1(4X4)	Φ8@100
KZ20	基础顶面~一层结构楼面	700X1000	4Φ25	3Φ22	4Φ22	1(5X6)	Φ12@100/200
	一层结构楼面~四层结构楼面	700X1000	4Φ22	3Φ20	4Φ20	1(5X6)	Φ10@100
	四层结构楼面~十七层结构楼面	600X1000	4Φ20	2Φ20	4Φ20	1(4X6)	Φ10@100
	十七层结构楼面~屋面板面	400X600	4Φ18	2Φ16	2Φ16	1(4X4)	Φ8@100
KZ21	基础顶面~十七层结构楼面	600X800	4Φ20	3Φ18	3Φ18	1(4X4)	Φ10@100
	十七层结构楼面~坡屋面板面	400X600	4Φ18	2Φ16	2Φ16	1(4X4)	Φ8@100
KZ22	基础顶面~四层结构楼面	900X600	4Φ25	5Φ25	3Φ25	1(5X4)	Φ10@100
	四层结构楼面~六层结构楼面	900X500	4Φ25	4Φ22	2Φ22	1(4X4)	Φ10@100
	六层结构楼面~十七层结构楼面	900X500	4Φ22	4Φ20	2Φ20	1(4X4)	Φ10@100
	十七层结构楼面~坡屋面板面	800X400	4Φ20	3Φ18	2Φ18	1(4X4)	Φ8@100
KZ23	基础顶面~三层结构楼面	1000X600	4Φ22	3Φ20	3Φ20	1(4X4)	Φ10@100/200
KZ24	基础顶面~五层结构楼面	1000X600	4Φ25	7Φ25	4Φ25	1(6X4)	Φ13112@100
	五层结构楼面~八层结构楼面	1000X500	4Φ25	6Φ25	4Φ25	1(6X4)	Φ12@100
	八层结构楼面~十七层结构楼面	1000X500	4Φ20	5Φ20	2Φ20	1(4X4)	Φ10@100
	十七层结构楼面~屋面板面	800X400	4Φ20	3Φ18	2Φ18	1(4X4)	Φ8@100
KZ25	基础顶面~三层结构楼面	400X400	4Φ18	1Φ14	1Φ14	1(3X3)	Φ8@100/200
KZ26	基础顶面~四层结构楼面	700X500	4Φ25	4Φ22	3Φ22	1(4X4)	Φ10@100
	四层结构楼面~屋面板面	700X500	4Φ18	3Φ18	2Φ18	1(4X4)	Φ10@100
KZ27	基础顶面~二层结构楼面	400X400	4Φ18	1Φ14	1Φ14	1(3X3)	Φ8@100/200
KZ28	基础顶面~一层结构楼面	400X400	4Φ18	1Φ14	1Φ14	1(3X3)	Φ8@100/200
KZ29	基础顶面~四层结构楼面	500X600	4Φ25	4Φ25	4Φ25	1(4X4)	Φ10@100
	四层结构楼面~五层结构楼面	400X600	4Φ22	2Φ22	2Φ22	1(4X4)	Φ10@100
	五层结构楼面~十层结构楼面	400X600	4Φ22	2Φ18	2Φ18	1(4X4)	Φ8@100
	十层结构楼面~十七层结构天面板面	400X600	4Φ20	2Φ18	2Φ18	1(4X4)	Φ8@100
KZ30	基础顶面~四层结构楼面	600X600	4Φ25	2Φ22	2Φ22	1(4X4)	Φ10@100
	四层结构楼面~五层结构楼面	400X600	4Φ25	2Φ20	2Φ20	1(4X4)	Φ10@100
	五层结构楼面~十七层结构天面板面	400X600	4Φ20	2Φ18	2Φ18	1(4X4)	Φ8@100
KZ31	基础顶面~四层结构楼面	600X700	4Φ25	3Φ25	4Φ25	1(4X4)	Φ10@100
	四层结构楼面~十六层结构楼面	600X700	4Φ22	2Φ20	3Φ20	1(4X4)	Φ10@100
	十六层结构楼面~十七层结构天面板面	400X600	4Φ22	2Φ18	2Φ18	1(4X4)	Φ8@100
KZ32	基础顶面~四层结构楼面	600X700	4Φ25	4Φ25	5Φ25	1(4X4)	Φ10@100
	四层结构楼面~十六层结构楼面	600X700	4Φ20	2Φ20	3Φ20	1(4X4)	Φ10@100
	十六层结构楼面~坡屋面板面	400X600	4Φ18	2Φ16	2Φ16	1(4X4)	Φ8@100
KZ33	基础顶面~一层结构楼面	500X500	4Φ16	2Φ14	2Φ14	1(4X4)	Φ8@100/200
KZ34	基础顶面~地下室顶板结构板面	500X500	4Φ18	2Φ18	2Φ18	1(4X4)	Φ8@100/200
	地下室顶板结构板面~三层结构楼面	500X400	4Φ22	2Φ20	2Φ20	1(4X4)	Φ8@100/200
KZ35	基础顶面~一层结构楼面	400X400	4Φ22	2Φ22	2Φ22	1(4X4)	Φ8@100/200
KZ36	基础顶面~一层结构楼面	400X400	4Φ14	1Φ14	1Φ14	1(3X3)	Φ8@100/200
KZ37	基础顶面~一层结构楼面	400X600	4Φ16	2Φ14	2Φ14	1(4X4)	Φ8@100/200
KZ38	基础顶面~一层结构楼面	500X500	4Φ20	2Φ18	2Φ18	1(4X4)	Φ8@100/200
KZ39	基础顶面~一层结构楼面	400X400	4Φ16	1Φ14	1Φ14	1(3X3)	Φ8@100/200
KZ40	基础顶面~-4.200m	D=800	全部：1020			7	Φ10@100
KZ41	基础顶面~一层结构楼面	500X500	4Φ22	2Φ20	3Φ22	1(4X4)	Φ8@100/200
KZ42	基础顶面~一层结构楼面	600X600	4Φ20	3Φ18	3Φ18	1(4X4)	Φ8@100/200

注：1. 配合国标图集03G101—1修订本施工。
2. 框架柱及钢筋混凝土墙的混凝土强度等级见本图“结构层高表”。
3. 标高-2.070m以下柱段箍筋间距均为100mm。
4. 箍筋类型参照03G101—1修订本图集第10页。

柱截面示意图(图例)

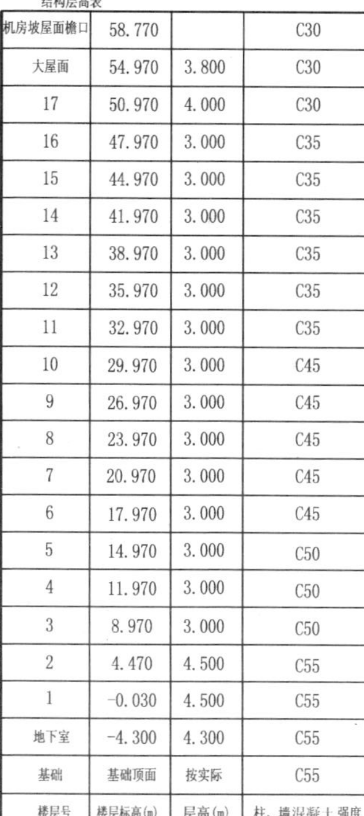

结构层高表

机房坡屋面檐口	58.770		C30
大屋面	54.970	3.800	C30
17	50.970	4.000	C30
16	47.970	3.000	C35
15	44.970	3.000	C35
14	41.970	3.000	C35
13	38.970	3.000	C35
12	35.970	3.000	C35
11	32.970	3.000	C35
10	29.970	3.000	C45
9	26.970	3.000	C45
8	23.970	3.000	C45
7	20.970	3.000	C45
6	17.970	3.000	C45
5	14.970	3.000	C50
4	11.970	3.000	C50
3	8.970	3.000	C50
2	4.470	4.500	C55
1	-0.030	4.500	C55
地下室	-4.300	4.300	C55
基础	基础顶面	按实际	C55
楼层号	楼层标高(m)	层高(m)	柱、墙混凝土强度

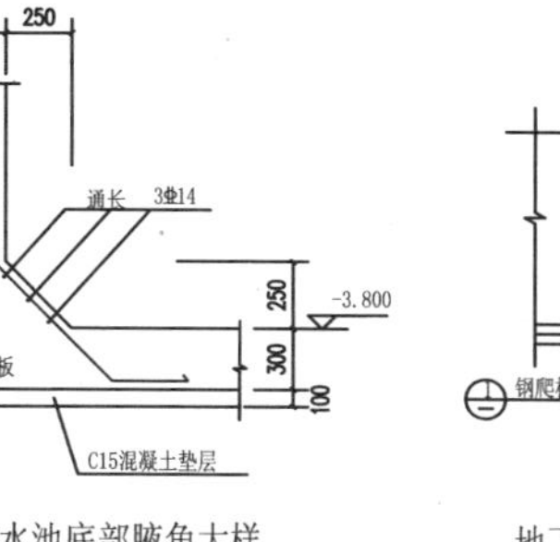

地下室水池底部腋角大样

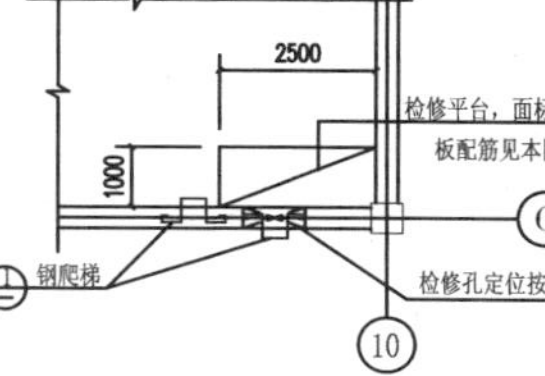

地下室水池壁检修孔留洞图

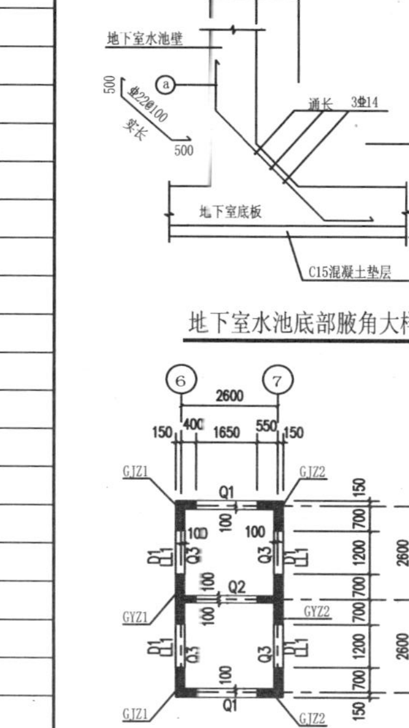

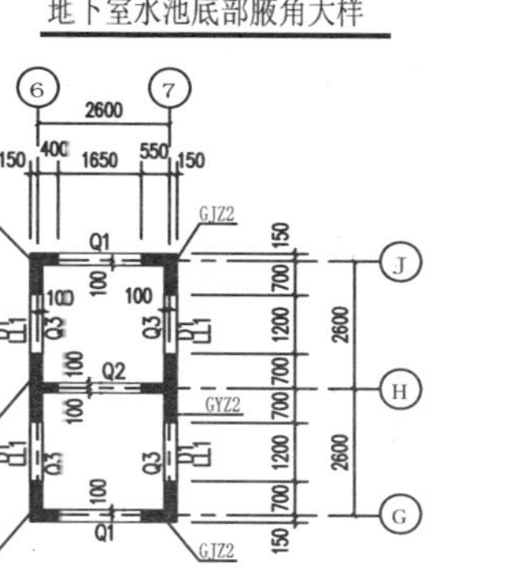

55.770m标高以下电梯间剪力墙平面结构图

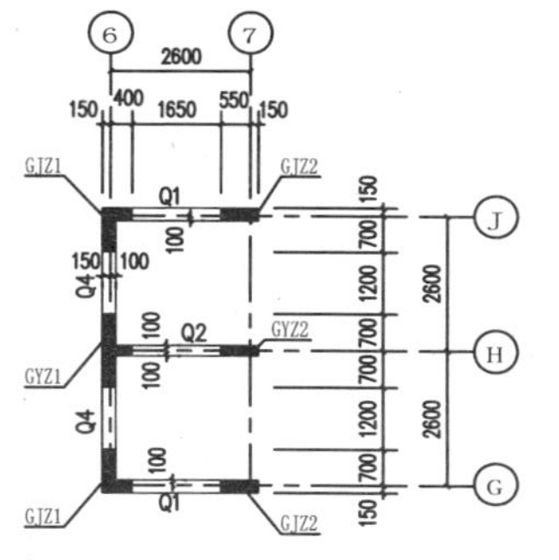

55.770m标高以上电梯间剪力墙平面结构图

剪力墙梁表

编 号	所在楼层号	墙梁底标高 (m)	墙梁顶标高 (m)	梁截面 b×h (mm)	上部纵筋	下部纵筋	腰 筋	箍 筋
LL1	底层车库	-1.700	-0.030	250x1670	5Φ22 3/2	5Φ22 2/3	16Φ12	Φ10@100(2)
	一、二层	H_n+2.230	H_{n+1}	250x2270	6Φ22 3/3	6Φ22 3/3	22Φ12	Φ10@100(2)
	三至十七层	H_n+2.230	H_{n+1}	200x770	2Φ22	2Φ22	6Φ12	Φ8@100(2)

注：1. H_n为连梁所在楼层的结构层楼面标高，n指层号。
2. 本图配合国标图集03G101-1修订本施工。
3. 混凝土墙上孔洞须根据各工种施工图纸，由各工种的施工人员核对无遗漏后才能合模。
4. 在楼面标高处，未设连梁处墙体均设暗梁，截面：梁宽同墙厚，梁高为2倍墙厚。当梁宽为250mm时，暗梁纵筋上下各3Φ16，当梁宽为200mm时，暗梁纵筋上下各2Φ16。箍筋Φ8@150；暗梁纵筋上下锚入暗柱内，锚入长度按图集03G101-1确定。暗梁侧面纵筋同该剪力墙水平分布筋直径。
5. 其余说明详见总说明。

剪力墙暗柱配筋一览表

编号	GJZ1			GJZ2		
标高	基础顶面~三层结构楼面	三层结构楼面~屋面层平面	屋面层平面~消防水箱底平面	基础顶面~三层结构楼面	三层结构楼面~屋面层平面	屋面层平面~坡屋面二层顶
纵筋	14Φ14	14Φ12	8Φ12	14Φ14	14Φ12	14Φ16
箍筋	Φ10@100	Φ8@150	Φ8@100	Φ10@100	Φ8@150	Φ10@100

编号	GJZ3		GYZ1		GYZ1		
标高	基础顶面~三层结构楼面	三层结构楼面~消防水箱底平面	基础顶面~三层结构楼面	三层结构楼面~消防水箱底平面	基础顶面~三层结构楼面	三层结构楼面~屋面层平面	屋面层平面~消防水箱底平面
纵筋	14Φ14	14Φ12	20Φ14	20Φ12	14Φ14	14Φ12	8Φ12
箍筋	Φ10@100	Φ8@150	Φ10@100	Φ8@150	Φ10@100	Φ8@150	Φ8@100

编号	GAZ1		GAZ2	
标高	基础顶面~一层结构楼面	一层结构楼面~屋面结构平面	基础顶面~一层结构楼面	一层结构楼面~十七层结构楼面
纵筋	16Φ12	16Φ12	9Φ12	9Φ12
箍筋	Φ8@100	Φ8@150	Φ8@100	Φ8@150

编号	GDZ1(GDZ1a)	
标高	基础顶面~一层结构楼面	一层结构楼面~相应位置屋面结构平面
纵筋	8Φ16	8Φ14
箍筋	Φ10@150	Φ8@150

剪力墙身表

墙编号	墙厚	墙段标高	水平分布筋	垂直分布筋	拉结筋
Q1	250	基础顶面~三层结构楼面	Φ10@150	Φ10@150	Φ6@600
		三层结构楼面~消防水箱底平面	Φ10@200	Φ10@200	Φ6@600
Q2	200	基础顶面~三层结构楼面	Φ8@150	Φ10@150	Φ6@600
		三层结构楼面~消防水箱底平面	Φ8@150	Φ8@150	Φ6@600
Q3	250	基础顶面~标高-3.930m	Φ10@200	Φ10@200	Φ6@600
Q4	250	55.770~标高-消防水箱底平面	Φ10@200	Φ10@200	Φ6@600
Q5	240	三层结构楼面~屋面结构平面	Φ10@200	Φ10@200	Φ6@600
Q6	240	一层结构楼面~相应位置屋面结构平面	Φ10@200	Φ10@200	Φ6@600
Q7	240	基础顶面~标高55.800m	Φ10@200	Φ10@200	Φ6@600

注：剪力墙身水平钢筋构造及垂直钢筋构造按国标图集03G101—1修订本施工。

剪力墙预留门洞表

编号	洞口所在楼层	洞口尺寸b×h (mm)	洞底标高 (m)
D1	地下室	1100X2230	-3.930
	一~十七层	1100X2230	H_n
	电梯机房	1100X2230	55.770

注：1. H_n为洞口所在楼层的结构层楼面标高，n指层号。
2. 剪力墙预留门洞必须与建施图纸核准后留设。

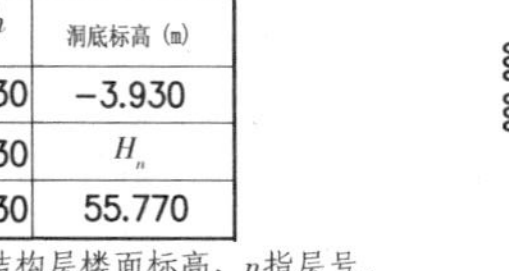

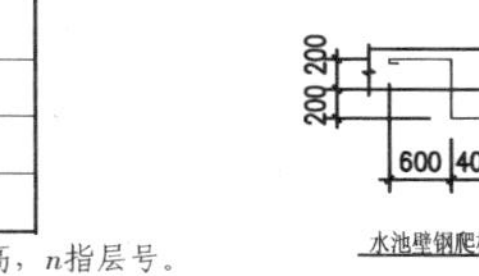

水池壁钢爬梯

品茗科技集团	品茗人宿舍	单 位	m；mm
		日 期	2011.01
框架柱配筋一览表 地下室水池局部大样		图 别	结 施
		图 号	JG-7

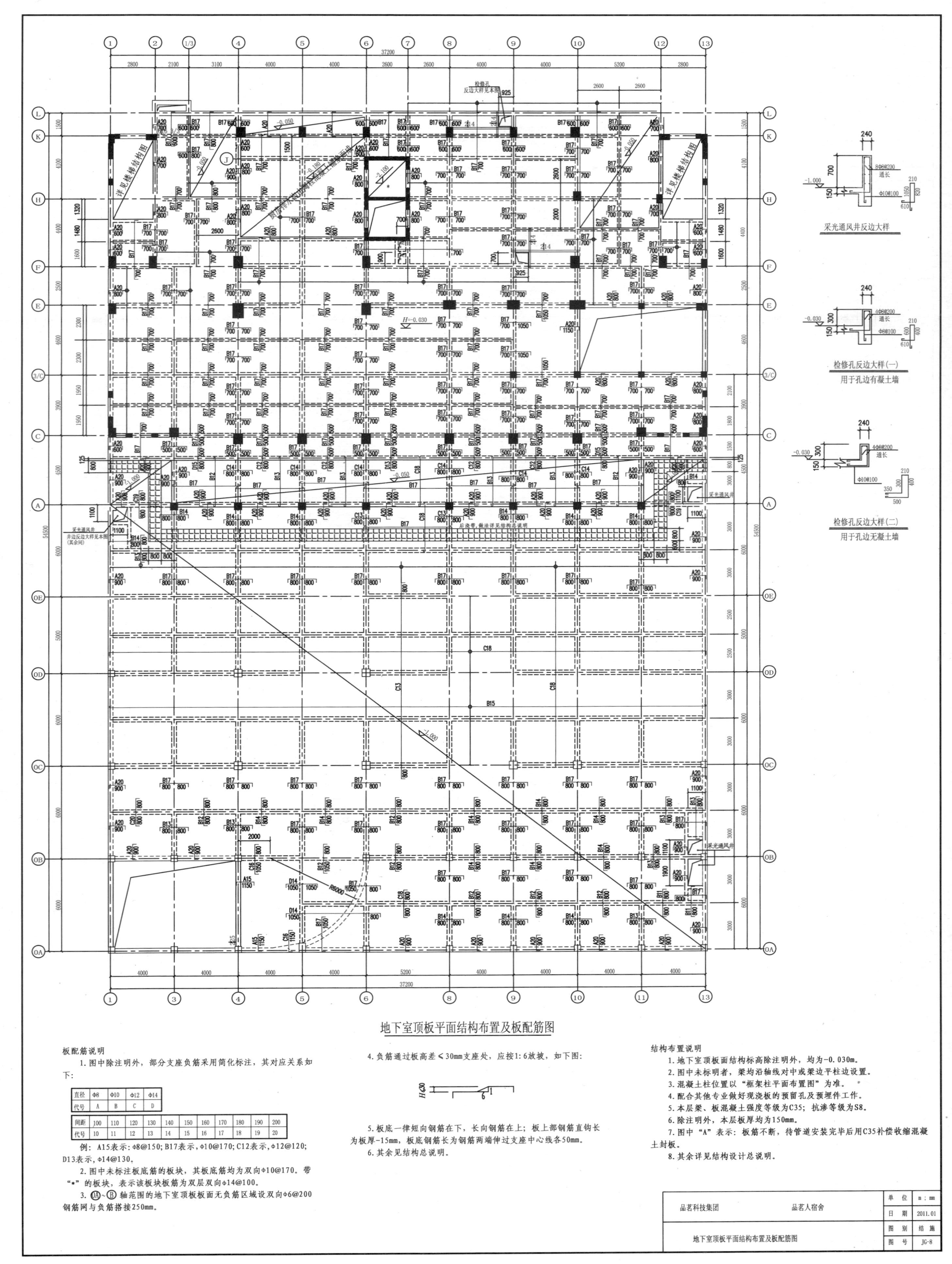

地下室顶板平面结构布置及板配筋图

板配筋说明

1. 图中除注明外，部分支座负筋采用简化标注，其对应关系如下：

直径	Φ8	Φ10	Φ12	Φ14
代号	A	B	C	D

间距	100	110	120	130	140	150	160	170	180	190	200
代号	10	11	12	13	14	15	16	17	18	19	20

例：A15表示：Φ8@150；B17表示，Φ10@170；C12表示，Φ12@120；D13表示，Φ14@130。

2. 图中未标注板底筋的板块，其板底筋均为双向Φ10@170。带“*”的板块，表示该板块板筋为双层双向Φ14@100。

3. ⓄⒶ~Ⓑ轴范围的地下室顶板板面无负筋区域设双向Φ6@200钢筋网与负筋搭接250mm。

4. 负筋通过板高差≤30mm支座处，应按1:6放坡，如下图：

5. 板底一律短向钢筋在下，长向钢筋在上；板上部钢筋直钩长为板厚-15mm，板底钢筋长为钢筋两端伸过支座中心线各50mm。

6. 其余见结构总说明。

结构布置说明

1. 地下室顶板面结构标高除注明外，均为-0.030m。
2. 图中未标明者，梁均沿轴线对中或梁边平柱边设置。
3. 混凝土柱位置以“框架柱平面布置图”为准。
4. 配合其他专业做好现浇板的预留孔及预埋件工作。
5. 本层梁、板混凝土强度等级为C35；抗渗等级为S8。
6. 除注明外，本层板厚均为150mm。
7. 图中“A”表示：板筋不断，待管道安装完毕后用C35补偿收缩混凝土封板。
8. 其余详见结构设计总说明。

品茗科技集团	品茗人宿舍	单位	m；mm
		日期	2011.01
地下室顶板平面结构布置及板配筋图		图别	结施
		图号	JG-8

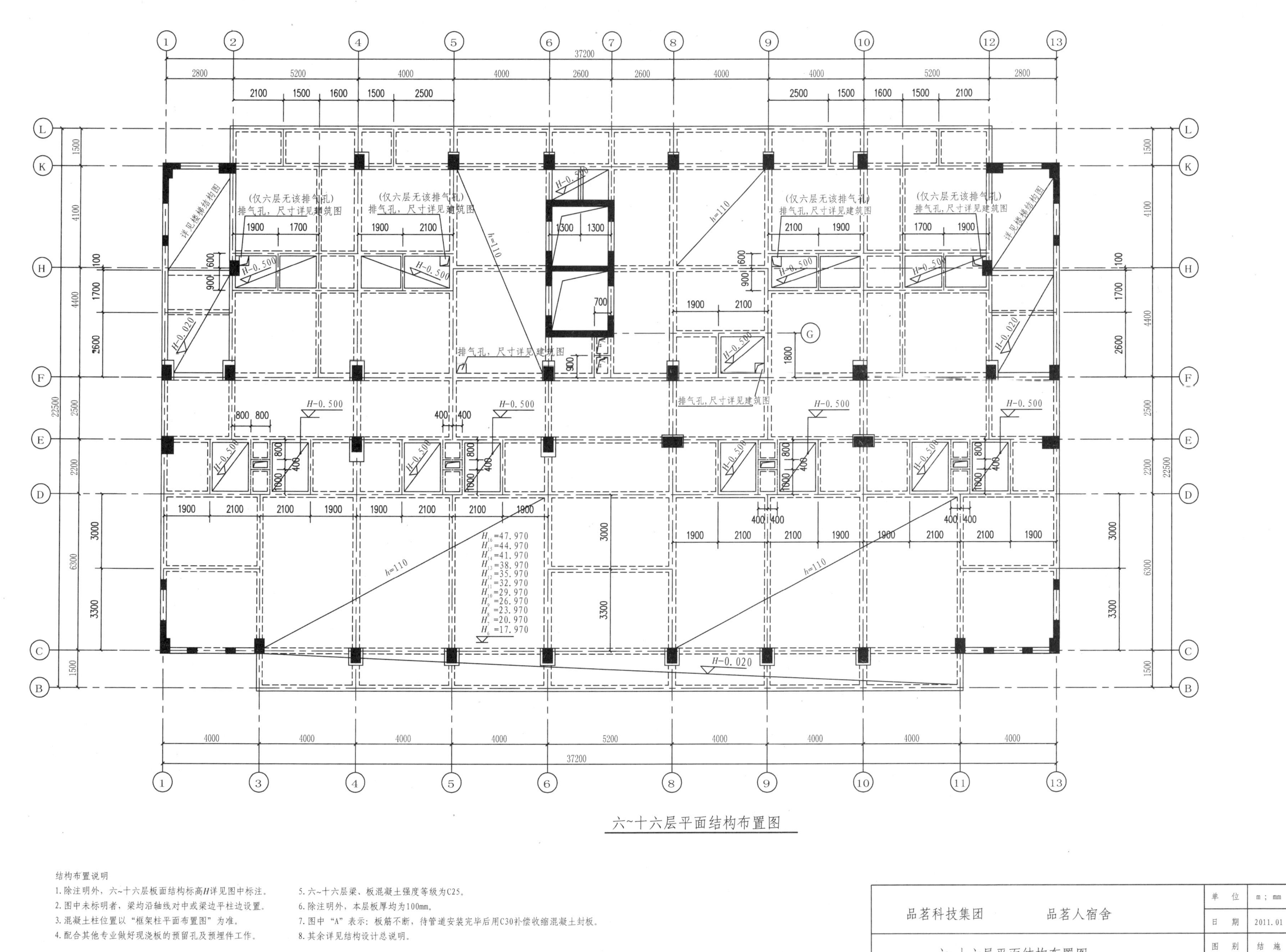

六~十六层平面结构布置图

结构布置说明

1. 除注明外，六~十六层板面结构标高H详见图中标注。
2. 图中未标明者，梁均沿轴线对中或梁边平柱边设置。
3. 混凝土柱位置以“框架柱平面布置图”为准。
4. 配合其他专业做好现浇板的预留孔及预埋件工作。
5. 六~十六层梁、板混凝土强度等级为C25。
6. 除注明外，本层板厚均为100mm。
7. 图中“A”表示：板筋不断，待管道安装完毕后用C30补偿收缩混凝土封板。
8. 其余详见结构设计总说明。

品茗科技集团	品茗人宿舍	单位	m；mm
		日期	2011.01
六~十六层平面结构布置图		图别	结施
		图号	JG-19

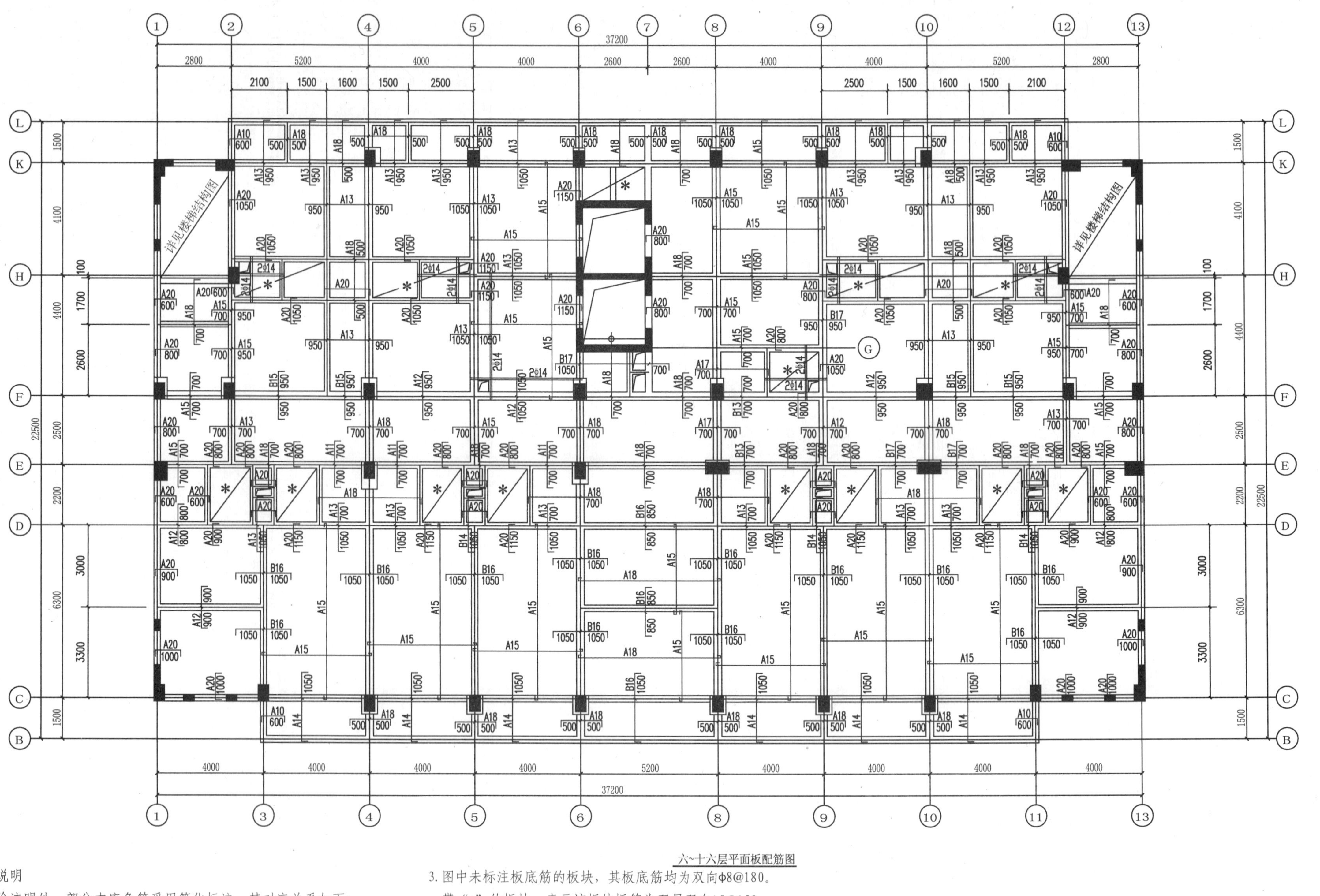

六~十六层平面板配筋图

板配筋说明

1. 图中除注明外，部分支座负筋采用简化标注，其对应关系如下：

直径	Φ8	Φ10
代号	A	B

间距	100	110	120	130	140	150	160	170	180	190	200
代号	10	11	12	13	14	15	16	17	18	19	20

例：A15表示，Φ8@150；B17表示，Φ10@170。

2. 阳台处板面无负筋区域设双向Φ6@200钢筋网与负筋搭接250mm。

3. 图中未标注板底筋的板块，其板底筋均为双向Φ8@180。
   带"*"的板块，表示该板块板筋为双层双向Φ8@150。

4. 负筋通过板高差≤30mm支座处，应按1：6放坡，如下图：

5. 板底一律短向钢筋在下，长向钢筋在上；板上部钢筋直钩长为板厚-15mm，板底钢筋长为钢筋两端伸过支座中心线各50mm。

6. 其余见结构总说明。

品茗科技集团	品茗人宿舍	单位	m；mm
		日期	2011.01
六~十六层平面板配筋图		图别	结施
		图号	JG-20

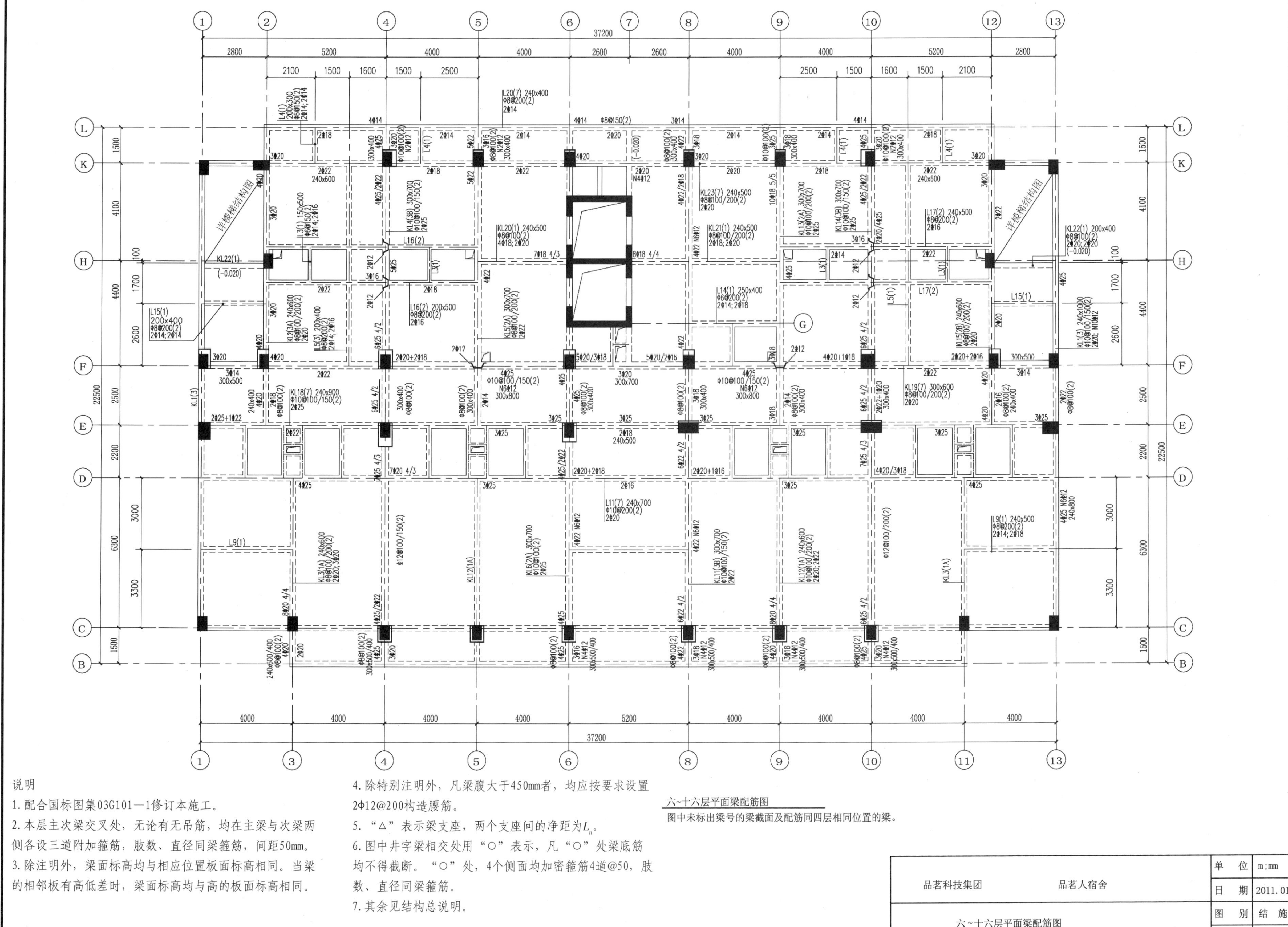

说明

1. 配合国标图集03G101—1修订本施工。

2. 本层主次梁交叉处，无论有无吊筋，均在主梁与次梁两侧各设三道附加箍筋，肢数、直径同梁箍筋，间距50mm。

3. 除注明外，梁面标高均与相应位置板面标高相同。当梁的相邻板有高低差时，梁面标高均与高的板面标高相同。

4. 除特别注明外，凡梁腹大于450mm者，均应按要求设置2Φ12@200构造腰筋。

5. “△”表示梁支座，两个支座间的净距为L_n。

6. 图中井字梁相交处用“○”表示，凡“○”处梁底筋均不得截断。“○”处，4个侧面均加密箍筋4道@50，肢数、直径同梁箍筋。

7. 其余见结构总说明。

六~十六层平面梁配筋图

图中未标出梁号的梁截面及配筋同四层相同位置的梁。

品茗科技集团	品茗人宿舍	单　位	m;mm
		日　期	2011.01
六~十六层平面梁配筋图		图　别	结　施
		图　号	JG-21